Berlin

SYMPHONIE D'UNE GRANDE VILLE

Créative, branchée, vivante, Berlin est une ville en mutation permanente. On peut la visiter comme on visite un chantier. Sa diversité architecturale et son urbanisme sauvage donnent l'impression d'un tissu urbain déchiré et brouillon. C'est un chantier condamné à l'éternel inachèvement. Avec ses musées qui recèlent quelques-uns des plus impressionnants trésors de l'Antiquité en passant par les palais baroques de Charlottenburg et Sanssouci jusqu'aux lieux de mémoire du XXe siècle, vous verrez toute la beauté, l'extravagance et la cruauté de son passé. Berlin porte un passé lourd, marqué par deux conflits mondiaux, les atrocités du nazisme, la partition de la ville, et une lente et laborieuse réunification. Il en résulte que la ville est un véritable livre d'histoire à ciel ouvert. Berlin, c'est aussi une nature incroyable où l'on peut fuir la cohue de la ville dans ses nombreux parcs et lacs. Devenue capitale de l'Allemagne réunifiée, elle est résolument tournée vers l'avenir et ce sont sa vie trépidante, ses cafés, ses restaurants, sa vie nocturne et son mode de vie qui font toute sa popularité. Son effervescence nocturne en fascine plus d'un à travers le monde avec ses cabarets déjantés, ses clubs improbables et ses bars qui ne ferment jamais. Au gré des visites, des rencontres, des soirées, laissez-vous séduire par l'insouciance et la désinvolture berlinoises.

Retrouvez cette offre en page 66

SOMMAIRE

©NIKADA-ISTOCKPHOTO.COM

4 INSPIRER

Si Berlin vous inspire un parfum de guerre de froide, laissez vous aussi surprendre par ce qu'elle est devenue : une ville furieusement libre et dynamique.

27 DÉCOUVRIR

Berlin, son histoire, sa scène artistique, sa littérature, son cinéma… et toutes les clés qu'il faut avoir en main pour comprendre cette ville-kaléidoscope.

67 SE REPÉRER SE DÉPLACER

Pour économiser son temps et son énergie dans cette ville tentaculaire, mieux vaut apprendre à se familiariser avec le réseau de transport, fiable et efficace !

95 À VOIR À FAIRE

Après la visite des mémoriaux, des musées et des parcs, vous pourrez partir à la découverte des quartiers de la ville, des quartiers aux identités multiples.

© VVOE - SHUTTERSTOCK.COM

147 SE RÉGALER

Branchée, moderne et cosmopolite, la capitale allemande regorge d'adresses exquises remixant les saveurs du monde entier et pour tous les budgets.

© PRINCIGALLI - ISTOCKPHOTO.COM

165 FAIRE UNE PAUSE

Les flâneurs et les dilettantes le savent : les cafés et les bars berlinois sont riches, agréables, tendance et très tendres avec le porte-monnaie.

179 (SE) FAIRE PLAISIR

A côté des centres-commerciaux et des grandes enseignes, Berlin a su conserver ses friperies, ses brocantes, ses ateliers et ses petites boutiques.

189 BOUGER & BULLER

Entre les parcs, les forêts et les lacs, les activités sportives en extérieur ne manquent pas. Côté détente, on peut compter sur les nombreux saunas et spas de la ville.

195 SORTIR

Berlin s'est forgée une sérieuse réputation de capitale de la nuit et certains de ses night-clubs sont connus des noctambules aux quatre coins du globe.

207 ESCAPADES

Si Potsdam est l'escapade de prédilection des visiteurs du Brandebourg, vous découvrirez de jolies destinations pour de courts séjours dans le reste du Land.

229 ORGANISER SON SÉJOUR

Pour avoir des billets de train à des prix intéressants ou pour se loger dans le centre, mieux vaut s'y prendre bien à l'avance, mais le jeu en vaut la chandelle !

QUAND Y ALLER

JANVIER

-3° / 2°

INTERNATIONALE GRÜNE WOCHE

© UGIS RIBA - SHUTTERSTOCK.COM

Le Salon de la semaine verte est le lieu de toutes les orgies et l'occasion de découvrir de nouvelles spécialités culinaires.

$

FÉVRIER

-3° / 3°

BERLINALE

La Berlinale est, après Cannes et Venise, l'un des plus grands festivals de cinéma. L'Ours d'Or récompense le meilleur film.

$

MARS

0° / 8°

MAERZMUSIK

MaerzMusik est un festival de musique contemporaine qui met à l'honneur diverses tendances de la scène artistique d'aujourd'hui.

$

JUILLET

14° / 24°

CHRISTOPHER STREET DAY - BERLIN PRIDE

© PANI GARMYDER - SHUTTERSTOCK.COM

Cette fête marque le début du mouvement de libération gay. La parade du samedi met toute la ville dans une ébullition euphorique.

$$$

AOÛT

13° / 23°

LONGUE NUIT DES MUSÉES

Cet événement culturel permet aux Berlinois comme aux touristes de découvrir les musées de la ville sous un autre éclairage.

$$$

SEPTEMBRE

10° / 20°

MARATHON

© EBRAXAS - FOTOLIA

Pas moins de 9 records chronométriques pour le marathon de Berlin ! La traversée finale de la Porte de Brandebourg est mythique.

$$$

Berlin se situe au centre d'une plaine, ponctuée par de nombreux lacs et forêts. Les vents de l'est lui apportent un froid sec et ce sont les vents d'ouest qui drainent l'humidité. Son climat continental se caractérise par des hivers froids et plutôt secs (en moyenne -2 °C), des journées courtes (nuit dès 16h) et des étés agréablement chauds. La météo printanière est plutôt instable, oscillant entre des journées chaudes et ensoleillées et des journées de pluie.

AVRIL

4° / 13°

GALLERY WEEKEND
Le Gallery Weekend, ce sont de nombreux événements, vernissages et visites guidées à travers près de cinquante galeries à Berlin.

$

MAI

8° / 19°

FÊTES DU PREMIER MAI
Concerts de rue, clubs du quartier et *rave parties* improvisées dans des parcs, c'est toute la ville qui célèbre le 1er mai.

$ $

JUIN

12° / 22°

LESBISCH SCHWULES STADTFEST
Une fête de rue joviale aux couleurs de l'arc-en-ciel, avec toutes sortes de stands et une joyeuse ambiance de kermesse.

$ $

OCTOBRE

6° / 13°

JOUR DE L'UNITÉ ALLEMANDE

© SERGEY KOHL - SHUTTERSTOCK.COM

La fête nationale allemande célèbre la signature du traité de la Réunification le 3 octobre 1990, jour de l'Unité allemande.

$ $

NOVEMBRE

2° / 7°

JÜDISCHE KULTURTAGE
Concerts, films, discussions : ces « journées culturelles juives » mettent en valeur la scène artistique locale et internationale.

$ $

DÉCEMBRE

-1° / 3°

LES MARCHÉS DE NOËL
Les marchés de Noël animent des dizaines de places et de rues à travers toute la ville. Un peu de chaleur au début de l'hiver.

SOIRÉE DU NOUVEL AN
Les Berlinois célèbrent la nouvelle année dans leur quartier. A chaque coin de rue : concours de feux d'artifice et de pétards.

$ $

LES BONNES RAISONS D'Y ALLER

© AUTHOR'S IMAGE

SON HISTOIRE

Ses plaies sont encore béantes et Berlin est un cours d'histoire à ciel ouvert.

LE MUR DE BERLIN

Il a séparé la ville pendant 28 ans et a façonné deux villes avec mille identités.

© CHRISTIAN MUELLER - SHUTTERSTOCK.COM

© PHILIP LANGE - SHUTTERSTOCK.COM

SON ARCHITECTURE

L'architecture berlinoise reflète diverses époques et différents régimes politiques.

© TSUGULIEV - SHUTTERSTOCK.COM

SES PARCS

Berlin est une capitale parmi les plus vertes du monde. Ses parcs se comptent par centaines.

© ELIZABETH KAWAMURA - SHUTTERSTOCK.COM

SES LACS

Les lacs de Berlin et du Brandebourg sont à la belle saison le paradis des hédonistes.

© VICTOR JIANG - SHUTTERSTOCK.COM

SES MUSÉES

Berlin compte quantité de musées d'art, d'archéologie et d'histoire de grande qualité.

© MKRBERLIN - SHUTTERSTOCK.COM

SON MODE DE VIE

Berlin fascine le monde entier avec l'insouciance et la désinvolture de son mode de vie.

LES BONNES RAISONS D'Y ALLER

SA SCÈNE QUEER

Depuis les années 1920, Berlin est l'eldorado des communautés LGBTQ en Allemagne.

© UGIS RIBA - SHUTTERSTOCK.COM

© VERSHININ - ISTOCKPHOTO.COM

LA MUSIQUE ÉLECTRO

Berlin est célèbre pour ses boîtes de nuit qui attirent la jeunesse de toute l'Europe.

© VIKTOR KINTOP - SHUTTERSTOCK.COM

LA BIÈRE

La pinte de bière berlinoise est à peu près deux fois moins chère que le demi parisien.

LES 12 MOTS-CLÉS

#AMPELMÄNNCHEN

Le petit bonhomme piéton des feux de signalisation est devenu un emblème de Berlin. Instauré d'abord à Berlin-Est, il fut ensuite utilisé dans toute la RDA. À la chute du Mur, la municipalité voulut le remplacer par les classiques feux pour piétons de l'Ouest, mais il fut ardemment défendu. Aujourd'hui, on le trouve même à Berlin-Ouest.

© WONDERVISUALS - SHUTTERSTOCK.COM

#BER

Connu sous le code BER, le nouvel aéroport de Berlin aurait dû ouvrir en 2012. A force de scandales à répétition, son ouverture est sans cesse repoussée, faisant de lui l'objet de railleries préféré des Berlinois. Huit ans après l'inauguration prévue initialement, son ouverture n'a pas été empêchée par la paralysie due à la pandémie de covid-19.

#DÖNER

La légende veut que le Döner Kebab ait été inventé à Berlin par un immigré turc, Mehmed Aygün afin de séduire la clientèle allemande, habituée à manger sur le pouce. Assez différent de son homologue français, le kebab berlinois est toujours garni de chou rouge. Très bon marché et roboratif, son succès ne se dément pas chez les oiseaux de nuit.

© SAHARA FROST - SHUTTERSTOCK.COM

#FKK

La culture du corps libre (*Freie KörperKultur*) est bien ancrée chez nos voisins d'outre-Rhin. Il n'est pas rare dans certains parcs ou sur les plages de voir des Allemands dans le plus simple appareil. Ne soyez pas surpris si vous vous rendez au sauna à Berlin, le port du maillot de bain y est très souvent interdit. « Halte au textile ! » donc.

#KIEZ

Berlin est une ville-monstre dont la superficie équivaut à sept fois Paris. Il y a 12 arrondissements (Bezirke) gigantesques, eux-mêmes subdivisés en quartiers (Stadtteile). Les Berlinois identifient une sous-catégorie supplémentaire : le Kiez : quelques pâtés de maisons, un supermarché, des bars et des commerces ; leur petite vie de quartier.

#OURS

Selon une croyance populaire fausse, Berlin tirerait son nom de l'Ours (*Bär*). Il semblerait plutôt que l'on doive ce symbole au margrave du Brandebourg Albert Ier, dit « L'Ours ». Depuis 1280, l'ours est l'animal héraldique de la ville. Vous le trouverez partout : sur le drapeau, en statue, en peluche dans les boutiques de souvenirs etc.

© MARINO4KA - SHUTTERSTOCK.COM

#SPÄTI

Indissociables de la vie berlinoise, les Späti, diminutif de Spätkauf, permettent à toute heure du jour mais surtout de la nuit de trouver bière, alcools, chips, chocolat et autres articles alimentaires juste en bas de chez vous. Certains Späti possèdent même leur propre terrasse pour vous permettre de déguster une bière les soirs d'été.

#RÉUNIFICATION

L'acte symbolique de la Réunification fut sans aucun doute la chute du Mur de Berlin, le 9 novembre 1989. Puis ce fut un long processus de retissage entre les deux parties de la ville. Il a par exemple fallu repenser la totalité du réseau de transports. Devenue capitale de la RFA, Berlin a retrouvé sa place parmi les grandes villes-mondes.

© STRUVICTORY - SHUTTERSTOCK.COM

#SCHNAUZE

Littéralement, la « Schnauze » désigne la gueule d'un animal. Mais quand les Allemands parlent de la « Berliner Schnauze », ils font allusion au franc-parler des habitants de la capitale. C'est une manière dépréciative et plutôt méprisante pour caractériser les Berlinois auxquels on prête volontiers un caractère un peu rustre et nonchalant.

#SZENE

La scène berlinoise, dite Szene, est une notion qui recouvre à la fois une façon de vivre, des modes et tendances, des sorties, des courants politiques... La Szene berlinoise, fondamentalement alternative, recouvre aussi les différents lieux de fêtes, des clubs les plus incongrus aux plus huppés... La Szene, c'est le Berlin qui bouge.

#WEGBIER

La bière est une boisson de prédilection à Berlin – comme dans toute l'Allemagne d'ailleurs. La « Wegbier » désigne la bouteille de bière que l'on boit en chemin, dans les transports ou dans la rue, bien souvent en route pour les boîtes de nuit. Alors ne vous étonnez pas de voir les Berlinois boire ainsi dans le métro. Autre pays, autres mœurs.

#WG

La colocation – ou WG pour Wohngemeinschaft – est très développée à Berlin. S'il était autrefois facile de trouver une colocation à Berlin, le succès de la ville a provoqué un afflux de nouveaux arrivants qui rend la recherche plus compliquée et plus compétitive. Pour intégrer une WG, il faut se préparer à passer un véritable casting !

VOUS ÊTES D'ICI, SI...

- Vous attendez au feu rouge. Les Berlinois sont sans doute moins disciplinés que les Munichois mais plus que les Parisiens. Il vaut mieux attendre le feu vert pour traverser la route et éviter de se tenir sur la piste cyclable.
- Vous payez en liquide. Si l'on peut payer par carte dans la majorité des boutiques et des grandes enseignes, ce n'est pas le cas des restaurants, des cafés, des bars, des Spätis, etc, et la plupart affichent « Cash Only ».
- Vous laissez un pourboire (Trinkgeld). La coutume est d'arrondir l'addition à une somme supérieure et d'annoncer au serveur au moment de l'addition le montant que vous lui paierez, pourboire inclus.
Ainsi, on vous rendra la monnaie en conséquence.
- Vous comprenez l'humour berlinois. Dans le reste de l'Allemagne, les Berlinois sont connus pour être un peu bruts de décoffrage. La franchise âpre des habitants de la capitale est souvent une marque d'humour.
- Vous vous faites des accolades pour vous dire au revoir.

MON BERLIN

avec Henri FRUNEAU, auteur du guide

© DR

Interview

Passionné par les langues et civilisations étrangères, Henri Fruneau poursuit des études d'allemand en France et en Allemagne. Après avoir étudié et vécu à Leipzig et à Vienne, il décide de s'installer à Berlin pour mieux comprendre cette ville intrigante. Il vit maintenant depuis quatre ans dans la capitale allemande et continue d'arpenter la ville avec intérêt et curiosité.

TOP 10

A VOIR/A FAIRE

Entre les parcs verdoyants, les musées et les lieux chargés d'histoire, Berlin ne manque pas de sites d'intérêt et il y en a tout autant pour les rats des champs que pour les rats des villes. Berlin est aussi connue pour abriter des endroits insolites, comme le parc du Tempelhofer Feld où la nature a repris ses droits sur les anciennes pistes de l'aéroport. Avec les Berliner Unterwelten, vous pourrez visiter les sous-terrains de la ville et découvrir l'histoire des bombardements ou de la guerre froide.

© NOPPASIN WONGCHUM - SHUTTERSTOCK.COM

104

BRANDENBURGER TOR - PORTE DE BRANDEBOURG

La Porte de Brandebourg, après 28 ans passés à l'ombre du Mur, est devenue un symbole de l'Allemagne réunifiée après 1989.

© AUTHOR'S IMAGE

126

KULTURBRAUEREI

Un bel exemple de reconversion réussie. Cette ancienne brasserie est devenue un véritable centre culturel : théâtre, cinéma, etc.

KAISER-WILHELM-GEDÄCHTNIS-KIRCHE

Cette église néoromane, en partie détruite par un bombardement en 1943, est un manifeste contre les horreurs de la guerre.

© STÉPHAN SZEREMETA

142

© CLAUDIODIVIZIA - ISTOCKPHOTO.COM

110

NEUES MUSEUM

Le Neues Museum possède une superbe collection égyptienne, et son buste de la reine Néfertiti est connu dans le monde entier.

OBERBAUMBRÜCKE

Ce pont, entre Kreuzberg à l'Ouest et Friedrichshain à l'Est, offre un beau panorama sur la Spree et la Tour de la télévision.

© AUTHOR'S IMAGE

130

© MICHA WEBER - SHUTTERSTOCK.COM

138

TEMPELHOFER FELD

Cet ancien aéroport est l'un des lieux les plus insolites de la ville. Venez flâner sur les anciennes pistes de décollage.

© SIEGFRIED STOLTZFUSS - ICONOTEC

112

PERGAMONMUSEUM - MUSÉE DE PERGAME

Le plus fascinant et le plus célèbre des musées de la ville permet de mesurer la splendeur des villes antiques, grandeur nature.

TIERGARTEN [PARC]

Véritable forêt en plein cœur de la ville, le Tiergarten dissimule de charmants lieux pour se ressourcer, à l'ombre ou au soleil.

© VISITBERLIN - WOLFGANG SCHOLVIEN

124

REICHSTAG

Un concentré d'histoire allemande en plein cœur de la capitale et une vue exceptionnelle sur la ville depuis sa coupole de verre.

© PANI GARMYDER - SHUTTERSTOCK.COM

123

© ZOO BERLIN

146

ZOOLOGISCHER GARTEN & AQUARIUM

Le plus vieux des zoos allemands est un charmant lieu de promenade où architecture, faune et flore s'harmonisent parfaitement.

TOP 10

SE RÉGALER

Rassurez-vous : à Berlin, on ne mange pas que de la Curry Wurst (cette célèbre saucisse servie avec une sauce tomate au curry). Côté cuisine, Berlin est au carrefour de toutes les influences et de toutes les modes, du fast au slow food, du barbecue au végan, etc. Les cuisines du monde ont auprès des jeunes plus de popularité que la cuisine traditionnelle. On peut ici faire le tour du globe avec son assiette, pour des prix doux et avec des plats de grande qualité ! Les petits budgets le savent : à Berlin, on peut manger sur le pouce pour trois fois rien et se régaler sans se ruiner.

© DR

155

KONNOPKE IMBISS

Sous la ligne de métro U2, c'est sans doute la meilleure et la plus connue des *Currywürste* de Prenzlauer Berg et de Berlin.

© DAE MON

151

DAE MON

Cuisine fine, créative et moderne, d'un bon rapport qualité-prix, dans un restaurant branché situé en plein cœur de Mitte.

BAR RAVAL

Restaurant à tapas connu pour être une initiative de l'acteur D. Brühl. Cuisine du chef Atilano Gonzales et belle carte de vins.

© BAR RAVAL

159

© WDERIMBISS

156

W - DER IMBISS

Un restaurant boui-boui de grande qualité. Sa cuisine est à la fois créative et bon marché. Essayez par exemple le «naan-pizza».

PHOTO © MICHELBERGER HOTEL

163 HENO HENO
Le Heno Heno est un restaurant où l'on sert une cuisine japonaise simple et fine : pas de sushis mais de délicieux plats de riz.

157 MICHELBERGER HOTEL
C'est un superbe hôtel design mais aussi une excellente cuisine bio dont les produit sont cultivés dans les environs de Berlin.

159 HORVATH
Sebastian Frank propose une cuisine inventive, inspirée par les spécialités autrichiennes, dans son restaurant à Kreuzberg.

158 ATLAS CAFÉ
Une cuisine allemande, simple et savoureuse, à des prix défiant toute concurrence. Une excellente adresse de la Graefestraße.

163 NENI
Restaurant avec une vue panoramique sur Charlottenburg et sur le Tiergarten, proposant des spécialités orientales revisitées.

163 DIE STULLE
Beau restaurant design avec terrasse, idéal pour un délicieux petit-déjeuner frais non loin de la charmante Savignyplatz.

TOP 5

FAIRE UNE PAUSE

Berlin regorge de bars fabuleux où l'on viendra se rafraîchir à toute heure. Que diriez-vous de siroter un cocktail tout en observant la ville s'animer sous vos pieds ou d'engloutir une bière les oreilles bercées par le son du DJ ?

KLUNKERKRANICH

Caché sur le toit d'un centre commercial, ce rooftop bar aux allures de plage offre une vue magnifique sur le quartier.

174

© EGI – STOCK.ADOBE.COM

158

21 GRAMM

Ce charmant café se cache entre les murs d'une ancienne chapelle, ce qu'il lui donne une atmosphère tout à fait insolite.

168

© EGI – STOCK.ADOBE.COM

MEIN HAUS AM SEE

Un bar archétypique de la branchitude berlinoise : une décoration créative et fantaisiste et – bien-sûr – de la musique électro.

AN EINEM SONNTAG IM AUGUST

Ce café est aussi populaire pour les pauses en journée que pour les débuts de soirée avec cocktails, bière et musique électro.

170

© AN EINEM SONNTAG IM AUGUST

© AJAN ALEN - SHUTTERSTOCK.COM

169

MONKEY BAR

Ce rooftop bar est le beau et le plus populaire de Charlottenburg. Vous verrez peut-être les singes dans le zoo en contrebas.

TOP 5

(SE) FAIRE PLAISIR

On trouve dans la capitale allemande aussi bien des grands magasins que des petites boutiques de créateurs, des brocantes et des concept stores, sans oublier les très populaires marchés aux puces. L'éventail est large et nos coups de cœur se veulent un reflet de cette grande diversité.

186

FLOHMARKT IM MAUERPARK

Sans doute le plus connu et le plus branché des marchés aux puces. Célèbre aussi pour son karaoké le dimanche après-midi.

182

BIKINI BERLIN

Le Bikini est un «concept mall» qui ne manque pas de charme, avec son intérieur lumineux, fait de bois et d'acier peint.

187

TASCHEN STORE BERLIN

La librairie Taschen, non loin du Ku'damm, s'explore comme on visite un musée. Ses beaux livres d'art sont un régal pour les yeux.

KADEWE

Le Kadewe est une institution qui évoque tout autant la tradition des grands magasins que le miracle économique de l'Ouest.

182

183

BOHEI

Une adresse idéale pour ramener un petit cadeau original : une carte postale fantaisiste, un bijou ou un bibelot atypique.

TOP 5

BOUGER & BULLER

Côté sports et détente, Berlin se détache encore une fois du lot avec des lieux inédits, originaux, insolites, incongrus : une piscine dans la Spree, un bassin d'eau salée sous une voûte de béton, un parcours d'accrobranche urbain, etc.

BADESCHIFF

La piscine la plus originale de Berlin : un bassin dans les eaux sombres de la Spree et une plage de sable fin. Comme à la mer.

© ARENA BERLIN

© EGI – STOCK.ADOBE.COM

VABALI

Un petit coin de paradis balinais à dix minutes de la gare centrale. Saunas, spas, bassins extérieurs. Déconnexion garantie.

© EGI – STOCK.ADOBE.COM

STADTBAD NEUKÖLLN

Une piscine historique où, entre deux saunas, on pourra venir faire quelques longueurs dans le beau bassin flanqué de colonnes.

LIQUIDROM

Un spa ultra-contemporain que l'on appréciera pour son bassin d'eau de sel dans lequel on flotte en écoutant de la musique.

© LIQUIDROM

MOUNT MITTE

Un parcours d'accrobranche mais sans arbres. Le périple se fait à travers une jungle de pneus, de voitures et de vélos suspendus !

TOP 5

SORTIR

Berlin est le rendez-vous des noctambules du monde entier. Bars et clubs de manquent pas. Difficile de suivre les tendances, elles sont changeantes et les Berlinois cultivent un certain sens du secret, pour ne pas révéler les meilleurs coins à champignons.

200 SCHWUZ

Le SchwuZ est un club queer, actif et engagé, festif et extravagant. Trois dancefloors et autant d'ambiances : pop, techno, rétro.

198 BERGHAIN

PHOTO

Le Berghain est indéniablement le club culte de Berlin, c'est un temple de la musique, de la fête et de la concupiscence.

200 SISYPHOS

Ouvert tout le week-end, le Sisy est bien connu des oiseaux de nuit. Son espace extérieur a des allures de petit village.

198 CLUB DER VISIONÄRE

Posé au bord de l'eau, ce bar-boîte jouit d'un cadre idéal pour un *after* après une nuit endiablée dans les clubs avoisinants.

SÜSS WAR GESTERN 201

A la fois bar et club, c'est un lieu où l'on passera toute la soirée et toute la nuit, à jouer à la console ou à danser.

TOP 10

SE LOGER

Mitte est un quartier privilégié pour l'hébergement car la plupart des sites historiques sont facilement accessibles à pied. C'est aussi dans ce quartier qu'ont ouvert les hôtels les plus originaux et les plus luxueux. Mais on y trouve aujourd'hui encore des auberges de jeunesse abordables ! Tous les quartiers à l'intérieur du Ring proposent une grande diversité d'établissements. En période de foires, l'hébergement est plutôt tendu en ville. Comme dans d'autres grandes villes, mieux vaut réserver son logement au plus tôt.

© 25 HOURS BIKINI HOTEL

25 HOURS BIKINI HOTEL

Charmantes chambres colorées dans un hôtel avec sauna, bar et surtout une vue à couper le souffle sur le zoo et le Tiergarten.

© AUTHOR'S IMAGE

THE CIRCUS HOSTEL & HOTEL

Auberge de jeunesse, hôtel et appart-hôtel chic, d'un très bon rapport qualité-prix, près de Mitte et Prenzlauer Berg à la fois.

HÜTTENPALAST

Dans ce camping-hôtel insolite de Neukölln, vous pourrez habiter une cabane ou une caravane tout en restant à l'intérieur.

© JAN BROCKHAUS

© MINILOFT MITTE

MINILOFT MITTE

Minilofts de charme au style clair et épuré dans un superbe cadre à proximité de la gare Hauptbahnhof en plein cœur de Mitte.

248 HOTEL MANI

Hôtel, d'un bon rapport qualité-prix, avec une terrasse dans une ravissante cour au cœur du quartier le plus branché de Berlin.

PHOTO

MICHELBERGER HOTEL 252

Chambres au design audacieux et au charme DIY dans un hôtel avec bar fréquenté par l'industrie créative de Friedrichshain.

253 36 ROOMS

Auberge de jeunesse, pas chère et de très bonne qualité, avec terrasse et belle vue, située en face du Görlizter Park à Berlin.

248 MEININGER HOTEL BERLIN MITTE HUMBOLDTHAUS

Hôtel-auberge aux chambres très abordables en plein cœur historique. Certes une chaîne, mais d'un excellent rapport qualité-prix.

256 HOTEL HENRI

Un petit hôtel élégant, rétro, plein de caractère et de raffinement qui semble tout droit sorti de l'Angleterre victorienne.

254 EASY LODGES

Dormir dans un bungalow sur le site de l'ancien aéroport de Tempelhof sous le ciel étoilé et sans avions, ça n'a pas de prix.

TOP 5

GASTRONOMIE ALLEMANDE

Berlin réserve de bonnes tables pour les papilles nostalgiques, curieuses et exigeantes qui veulent faire connaissance avec la gastronomie d'outre-Rhin. Voici 5 des meilleurs restaurants où vous pourrez déguster *schnitzels, spätzle, maultaschen* et autres spécialités de l'espace germanophone.

150 AL-PENSTUECK

Cuisine autrichienne et d'Allemagne du Sud avec d'excellents Schnitzels dans un beau restaurant avec terrasse à Berlin-Mitte.

153 JO-SEPH-ROTH-DIELE

Dans ce café-bistro, on sert une cuisine allemande traditionnelle, copieuse, savoureuse et d'un excellent rapport qualité-prix.

162 MAUL-TASCHEN MANUFAKTUR

De savoureux *Maultaschen* (spécialité souabe) à savourer avec une Rothaus (bière de la Forêt-Noire) dans un cadre authentique.

154 AUSSPANNE

Restaurant de Prenzlauer Berg offrant une délicieuse cuisine traditionnelle allemande, conçue avec finesse par le chef André Pilz.

152 SCHNIT-ZELEI

Ce restaurant coloré et élégant propose des schnitzels, mais aussi toute une collection originale des « tapas allemandes ».

TOP 5

BIERGARTEN

Le mot « Biergarten » ne trouve pas d'équivalent en français et sa traduction par « jardin à bière » sonne un peu maladroite. Il n'en reste pas moins que les *Biergärten* sont d'agréables lieux de sociabilité aux beaux jours et l'on savourera sa bière, au soleil ou à l'ombre d'un platane.

© SEREN DAL

174 GOLGATHA

Ce *Biergarten*, dissimulé dans le Viktoriapark, est une étape rafraîchissante dans votre découverte de Kreuzberg aux beaux jours.

176 BRŁO BRWHOUSE

Quelque part entre le *Biergarten* branché et la brasserie 2.0, BRŁO Brwhouse propose une quarantaine de bières brassées maison.

PHOTO

155 PRATER GARTEN

Cuisines allemande et autrichienne dans ce beau Biergarten, qui est aussi le plus ancien de la ville. Sa création remonte à 1837 !

153 CAFÉ AM NEUEN SEE

Dans le Tiergarten et au bord d'un lac, le cadre de ce Biergarten est enchanteur. Une étape rafraîchissante pour les beaux jours.

169 ZOLLPACKHOF

Zollpackhof est le Biergarten le plus central de Berlin, tranquillement posé sur les bords de la Spree, face à la chancellerie.

ALLO ?

Pour appeler un numéro de téléphone berlinois avec un numéro étranger, pensez à ajouter l'indicatif allemand: +49 (soit 0049) sans le zéro initial. Pour appeler vers la France depuis Berlin, utilisez l'indicatif français +33. Depuis 2017, les frais d'itinérance ont été supprimés dans les 27 pays membres de l'Union européenne. Un plafond peut toutefois avoir été défini par votre opérateur.

ACCESSIBILITÉ

Beaucoup de stations de S-Bahn et U-Bahn disposent d'ascenseurs pour faciliter l'accès au quai pour les personnes à mobilité réduite (les informations sont indiquées sur les cartes de transport). Les trottoirs sont larges et les chaussées en bon état pour une circulation sans trop de difficultés en fauteuil. Enfin, vu le vaste choix en hôtellerie, il est possible de trouver des hôtels pour tous les budgets et spécialement équipés pour les personnes en situation de handicap.

SANTÉ

Il existe des médecins francophones à Berlin, l'ambassade de France en a la liste qu'elle publie sur son site Internet www.ambafrance-de.org (voir rubrique « Berlin » puis « Informations pratiques »). Pour connaître le nom et l'adresse du médecin et de la pharmacie de garde, il suffit d'aller à la pharmacie la plus proche : c'est indiqué sur la porte (comme en France). Vous pouvez aussi contacter le consulat, il vous accompagnera dans vos démarches. En cas de problème grave, c'est aussi lui qui prévient la famille et qui décide du rapatriement. Pour connaître les urgences et établissements aux standards internationaux, consultez les sites www.diplomatie.gouv.fr et www.pasteur.fr

URGENCES SUR PLACE

Pour joindre les pompiers, c'est le 112 comme dans tous les pays d'Europe. Pour la police, contactez le 110.

SÉCURITÉ

L'Allemagne est un pays sûr et il n'y a pas de précautions particulières à prendre. A Berlin, vous ne risquez rien d'autre que de croiser des oiseaux de nuit éméchés sur le chemin des boîtes de nuit.

LGBTQ

Berlin compte la plus grande communauté LGBTQ d'Allemagne. Vous trouverez en ville de nombreux magazines gratuits (*Siegessäule* ou *Blu* par exemple) ou des cartes répertoriant les différents lieux de sociabilité gay de la ville. Berlin n'a pas attendu le coming-out de son maire Klaus Wowereit pour revendiquer son identité queer. Déjà dans les années 1920, Berlin était connue en Europe comme une destination homosexuelle de choix. Il suffit de relire *Goodbye to Berlin* du Britannique Christopher Isherwood pour s'en convaincre. La communauté homosexuelle berlinoise trouve un porte-parole avec Magnus Hirschfeld qui fonde en 1919 son Institut de sexologie. Aujourd'hui, Berlin est connue par les LGBTQ du monde entier, autant pour sa longue tradition que pour la diversité de sa *Szene* queer.

AMBASSADE ET CONSULATS

L'ambassade de France et le consulat se trouvent au 5 Pariser Platz, non loin de la Porte de Brandebourg. L'ambassade de Belgique se trouve près du Gendarmentmarkt, au 52 de la Jägerstraße. L'ambassade de Suisse est toute proche de la chancellerie (Otto-von-Bismarck-Allee 4a). Quant à l'ambassade du Canada, elle se trouve au 17 Leipziger Platz.

POSTE

Les bureaux de poste sont jaunes, comme en France, et toujours remplis de monde quand on y va, comme en France. Les tarifs sont en revanche plus élevés. Ici, un timbre pour une carte postale vers la France coûte 0,95 €. On trouve des timbres dans les bureaux de poste (ouverts souvent jusqu'à 18h, parfois plus), dans les distributeurs de timbres (rares), dans les kiosques (parfois) ou chez certains marchands de cartes postales. Une carte postale coûte entre 0,50 et 1,50 € en général. Les boîtes aux lettres sont jaunes ; à destination de la France, glissez votre courrier dans la fente *Andere Postzahlen*.

MÉDIAS LOCAUX

Le paysage médiatique allemand est très décentralisé. La première chaîne de télévision (Das Erste) a son siège à Hambourg, la deuxième (ZDF) à Mayence, etc. Depuis que Berlin a retrouvé son statut de capitale, les différentes chaînes de télévision y ont ouvert des studios et des antennes tout en gardant leur siège en province. De nombreux journaux d'importance nationale sont tirés dans d'autres grandes villes du pays : le quotidien libéral-conservateur *Frankfurter Allgemeine Zeitung* siège à Francfort, le *Süddeutsche Zeitung*, de centre-gauche, a son siège à Munich, etc. Le quotidien et tabloïd le plus lu en Allemagne, *Bild-Zeitung*, conservateur et racoleur, a quant à lui son siège en plein centre de Berlin. Les quotidiens les plus importants de la ville sont le *Berliner Zeitung*, le *Tagesspiegel* et le *Berliner Morgenpost*.

Berlin dispose également d'un bimensuel de qualité : *Tip Berlin* (www.tip-berlin.de). On y trouvera des articles de fond sur l'actualité de la ville et des agendas culturels très complets. Si vous ne lisez pas l'allemand, vous pourrez vous reporter sur le magazine mensuel *Exberliner* (www.exberliner.com), publié en langue anglaise.
Si vous cherchez des blogs pour trouver d'autres sources d'inspiration, en voici quelques-uns en français : aberlin.fr et www.goodmorningberlin.com

LES PHRASES CLÉS

Bonjour, mon téléphone ne fonctionne pas, pouvez-vous m'aider s'il vous plait ?
Hallo, mein Handy funktioniert nicht, können Sie mir bitte helfen?

Je ne me sens pas bien, pouvez-vous m'amener à l'hôpital le plus proche ?
Ich fühle mich nicht gut, können Sie mich zum nächstgelegenen Krankenhaus bringen?

Est-ce que vous avez un médecin qui parle français ?
Haben Sie einen Arzt, der Französisch spricht?

Je viens de me faire voler mes papiers, où est le poste de Police le plus proche ?
Mir wurde mein Reisepass gestohlen, wo finde ich das nächstgelegene Polizeirevier?

Est-ce un quartier dangereux ou je peux y aller sans crainte ?
Ist diese Gegend gefährlich, oder kann ich dort unbesorgt spazieren gehen?

Avez-vous des timbres pour une carte postale à envoyer en France ? C'est combien ?
Haben Sie Briefmarken für eine Postkarte nach Frankreich? Wie viel kostet das?

PASSPORT

Berlin est une ville étonnante où l'on ne cesse d'être surpris par les aléas de son histoire mouvementée, et la découvrir, c'est se confronter à son passé torturé. Jusqu'à la fin du XXe siècle, la ville est au cœur de conflits et des tensions de la guerre froide. Elle fascine aujourd'hui car c'est l'histoire d'une renaissance, d'un come-back inespéré. L'architecture de la reconstruction après la chute de Mur fascine par sa créativité. Nombreux furent les grands bureaux d'architectes à participer à la reconstruction d'une ville dont le tissu urbain est encore percé de plaies béantes. Mais Berlin assume ses cicatrices. La ville tient aussi une place privilégiée sur la scène artistique internationale : ses théâtres, ses opéras, ses musées, qui jouissent d'une longue tradition, sont de renommée mondiale. Quant à la scène artistique indépendante, la *Freie Szene*, elle est essentiellement tournée vers l'avenir.

OSTALGIE, MADE IN GDR

A en juger par la quantité de boutiques Ampelmann à Berlin et par la popularité du DDR-Museum ou du film *Good Bye Lenin!* en 2003, il semblerait que le souvenir de la RDA se soit réduit à un usage touristique et commercial. L'ostalgie des années 1990 a-t-elle laissé place à une exploitation marketing des récits et symboles est-allemands ? Pourtant, trente ans après la Réunification et la disparition de la République Démocratique allemande, ses « traces » sont toujours dans le paysage berlinois et le souvenir de la RDA est toujours présent dans les mentalités. On ne trouvera pas grand monde pour regretter le Mur ou la Stasi, mais beaucoup s'insurgent contre le paternalisme ouest-allemand et revendiquent un autre regard sur la RDA qui, sans nier la dictature, veut rendre visibles les atouts du pays disparu. Peut-on comprendre l'ostalgie comme la survivance d'un idéal ? Retour sur ce phénomène polyforme et pour le moins ambigu.

« On n'avait pas de bananes, mais la sécurité sociale »

Ostalgie, c'est un mot-valise, composé du mot *Osten* qui désigne en allemand l'Est et *Nostalgie* dont la traduction n'est pas à faire. On doit vraisemblablement ce néologisme à un cabarettiste de Dresde qui commente, non sans ironie, une tendance qu'il observe dans son pays dans les années 1990 : un certain spleen répandu à l'Est. Depuis, la définition du mot « Ostalgie » est élastique. C'est un concept flou qui peut désigner un tendre rapport à la RDA et aux souvenirs liés à l'enfance. Le mot peut désigner l'engouement pour les lieux et les objets *Made In GDR*, mouvement vintage que l'on observe ailleurs soit-dit en passant. Mais on peut aussi voir dans ce phénomène l'affirmation d'une identité après la réunification dont les ratés se font sentir jusqu'à aujourd'hui. C'est une forme de défiance vis-à-vis de la condescendance ouest-allemande. En effet, la dureté de la réunification avec son lot de fermetures d'usines et de licenciements a de quoi faire regretter l'État providence est-allemand où l'emploi était garanti. L'introduction du marché libre a condamné de nombreux citoyens au chômage et la hausse des loyers les a obligés à s'installer toujours plus loin des centres-villes.

Les fameux Spreewaldgurken.

L'ostalgie, objet d'analyse des historiens

Selon Andreas Rödder, l'ostalgie née dans les années 1990 est « un désir utopique de sécurité [...] face au vent rude de l'économie de marché et aux ouragans de la mondialisation ». Pour cet historien ouest-allemand, c'est un déni de la réalité, qui révèle la volonté d'affirmer une autre identité pour se distinguer de l'Ouest et compenser le sentiment de faire partie des défavorisés. Il voit dans l'ostalgie une valeur refuge illusoire. On pourra reprocher à Andreas Rödder d'analyser les conséquences de la réunification avec une certaine complaisance, minimisant l'impact et le choc de la transition pour les Allemands de l'Est. L'historien français Nicolas Offenstadt observe quant à lui l'ostalgie avec moins de sévérité. Et il nous aide à mieux saisir son sens et ses enjeux. Cet arpenteur de brocantes s'est adonné à l'*Urbex* (Urban Exploration) en RDA et a livré un formidable récit intitulé *Le Pays disparu*, à la recherche des « traces » laissées par la RDA. On peut voir dans l'ostalgie le refus de cette histoire binaire qui diabolise la RDA pour mieux vanter et légitimer la réunification. Nicolas Offenstadt utilise le terme « ostalgie » avec beaucoup de prudence, considérant que celui-ci a souvent tendance à décrédibiliser le discours est-allemand, le plaçant inexorablement du côté de la nostalgie sentimentale ou de

© LUISA FUMI - SHUTTERSTOCK.COM

DDR Museum.

l'*entertainment* à destination des Allemands de l'Ouest. Nicolas Offenstadt s'attache à écouter les voix est-allemandes et les prend au sérieux. Leur indulgence ou leur tendresse vis-à-vis à de la RDA peuvent être comprises comme une volonté de s'émanciper du discours majoritaire tenu après la réunification. Ces Allemands de l'Est refusent de se laisser présenter comme des victimes et désapprouvent le discours qui diabolise la RDA et glorifie la RFA de façon simpliste.

Phénomène ostalgique et le glamour du Made in GDR

Dès le début des années 1990, ce « phénomène ostalgique » prend une multitude de formes. Nous avons évoqué les discours qui s'opposent à la condamnation unilatérale de la RDA. La partie la plus visible de ce moment ostalgique est sans doute la notoriété des objets *Made in GDR* (*German Democratic Republic*). La popularité des brocantes et des marchés aux puces n'a pas attendu la Chute du Mur mais la disparition de la RDA a vu grimper la célébrité des objets produits dans le pays disparu. Jusqu'à aujourd'hui, les objets *Made in GDR* jouissent d'un véritable engouement dans les marchés aux puces de Berlin (Flohmarkt am Boxhagner Platz, Flohmarkt am Mauerpark). Certains des produits emblématiques de la RDA sont encore fabriqués de nos jours et leur survivance manifeste un certain attachement à la préservation de ce passé en péril : citons notamment les chocolats Halloren et les Knusperflocken, le mousseux Rotkäppchen, le Vita Cola, sans oublier les célébrissimes Spreewald-Gurken, ces cornichons popularisés par le film *Good Bye Lenin!* Ce film de 2003 cristallise à lui seul toutes les ambivalences du phénomène ostalgique. Alex fait revivre la RDA dans l'appartement de sa mère alitée, fidèle à son pays, pour lui éviter le choc de la réunification. On a pu reprocher au film de produire un objet de divertissement, taillé sur mesure pour satisfaire la complaisance ouest-allemande. D'un autre côté, il est indéniable que le film rend hommage à l'esthétique est-allemande et lui donne aussi ses lettres de noblesse. On peut aussi mentionner ici la série *Weißensee* qui met en scène deux familles en RDA entre 1980 et 1990. Nombreux furent les Allemands de l'Est à avoir accueilli cette série avec bienveillance car, complexe et subtile, elle s'attache à présenter des profils de citoyens très divers et échappe ainsi à la caricature.

« Disparition des traces » (Nicolas Offenstadt)

Il faut dire que les « vestiges » de la RDA se réduisent d'année en année. Nombreux sont les lieux emblématiques de la RDA qui ont disparu après la réunification. On peut citer le Palast der Republik, détruit en 2006, ou la statue de Lénine à Friedrichshain, déboulonnée en 1991. Beaucoup de noms de rues ont été modifiés à Berlin-Est, éloignant le souvenir des héros des mouvements ouvriers que la RDA entendait célébrer au cœur de ce que l'on peut appeler une géographie socialiste. Des voix se sont levées pour maintenir dans l'espace public les mémoriaux de la RDA. C'est peut-être la disparition extrêmement rapide de la RDA, entre la chute du Mur et la réunification, qui a incité de nombreuses personnes à se mobiliser pour sauver les vestiges du passé. La vague de fermeture de ces lieux « ostalgiques » se poursuit jusqu'à aujourd'hui.

OSTALGIE, MADE IN GDR

La café Sibylle, sur la Karl-Marx-Allee, a dû mettre la clé sous la porte, l'auberge de jeunesse Ostel a suivi le même destin. Le phénomène ostalgique s'est-il essoufflé, ou a-t-il étouffé de par son détournement commercial ? Tous les sites liés à la RDA n'ont pas disparu et que les visiteurs se rassurent : certains lieux de la ville conservent encore aujourd'hui cette esthétique du passé. **Alexanderplatz** (p.101) est indéniablement l'un de ces lieux. Complètement détruit par les bombardements, le quartier a reçu après la guerre de nouvelles proportions pour faire de cette place le cœur de la capitale est-allemande. L'horloge mondiale ou l'hôtel Park Inn ainsi que les nombreuses barres d'immeubles tout autour dans le quartier conservent ce petit parfum d'ostalgie. Plus emblématique encore de la RDA et de sa volonté de montrer ce dont elle est capable, la **Fernsehturm** (p.105) (Tour de la Télévision) s'élève à 368 mètres. Inaugurée en 1969, elle reste à ce jour l'édifice le plus haut d'Allemagne. La **Karl-Marx-Allee** (p.130), à elle seule, témoigne de l'esthétique monumentale socialiste. Les statues d'ouvriers et de paysans sur certaines façades révèlent la nouvelle place que prennent les classes populaires dans la société de la RDA mais l'avenue ne renonce pas pour autant à une certaine pompe architecturale qui n'est pas sans rappeler d'autres édifices monumentaux à Varsovie ou à Moscou. Enfin il faut aussi citer les nombreux mémoriaux socialistes construits en Allemagne de l'Est. Dans le **Ernst-Thälmann-Park,** (p.126)à Prenzlauer Berg, on trouve une statue monumentale dédiée à ce président du KPD, député au Reichtag et résistant au nazisme. Depuis 2014, le mémorial est classé monument historique.

L'Ostalgie dans les urnes

Le mur de béton qui a séparé la ville pendant 28 ans a laissé des traces. On parle en allemand du *Mauer in den Köpfen*, le « mur dans les esprits ». Dans les quartiers périphériques de Berlin, il n'y a pas eu la mixité qu'ont connus Prenzlauer Berg ou Mitte. Il y a aujourd'hui peu de Berlinois de l'Est à Reinickendorf ou à Spandau et sans doute encore moins de Berlinois de l'Ouest à Marzahn ou à Lichtenberg. Cette différence entre les parties de la ville est tout particulièrement visible dans les résultats aux élections (et ce, jusqu'à aujourd'hui). Lors des élections de septembre 2016 – pour le renouvellement de la chambre des députés berlinois, qui sont en quelque sorte, dans cette ville-Etat, à la fois des élections régionales et municipales –, le parti de gauche Die Linke (hériter du SED) arrive en tête dans la majorité des circonscriptions de Berlin-Est. Die Linke obtient ses meilleurs résultats (entre 20 et 30 % des suffrages) dans les quartiers de Lichtenberg, Pankow, Marzahn-Hellersdorf, Treptow-Köpenick, tous dans la partie Est de la ville. Si la disparition de la RDA – il y a maintenant trente ans – l'éloigne chaque année un peu plus de nous, celle-ci n'a pas fini de nous fasciner. Ces quarante années de communisme en Allemagne de l'Est captivent la curiosité des visiteurs de Berlin, pressés de découvrir le Berlin-Est authentique, celui « d'avant », sans doute aussi vainement que des archéologues qui chercheraient l'Atlantide.

A Alexanderplatz, la Fernsehturm et l'horloge universelle sont tous deux des vestiges de la RDA.

BERLIN, CAPITALE UNDERGROUND

La rue est marquée par l'omniprésence des interdits et des limitations (panneaux, feux, etc.) et nombreux sont les artistes qui s'engagent pour se réapproprier cet espace public afin d'y insuffler un peu de liberté, de mettre de l'originalité là où il n'y a que du conformisme, de mettre de l'art là où tout est fonctionnel, d'infuser un peu de subversion là où tout appelle à l'obéissance, d'interpeller le passant là où seule la publicité l'apostrophe. Cette *reconquista* de l'espace public par le street art n'a pas fini de nous fasciner car elle interroge notre rapport à la rue. Pour Kai Jakob, photographe et auteur d'un livre sur les peintures murales berlinoises, le street art « a quitté l'adolescence ». Il s'est institutionnalisé, popularisé, professionnalisé mais il n'a rien perdu de son pouvoir critique et de sa force d'inspiration. A Berlin comme ailleurs, le street art navigue entre la subculture et la pop-culture.

Perspective historique : Berlin, rebelle et contestataire

Pendant la guerre froide, Berlin-Ouest est un lieu attractif pour nombre d'artistes et d'étudiants. De par son statut, c'est le seul lieu en Allemagne de l'Ouest où le service militaire n'est pas obligatoire. S'il est difficile de quantifier aujourd'hui le nombre de jeunes hommes qui sont venus s'installer à Berlin pour échapper au service militaire, il n'en demeure pas moins que la ville a attiré une jeunesse pacifiste et créative, non-violente, anti-autoritaire, opposée à la guerre du Vietnam, prête à inventer de nouveaux modes de vie, fondamentalement anti-consumériste et surtout anticonformiste. En somme, une jeunesse motivée par d'autres idéaux que ceux du « miracle économique ». Dans les années 1980, Berlin est connue pour sa scène musicale et pour ses clubs punks. Berlin, en particulier Kreuzberg, connaît aussi une vague de squatteurs. Dans les *Mietskasernen* mal entretenues s'improvisent de nouvelles façons de vivre. On occupe un espace illégalement tout en le rénovant petit à petit. Ainsi, dans l'après-guerre, Berlin-Ouest s'est forgé une image de ville ouverte, créative et anticonformiste, propice à l'émergence du street art.

Le Mur de Berlin

C'est sans doute au Mur que l'on pense en premier quand on évoque le street art berlinois. Honnie dès la pose de la première pierre, cette muraille de béton, haute de 4 mètres, ne reste pas grise très longtemps ; à l'Ouest tout du moins. C'est une surface idéale pour les grapheurs en tout genre, d'autant plus que le Mur traverse le quartier de Kreuzberg, QG de la jeunesse alternative. Après la chute du Mur, 118 artistes, venus de 21 pays différents, réalisent des graffs sur la partie du Mur qui longe la Spree à Friedrichshain. Certains sont même devenues iconiques : citons notamment le baiser de Brejnev-Honecker, l'homme qui enjambe le Mur, les grands visages colorés du grapheur français Thierry Noir, etc. Peu après sa réalisation, cette gigantesque fresque de 1,3 km de long est protégée et classée aux monuments historiques. On l'appelle aujourd'hui East-Side-Gallery (p.129).

Les années 1900

Le street art connaît un boom à Berlin après la chute du Mur. La ville regorge de terrains vagues et de lieux à l'abandon, à l'Ouest mais plus particulièrement à l'Est, où de nombreuses usines doivent mettre la clé sous la porte. Les artistes se réapproprient cet espace public par l'expression artistique. Les graffs, les pochoirs, les stickers se veulent un contre-point à la grisaille ambiante. Ils sont aussi une formidable réponse à l'agressivité de la publicité en ville. Mais petit à petit, les espaces libres laissent place à de nouveaux immeubles. Les anciennes façades peinturlurées sont mises à neuf, les immeubles vendus au plus offrant, reconvertis en appartements de luxe. La gentrification réduit chaque année davantage les surfaces de prédilection du street art. Pour protester contre un projet immobilier, l'artiste Blu décide de détruire en 2014 sa propre œuvre, l'une des plus iconiques de la ville représentant un homme en chemise cravate, les mains menottées par deux montres en or.

Urban Nation

"Et je dirai à l'instant présent : Reste encore un peu ! Tu es si beau !". Ce paradoxe, que Goethe met dans la bouche de Faust dans la pièce éponyme, on pourrait l'appliquer également à l'art des rues. On peut être tenté de vouloir prolonger la vie des œuvres qui sont produites dans l'espace public, de les sauver de leur vulnérabilité en les conservant, en les muséifiant. Mais cela ne va-t-il pas contre leur caractère intrinsèque, celui d'être temporaire ? Depuis 2017, un musée berlinois nous prouve le contraire : Urban Nation (p.138).

La «Bierpinsel» dans le quartier de Stieglitz.

Ce musée de Schöneberg expose des artistes berlinois et internationaux. Sa façade est une curiosité en soi, car elle est régulièrement changée, remodelée, redécorée. Urban Nation peut se lire comme une initiative qui vise à sauver le street art de sa fragilité et de son caractère éphémère. Mais on ne pourra pas lui reprocher de fossiliser cette forme d'art, bien au contraire ! Urban Nation fait vivre le street art berlinois en engageant des projets dans la ville, en soutenant des artistes, en organisant des résidences et des expositions, etc. Cela prouve bien que muséifier, ce n'est pas momifier. Et l'institution est au-delà du soupçon de vouloir commercialiser l'activité : l'accès est gratuit !

Berlin Mural Fest

Herakut est un duo d'artistes allemands formé par Jasmin Siddiqui (Hera) et Falk Lehmann (Akut). Leurs œuvres, le plus souvent de gigantesques peintures murales, se caractérisent par un grand sens du dessin. Leurs personnages, des hommes, des animaux et des êtres fantastiques, semblent tout droit sortis d'un roman graphique et on croirait, en les voyant, avoir ouvert un carnet d'esquisses avec de belles illustrations réalisées au crayon. Les fresques murales du duo Herakut s'accompagnent souvent d'un aphorisme à portée poétique ou méditative. On retrouvera certaines de leurs œuvres à Charlottenburg, Kreuzberg ou Moabit.

Vous croiserez peut-être les jolis portraits de femmes d'El Bocho en vous baladant, cet artiste qui vit et travaille à Berlin. La plupart de ses œuvres dans la ville sont des « paste-ups » c'est-à-dire des affiches fixées à la colle. Sa petite « Lucy » (inspirée par un dessin-animé tchèque des années 1980) occupe les rues de Berlin depuis quelques années. On la voit souvent maltraiter son chat.

BERLIN, CAPITALE UNDERGROUND

Graffiti signé le street artiste El Bocho.

Certains artistes laissent une empreinte dans la ville qui ne laisse aucun doute sur leur auteur. C'est par exemple le cas de l'artiste Kripoe, célèbre pour disséminer des poings aux quatre coins de la ville, souvent visibles depuis le S-Bahn. Entre le rose pâle et le jaune orangé, ces poings se distinguent par leur contour noir épais. 1UP est un collectif de graffeurs de Kreuzberg qui est particulièrement présent dans l'espace public berlinois. Ils ont fait de leur nom – une abréviation pour One United Power – une signature, une marque apposée dans les endroits les plus improbables de la ville. Adeptes du « throw-up » – une technique de graff éclair – les artistes de 1UP redécorent régulièrement les wagons de métro de la BVG et ils ont déjà plus de 300 plaintes déposées à la police berlinoise contre eux. La méthode du « rollerbombing » – qui emploie des rouleaux de peinture murale avec des bras télescopiques – leur permet d'atteindre le haut des façades et les toits. Alors levez les yeux !

Les quartiers où voir du street art aujourd'hui à Berlin

Le street art est par définition éphémère, changeant et vulnérable ; il n'est pas possible de dire avec certitude si les œuvres d'aujourd'hui seront toujours présentes dans l'espace public de demain. Mais certains quartiers sont des lieux de prédilection des graffeurs de la ville et il y a fort à parier que vous tomberez ici ou là sur des œuvres de street art en vous promenant à Friedrichshain, Kreuzberg et Schöneberg. Dans le quartier de Mitte, le Haus Schwarzenberg fait figure de survivant. Cet ensemble d'arrière-cours aurait tout aussi pu devenir une suite de galeries d'art et de boutiques au charme léché (à l'instar des Hackesche Höfe voisines) mais ce lieu a su conserver son esthétique destroy et alternative. C'est un endroit plutôt petit, mais vous y verrez de nombreux graffs, stickers et collages. Les façades sont saturées et on aurait bien du mal à trouver de nouvelles surfaces à décorer. On peut parier à coup sûr que si vous vous rendez un week-end au Mauerpark, vous verrez des graffeurs refaire une beauté au tronçon du mur conservé dans ce parc. Montez la colline et suivez l'odeur du spray. Pour sortir des sentiers battus, rendez-vous dans le quartier de Steglitz, plutôt bourgeois et résidentiel. Sur la Schloßstraße, une avenue commerçante, à la station de métro du même nom, vous verrez un des édifices les plus insolites de Berlin. Surnommée « Bierpinsel » (pinceau à bière) par les Berlinois, cette tour des années 1970 a des allures futuristes. Elle a pendant un temps accueilli un restaurant. Son utilisation future n'est pas encore décidée. Toujours est-il qu'elle a reçu en 2010 un petit relooking par des *street artists* internationaux qui lui ont donné de nouvelles couleurs, et le Bierpinsel détonne plus que jamais dans le quartier.

HISTOIRE

Fondée tardivement, Berlin met des siècles à sortir de sa position marginale au nord-est du Saint-Empire romain germanique. Elle n'a au Moyen Âge ni la taille de Cologne ni le prestige de Prague. Au XVe siècle, elle devient la ville de résidence de l'électeur du Brandebourg (de la maison Hohenzollern). Devenue capitale du royaume de Prusse, Berlin entend rivaliser avec Vienne pour l'hégémonie en Allemagne. Ce n'est qu'après l'unification des principautés allemandes au XIXe siècle que l'histoire de la ville se confond avec celle du pays. Au XXe siècle, Berlin est l'épicentre de tous les séismes qui mettent l'Allemagne à feu et à sang : la révolution de novembre, l'arrivée au pouvoir des nazis, et l'affrontement entre les deux blocs pendant la guerre froide. Redevenue capitale d'une Allemagne unifiée en 1999, la métropole se prépare aux nouveaux défis du XXIe entre crise du logement et enjeux de la transition écologique.

1237 Première mention de la ville de Cölln dans un document officiel. Il y a au XIIIe siècle, de part et d'autre de la Spree, deux bourgades rivales : Cölln et Berlin. Ce n'est qu'en 1307 que ces deux villages de commerçants et de pêcheurs du Brandebourg se dotent d'un conseil commun.

1356 La Bulle d'Or règle le fonctionnement de la monarchie élective en Allemagne : sept princes allemands se voient attribuer le droit d'élire l'empereur. De même que la Saxe, le Palatinat, la Bohême, les épiscopats de Trèves, Cologne et Mayence, le Brandebourg acquiert le statut d'Électorat.

1486

Berlin, résidence de l'Électorat du Brandebourg

Le prince-électeur du Brandebourg Frédéric II, dit « Dent de Fer » (Friedrich Eisenzahn ; de la maison Hohenzollern), pose en 1443 la première pierre de son futur château sur les bords de la Spree qui sera achevé en 1451. En 1486, son petit-fils Jean-Cicéron en fait sa résidence principale, élevant ainsi Berlin au rang de capitale. La famille Hohenzollern règnera sur Berlin pendant plus de quatre siècles.

Frédéric II de Brandenbourg.

1517

La Réforme protestante

La publication des 95 thèses de Martin Luther à Wittenberg provoque un séisme en Allemagne et divise l'opinion entre les fidèles du pape et ses adversaires, critiques à l'égard des excès des institutions catholiques, notamment le trafic des indulgences. Les Brandebourgeois, sensibles aux préceptes de Luther, adoptent petit à petit la foi réformée. En 1539, le prince-électeur Joachim II accepte à contrecœur de se convertir au luthéranisme.

© RENATA SEDMAKOVA - SHUTTERSTOCK.COM

Statue de Martin Luther devant le Marienkirche à Berlin.

1618

Le prince-électeur Johann-Sigismung hérite du Duché de Prusse. Petit à petit, les destins du Brandebourg et de la Prusse tendent à se confondre.

1618 - 1648

La guerre de Trente Ans

La défenestration de Prague ouvre un conflit qui va ravager l'Allemagne pendant trente ans. Le Brandebourg est tour à tour dévasté par les troupes impériales (catholiques) et l'armée suédoise (protestante). Le Brandebourg, à l'instar des autres principautés allemandes, perd un tiers de sa population. En 1648, le Traité de Westphalie met fin aux hostilités.

1685

L'Édit de Potsdam

Dix jours après la révocation de l'Édit de Nantes, l'Édit de Potsdam permet l'installation dans l'Électorat du Brandebourg à de nombreux réfugiés protestants fuyant les persécutions en France. Un quart de ces Huguenots s'installe à Berlin. C'est pour cette communauté religieuse que Frédéric le Grand fera construire un siècle plus tard le Französischer Dom sur le Gendarmenmarkt. L'accueil de ces réfugiés participe à la repopulation d'un Etat dévasté par trente années de conflits sur son sol.

© AUTHOR'S IMAGE

Le Französischer Dom, église protestante sur Gendarmenmarkt.

1699 Le château de Lietzenburg à l'ouest de Berlin est inauguré. Il sera ensuite renommé d'après l'électrice Sophie Charlotte. Par extension, le château donnera son nom à la ville puis au quartier de Charlottenburg .

1701 Pour le remercier de son soutien lors de la Guerre de Succession d'Espagne, l'empereur Léopold Ier accorde à Frédéric le statut de roi. Le couronnement a lieu à Königsberg. De retour à Berlin, le prince-électeur devient Frédéric Ier, roi de Prusse.

Château de Charlottenburg et statue du Grand Électeur (Frédéric-Guillaume Ier).

1740 - 1786

Frédéric II, roi de Prusse

Le règne de Frédéric II est déterminant pour le positionnement de la Prusse en Europe. Parce qu'il s'inspire des Lumières, qu'il fait abolir la torture et qu'il assouplit la censure, on aime à voir en lui le « Roi-Philosophe ». Contrairement à son père le Roi-Sergent, obsédé par l'armée, Frédéric II fait venir à sa cour artistes et philosophes (le plus célèbre étant Voltaire). Mélomane, il fait construire un opéra à Berlin (aujourd'hui Staatsoper Unter den Linden) et le « Forum Fridericianum ». Il fait agrandir le château de Charlottenburg (aile Knobelsdorff décorée dans le style rococo). L'attention architecturale du roi se porte essentiellement sur Potsdam : Sans-Souci, pavillon chinois, Neues Palais, etc. Son règne est aussi marqué par de nombreuses guerres et une politique étrangère agressive : son invasion de la Silésie déclenche la guerre de Succession d'Autriche et inaugure un antagonisme grandissant avec la maison Habsbourg (et l'impératrice Marie-Thérèse). Frédéric II est aussi à l'origine de la première partition de la Pologne. Le qualificatif oxymorique de « despote éclairé » n'a pas fini d'explorer toutes les contradictions du Vieux Fritz.

Statue de Frédéric II de Prusse à Berlin.

1786 - 1797 Le règne de Frédéric-Guillaume II est marqué par la Révolution française. La Prusse rejoint la coalition contre la France révolutionnaire et fait face à une nouvelle vague de réfugiés français.

1803 - 1815

Les guerres napoléoniennes

En 1806, les Prussiens subissent deux lourdes défaites à Iéna et Auerstedt face à l'armée française. Sous un effet de panique, plusieurs milliers de Berlinois quittent leur ville. Le couple royal, Frédéric-Guillaume III et Louise, fait de même et s'enfuit à Königsberg. Le 27 octobre 1806, Napoléon entre dans Berlin à la tête de 150 000 soldats. Il s'installe pendant un mois dans le château. Les œuvres d'art de la ville sont pillées par les Français. Napoléon fait déboulonner le quadrige de la Porte de Brandebourg pour le faire transporter à Paris. En 1813, la Bataille des Nations à Leipzig change le rapport de force. Les Prussiens parviennent à repousser les Français et entrent dans Paris. Le quadrige peut rentrer à Berlin.

Quadrige de la porte de Brandebourg.

1810

L'université de Berlin fait sa première rentrée. Le projet est porté par l'éminent linguiste Wilhelm von Humboldt, à qui l'université emprunte aujourd'hui le nom. L'institution s'installe dans le palais du prince Heinrich, en face de l'opéra.

Statue de Wilhelm von Humboldt devant l'université du même nom.

1848

Les espoirs de la révolution

La nouvelle du soulèvement populaire à Paris fait des émules à Berlin. Les revendications des manifestants sont nombreuses : une assemblée panallemande et les libertés de la presse, d'expression et de réunion. Le 18 mars, une foule considérable se rassemble au pied du château de Berlin. Le roi Frédéric-Guillaume IV accorde plusieurs concessions, mais la foule ne se dispersant pas, le cavalerie charge. Les combats se prolongent jusqu'à la nuit, faisant environ 180 morts parmi les insurgés. En avril 1849, les parlementaires de Francfort proposent à Frédéric-Guillaume de devenir empereur d'Allemagne. Le monarque, qui a le plus grand mépris pour cette assemblée, refuse la couronne. La révolution est étouffée.

1868 Le mur d'octroi de la ville est démoli. C'est l'une des mesures prises par James Hobrecht, conseiller en construction. Pour faire face à la croissance rapide de la ville, il lance aussi un plan de construction d'immeubles locatifs que l'on raille par le sobriquet de *Mietskasernen*, « casernes à loyer ».

L'unification allemande

1871 Après trois guerres (contre le Danemark en 1864, contre l'Autriche en 1866, contre la France en 1870), l'Empire allemand (*Kaiserreich*) est proclamé dans la Galerie des Glaces de Versailles. Berlin, qui compte alors environ 1 million d'habitants, devient la capitale d'un grand Empire fédéral composé de 4 royaumes (Prusse, Bavière, Saxe, Württemberg), de nombreux duchés et de villes libres. Il faut un lieu où puisse siéger son Assemblée : la construction du Reichstag, confiée à l'architecture Paul Wallot, commence en 1884.

Le Kaiserreich

1871 - 1918 Le Kaiserreich vit un essor phénoménal. Sa capitale, Berlin, connaît une croissance de population spectaculaire et compte 2 millions d'habitants en 1900. C'est une période de fièvre constructrice : des quartiers entiers sortent de terre, à Prenzlauer Berg ou à Kreuzberg. On construit les premières cités-jardins, mais aussi des édifices fastueux dont la pompe remplit des fonctions représentatives : le Berliner Dom, le Theater des Westens, etc. L'Hôpital de la Charité permet de nombreux progrès dans la médecine : Robert Koch identifie le bacille de la tuberculose ; Emil von Behring met au point un vaccin contre la diphtérie ; Wilhelm Röntgen découvre les rayons X. Le cinéma connaît ses premiers balbutiements. C'est aussi l'essor d'une bourgeoisie avide de loisirs et de divertissements (cafés, théâtres, sport, baignade, etc.) et d'une classe ouvrière en quête d'émancipation.

1912 L'égyptologue Ludwig Borchardt découvre le buste de Néfertiti (*Nofretete* en allemand) lors de fouilles à Tell el-Amarna. La reine égyptienne connaît un immense succès à Berlin où elle continue aujourd'hui de séduire les visiteurs du Neues Museum.

Première Guerre mondiale

1914 - 1918 Si Berlin n'est pas directement touchée par les combats de la Grande Guerre, sa population est concernée par le rationnement dès 1915 : le pain d'abord, puis les légumes, le lait, le beurre, le sucre, la viande, le café… Les grèves sont interdites et les spectacles censurés.

La révolution de Novembre

9 NOVEMBRE 1918 L'empereur Guillaume II abdique. Le social-démocrate Philipp Scheidemann proclame la République depuis une fenêtre du Reichstag. Au même moment, le spartakiste Karl Liebknecht proclame la République depuis un balcon du château. C'est le début de la révolution de Novembre. À Berlin s'affrontent les révolutionnaires et les corps francs du SPD. Les révolutionnaires Karl Liebknecht et Rosa Luxemburg sont assassinés et leurs corps sont jetés dans le Landwehrkanal. La capitale est en proie à un climat de guerre civile et la nouvelle Assemblée élue siège d'abord à Weimar, d'où le nom que l'on donne à la République née de la révolution allemande. La nouvelle République se dote d'une constitution et introduit le suffrage féminin.

1920 — Les communes qui entourent Berlin y sont intégrées : Charlottenburg, Schöneberg, Wilmersdorf, etc. Ce « Grand Berlin » compte à présent près de 4 millions d'habitants.

30 JANVIER 1933 — Adolf Hitler est nommé chancelier par Hindenburg. Une marche aux flambeaux est organisée sous la Porte de Brandebourg. Hitler fait dissoudre l'Assemblée. La machine totalitariste se met en place à toute vitesse.

27 FÉVRIER 1933

Incendie du Reichstag

Si les causes de l'incendie sont encore discutées par les historiens, ses conséquences ne laissent aucun doute : l'incendie est instrumentalisé par les nazis pour interdire le KPD [parti communiste] et restreindre les libertés publiques. Cet événement accélère la machine totalitariste : Hitler obtient les pleins pouvoirs en mars.

© EVERETT COLLECTION - SHUTTERSTOCK.COM

L'incendie au Reichstag le 27 février 1933.

10 MAI 1933 — Josef Goebbels, ministre de la Propagande et virtuose de la mise en scène, organise un autodafé sur Opernplatz [aujourd'hui Bebelplatz]. De nombreux livres, emblématiques de la culture allemande, sont brûlés, simplement parce que leurs auteurs sont libéraux, communistes ou juifs : Marx, Mann, Schnitzler, Döblin, etc. L'événement a une portée hautement symbolique mais la répression des artistes est réelle : nombreux sont ceux que l'on pousse à la démission, ou qui seront par la suite contraints à l'exil, à perdre leur nationalité, ou à la déportation.

1936

Les Jeux olympiques de Berlin

Les Olympiades de Berlin sont la vitrine de l'Allemagne fasciste voulue par Adolf Hitler. Cette opération de communication vient à point nommé après les atrocités qui ont marqué le début de la dictature et ont épouvanté le monde libre : la Nuit des Longs Couteaux [1934] et les lois raciales de Nuremberg [1935].

9 NOVEMBRE 1938

La Nuit de cristal

Dans toute l'Allemagne, des institutions et des magasins juifs sont mis à sac. 91 personnes sont tuées. A Berlin, 40 synagogues sont brûlées. La Neue Synagoge survit à ces destructions mais ne sera pas épargnée par les bombardements alliés.

20 JANVIER 1942

Conférence de Wannsee

On estime qu'environ 55 000 juifs berlinois ont été déportés dans les camps. Seuls 2 000 en ont réchappé. Un mémorial leur est consacré dans la Haus der Wannsee-Konferenz.

20 JUILLET 1944

Un attentat qui devait tuer le Führer en Prusse-Orientale échoue. A Berlin, les officiers mis au courant de la conspiration hésitent à profiter de la confusion pour enclencher le coup d'État. L'opération Walkyrie se solde par l'exécution des conjurés.

FIN AVRIL - DÉBUT MAI 1945

La bataille de Berlin se solde par une victoire de l'Armée Rouge. Le 30 avril, Eva Braun et Hitler se suicident dans leur bunker. Le 1er mai, le drapeau soviétique flotte en haut du Reichstag. Le soir, Josef et Magda Goebbels font empoisonner leurs 6 enfants et se donnent la mort. Pour les civils berlinois, c'est une période de pillages, de faim, de peur, de barbarie, d'exactions, de viols. À l'issue de la guerre, Berlin est un champ de ruines que les Alliés partagent en quatre secteurs.

Le blocus et le pont aérien

1948 – 1949

En coupant le trafic terrestre entre Berlin-Ouest et le reste de l'Allemagne occidentale, les Soviétiques espèrent que les Occidentaux feront le choix d'abandonner la partie Ouest de Berlin pour éviter une escalade du conflit. Pendant onze mois, les alliés ravitaillent quotidiennement l'enclave de Berlin-Ouest. C'est le pont aérien. Cet épisode cristallise les tensions entre les deux puissances de la guerre froide.

1949

En mai, la fraîche République fédérale adopte la Loi Fondamentale, et choisit Bonn comme capitale. En octobre, les autorités est-allemandes créent la RDA avec Berlin pour capitale.

1950

Le château de Berlin, résidence des princes-électeurs, des rois de Prusse et des empereurs d'Allemagne, est dynamité. Walter Ulbricht, secrétaire général du comité central, veut à cet emplacement construire le Palais de la République. Ce dernier est à son tour détruit dans les années 2000. En 2013 ont commencé les travaux de reconstruction du château qui doit devenir un complexe muséal et culturel sous le nom de Humboldt Forum.

17 JUIN 1953

En réaction à une hausse des cadences de production, des grèves et des manifestations éclatent à Berlin-Est et dans toute la RDA. Pour mater la révolte, les autorités est-allemandes font appel aux chars soviétiques. La répression est sanglante et le bilan est de 125 morts pour toute l'Allemagne de l'Est. Plus tard, Budapest, en 1956, et Prague, en 1968, subiront le même sort.

13 AOÛT 1961

Walter Ulbricht lance l'Opération Muraille de Chine. Le matin, les Berlinois découvrent que des barbelés séparent les deux parties de la ville.

Morceaux du Mur sur Potsdamer Platz.

1967

La jeunesse ouest-berlinoise manifeste contre la venue du Shah d'Iran. C'est le début d'une mobilisation étudiante qui annonce Mai 68.

1987

Pour célébrer les 700 ans de la ville, les autorités est-allemandes inaugurent le quartier Saint-Nicolas, l'ancien cœur médiéval de Berlin, qu'ils viennent de faire reconstruire.

9 NOVEMBRE 1989

Les Berlinois célèbrent en liesse l'ouverture du Mur qui sépare la ville depuis 28 ans.

Restes du Mur de Berlin.

3 OCTOBRE 1990

L'Unité allemande

C'est dans le Kronprinzenpalais, sur l'avenue Unter den Linden, qu'a été signé le traité de la Réunification allemande un mois avant. Le 3 octobre, le Tag der Einheit, le jour de l'Unité, est choisi comme fête nationale.

1999

La capitale fédérale est transférée de Bonn à Berlin. Le Bundestag, l'Assemblée fédérale, s'établit à Berlin et emménage dans le Palais du Reichstag, nouvellement réaménagé par Norman Forster. La ville est un immense chantier, les ministères emménagent les uns après les autres. Pariser Platz et Potsdamer Platz sont rebâties. On retisse les lignes de métro et de bus. De nombreux noms de rue sont modifiés.

© JORDI C - SHUTTERSTOCK.COM

Le Bundestag.

MAI 2005

Le monument commémoratif de l'Holocauste (Holocaust-Mahnmal), à deux pas de la Porte de Brandebourg, est inauguré.

© MARTINWIMMER

Mémorial aux juifs assassinés d'Europe.

2020

Cette année 2020 voit l'ouverture de nouveaux lieux à Berlin : l'aéroport BER accueille ses premiers passagers et la ligne de métro U5 est prolongée pour relier la gare centrale à Alexanderplatz.

MUR DE BERLIN

LE RIDEAU DE FER EST EN BÉTON

« Personne n'a l'intention d'ériger un mur » s'énerve Walter Ulbricht en juin 1961 dans une conférence de presse quand on lui demande de s'exprimer sur des rumeurs qui courent à Berlin. C'est pourtant bien lui, secrétaire général du SED, qui insiste depuis plusieurs mois auprès de Khrouchtchev pour consolider la frontière et endiguer la fuite massive des citoyens est-allemands. Berlin est depuis 1952 le seul point de passage entre les deux mondes que sépare le rideau de fer. Entre deux et trois millions de citoyens de RDA sont passés à l'Ouest. C'est un sixième de la population ! Pour la République Démocratique, c'est une catastrophe, une véritable fuite des cerveaux. Ses jeunes, étudiants et diplômés, sont sur-représentés parmi les candidats au départ. En 1957, elle a instauré un délit passible de 4 ans de prison qui s'appelle « Fuite de la République » (*Republikflucht*). La RDA envisage alors de construire son « mur de protection antifasciste » et lance l'opération « Muraille de Chine ».

Opération « Muraille de Chine »

Le matin du 13 août, les Berlinois se réveillent et découvrent avec horreur que les Vopos (*Volkspolizisten*) ont été mobilisés pour dérouler des fils de barbelés le long de la frontière Est-Ouest. Erich Honecker en personne inspecte les travaux. On s'assure de construire le mur strictement dans la zone d'occupation soviétique, à un mètre de la frontière réelle. Conscientes de la provocation, les autorités est-allemandes évitent soigneusement de créer l'incident diplomatique.

Le maire de Berlin-Ouest, Willy Brandt, alors en campagne dans l'ouest de l'Allemagne, rentre illico presto et va constater les faits à la Porte de Brandebourg. Les Alliés, prudents et pragmatiques, ont décidé de ne pas réagir. Ils s'assurent que Berlin-Ouest conserve ses droits et laissent les Berlinois de l'Est à leur sort. Conrad Schumann, un sous-officier chargé de surveiller la construction du Mur, se décide à sauter le barbelé. Son acte est immortalisé dans une photo qui va faire le tour du monde.

Traverser le Mur

Dans les années 1970, le Mur est « amélioré » et il commence à prendre la forme qu'on lui connaît aujourd'hui : deux rangées de plaques de béton, hautes de 4 mètres avec tout un attirail de fossés, de miradors, de projecteurs... Nombreux furent celles et ceux qui tentèrent de traverser la frontière, parfois avec succès, parfois sans. Le 17 août 1962, près d'un an après la construction du Mur, Peter Fechter, âgé de 18 ans, est abattu par les Vopos. Au pied du Mur, il agonise pendant 50 minutes avant de mourir. Le nombre de victimes, morts pour avoir tenté de traverser le Mur, s'élève à 136. Un mémorial leur est consacré à Bernauer Straße.

Si les Alliés ont décidé de ne pas intervenir – l'idée étant de pas se mêler de Berlin-Est pour que les Soviétiques ne se mêlent pas de Berlin-Ouest –, les Américains savent jouer sur le tableau symbolique. Le 27 juin 1963, John Kennedy s'accorde le cœur des Berlinois avec son célèbre discours « Ich bin ein Berliner » donné devant la foule depuis l'Hôtel de Ville de Schöneberg.

Les récits d'évasion sont tous plus fascinants les uns que les uns et révèlent la créativité de ces Allemands de l'Est prêts à tout pour quitter la dictature. On dénombre plus de 70 tunnels creusés sous la Bernauer Straße ou sous la Heidelberger Straße. Il y eut des évasions par les canalisations ou par les stations fantômes, ces stations de métro non desservies.

Les conséquences du 9 novembre 1989

L'ouverture de la frontière austro-hongroise à l'été 1989 agit comme un appel d'air pour nombre d'Allemands de l'Est, qui saisissent l'occasion pour passer à l'Ouest. Les ambassades de la RFA à Budapest, puis à Prague sont confrontées à un afflux massif d'émigrés. Face à cette crise sans précédent, les dirigeants du SED se décident à assouplir la frontière. Le 9 novembre, dans une conférence de presse télévisée, Günter Schabowski semble découvrir la mesure et annonce qu'elle prend effet immédiatement. Les Berlinois de l'Est, devant leur poste de télé, n'en croient pas leurs oreilles et sortent dans les rues. Les postes-frontières sont pris d'assaut et sous la pression, le lieutenant Jäger, responsable du poste à Bornholmer Straße, ouvre la barrière. Il est 23h, la frontière n'est plus. S'ensuit une nuit de fête au pied de la Porte de Brandebourg et bientôt chacun y va de son petit coup de marteau. Un petit coup de marteau pour Berlin mais une secousse pour l'humanité !

LA VILLE VERTE

La capitale allemande est verte de la multitude de ses parcs, jardins et forêts. La ville a notamment su requalifier ses friches militaires ou industrielles en véritables trames écologiques. La cité foisonne par ses initiatives d'économie circulaire mais aussi par ses tiers-lieux, comme les jardins communautaires. A Tempelhof Feld (p.138) il est possible à la fois de s'initier à la permaculture, de pratiquer le yoga ou simplement de se balader. Berlin dispose également d'un système de collecte des déchets très poussé, et d'un système de consigne, le Pfand. On trouve dans la capitale un supermarché et un restaurant zéro déchet, et moult commerces de produits biologiques, de la chaussure à l'épicerie. Berlin est aussi une ville cyclable très agréable à parcourir, tant dans les déplacements du quotidien que pour le tourisme. La ville, bien desservie en transports en commun, est aussi accessible en train depuis toute l'Europe. Un train de nuit relie Berlin à Paris.

Une ville verte à la reconquête de sa biodiversité

Berlin est une ville verte au sens premier du terme : les jardins, parcs et forêts représentent 40 % de sa superficie (soit plus de 2 500 espaces verts). Ces lieux ne sont pas simplement récréatifs, ils accueillent une biodiversité sauvage et cultivée. Si renards, ratons-laveurs, fouines ou sangliers y ont été recensés, la ville est avant tout le laboratoire d'une stratégie de reconquête de la biodiversité. A l'emplacement des anciens espaces frontaliers du Mur de Berlin figurent aujourd'hui des trames vertes et bleues qui permettent de maintenir la dynamique évolutive du vivant. Un programme de science participative permet également aux citadins de recenser des plantes sauvages et d'en récolter les graines pour une future dissémination dans la ville. Parmi les grands parcs, on citera Tiergarten (p.123), le Natur-Park Südgelände à Schöneberg (ancienne friche ferroviaire), le Bundesgartenschau Park, le Victoria Park (p.135), le Comenius-Garten, le parc du Schloss Charlottenburg (p.145), le Volkspark Freidrichsain.

Des jardins communautaires

On dénombre également des tiers-lieux où les maîtres mots sont la résilience alimentaire, le partage et la solidarité. Tempelfoher Feld est sans doute le lieu le plus emblématique où s'est développé un projet d'agriculture urbaine. Situé sur l'emplacement d'un ancien aéroport, on peut y jardiner, partager un verre, se promener, etc. Prinzessinnengarten, plus petit, vaut lui aussi le détour et vous pourrez y réparer votre vélo.

Vue aérienne de Tiergarten.

© AUTHOR'S IMAGE

Deux modes de transports écologiques (vélo et voiture électriques).

La ville de Berlin possède près de 71 000 parcelles (*Schrebergärten*) qu'elle loue à des prix modiques, via des associations, à des habitants. Ces lopins de terre regroupés au sein de 890 « colonies » existent depuis 150 ans. S'ils font partie du paysage berlinois en même temps qu'ils apportent des bienfaits aux jardiniers (alimentation, exercice physique, sociabilité), ils sont cependant menacés par la pression immobilière.

La joie des mobilités douces

Berlin a mis en place une zone à faible émission dans son centre-ville, où sont interdits de circulation la plupart des véhicules. Un système de vignette écologique réglemente plus largement l'accès des voitures dans la capitale. Côté transports en commun, la ville dispose d'un vaste réseau, où vous pourrez également transporter votre vélo. Nombreux sont les Berlinois qui utilisent la bicyclette dans leurs déplacements du quotidien. Quasiment plate, bien équipée en aménagements cyclables, la ville possède aussi de nombreux services dédiés au vélo. Il est très facile de dégotter un biclou, neuf ou d'occasion. L'association BikeSurf facilite les prêts, on trouve également des loueurs de cycles, ainsi que des services de vélos en libre-service, Mobike ou Call a Bike. La ville se prête également au cyclotourisme. Des visites guidées à bicyclette sont organisées, mais vous pourrez également vous élancer pour de belles balades urbaines.

© DIRK VEGELAHN - ISTOCKPHOTO.COM

«Jardin d'abeilles» au Tempelhofer Feld.

Tri, consigne et zéro déchet

La collecte sélective des déchets est très poussée à Berlin. La ville dispose également du *Pfand*, dispositif de consigne de bouteilles de verre, plastique et cannettes en aluminium. Concrètement il s'agit de déposer les contenants dans des automates situés dans des supermarchés, qui vous donneront en échange des avoirs sur vos prochains achats. Côté zéro déchet, de nombreux magasins proposent de la vente en vrac et la ville compte un restaurant et un supermarché zéro déchet.

Bio et végan

Le premier magasin de vêtements végans en ligne est né en 2017 d'une entrepreneure berlinoise. Les visiteurs pourront trouver de nombreux commerces proposant des produits biologiques et végans ainsi qu'un marché végan (The Green Market).

ARCHITECTURE

Berlin est une capitale européenne unique en son genre. Sans véritable centre et sans cohérence architecturale apparente, la ville est, au premier abord, très déroutante. C'est que cette gigantesque mégapole ne se laisse pas si facilement apprivoiser. Il faut prendre le temps de la parcourir pour découvrir que derrière les austères et tentaculaires barres d'immeubles se cachent des trésors d'architecture remontant pour les plus anciens au XIIIe siècle. Ici les illusions baroques côtoient les géants de verre et d'acier, les harmonieuses lignes classiques tutoient les prouesses modernistes. Laboratoire architectural qui ne cesse de se réinventer, Berlin accueille depuis toujours les plus grands noms de l'architecture qui trouvent ici un terrain d'expérimentation à nul autre pareil. Ville d'eau et de verdure, Berlin offre à son architecture un écrin naturel étonnant et invite à la flânerie et aux balades à travers son riche patrimoine !

Alt Berlin

Contrairement à ce que l'on croit souvent, le plus ancien édifice de la ville ne se trouve pas dans le légendaire quartier historique de **Nikolaiviertel** (p.116), mais dans la vieille ville de Spandau : il s'agit de la Juliusturm dont la construction remonte à 1200 ! Une étonnante fortification désormais enchâssée dans la puissante citadelle. Mais revenons au Nikolaiviertel, un étonnant quartier qui fut totalement rasé par le régime communiste avant d'être reconstruit à l'identique avec ses ruelles pavées étroites, sa place du marché et surtout ses deux églises qui sont, elles, fort heureusement authentiques. La **Nikolaikirche** (p.144), romane à l'origine, est aujourd'hui l'un des plus beaux exemples d'architecture gothique, notamment grâce à son superbe chœur et surtout ses nefs typiques des églises-halles aux dimensions imposantes, à la puissante verticalité et aux voûtes aériennes couvrant un espace intérieur qu'aucun pilier ne vient plus briser. Dans la vieille-ville de Spandau, il est encore possible d'admirer de beaux exemples d'architecture gothique civile, notamment avec la Maison Gothique dont la voûte à cannelures date de 1500. La muraille historique de l'ancienne cité est elle aussi encore visible, mais c'est bien sûr l'imposante citadelle qui attire aujourd'hui encore tous les regards. Deux architectes italiens (Chiaramella Gandino et Rocco Guerrini) ont présidé à l'édification de ce puissant bâtiment de brique de forme quadratique et protégé de quatre bastions en pointe et non arrondis, ce qui lui vaut l'appellation de citadelle dite à l'italienne. Le prince-électeur Joachim II, l'instigateur de ces travaux, va également faire construire de nombreux pavillons de chasse dont le plus beau est sans doute le Pavillon de Grünewald, réalisé par Caspar Theiss dans le plus pur style Renaissance avec sa façade d'un blanc immaculé, son puissant portail et ses grandes fenêtres encadrées de grès. C'est également à Theiss que l'on doit les premières transformations du château de Berlin qui, avec sa cour carrée, ses tours d'angle et ses toits à pignons, délaisse ses atours de maison-forte pour se faire résidence champêtre.

Du baroque au néoclassique

Après les affres de la guerre de Trente Ans, les princes germaniques sont désireux d'affirmer leur pouvoir et, pour ce faire, ils se tournent vers le baroque, indissociable d'une mise en scène du pouvoir. Trompe-l'œil et illusions d'optique, effets de lumière, richesse des décors entre plâtres dorés et bois peints en imitation du marbre, jeu entre architecture et espaces urbains, notamment via de somptueux escaliers : le baroque offre une infinité de possibilités architecturales. Le plus vieil édifice baroque de la ville est l'Arsenal, quadrilatère majestueux avec sa cour dallée de pierres aux vastes proportions et son avant-corps central à colonnes. Il porte la marque d'Andreas Schlüter, directeur de l'Académie des Arts et l'un des grands maîtres du baroque, qui s'attela également au Palais Royal de Berlin. Poussées à leur paroxysme, les excentricités baroques vont faire place aux fantaisies rococos dont les plus beaux exemples sont à voir dans la Galerie Dorée du château de Charlottenbourg, dans l'étonnante « badinerie dorée » qu'est le Pavillon de Thé du château de Sans-Souci, et sur la façade du Palais Ephraïm, au cœur du Nikolaiviertel, dont on admire les colonnes toscanes, les pilastres et les grilles dorées.

Dès la fin du XVIIIe siècle, Berlin devenue capitale se pare des couleurs du néoclassicisme. L'édifice fondateur de ce style et de la période est la **Porte de Brandebourg** (p.104), imaginée par Carl Gotthard Langhans. Cet arc de triomphe traité dans le style dorique des temples athéniens marque le début d'une nouvelle ère. Désormais, on ne construit plus d'imposants châteaux ou églises, mais de nouveaux temples : ceux de la connaissance et du commerce. Musées, théâtres, universités, banques reçoivent de somptueuses façades pourvues de portiques, frontons et corniches dans une idéalisation assumée des codes antiques.

Le grand architecte de l'époque est Karl Friedrich Schinkel qui réussit la fusion parfaite du langage formel antique et de la fonctionnalité. Architecte royal, membre de la Commission Supérieure d'Architecture et surintendant général des constructions, Schinkel laisse s'exprimer à Berlin la clarté harmonieuse et la pureté des lignes. Parmi ses chefs-d'œuvre, notons son Altes Museum (p.109) avec ses colonnades et sa grande salle centrale circulaire ou bien encore la Schauspielhaus du Gendarmenmarkt encadrée par les hautes coupoles des églises françaises et allemandes et qui offre des allures de temple grec avec son superbe péristyle. En « réaction » à la rigueur des lignes néoclassiques, l'architecte-paysagiste Peter Joseph Lenné imagine des jardins à l'anglaise où la nature doit apparaître fortuite et harmonieuse… en un mot : libre ! Annonçant la modernité à venir, Lenné imagine ses espaces verts comme autant d'aménagements sanitaires et sociaux…

Essor de la modernité

Le XIXe siècle marque un tournant pour Berlin. Industrialisation et exode rural transforment ses abords et engendrent la création de faubourgs où la population toujours croissante trouve refuge dans des *Mietskaserne*, des casernes locatives, ensembles de logements mal aérés et mal éclairés, aux arrière-cours insalubres. La ville grandit sans véritable planification, à l'exception de mesures anti-incendies fixant les dimensions maximales des arrière-cours à 28,52 m^2 : le rayon de portée des lances à incendie ! Face à cette situation désastreuse, Alfred Messel pose, en 1893, la première pierre de la réforme du logement social avec les immeubles de la Sickingenstrasse, qui ouvrent la voie aux grands ensembles du siècle suivant. En parallèle, de nombreux monuments historiques sont restaurés et on voit apparaître une mode des styles néo, le néo-roman en tête, très prisés des bourgeois désormais au pouvoir. Ce recours à l'histoire est parfaitement assumé dans le Reichstag (p.124) de Paul Wallot terminé en 1894 qui emprunte des motifs au baroque et à la Renaissance italienne, tout en osant un contraste esthétique saisissant entre les colonnes antiquisantes et la grande coupole de verre et de fer, une prouesse pour l'époque ! Mais c'est au tournant du XXe siècle que Berlin va véritablement se transformer en laboratoire architectural sous l'impulsion des maîtres du modernisme. Tout commence avec Peter Behrens, une personnalité à part multipliant les savoir-faire. En tant qu'architecte, on lui doit l'AEG Turbinenhalle qui marque un tournant dans l'architecture moderne. Haute et claire, avec la transparence de ses armatures et l'affinement de ses volumes, cette usine se voit comme ennoblie par cette architecture qui la transforme en temple industriel. Entre cubisme strict du corps du bâtiment et ordre dorique des lignes néoclassiques, Behrens opère une fusion qui sert une imagerie : celle de la marque AEG. Car Behrens n'est pas qu'architecte, il est aussi conseiller artistique de la marque dont il imagine l'identité via logos et objets, devenant ainsi le père des designers allemands qui trouvent encore aujourd'hui à Berlin un eldorado créatif ! A l'opposé de ces lignes épurées, la Tour Einstein d'Erich Mendelsohn est devenue l'une des icônes de l'architecture expressionniste. Véritable sculpture aux formes convexes et concaves d'un blanc éclatant, la tour abritant un observatoire réinvente le lien fonction-esthétique. Si le Bauhaus n'a pas su inscrire durablement sa marque à Berlin, ses enseignements basés sur la fonctionnalité, le rationalisme et l'objectivité ont très largement influencé la conception des grands ensembles que la ville va voir fleurir jusque dans les années 1930. Objectif : fournir aux masses laborieuses des logements clairs et aérés dans des ensembles communautaires avec espaces verts et infrastructures, tout cela à moindre coût grâce à une construction standardisée. On reconnaît ces grands ensembles à leur crépi blanc ou à leurs couleurs lumineuses, à leurs toits-terrasses et à leurs alignements de fenêtres. Ce rationalisme architectural est particulièrement présent dans le Fer à Cheval de Bruno Taut et Martin Wagner à Berlin-Britz, et dans l'incroyable Siemenstadt de Hans Scharoun et Walter Gropius, classée au patrimoine mondial de l'Unesco depuis 2008 !

D'un extrême à l'autre

Une scénographie architecturale au service d'une mise en scène du pouvoir et de son culte quasi religieux : telle pourrait être résumée l'architecture du régime nazie. Le recours à la pierre de taille (granite ou calcaire) dans un dallage minéral quasi systématique symbolise le retour aux fondamentaux et la stabilité du pouvoir, tandis que la monumentalité des édifices doit réduire l'homme à une partie anodine d'une foule anonyme. Le tout premier ouvrage nazi est la monumentale Reichsbank de Heinrich Wolff. Mais les édifices encore sur pied aujourd'hui et qui manifestent le mieux cette mégalomanie architecturale sont évidemment l'aéroport de Tempelhof, agrandi en 1936 et 1941 pour assouvir les désirs du Führer, et bien sûr le Stade olympique dont les cyclopéennes structures de béton épurées laissent le visiteur sans voix. Mais pour Berlin, le Führer voyait encore plus loin et avait confié à son architecte Albert Speer le soin d'imaginer une toute nouvelle ville : Germania. Supposant la destruction du bâti existant, Germania devait se structurer autour d'un axe Nord-Sud, gigantesque avenue d'apparat avec son arc de triomphe dessiné par Hitler lui-même et devant relier la plus grande gare du monde au Grand Hall, délire monumental surplombé d'une coupole de 290 m de haut et de 250 m de diamètre.

Coupole du Reichstag.

ARCHITECTURE

En matière de style, Germania faisait la part belle aux références antiques avec d'énormes bâtiments allongés recouverts de plaques de calcaire dans des alignements sans fin de hauts piliers et fenêtres... Mais ce projet ne vit jamais le jour.
Le XXe siècle a meurtri la ville. D'abord ravagée par la guerre, Berlin subit ensuite le poids de la séparation en deux blocs comme en témoigne l'architecture de l'époque. A l'Est, le régime communiste impose sa loi en matière d'architecture et d'urbanisme : l'héritage prussien est rasé, de larges avenues bordées d'arbres sont mises en valeur à l'image de la Karl-Marx-Allee (p.130), et le patrimoine national est mis en lumière par les lignes classiques des édifices aux proportions monumentales, surtout les édifices publics. Mais la ville socialiste fait face à une forte densité de population qu'il faut loger rapidement et à moindre coût : c'est l'avènement des Plattenbau, grandes barres d'immeubles sans âme. En parallèle, le régime se crée d'imposants repères visuels dans la cité, à commencer par la désormais célèbre Tour de Télévision (p.105) dominant Alexanderplatz (p.101), elle aussi réaménagée à grand renfort d'édifices fonctionnels. Puis dès la fin des années 1970, un changement d'approche s'opère et le régime communiste cesse de détruire pour reconstruire et s'intéresse désormais au patrimoine historique. Un constat que fait également Berlin-Ouest ! Figure dynamique du capitalisme occidental, Berlin-Ouest se dote de nouvelles infrastructures de services mêlant luxe, commerce et loisirs à l'image de l'Europa Center dont les grandes baies vitrées et les lignes sobres rappellent le style international alors en vogue. En réaction à ce style quelque peu aseptisé, deux architectes vont proposer des édifices devenus emblématiques du postmodernisme : Mies Van der Rohe imagine la Neue Nationalgalerie (p.122) avec un hall en acier et une façade entièrement vitrée aux allures de temple qui se place dans la droite lignée de l'Altes Museum de Schinkel ; tandis qu'Hans Scharoun casse les codes avec sa Philharmonie, chef-d'œuvre d'architecture organique avec le galbe aérien de ses toitures et son intérieur entièrement pensé comme écrin à la musique.

Le renouveau

La réunification marque le début d'une nouvelle ère pour la ville qui se réapproprie enfin la totalité de son territoire, aménageant notamment tous les espaces laissés à l'abandon pendant la période de séparation, les berges de la Spree en tête. Dès les années 1990, les plus grands architectes internationaux laissent leur empreinte sur la ville. Norman Foster transforme le Reichstag en imaginant un nouvel espace intérieur tout en transparence surmonté d'une coupole aux délicates formes arrondies. Jean Nouvel crée la surprise en bousculant les codes de l'architecture des grands magasins avec ses Galeries Lafayette. Impossible de ne pas être émerveillé par les jeux de miroir créés par cet étonnant cône de verre inversé, créant un puits de lumière au cœur du bâtiment. Daniel Liebeskind, lui, repense l'architecture muséale avec son étonnant Musée Juif (p.134)dont la structure faite d'avancées et de retraits, d'espaces vides, de coupures et reproduisant une partie de l'étoile de David représente l'histoire du peuple juif... Déconstruire pour mieux construire et inscrire l'histoire au sein du lieu qui l'a vue s'écrire. La ville repense également son urbanisme dans des projets de grande envergure. La Potsdamer Platz (p.123) en est sans doute l'exemple le plus célèbre. Renzo Piano et Helmut Jahn ont imaginé d'un côté un

Potsdamer Platz.

© THOMAS BRUNS

L'escalier en verre du Deutsches Historisches Museum.

quartier à l'européenne avec des rues étroites et des places bordées d'arbres (Daimler City), et de l'autre une plazza à l'américaine avec des géants de verre et d'acier reliés entre eux par une superbe toile dépliée (Sony Center). Autres édifices incontournables du quartier : le très néo-baroque **Panoramapunkt** (p.123) et la lumineuse Tour Debis de Renzo Piano, sans oublier la galerie commerciale Arkaden am Potsdamer Platz de Richard Rogers. L'autre projet phare de renouveau urbain est le Band des Bundes, le quartier gouvernemental, qui combine harmonieusement architecture moderne et tradition allemande. Lancé en 1995, ce projet de réaménagement urbain a été le plus gros appel d'offre mondial jamais lancé mettant en concurrence pas moins de 835 architectes ! Mais c'est avec l'inauguration de la grandiose **Hauptbahnhof** (p.118) en 2006 que le quartier a pris toute son ampleur. Imaginée par Meinhard Von Gerkan, la Hauptbahnhof est la plus grande gare d'Europe avec son incroyable hall de verre de 321 m de long suivant le tracé est-ouest des chemins de fer, lui-même traversé par un hall de 160 m suivant un axe nord-sud. Depuis cette lumineuse « cathédrale des transports », longez la Spree et découvrez les richesses contemporaines qui s'offrent à vous, à commencer par la Chancellerie Fédérale avec sa façade en verre symbolisant la transparence du gouvernement, façade ponctuée par des stèles de 12 m de haut symbolisant stabilité et pérennité. Les années 2000 ont aussi vu le renouveau du quartier historique des ambassades sous l'impulsion d'architectes célèbres, à commencer par Rem Koolhaas à qui l'on doit l'ambassade des Pays-Bas, étonnant cube vitré de 8 étages reliés en façade par une circulation spiralée, créant de savants jeux de points de vue et perspective. Notons également la très organique ambassade d'Autriche de Hans Hollein avec son enveloppe déstructurée couverte de cuivre patiné, sans oublier l'ambassade des Pays Nordiques qui, derrière sa façade ondoyante, abrite les 5 ambassades imaginées aux couleurs de leurs pays. Les années 2000 sont aussi la période des extensions qui relient harmonieusement le passé et l'avenir. Parmi les plus emblématiques, notons le nouveau bâtiment du Musée d'Histoire Allemande imaginé par Ieoh Ming Pei, avec son très bel escalier en verre spiralé, l'extension du **Neues Museum** (p.110) de Chipperfield, dont on apprécie la finesse des lignes et cette intégration harmonieuse avec le bâti existant grâce au dialogue créé entre le béton brut poli, le ciment blanc et la brique, ou bien encore l'étonnante Bibliothèque Philologique de la Freie Universität, une structure lumineuse et aérienne en forme de cerveau imaginée par Norman Foster. Ne manquez pas non plus les réalisations de Sergei Tchoban. C'est à lui que l'on doit le surprenant **Hôtel Nhow** (p.252) de la Stralauer Allee avec son cube en aluminium s'avançant en porte-à-faux vers la Spree et contrastant avec la brique industrielle du reste du bâtiment. Et c'est également à lui que l'on doit la Fondation Tchoban. Les élégants cubes couleur de grès superposés en quinconce composant le bâtiment sont taillés selon des motifs empruntés à des dessins d'architecture, un clin d'œil à la fonction du lieu qui abrite depuis 2013 le Musée du Dessin d'Architecture. Toujours en quête de renouveau et attirant les plus grands architectes et designers internationaux, Berlin n'en fait pas pour autant l'impasse sur son passé, comme le prouve le nouveau château de Berlin qui accueillera le Humboldt Forum. Ce projet très coûteux a fait couler beaucoup d'encre : fallait-il vraiment reconstruire à l'identique (à l'exception d'une façade résolument moderne !) la grandiose demeure baroque des rois de Prusse ? L'avenir nous le dira !

BEAUX-ARTS

Le nom de Berlin évoque instantanément la culture indépendante. La capitale allemande est considérée comme la destination idéale pour vivre son art. La scène artistique évolue dans deux directions opposées : d'un côté, elle s'internationalise, et de l'autre, elle redéfinit sans cesse ses particularités. Au cœur de cette effervescence, le quartier de Mitte fait figure d'enfant sage. Chic et somptueuse, l'île aux musées couvre toutes les époques dans ses cinq institutions. Difficile de choisir entre antiquités classiques, sculptures médiévales, art égyptien dont le captivant buste de Néfertiti et peintures modernes, comme *Le Moine au bord de la mer* de Caspar David Friedrich. Et si vous visitez Berlin en été, ne manquez pas d'ajouter à votre programme quelques manifestations en extérieur prisées par la population locale. Arts et gastronomie donnent alors le tempo le long des berges et dans les parcs publics de l'infatigable métropole.

Début de la peinture

Tandis qu'en Italie, en France et en Hollande, la peinture de la Renaissance est un art porté par de grands maîtres à partir du XVe siècle, il faut attendre le XVIe siècle pour que le premier grand courant pictural allemand perce avec Albrecht Dürer (1471-1528), Matthias Grünewald (1460-1528), Lucas Cranach l'Ancien (1472-1553), Hans Holbein le Jeune (1497-1543) et Albrecht Altdorfer (1480-1538). Ces peintres sont marqués par un sens aigu d'imaginaire religieux où les exigences de la Réforme ne cèdent en rien à un intense souci de réalisme, parfois quasi entomologique. En combinant l'art médiéval avec les acquis de la Renaissance, ces premiers grands noms de la peinture allemande créent un style unique en Europe. Les XVIIe et XVIIIe siècles sont surtout des périodes glorieuses pour la sculpture. Au XIXe siècle, on retient surtout *Les Falaises, le vent et les nuages* de Caspar David Friedrich (1774-1840), de loin la figure la plus importante de la peinture romantique allemande. Ce n'est qu'au XXe siècle que l'Allemagne renouera avec le faste qui fut le sien trois cents ans auparavant.

Renouveau et avant-garde

L'Allemagne est le berceau de nombreuses avant-gardes au cours de la première partie du XXe siècle. L'école expressionniste est le plus parfait représentant. Mouvement qui ne prend son appellation définitive qu'en 1911, l'expressionnisme glorifie l'instinct, l'émotion et le désespoir humain. Inspiré par le Norvégien Edvard Munch (1863-1944) et Vincent van Gogh (1853-1890), ce courant se scinde en deux mouvements : Die Brücke (Le Pont) et Der Blaue Reiter (Le Cavalier bleu). Le premier compte dans ses rangs Ernst Ludwig Kirchner, Erich Heckel et Emil Nolde et dure de 1905 à 1913 ; le second, créé en 1911 à Munich à l'initiative de Wassily Kandinsky et de Franz Marc, réunit August Macke et Paul Klee. Die Brücke s'installe à Berlin en 1911, la ville étant alors le centre de la vie artistique allemande et sera dissout en 1913. Ce mouvement expressionniste à la vision panthéiste est créé à Dresde en 1905. A une période où les menaces de la crise économique et la montée du nazisme se précisent, Otto Dix (1891-1969) est le symbole d'une nouvelle approche picturale, plus réaliste, trouvant sa source dans la vie sociale.

Peu après, en 1919, la peintre Käthe Kollwitz (1867-1945) devient à 52 ans la première femme membre de l'académie des Arts de Berlin. Sculptrice, graveuse et dessinatrice, elle enseigne à l'école artistique pour femmes de Berlin. Connue pour ses séries de gravures titrée *La révolte des tisserands* (1893-1897), elle se tourne ensuite vers la sculpture. Socialiste de cœur, elle dénonce la misère de ses contemporains à travers ses œuvres bouleversantes. Le **musée Käthe Kollwitz de Berlin** (p.143) fait découvrir le parcours de cette artiste intemporelle.

Le peintre protestataire Geroge Grosz, né et décédé à Berlin (1893-1959), organise la Première foire internationale Dada à Berlin le 5 juin 1920. Surnommé Maréchal Propagandada, il participe au mouvement Dada mais aussi à la Nouvelle Objectivité.

Le tournant

L'arrivée d'Hitler au pouvoir oblige nombre d'artistes à émigrer en France ou aux Etats-Unis. « L'art dégénéré » n'a plus sa place en Allemagne. Après la guerre, des artistes s'affirment des deux côtés de la ville de Berlin, bien qu'à l'Est le réalisme socialiste dicte ses codes. Dans les années 1960, la Berliner Schule (école berlinoise) voit éclore des œuvres sensuelles. La décennie suivante s'intéresse davantage à l'individu et à sa place dans la société. A l'Ouest, l'abstraction domine la scène artistique. Dès lors, la vie artistique berlinoise continuera d'accueillir les explorations les plus novatrices.

© KIEV.VICTOR - SHUTTERSTOCK.COM

« Mère avec son fils mort » de Käthe Kollwitz, au Neue Wache.

Après la Seconde Guerre mondiale, ce n'est pas avant les années 1970 que la Berlin artistique retrouve son panache en dépit du souffle de révolte qui anime les artistes berlinois. Les courants allemands qui se font remarquer à l'étranger sont peu représentés dans leur pays. Les artistes Edward Kienholz et George Rickey participent grandement au renouveau de la capitale. En 1972, Kienholz réalise *The Art Show*, une œuvre qui reconstitue un vernissage regroupant des modèles de leur cercle, des personnalités du monde de l'art. Tous les regards se tournent vers Berlin. A l'inverse, les artistes allemands rejoignent des courants étrangers comme le tachisme en France ou l'action painting aux Etats-Unis. Wolf Vostell, membre de Fluxus, s'installe à Berlin en 1971 et organise un happening au pied du mur.

Helmut Newton

Catherine Deneuve, Kate Moss, Monica Bellucci, Grace Jones et Claudia Schiffer ont posé devant l'objectif de ce photographe à la renommée mondiale. De son vrai nom Helmut Neustädter, il est né à Berlin en 1920. De mère américaine et de père juif allemand, il quitte l'Allemagne nazie en 1938 pour s'installer en Australie. En 1961, il s'installe à Paris où il devient un photographe de mode réputé, collaborant notamment avec le magazine *Vogue*. Ses images très stylisées et au fort pouvoir érotique ont été réunies dans une célèbre anthologie, *SUMO*, un ouvrage de près de 500 pages. Décédé en 2004, il a été enterré dans sa ville natale à laquelle il a légué en 2003 toutes ses archives. Ses œuvres sont exposées au musée de la Photographie – Fondation Helmut Newton, dans le quartier de Charlottenburg.

La peinture berlinoise au XXe siècle

Georg Baselitz, né en 1938, est sculpteur, peintre, gaveur et enseignant. Il est connu pour ses tableaux peints à l'envers et ses coups de pinceau qui modèlent pratiquement la peinture sur la toile. Il marque, avec *Pandämonium I* et *II* en 1961 et 1962, le début du nouvel expressionnisme. Ses premiers tableaux sont confisqués pour obscénité. Mais Baseltiz assume le statut asocial de l'artiste. A travers ses tableaux, il renvoie une image de son pays auquel il s'identifie. Il participe avec les Nouveaux Fauves (« Die Neuen Wilden ») à redonner à Berlin sa place sur la scène internationale. La ville retrouve ainsi son identité culturelle en renouant avec l'art figuratif. L'expressionnisme allemand permet en outre aux peintres d'exalter leurs particularités. Une seconde génération prolonge cet élan pictural.

Rainer Fetting, Helmut Middendorf, Salomé, Bernd Zimmer fondent en 1977 la galerie de la Moritzplatz, régie par un système d'auto-gérance, qui a depuis été repris par de nombreux groupes. Les artistes, travaillant dans des ateliers collectifs, dans des usines désaffectées de Kreuzberg, s'influencent mutuellement. Leurs tableaux reflètent une jungle urbaine au rythme débridé. Les coups de pinceau tranchés et les couleurs franches leur valent le terme de peinture violente, définie comme l'alliance du néo-expressionnisme et de l'action painting.

Le mur devenu œuvre d'art

Érigé dans la nuit du 12 au 13 août 1961, le Mur de Berlin a très tôt été recouvert de graffitis puis, au fil des ans, d'œuvres de plus en plus complexes. Jusqu'à sa chute, la face ouest du Mur s'est ornée de tags de protestation et d'appels à la paix. Puis des graffitis ont émergé, rapidement associés à des lettrages à même le Mur qui évolueront vers le street art. Parmi les premiers artistes à s'exprimer sur le « Mur de la honte », Thierry Noir, Lyonnais venu s'installer en RFA en 1982. Secondé par Christophe Bouchet, ils se relaient à partir de 1984 pour monter la garde. Considéré comme le premier artiste du Mur, Thierry Noir se rend à l'origine à Berlin pour s'immerger dans la musique rock et l'underground. Il loge alors dans un squat, en face du Mur qui semble le provoquer. « Le Mur était en face de chez moi. C'était une vie triste, une mélancolie au jour le jour. Il ne se passait rien du tout. » Avec son compère, ils récupèrent de la peinture sur un chantier pour peindre un pan de mur, le premier du genre. Les expéditions nocturnes se multiplient. D'autres artistes ne tardent pas à les suivre. Des représentations plus élaborées égaient le Mur. En 1986, l'artiste Keith Haring peindra une fresque sur fond jaune de 100 mètres de long. La chute du Mur a redistribué les cartes politiques mais aussi artistiques.

En 1990, Christine McLean invite des peintres à s'exprimer sur une portion du Mur de 1 300 mètres. L'exposition baptisée l'East Side Gallery est désormais la plus grande galerie d'art en plein air du monde. Pour ses 3 millions de visiteurs annuels, elle réunit tout ce que le Mur a inspiré à 118 artistes de 21 nationalités. Ne loupez pas le célèbre baiser de l'amitié entre Erich Honecker et Léonid Brejnev et son slogan : « Plus de guerre. Fini les murs. Un monde uni. »

L'après

Comme dans toute l'Allemagne, l'art des rues s'est démocratisé à Berlin. Il donne lieu à des festivals et des expositions, de même qu'il continue de se renouveler dans les squats. Toutefois, les graffitis se déploient à tel point dans la ville que la municipalité a cessé de les repeindre. El Bocho est l'un des noms les plus présents. On apprécie son humour, visible sur ses grandes affiches. Alias peint de préférence au pochoir tandis que Vermibus détourne des affiches publicitaires qu'il retravaille de manière à semer le trouble avant de les recoller dans les rues de la ville.

En un sens, le street art est victime de sa popularité. C'est désormais dans les galeries et les musées qu'il s'expose. Depuis 2017, le Museum of Urban Contemporary Art de Berlin s'est adapté à la demande en associant à ses expositions des œuvres temporaires hors les murs. Sans parler de récupération, il arrive qu'une œuvre murale fasse grimper le prix d'un bien immobilier. Mais si vous préférez chasser l'art sauvage, vous en trouverez un peu partout, hormis dans le centre.

Ces vingt dernières années, le magnétisme de la dynamique Berlin ne faiblit pas. Tous les domaines artistiques font l'objet d'expériences. Les artistes d'ici ou d'ailleurs multiplient les compétences pour s'adapter à la demande internationale comme Kai Althoff, Cosima von Bonin, Anselm Reyle et Johannes Wohnseifer.

Graffiti sur le Mur.

MUSIQUES ET SCÈNES

Elle est la capitale européenne, voire mondiale, de la culture alternative. Regardée (et souvent copiée) du coin de l'œil par les métropoles voisines, prisée des esthètes de tous bords, Berlin est une des destinations les plus branchées de ce début de XXIe siècle. Pourquoi ? Comment ? En grande partie grâce au dynamisme de sa scène musicale. Jeune, cosmopolite, ouverte sur les arts et les avant-gardes, la capitale attire depuis plus de deux décennies la jeune création mondiale, transformant la ville en une immense ruche bourdonnant de créativité. Et ce, de jour comme de nuit. En vous baladant dans ses immenses artères ou le long de la Spree, dans cette ambiance « froide mais sexy », vous comprendrez sans doute pourquoi les albums qu'enregistrèrent ici David Bowie, Lou Reed ou Iggy Pop sont à part dans leur discographie. Une destination stimulante pour ceux qui créent la musique comme pour ceux qui l'écoutent.

Musique classique

C'est véritablement en 1740, lorsque Frédéric II (le Grand) parvient au pouvoir que la vie musicale berlinoise prend tout son essor. Roi passionné de musique, lui-même flûtiste, il s'entoure très tôt d'un groupe de musiciens brillants (un petit orchestre privé) réunissant de grands noms comme les frères Carl Heinrich (1704-1759) et Johann Gottlieb Graun (1702–1771), les frères Franz (1709-1786) et Johann Benda (1713-1752), Christoph Schaffrath (1709-1763), Johann Gottlieb Janitsch (1708-1762) et Carl Philipp Emanuel Bach (1714-1788), le fils de Jean-Sébastien. Quelques années plus tard, ils sont rejoints par Johann Joachim Quantz (alors le plus grand flutiste d'Europe) et Georg Anton Benda (1722-1795) et vont ensemble donner naissance à une nouvelle esthétique, trait d'union entre la musique baroque et le classicisme, connue aujourd'hui en tant qu' « école de Berlin ». Longtemps mésestimée, la période a pourtant porté de très nombreuses œuvres dont la plupart recèlent un charme et une inventivité indéniables.

Fervent amateur d'opéra, Frédéric II est également déterminé à faire de Berlin une capitale du genre et souhaite bâtir un édifice pouvant rivaliser avec le splendide opéra de Dresde. C'est ainsi que démarre la construction du Staatsoper à Unter den Linden. Inauguré en 1743, les génies de la musique y ont défilé, sans exception, à travers les âges. Aujourd'hui, l'endroit continue de nourrir le prestige musical de la capitale grâce à son directeur musical, l'immense chef argentino-israélien Daniel Barenboim (aussi à la tête du fameux Staatskapelle, l'orchestre résident de l'Opéra).

Il faut attendre un siècle plus tard avec l'arrivée de Friedrich Wilhelm IV sur le trône de Prusse (en 1840) pour que la capitale fasse éclore une nouvelle grande figure allemande : Felix Mendelssohn (1809-1847). Appelé à Berlin par le roi – qui souhaite faire de la capitale un grand centre artistique –, Mendelssohn est chargé de réorganiser la vie musicale de la cité. En moins d'une décennie sur place, le compositeur va acquérir une notoriété phénoménale et composer parmi ses œuvres les plus fameuses, telles que *Songe d'une nuit d'été*.

Si après 1918 l'économie allemande est exsangue, le pays connaît dans les années 1920 (entre 1923 et 1929) un redressement accompagnant un âge d'or artistique. C'est ici, dans cette effervescence, que se croisent quelques figures parmi les plus importantes de la musique allemande du XXe siècle telles qu'Arnold Schönberg (1874-1951). Compositeur parmi les plus révérés de la musique savante du XXe siècle, cet autodidacte à l'esprit révolutionnaire va explorer l'atonalité puis l'atonalisme libre avant de mettre au point le fameux dodécaphonisme sériel, procédé qu'il poussera jusqu'à l'extrême avec la plus grande virtuosité. Sans rentrer dans les détails, les travaux et œuvres de Schönberg cherchent à libérer la musique de ses fondements - la hiérarchie tonale - et utilise la dissonance comme matière première. Un compositeur d'avant-garde, c'est peu de le dire, dont la rupture avec les codes classiques de la composition va inspirer absolument toute la musique savante du siècle, et notamment ses contemporains berlinois Ferruccio Busoni (1866-1924) ou Kurt Weill (1900-1950).

Aujourd'hui la richesse et le dynamisme de la musique savante sont très bien représentés à Berlin par les différents orchestres symphoniques de la ville, à commencer par le Berliner Philharmoniker. Haut la main l'un des plus grands orchestres du monde, il est installé à la Philharmonie (p.205), près de la Potsdamer Platz, dans une rue portant le nom d'Herbert von Karajan, légendaire chef d'orchestre autrichien qui demeura 35 ans à sa direction. Après lui, l'orchestre n'a connu que des successeurs prestigieux : Claudio Abbado (1989–2002), Simon Rattle (2002–2018) et désormais Kirill Petrenko (depuis 2019).

MUSIQUES ET SCÈNES

Pas aussi éblouissant mais presque aussi brillant, le Konzerthausorchester est historiquement l'orchestre de Berlin-Est. Fondé en 1952 et installé au **Konzerthaus** (p.204), il est un peu le pendant classique de la Philharmonie et défend amoureusement le répertoire romantique, sous la baguette du superbe chef hongrois Iván Fischer (depuis 2012). Dernier des ensembles les plus importants de la ville, le Deutsches Symphonie-Orchester Berlin a été créé dans les années 1960 comme tremplin pour débutants talentueux. Sans résidence fixe, l'orchestre se produit n'importe où, avec un faible pour la Philharmonie (on le comprend). Aujourd'hui dirigé par Robin Ticciati, l'ensemble a vu se multiplier les chefs prestigieux à son pupitre au fil du temps : Lorin Maazel (1964–1975), Riccardo Chailly (1982–1989), Vladimir Ashkenazy (1989–1999), Kent Nagano (2000–2006) ou encore Tugan Sokhiev (2012-2016).

Aussi, à Berlin, se rendre à l'Opéra est une expérience à part. Non seulement la capitale regroupe trois entités de renommée internationale, mais l'institution même est différente de ce que vous avez pu connaître en France. Porté par une tradition bien plus démocratique, les jeans se mêlent aux robes de soirée et les mises en scène (de même qu'au théâtre) sont parfois très audacieuses, pour ne pas dire provocatrices. Outre le Staatsoper Theater mentionné précédemment, Berlin compte deux autres grands opéras : le **Deutsche Oper** (p.203) et le **Komische Oper** (p.203). Ce dernier est l'Opéra comique de Berlin et est donc traditionnellement spécialisé dans les opérettes. Le **Deutsche Oper** (p.203), quant à lui, fait honneur à son architecture moderne (détruit pendant la guerre, il a été reconstruit dans les années 1960) et propose des mises en scène modernes des classiques de Verdi, Mozart, Wagner ou d'œuvres du XXe siècle. À noter également, en marge des grands opéras, le **Neuköllner Oper** (p.205) fait figure d'ovni. Situé dans le quartier autrefois populaire et ouvrier de Neukölln, ce théâtre a su s'imposer au moyen de créations moins connues avec un panel de genres très large allant des musiques de chambre expérimentales aux grands opéras romantiques en passant par le music-hall.

La musique électronique

Berlin, c'est la capitale européenne - pour ne pas dire mondiale - de la techno. Le genre est indissociable de la ville et sa vie nocturne et son offre clubbing sont responsables d'une bonne partie de son tourisme. Pour comprendre le phénomène, il est important de remonter en 1989, au lendemain de la chute du Mur. À l'époque, des milliers de jeunes Allemands de l'Est et de l'Ouest convergent vers la ville pour y faire la fête et investissent de nombreux espaces laissés vides, notamment à Mitte, ancien centre-ville de Berlin-Est. Centrales électriques, bunkers, hangars, stations de métro… : tout pouvait devenir un club temporaire. Mais pour que les gens dansent, il faut leur donner matière à danser. Née à Detroit au milieu des années 1980, la techno s'introduit en Allemagne à cette époque. Entre les mains d'artistes mythiques comme le duo Basic Channel, le genre va s'enrichir de dub (l'électronique jamaïcaine) pour gagner en matière et en profondeur. C'est ainsi

Konzerthaus Berlin.

Le Watergate, boî te tendance sur les rives de la Spree.

que la minimale (ou « techno minimale ») naît et qu'un son typiquement berlinois émerge. À la fin des années 2000, des personnalités - devenues d'immenses stars du genre - comme Paul Kalkbrenner ou Ellen Allien et des films tels que *Berlin Calling* participent amplement à véhiculer l'image de Berlin la festive et à déployer sa musique dans le monde. Aujourd'hui, les squats illégaux ont laissé la place à des clubs qui, bien qu'officiels, demeurent des espaces de liberté pour la jeunesse et la contre-culture. Le plus célèbre d'entre eux est évidemment le **Berghain** (p.198), temple de la techno qui obsède les clubbers du monde entier. Ici, on n'est jamais vraiment certain de rentrer, tout repose sur l'iconique physio, Sven, au visage tatoué. À l'intérieur, tout est permis (ou presque), au son de la crème de la crème des DJ. En tant qu'artiste, être programmé au Berghain est une immense reconnaissance professionnelle. Avec le temps, le Berghain est ainsi devenu le Graal de tous les jeunes touristes à Berlin, une lubie internationale. Certaines « soirées » durent plusieurs jours, les parties diurnes (surtout le dimanche) étant plus ouvertes, avec parfois familles et enfants. Quelques autres clubs iconiques se trouvent aussi à Mitte, comme le **KitKatClub** (p.199), club fétichiste le plus *in* de Berlin, ou le **Tresor** (p.201), temple du genre autrefois installé dans un coffre-fort (d'où son nom) et dont le label – homonyme – compte parmi les plus influents. Incontournables également, situés à Kreuzberg, citons le **Watergate** (p.201), avec sa vue magique sur le fleuve, et le **Club Der Visionäre** (p.198), petit lieu situé le long du canal, tout indiqué pour un before. À Kreuzberg, on trouve également un fabuleux disquaire, **Space Hall** (p.187), immense, possédant… absolument tout. La boutique branchée **HHV** (p.185) (à Friedrichshain) peut elle aussi proposer quelques bons vinyles.

Théâtre

En développement depuis le milieu du XVIIIe siècle avec des auteurs comme Kleist, le théâtre berlinois connaît une de ses meilleures périodes jusqu'en 1814. Quelques décennies plus tard, c'est avec l'arrivée d'Otto Brahm, grand metteur en scène de l'époque, à la direction du **Deutsches Theater** (p.203) en 1894, que le théâtre berlinois retrouve de son lustre. Cela dit, c'est vraiment durant l'effervescence des années 1920 que la grande figure de la dramaturgie berlinoise va émerger : Bertolt Brecht. Grand esprit, il reste célèbre pour son *Opéra de quat'sous* (1928), mis en musique par Kurt Weill, un brûlant réquisitoire contre la montée du nazisme ou *La Résistible Ascension d'Arturo Ui* (1941) au propos d'une étonnante actualité. Il fonde en 1949 le **Berliner Ensemble** (p.202) après son retour d'exil, dont il va faire une plateforme pour valoriser l'avant-garde de son époque. Après sa disparition en 1956, les metteurs en scène continuèrent non seulement d'y jouer les pièces de Brecht, mais d'y perpétuer son ambition. La direction du lieu sera notamment assurée dans les années 1990 par Heiner Müller, géant de la dramaturgie allemande dont l'œuvre est traversée par le déclin de l'Occident. Plus récemment, Schaubühne est apparu comme une des entités théâtrales les plus importantes de Berlin, marquée par la personnalité de certains de ses directeurs comme Peter Stein et Thomas Ostermeier, devenus parmi les plus grands metteurs en scène européens.

LITTÉRATURE

Si le traité du 3 octobre 1990 qui acte la réunification de la RDA et de la RFA stipule que Berlin redevient capitale de l'Allemagne, le raccourci qui voudrait assimiler la ville au pays paraît plutôt rapide. Qu'il soit question d'exactitude historique ou du ressenti subjectif qui surgit au gré des conversations familières, Berlin « n'est pas l'Allemagne » mais bien plutôt une cité-Etat qui semble drainer sa propre énergie et voit converger les créativités internationales. Il pourrait être tentant de la réduire à l'émulation qui rime avec les années 1920 - et désormais avec notre époque contemporaine -, ou bien d'estimer qu'elle naît en littérature avec l'œuvre d'Alfred Döblin parue en 1929, pourtant le courant romantique qui s'affirma à la fin du XVIIIe siècle et la vit, déjà, devenir foyer de la vie intellectuelle lui correspond si bien qu'il serait sans doute sensé de commencer ici cette histoire des lettres berlinoises.

Berlin et les Lumières

Au moins deux textes préfigurent ce que deviendra la littérature allemande mais leurs spécificités laissent présager des évolutions nécessaires à venir. Ainsi, *Le Chant de Hildebrand*, composé au IXe siècle, ne possède pas à proprement parler d'unité linguistique puisque s'y mêlent des passages en haut-allemand et d'autres en bas-allemand, le tout mâtiné d'idiomes extérieurs. *La Chanson des Nibelungen*, quant à elle datée du XIIIe siècle, est une reprise germanique d'un conte précédemment apparu en Scandinavie. Depuis, deux hommes sont considérés comme ayant donné à la littérature allemande les bases sur lesquelles se bâtira sa grandeur, les deux clefs qui permettent à l'âme d'une nation de se révéler par les lettres : unité de la langue et originalité des thèmes.

Martin Luther, en offrant sa traduction personnelle de la Bible dans un langage compréhensible par le plus grand nombre, ouvre la première porte. Goethe, en faisant de l'écriture un vecteur d'émotions et en devenant symbole du « Sturm und Drang » allemand avec l'un de ses plus grands textes, *Les Souffrances du jeune Werther* (1774), ouvrira la seconde. En filant la métaphore, Berlin aura elle aussi à connaître des métamorphoses avant d'être en mesure d'accéder à son identité plurielle et unique : réduite en cendres au XIVe siècle, perdant en liberté ce qu'elle gagnait en population au XVe siècle, endeuillée par la guerre de Trente Ans au XVIIe siècle, l'aube du XVIIIe la découvre capitale du Royaume de Prusse tandis que le XIXe la promeut au rang de capitale de l'Empire allemand.

C'est dans cette période charnière qu'émerge le courant des Lumières, *Aufklärung*, dont Moses Mendelssohn sera l'un des auteurs les plus représentatifs. Né à Dessau en 1729, c'est à Berlin qu'il s'éteindra en 1786. Fils de rabbin, autodidacte, la reconnaissance du fruit de ses réflexions est soutenue par sa rencontre décisive avec Gotthold Lessing (1729-1781). Ce der-

Tombe de Bertolt Brecht.

© HYDEBRINK - SHUTTERSTOCK.COM

Statue de Felix Mendelssohn.

nier est écrivain et critique, mais il est surtout le chef de file des intellectuels berlinois. De plus, lui qui par ailleurs affirme l'identité allemande, en faisant fi de l'influence française, a publié en 1749 un drame intitulé *Die Juden*, il est ainsi particulièrement réceptif aux travaux de Mendelssohn à une époque qui n'est pas forcément très ouverte aux différences religieuses. Lessing édite, sans même demander son accord à Mendelssohn mais en préservant l'anonymat de celui-ci, *Conversations philosophiques*, texte qui se fait remarquer. C'est dans cette veine, en prônant la tolérance et en cherchant à créer des rapprochements entre la pensée juive et la philosophie allemande, que Mendelssohn poursuivra, s'entretenant de façon épistolaire avec Emmanuel Kant qu'il influencera, le philosophe lui rendant hommage dans sa fameuse *Critique de la raison pure*.

En réaction aux Lumières, mais bien que concrètement la finalité soit la même - interroger la possibilité laissée à l'homme d'accéder à la liberté, quels que soient les moyens, et quitte pour cela à s'opposer aux instances dirigeantes -, apparaît le mouvement dit «Sturm und Drang», littéralement Tempête et passion, dont le nom est emprunté à une pièce de Friedrich Maximilian Klinger. Ce mouvement, qui veut rompre avec les conventions fatiguées et sait se montrer contestataire, culmine avec l'œuvre de Goethe et avec celle de Friedrich von Schiller. La voie pour qu'apparaisse le Romantisme est ouverte, Berlin en deviendra l'un des centres d'importance.

Du Romantisme à la guerre

Si les Portugais ont leur *saudade*, les Allemands éprouvent leur *sehnsucht*, un vague à l'âme qui étreint et se pâme dans des décors presque gothiques, sombres forêts ou châteaux décatis. Le Romantisme ne possède plus la volonté quasi politique d'éduquer les foules telle qu'elle pouvait se faire ressentir dans le Sturm und Drang. Ici le désir naît de l'envie d'harmoniser les contraires, d'exacerber le sentiment, et se patine parfois d'une touche mystérieuse qui fait sens dans l'œuvre de E. T. A. Hoffmann. Né en 1776 à Königsberg, c'est à Berlin qu'il s'installe à l'été 1798 le temps d'un court séjour. L'homme déménagera fréquemment, il n'en demeurera pas moins un membre d'influence des cercles littéraires qui se multiplieront à Berlin au début du siècle, rivalisant bientôt avec ceux précurseurs de Iéna, à l'image du Nordstern (Étoile du Nord) ou des soirées des Frères Sérapion organisées en 1818 par Clemens Brentano, l'auteur de *Lore Lay*. D'Hoffmann, il nous reste sa musique, bien sûr, en particulier celle de l'opéra *Ondine* dont le livret a été écrit par son ami Friedrich de La Motte-Fouqué, auteur du conte éponyme, mais aussi quelques romans (*Les Élixirs du Diable* et *Le Chat Murr* resté inachevé) et surtout ses *Contes* fantastiques.

Berlin s'anime aussi par la présence de Joseph von Eichendorff dont la réputation est immense en Allemagne bien qu'elle n'ait pas vraiment franchi les frontières. *De la vie d'un vaurien : fantaisie romanesque* a toutefois été retraduit par les Belles Lettres en 2013. Citons encore Johann Gottlieb Fichte, mort Berlinois en 1814, qui, en suivant les pas de Kant, devint l'un des théoriciens du Romantisme, édictant les principes de l'idéalisme allemand. Nombreux sont les intellectuels à avoir participé à ce courant d'envergure aux maintes ramifications. Ainsi tandis qu'Achim von Arnim collectait les chants populaires, Ludwig Tieck, un proche de Novalis, usait des anciennes légendes pour donner vie à de nouvelles versions, son *Chat botté* est resté dans les annales d'une ville qui vit mourir en 1859 et 1863 les célèbres frères Grimm.

Un autre genre émerge durant ce siècle ambitieux, et l'attente est ancienne à en croire Lessing qui déjà en 1767 se désolait que le pays ne compte ni théâtre, ni acteurs, ni spectateurs. La production de Heinrich von Kleist, qui se suicide en 1811 à 34 ans après une courte vie cernée de périodes dépressives, va en partie changer la donne. Sa *Cruche cassée* - comédie ironique - est programmée par Goethe en 1808 à Weimar. À Berlin, c'est surtout la création du Deutsches Theater en 1883 par Adolf L'Arronde qui sera décisive.

Prenant le pas sur le Théâtre Royal où jusqu'alors régnait le conservatisme, cette nouvelle scène va être très vite dirigée par Otto Brahm qui n'hésitera pas à programmer la première de *Avant le lever du soleil* (*Vor Sonnenaufgang*) d'un tout jeune dramaturge, Gerhart Hauptmann, futur prix Nobel de littérature (1912), dont les éclats naturalistes qui campent la révolte des classes opprimées n'auront pas l'heur de plaire à l'empereur Guillaume II. Otto Brahm donnera également sa chance à Max Goldmann qui cache sa judéité, l'époque le voulant, sous le pseudonyme de Reinhardt. Né en 1873, l'homme est appelé à devenir l'un de ceux qui révolutionneront la mise en scène, évoluant au Deutsches Theater dont il prendra un temps la direction, il sera avant cela à l'initiative de la fondation du cabaret satirique Schall und Rauch en 1901. Son talent et sa conception moderniste l'amèneront à conquérir l'Amérique, une seconde patrie où il trouvera refuge quand les forces nazies prendront de l'ampleur. Pour l'heure, c'est le premier conflit mondial qui voit s'interrompre une période qui est pourtant pleine de promesses, à en croire les succès rencontrés par Thomas Mann ou Stefan Zweig, et bien que tous deux puiseront dans la Grande Guerre matière à nourrir leur talent et leurs convictions pacifistes.

Portrait de Gerhart Hauptmann.

Au lendemain de la défaite, Berlin connaît cependant une nouvelle effervescence et les années 1920, les *Goldenen Zwanziger*, la marquent du sceau de capitale culturelle européenne. L'année 1919 voit ainsi publiée l'anthologie *Menschheitsdämmerung* par Kurt Pinthus qui réunit les poètes de l'expressionnisme allemand, un monument littéraire qualifié d'expérience avant-gardiste qui sera brûlé lors de l'autodafé orchestré par les nazis en un funeste 10 mai 1933. Berlin voit s'affirmer Bertolt Brecht qui fait ses armes au Deutsches Theater, tandis que la ville elle-même devient scène de théâtre dans le célèbre roman d'Alfred Döblin (1878-1957), *Berlin Alexanderplatz* (1929), qui sera lui aussi jeté dans les flammes.

Enfin, Berlin est champ d'exploration pour un jeune journaliste, Philip Roth, dont les Belles Lettres ont eu la bonne idée de réunir les articles dans *À Berlin*. *Un Ange bleu* - adaptation du roman de Heinrich Mann, *Professor Unrat* - reçoit en 1930 les ultimes ovations du public avant que le fascisme ne s'abatte définitivement sur le monde et contraigne à l'exil de nombreux intellectuels, quand certains ne lui préfèrent pas le suicide. Bien avant qu'en une nuit un mur s'érige et la coupe en deux en 1963, Berlin peine à se relever d'une guerre qui l'a laissée exsangue. Et si une nouvelle génération d'auteurs décide dès 1945 de lancer une revue culturelle puis de se réunir au sein du Groupe 47, c'est Munich qui assiste à ce renouveau, et non Berlin qui pourtant inspire des romans et témoignages d'envergure, au nombre desquels il faudra bien sûr compter *Seul dans Berlin* de Hans Fallada qui évoque la mémoire d'un couple de résistants, Élise et Otto Hampel, et *Une Femme à Berlin*, récit autobiographique resté anonyme jusqu'à ce que le nom de son auteure, Marta Hillers, soit dévoilé en 2003.

Après la chute du Mur, la ville réunifiée devient lieu de tous les possibles et suscite l'engouement des auteurs locaux et internationaux comme le confirment les nombreux titres qui l'évoquent. Le Belge Jean-Philippe Toussaint s'en empare en 2002 dans *La Télévision*, Wilfried N'Sondé en fait la toile de fond d'un grand amour dans *Berlinoise* en 2015, quatre ans plus tard le narrateur de Samy Langeraert s'y console d'une rupture dans *Mon temps libre* (Verdier). Surtout, l'Herne traduit *Enfance berlinoise* de Walter Benjamin, et le grand Edgar Hilsenrath conclut son cycle romanesque avec un texte très émouvant, *Terminus Berlin*, disponible aux éditions Le Tripode. Une littérature du tournant, *wendeliteratur*, qui n'a sans doute pas fini de surprendre à en croire l'histoire d'Helene Hegemann, portée aux nues avant d'être mise au ban pour plagiat, là où elle-même ne voyait que création d'une nouvelle technique d'écriture.

TOP 10

LECTURE

Quelle autre ville plus que Berlin suscite autant de résultats à la faveur d'une simple recherche littéraire ? Si le second conflit mondial a délié les langues, la nouvelle génération ne se lasse pas de démontrer qu'elle a su s'inspirer d'une cité devenue terrain d'expérimentations créatives. Un petit aperçu pour tous les lecteurs, du classique au fantaisiste.

BERLIN : FRAGMENTS D'UNE HISTOIRE ALLEMANDE

De 1961 à 2013, Raymond Depardon n'a cessé d'arpenter et de photographier une ville en reconstruction.
Raymond Depardon, Éditions Seuil.

LA TRILOGIE BERLINOISE

Ex-commissaire devenu détective, Bernie Gunther a le sens de l'ironie, et il en faut pour affronter la montée du nazisme.
Philip Kerr, Le Livre de poche.

MOI, CHRISTIANE F., 13 ANS, DROGUÉE, PROSTITUÉE...

Son histoire publiée en 1983 aura bouleversé des générations de lecteurs, depuis Christiane a repris son nom et sa vie.
Éditions Folio.

QUATRE FANTÔMES IM NEUEN BERLIN

Une histoire palpitante, un livre, un CD, et une bonne façon de se familiariser avec la langue allemande.
Roland Fuentès et Pierre-Yves Cézard, Syros jeunesse.

SEUL DANS BERLIN

Dans l'immeuble de la rue Jablonski se côtoient persécuteurs et persécutés. Une vision réaliste portée par une écriture cristalline.
Hans Fallada, Éditions Folio.

CET INSTANT-LÀ

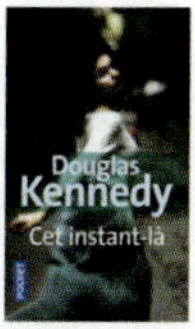

Dans une ville coupée en deux par un mur qui ne s'effondrera que cinq ans plus tard, les amants resteront-il ensemble ?
Douglas Kennedy, Éditions Pocket.

PARIS-BERLIN : LA SURVIE DE L'EUROPE

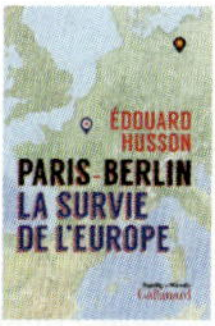

Le duo franco-allemand saura-t-il se réinventer et résister aux turpitudes qui agitent notre monde ?
Édouard Husson, Éditions Gallimard.

DEMAIN BERLIN

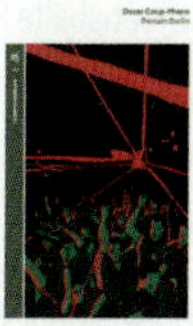

Entre clubs électro et défonce, trois amis se découvrent une nouvelle famille. Portrait d'une génération.
Oscar Coop-Phane, Éditions La Table ronde.

BERLIN - LA CITÉ DES PIERRES

Une trilogie entamée en 2002 qui s'achève en 2019, avec le désir constant d'être le plus exhaustif possible, du grand art.
Jason Lutes, Éditions Delcourt.

SOLEIL DE CENDRES

Astrid se décide à présenter son fils de 7 ans à son père, mais leur séjour berlinois va virer au drame.
Astrid Monet, Éditions Agullo.

A L'ÉCRAN

L'histoire du cinéma berlinois, et a fortiori l'histoire du cinéma allemand, est ponctuée de périodes fastes (les années 1920, les années 1970) mais aussi de passages à vide. Cependant, avec la Berlinale, le festival annuel du film allemand, des nouvelles œuvres de jeunes réalisateurs remarqués ces dernières années comme *Victoria* (2015) ou encore des séries de qualité comme *Charité* ou *Babylon Berlin* qui font une percée fulgurante sur le petit écran, on peut estimer que le 7e art occupe aujourd'hui à nouveau une place importante dans la capitale allemande. On peut évidemment toujours compter sur ces réalisations qui portent avec brio l'histoire de Berlin à l'écran, comme dans *Good Bye, Lenin!* (2003, relatant la chute du Mur) ou encore *La Vie des autres* (2005, plaçant son intrigue dans l'Allemagne de l'Est des années 1980) et qui font de cette ville l'une des plus appréciées du grand écran.

Des débuts à la Seconde Guerre mondiale

Le 7e art débarque à Berlin en 1895, grâce aux frères Max et Emil Skladanowsky (originaires de la capitale), qui présentent à Wintergarten leur bioskop de projection (une caméra de photographies animées). Les années 1920, sous l'égide de l'Universum Film Aktiengesellschaft (UFA), constituent le premier âge d'or du cinéma berlinois. Très vite l'UFA s'impose comme la première société de production du pays, dont les studios résident dans le quartier de Berlin-Tempelhof. Issues d'un courant que l'on qualifie d'expressionniste, des œuvres comme *Le Cabinet du docteur Caligari* (1919) de Robert Wiene, *Nosferatu le vampire* (1922) de Friedrich Wilhelm Murnau, *Le Docteur Mabuse* (1922) et bien sûr *Metropolis* (tourné à Berlin en 1925), le chef-d'œuvre de Fritz Lang, toutes produites sous le sceau UFA, illustrent de manière éclatante la richesse du cinéma berlinois de cette époque. Des films comme *Le Dernier rire* (1924, de F.W. Murnau), *Variety* (1925, dont les scène de cirque sont tournées au Wintergarten) ou encore *Berlin, symphonie d'une grande ville* (1927, de Walter Ruttman) mettent également la capitale allemande en lumière. La veine expressionniste se tarissant, elle est remplacée par un courant réaliste, caractérisé notamment par les films de Georg Wilhelm Pabst (*Loulou*, 1929) et de Joseph von Sternberg (*L'Ange bleu*, 1930). L'avènement d'Hitler en 1933 provoque l'exil de l'élite culturelle. Le cinéma n'est pas épargné et seuls les films qui, d'une manière ou d'une autre, font l'apologie du régime, ont droit de cité. Les deux exemples les plus significatifs en sont *Le Juif Süss* (1940) de Veit Harlan et *Les Dieux du stade* de Leni Riefenstahl en 1938, film tourné au moment des Jeux olympiques de Berlin. Des années plus tard, *L'As des As* (1982, avec Jean-Paul Belmondo) place une partie de son intrigue durant cet évènement sportif majeur.

© FDR STOCK - SHUTTERSTOCK.COM

Le Babylon, célèbre cinéma de Berlin.

Berlin, référence cinématographique allemande

Après la Seconde Guerre mondiale, il faut attendre le milieu des années 1960 et les réalisations de Volker Schlöndorff et de Werner Herzog – souvent des adaptations de textes littéraires célèbres – pour que le cinéma allemand atteigne de nouveau une renommée internationale. Dans une veine plus sociale et militante, plus provocante également, Werner Rainer Fassbinder (1945-1982) réhabilite Berlin comme ville du cinéma et livre des chefs-d'œuvre comme *Le Marchand des quatre saisons* en 1971, *Tous les autres s'appellent Ali* en 1973 et *Le Mariage de Maria Braun* en 1978, sans oublier la dizaine d'épisodes télévisés inspirés du célèbre roman d'Alfred Döblin, *Berlin Alexanderplatz*. Du côté est-allemand, la DEFA, la société de production nationale, coordonne la réalisation de plus de 700 films. Parmi les plus remarqués, *Der Geteilte Himmel* (1964) de Konrad Wolf, *La Légende de Paul et Paula* (1972) de Heiner Warow et *Jacob le Menteur* (1974) de Frank Beyer. Elle est dissoute après la réunification, et les studios de Babelsberg de la DEFA sont aujourd'hui la pro-

L'ours de la Berlinale.

priété d'Universal. En 1989, l'une des dernières œuvres de la DEFA, *Coming Out* (de Heiner Carow) représente l'unique film produit par la société ayant pour thème l'homosexualité. De cette période et tournés entre les murs berlinois, citons également *Le Passager* (1988) de Thomas Brasch et *La Toile d'araignée* (1989) de Bernhard Wicki, tous deux présentés à Cannes ; mais surtout *Les Ailes du désir* (1987), Palme du meilleur réalisateur, de Wim Wenders, référence incontournable du cinéma allemand.

De 1990 à nos jours

En 1992, Wim Wenders nous offre la suite attendue de son chef d'œuvre *Les Ailes du désir* : *Si loin, si proche*, histoire d'un ange dans la Berlin réunifiée. Les *nineties* berlinoises restent fructueuses en matière de cinéma et on remarque des œuvres comme *La Nuit silencieuse* (1995, remportant une mention honorable à la 46e Berlinale) de Dany Levi ou *Cours Lola, cours* (1998) de Tom Tykwer. Les années est-allemandes sont peu à peu abordées dans des films, de manière humoristique, avec *Sonnenallee* (1999), relatant les aventures du Michael et de ses amis dans les années 1980 le long de la Sonnenallee ; dans le grand succès *Good bye Lenin !* (Wolfgang Becker, 2003), où comment Daniel Brühl recrée la RDA dans un appartement de Berlin ; mais aussi de manière sérieuse et tragique à travers les activités de la Stasi dans *La Vie des autres* (2006, Oscar du meilleur film étranger en 2007) de Florian Henckel von Donnersmarck. L'Allemand Hannes Stöhr dédie également deux de ses films à la capitale : *Berlin is in Germany* (2002), histoire d'un ancien détenu de l'Est qui découvre la nouvelle Berlin de la réunification, et *Berlin Calling* (2008), œuvre sur la vie nocturne berlinoise à travers le destin tumultueux d'un DJ joué par le célèbre Paul Kalkbrenner. Plus récemment on remarque *Barbara* (2012, Ours d'argent du meilleur réalisateur en 2012) de Christian Petzold ; *Victoria* (2015) de Sébastien Schipper, thriller filmé en un seul plan-séquence, ainsi que les séries *Babylon Berlin* (2017-) de Volker Kutscher, prenant place dans la Berlin de 1929, sous la République de Weimar, et *Charité* (2017-) réalisée par Sönke Wortmann, dont les deux saisons, bien que se passant à deux époques différentes (la première en 1888 et la deuxième durant la Seconde Guerre mondiale), plantent leur décor dans l'Hôpital de la Charité, à Berlin.

La Berlinale, un festival des plus accessibles au public

Enfin, comment aborder Berlin au cinéma sans parler de la Berlinale, le festival du film de Berlin considéré comme l'un des rendez-vous immanquable du monde du cinéma. Il a la particularité de se dérouler en plein cœur de la ville, à la Potsdamer Platz, et d'offrir un large accès au public qui peut assister à toutes les projections. Dans la sélection officielle, la compétition pour les Ours d'or et d'argent est au cœur du festival. D'autres points forts de ce festival sont la section Panorama avec plus de 30 premières mondiales, la section Perspective du film allemand et le Forum international du jeune cinéma. Et l'intérêt manifesté à l'égard de la Berlinale augmente chaque année : plus de 20 000 professionnels et visiteurs ainsi que près de 4 000 journalistes se retrouvent pour l'événement. En 2020, l'Ours d'or (récompense la plus prestigieuse du festival) est décerné à l'Iranien Mohammad Rasoulof, pour son œuvre *There is no Evil*, tandis que l'Ours d'argent du meilleur réalisateur est attribué au Coréen Hong Sang-Soo pour *La Femme qui s'est enfuie*.

GASTRONOMIE

Depuis le milieu des années 1990, la scène culinaire berlinoise a pris un virage décisif et ambitieux. Aucune autre ville allemande ne possède une palette gastronomique aussi complète et variée. En 2019 Berlin comptait ainsi 22 restaurants ayant au moins une étoile Michelin, faisant de la capitale allemande la ville la plus étoilée parmi les pays germanophones. Malgré cette cuisine gastronomique moderne et innovante, Berlin n'a pas oublié le goût traditionnel des boulettes, jambonneau, choucroute et autres galettes de pomme de terre. Depuis la chute du Mur, la capitale a renoué avec son arrière-pays, ses tables s'orientant à nouveau vers les produits de saison. En outre, Berlin est un client privilégié pour les produits frais du Brandebourg et de Mecklembourg-Poméranie occidentale. S'ajoutent à cela des spécialités exotiques venant des nombreuses communautés que compte cette ville cosmopolite. Sans oublier bien sûr une abondance de pâtisseries succulentes et des bières de qualité.

La cuisine berlinoise traditionnelle

Faite pour affronter les grands froids, la cuisine berlinoise est plutôt riche. On trouve quantité de plats en sauce, particulièrement à base de porc, et des accompagnements souvent réalisés avec de la choucroute ou des pommes de terre. Parmi les plats typiques, citons les *Kasseler Rippen* (côtes de porc fumées), l'*Eisbein* (jarret de porc), les *Bouletten* (boulettes de bœuf haché), les *Schnitzel* (escalopes panées d'origine autrichienne), le *Sauerbraten* (bœuf mijoté dans une sauce aigre-douce) ou encore les *Rollmops* (harengs marinés). Sans oublier les *Königsberger Klopse* (boulettes de viande avec une sauce aux câpres et aux anchois) d'origine russe mais qui sont devenues très populaires en RDA. La *Weihnachtsgans* ou oie rôtie est un classique de Noël que l'on sert avec du chou, des pommes de terre et des *Teltower Rübchen*, des navets caramélisés.

© SLUNCE - SHUTTERSTOCK.COM

Le célèbre döner berlinois.

On peut aussi citer les *Kohlroulade* (roulades de chou) ou le goulasch, qui bien que d'origine hongroise a fait son chemin jusqu'à Berlin. Les pommes de terre, quant à elles, sont déclinées en *Bratkartoffel* (pommes de terre sautées aux lardons), en *Knödel* (boulettes de pomme de terre contenant parfois aussi du pain et de la viande) ou encore en *Kartoffelpuffer*, des galettes de pomme de terre type rösti souvent accompagnées de saumon fumé et de crème aigre. En Allemagne, le petit déjeuner (*Frühstück*) – souvent copieux – comprend fromage, charcuterie, œufs, müesli, ainsi que pain (*brötchen*), beurre et confiture. Entre 12h et 13h, le déjeuner (*Mittagessen*) est traditionnellement un repas chaud. Enfin, à 19h est servi le dîner (*Abendbrot*), habituellement froid. Il consiste en salades et tartines de fromage ou de charcuterie. Si le tourisme a rallongé un peu l'heure du dîner, les Allemands mangent habituellement tôt et rares sont les restaurants qui servent au-delà de 22h, même si les nombreux stands de street-food (kebab, saucisses, burgers, etc.) combleront les noctambules les plus affamés.

Entre currywurst et döner kebab

Avec près d'un tiers d'habitants ayant des origines étrangères, Berlin est l'une des villes les plus cosmopolites d'Europe. On retrouve sans surprise une très large communauté turque bien sûr mais également un grand nombre de citoyens originaires d'Europe de l'Est, des Balkans, du monde arabe, d'Iran, du Vietnam ou encore de Chine. Ici les restaurants proposent des spécialités des quatre coins du monde, ainsi que des plats que les Berlinois se sont appropriés au point qu'ils sont devenus des emblèmes de la cuisine allemande.

On pense bien sûr au döner kebab qui aurait été introduit à Berlin à la fin des années 1960. La recette est turque. En soit cela ressemble beaucoup à notre kebab «français» avec sa viande

© GKRPHOTO - SHUTTERSTOCK.COM

Currywurst.

marinée – traditionnellement agneau, plus souvent veau ou poulet – roulée dans une galette. La grosse différence vient souvent des portions bien plus généreuses et surtout du prix, souvent moins de 3 € en Allemagne contre au moins 5 € en France. Le Mustafas Gemüse Kebap dans le quartier décalé de Kreuzberg serait le meilleur kebab d'Allemagne, voire d'Europe.

Autre spécialité «exotique» bien que purement berlinoise, la currywurst est également un des symboles culinaires de la capitale allemande. Créée dans les années 1950, cette recette est composée d'une saucisse grillée, nappée d'une sauce aigre-douce à base de ketchup et de curry en poudre, le tout accompagné de frites. On en vend près de 70 millions chaque année à Berlin.

Desserts et boissons

Comme dans le reste de l'Allemagne, les pâtisseries sont chères au cœur des Berlinois. On retrouve bien sûr de nombreux gâteaux multicouches, strudels et autres tartes aux fruits, sans oublier quelques douceurs locales. Le typique *Berliner Pfannkuchen* est un beignet au sucre fourré de confiture ou de chocolat alors que le délicat *Berliner Luft*, comprendre «air de Berlin», est une mousse au vin blanc nappée de purée de framboises. Le *Berliner Käsekuchen* est une sorte de cheesecake sur une base de pâte brisée alors que le *Berliner Napfkuchen* n'est autre qu'une variante locale du kouglof. On peut citer d'autres pâtisseries comme le *Mohnpielen*, un pudding aux graines de pavot, ou les *Liebesknochen*, c'est-à-dire des éclairs au chocolat.

Les cafés allemands sont généralement servis avec du lait (*mit Sahne*) et sont plutôt légers. Demandez un expresso si vous voulez quelque chose de plus corsé. Les locaux sont de gros consommateurs de café qu'ils sirotent le plus souvent avec une part de gâteau pour le goûter ou *Kaffee und Kuchen*. Les Allemands raffolent également de chocolat chaud, souvent servi avec de la chantilly, sans oublier le thé. Côté boissons fraîches, l'*Apfelschorle* est un mélange de jus de pomme et d'eau pétillante, souvent consommé à la place de l'eau au moment des repas. D'ailleurs les Allemands préfèrent largement l'eau pétillante (*Sprudelwasser*) – payante – et il est donc très rare qu'on vous offre une carafe d'eau au restaurant.

Entre bières et vins

Sans surprise, les Berlinois, tout comme les Allemands en général, consomment beaucoup de bière. Berlin compte même sa spécialité appelée Berliner Weisse. Cette bière est fabriquée à base de froment, légèrement acidulée, elle est servie dans de grands verres arrondis avec un doigt de sirop de framboise pour adoucir le goût. Sinon, les bières se répartissent en plusieurs catégories et sont soit servies en bouteille soit à la pression (*vom Fass*). On retrouve la Weizenbier (bière blanche) qui sera filtrée (Kristall) ou non (Hefe). La Becks est la marque de Pils (bière blonde à basse fermentation) très appréciée chez les jeunes, les plus anciens lui préfèrent la Berliner Pilsner. Vous rencontrez parfois le nom de Kölsch dans certains restaurants, il s'agit de la Pils de Cologne qui se sert dans des verres longs et fins de 20 cl. Les autres bières sont servies en plus grande quantité, 33 cl au minimum, la norme étant 50 cl pour une Weizenbier.

Les vins allemands, souvent originaires de la vallée rhénane, sont également réputés. Préférez les blancs aux rouges qui sont d'une qualité inégale. On pense notamment au riesling, souvent excellent (demandez «trocken» pour un riesling sec, sans quoi il sera sucré). Sur les marchés de Noël, le Glühwein (vin chaud à la cannelle et aux diverses autres épices) est incontournable.

Vous le remarquerez vite, les distances sont grandes à Berlin. Il vous sera utile de maîtriser rapidement les différents moyens de transport afin de ne pas perdre trop de temps lors de votre séjour. Depuis la réunification, la ville a réussi à retisser les lignes que le Mur avait séparées. Mais le réseau conserve quelques spécificités héritées de la division : ainsi, on trouve des trams presque exclusivement dans la partie est de Berlin, même si la BVG – la société des transports berlinois – tend à prolonger les lignes vers l'ouest, notamment dans les quartiers de Moabit et Wedding. En 2020, la ligne de métro U5 a été prolongée entre Alexanderplatz et la Porte de Brandebourg et dessert de nombreuses attractions touristiques. Après avoir sacrifié la majorité de ses avenues au transport automobile, Berlin cherche depuis quelques années à privilégier les modes de transport "doux" en renforçant le réseau des pistes cyclables.

Volkspark
Rehberge
TIERGARTEN
MÉMORIAL DU MUR DE BERLIN -
BERNAUER STRASSE
HAMBURGER BAHNHOF –
MUSEE D'ART CONTEMPORAIN
MITTE
SCHLOSS CHARLOTTENBURG –
CHATEAU DE CHARLOTTENBURG
Spree
REICHSTAG
BODE MUSEUM
NEUES MUSEUM
BERGGRUEN MUSEUM
COLONNE DE LA VICTOIRE
PORTE DE BRANDEBOURG
HOLOCAUST-MAHNMAL
CHARLOTTENBURG
Tiergarten
GEMÄLDEGALERIE
POTSDAMER PLATZ
ZOOLOGISCHER GARTEN & AQUARIUM
NEUE NATIONALGALERIE
KAISER-WILHELM-
GEDÄCHTNIS-KIRCHE
MARTIN-GROPIUS-BAU
TOPOGRAPHIE DES TERRORS
KÄTHE-KOLLWITZ-MUSEUM
SCHÖNEBERG ET
TEMPELHOF
FLUGHAFEN TEMPELHOF -
ANCIEN AÉROPORT DE TEMPELHOF
2 KM

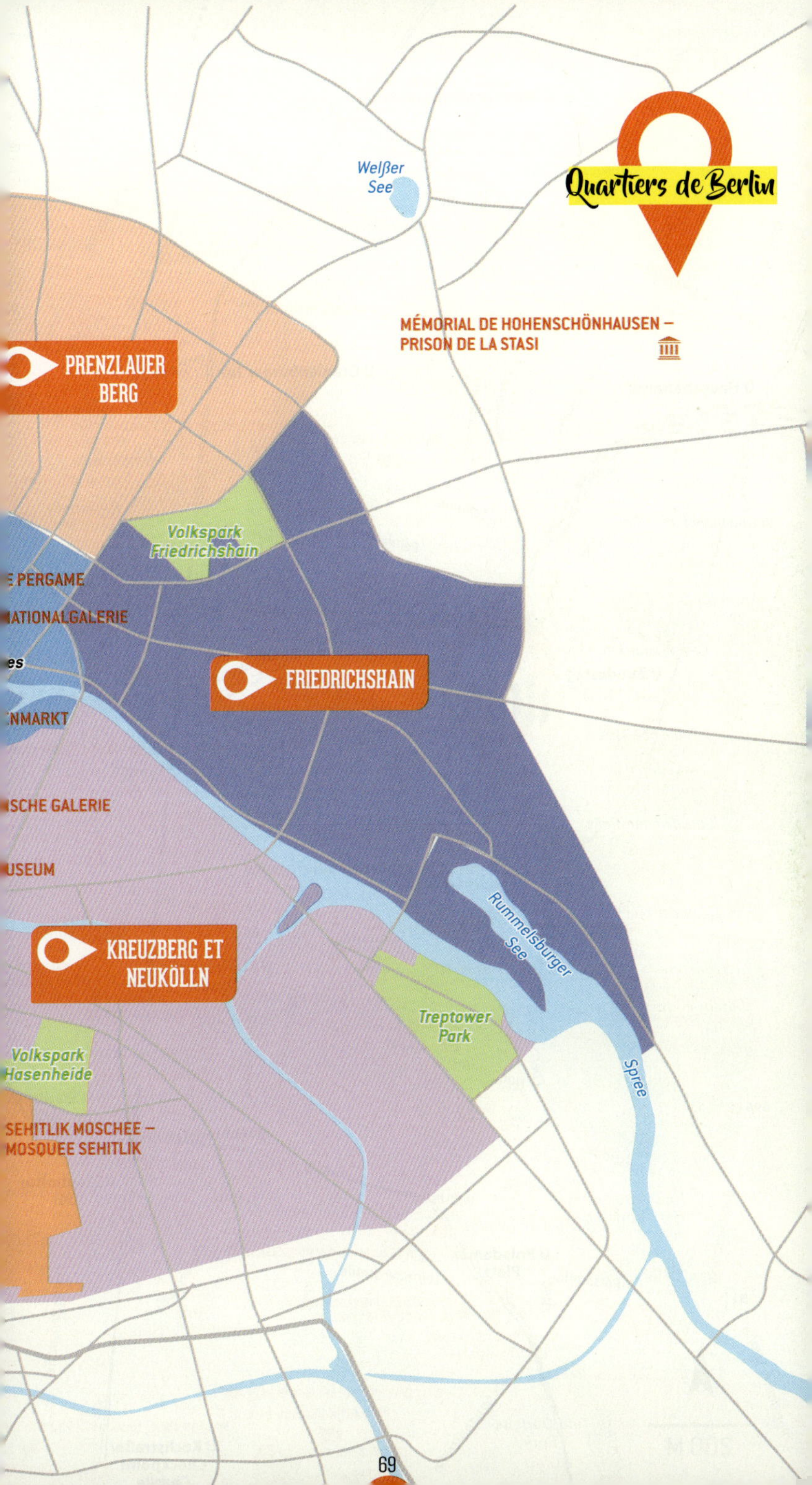

Quartiers de Berlin
Weißer See
MÉMORIAL DE HOHENSCHÖNHAUSEN – PRISON DE LA STASI
PRENZLAUER BERG
Volkspark Friedrichshain
E PERGAME
IATIONALGALERIE
es
FRIEDRICHSHAIN
NMARKT
SCHE GALERIE
USEUM
Rummelsburger See
KREUZBERG ET NEUKÖLLN
Treptower Park
Volkspark Hasenheide
Spree
SEHITLIK MOSCHEE – MOSQUEE SEHITLIK

Mitte
Invalidenfriedhof
Scharnhorststraße
Habersaathstraße
Bonne Franquette
U Naturkundemuseum
Museum für Naturkunde – Musée d'Histoire Naturelle
Invalidenstraße
Borsigpark
Alpenstueck
Chausseestr.
Schlegelstraße
Berlin-Spandauer-Schifffahrtskanal
Invalidenpark
Miniloft Mitte
Honigmond
Dorotheenstädtischer Friedhof
Borsigstraße
Heidestraße
Platz vor dem Neuen Tor
Novalisstr.
Yarok
Robert-Koch-Platz
Dorotheenstädtischer Friedhof
Französischer Friedhof I
Schnitzelei
Cavallino Rosso
O.F.T. Vintage (Ohne Frage Toll)
Dada Falafel
Princess Cheesecake
Humboldthafen
U Hauptbahnhof
Virchowweg
Hufelandweg
Luisenstraße
U Oranienburger Tor
Arcotel Velvet
Keyser
Bonbonmacherei
Meininger Hotel Berlin Mitte Humboldthaus
Tadschikische Teestube
Deutsches Theater
Stadtbahnbogen
F.-List-Ufer
Johannisstraße
Friedrich-Straße
Friedrichstadt-Palast
Schumannstraße
Ziegelstraße
Washingtonplatz
Kapelle-Ufer
Reinhardtstraße
Grill Royal
Berliner Ensemble
Spree
Am Kupfergraben
Bertolt-Brecht-Platz
Marienstraße
Spreebogenpark
Brasserie Ganymed
Tränenpalast – Palais des Larmes
O.-v.-Bismarck-A.
Bar Tausend
Bode Museum
U Bundestag
Admiralspalast
Stadtbahnbogen
Schiffbauerdamm
Georgenstr.
Hegelplatz
Paul-Löbe-Allee
Reichstagufer
NH Collection Berlin Friedrichstrasse
Platz der Republik
Neustädtischer Kirchplatz
Mittelstr.
Maxim Gorki Theater
Scheidemannstraße
Dorotheenstraße
B2
Staatsoper
Bebelplatz
Erlebnis Europa – Europa Experience
U Brandenburger Tor
Pariser Platz
Unter den Linden
Straße des 17. Juni
Komische Oper
Brandenburger Tor – Porte de Brandebourg
B5
Behrenstraße
Tiergarten
Hotel Adlon
Behrenstraße
U Französische Straße
Titanic Gendarmenmarkt
Steppengarten
Goldfischteich
Mauerstraße
Glinkastraße
Galeries Lafayette
Holocaust-Mahnmal
Ebertstraße
Hannah-Arendt-Straße
Gendarmenmarkt
Konzerthaus Berlin
B96
U Stadtmitte (U2)
U Mohrenstraße
Rausch Schokolade
Lennéstraße
Maximilians Restaurant
Boconcept
Cityhostel
U Stadtmitte (U6)
Henriette-Herz-Park
Voßstraße
Ben-Gurion-Str.
Mall of Berlin
U Potsdamer Platz
Museum für Kommunikation
Leipziger Straße
Mauerstraße
Charlottenstraße
Potsdamer Platz
B1
Deutsches Spionagemuseum – Musée de l'Espionnage
Dali. Die Ausstellung am Potdamer Platz
Hotel Gat Point Charlie
Potsdamer Straße
Welt Ballon – Air Service Berlin
Stresemannstraße
Martin-Gropius-Bau
Mauermusem – Haus am Checkpoint Charlie
Tilla-Durieux-Park
Linkstraße
200 M
Topographie des Terrors
U Kochstraße/ Checkpoint Charlie
Chupenga

Volkspark am Weinberg
Café Fleury
Brunnenstraße
Ackerstraße
Zehdenicker Straße
Fehrbelliner Straße
Teutoburger Platz
Senefelderplatz
Metzer Straße
Schönhauser Allee
I Due Forni
The Circus Hostel & Hotel
Mein Haus am See
Neue Odessa Bar
Christinenstr.
Straßburger Straße
Saarbrücker Str.
Prenzlauer Allee
Obermaier
Hotel Mani
Ld. Alter Garnison-Friedhof
Chipperfield Kantine
Hotel Amano
Koppenplatz
Galerie Deschler
Do You Read Me
(Kunstwerke)
Oderberger Bar
Lala Berlin
U Rosa-Luxemburg-Platz
Sankt Marien-Sankt Nikolai Friedhof
Schendelpark
Mulackstraße
Steinstraße
Rosenthaler Straße
Gormannstr.
Volksbühne
Rosa-Luxemburg-Platz
Gipsstraße
Altes Europa
Zadig - Librairie française
U Weinmeisterstraße
Babylon Mitte
Mollstraße
Wadzeckstraße
B2
Magicum – Berlin Magic Museum
Synagoge - Nouvelle Synagogue
Tukadu
Made in Berlin - Picknweight
Com Viet
Keibelstr.
Sonnenbeet
Chamäleon Theater
B-Flat
Ampelmann Shop
Hackescher Markt
Dolores
B5
House of Weekend
Stadtbahnbogen
Dae Mon
Henriette-Herz-Platz
Litfaß-Platz
Rochstr.
Park Inn by Radisson Berlin Alexanderplatz
Berolinastr.
K.-Marx-A.
Garnisonskirchplatz
Alexanderplatz
James-Simon-Park
Citystay
B2
Gontardstraße
U Alexanderplatz
Pergamonmuseum - Musée de Pergame
Karl-Liebknecht-Straße
Drehrestaurant Sphere
Jacobystraße
Neues Museum
Dom Aquarée
Marienkirche - Église Sainte-Marie
Fat Tire Bike Rental
Alte Nationalgalerie
DDR Museum
Rathausstraße
Fernsehturm - Tour de la télévision
Marx-Engels-Forum
Berliner Dom - Cathédrale de Berlin
Littenstraße
Alexanderstraße
Berliner Kunstmarkt an der Museumsinsel
Altes Museum
Grunerstraße
Stadtbahnbogen
Magazinstr.
Deutsches Historisches Museum
Radisson Blu Hotel
Rotes Rathaus
Wache
U Klosterstraße
Humboldt Forum
Nikolaiviertel - Quartier Saint-Nicolas
Jüdenstr.
Schillingstraße
Oberwallstraße
Schinkelplatz
Parochialkirchhof
Golden Gate
Schloßplatz
Mühlendamm
Breite Straße
Münzgarten
Stralauer Straße
Spreekanal
Friedrichswerdersche Kirche
B1
Rolandufer
U Jannowitzbrücke
Flussbad Garten
Märkischer Platz
Nordpark
Petriplatz
U Hausvogteiplatz
Gertraudenstraße
Köllnischer Park
Kurstraße
U Märkisches Museum
Fischerinsel
Rungestraße
Rungestraße
Brückenstraße
Kurstraßenpark
Inselstr.
U Spittelmarkt
Neu. Roßstr.
Wallstraße
Kitkatclub
Tresor
U Heinrich-Heine-Straße
Köpenicker Straße
Marion-Gräfin-Dönhoff-Platz
Titanic Comfort Mitte
Seydelstraße
Beuthstraße
Pflanz Was!
Annenstraße
Heinrich-Heine-Straße
H.-Heine-Str.
Schmidstraße
Kommandantenstr.
Axel-Springer-Straße
Luisenstädtischer Kirchhof
Stallschreiberstraße
Alte Jakobstraße
Sebastianstraße
Annenstr.
Michaelkirchplatz
Waldeckpark
Oranienstr.
Engelbecken
Feilner

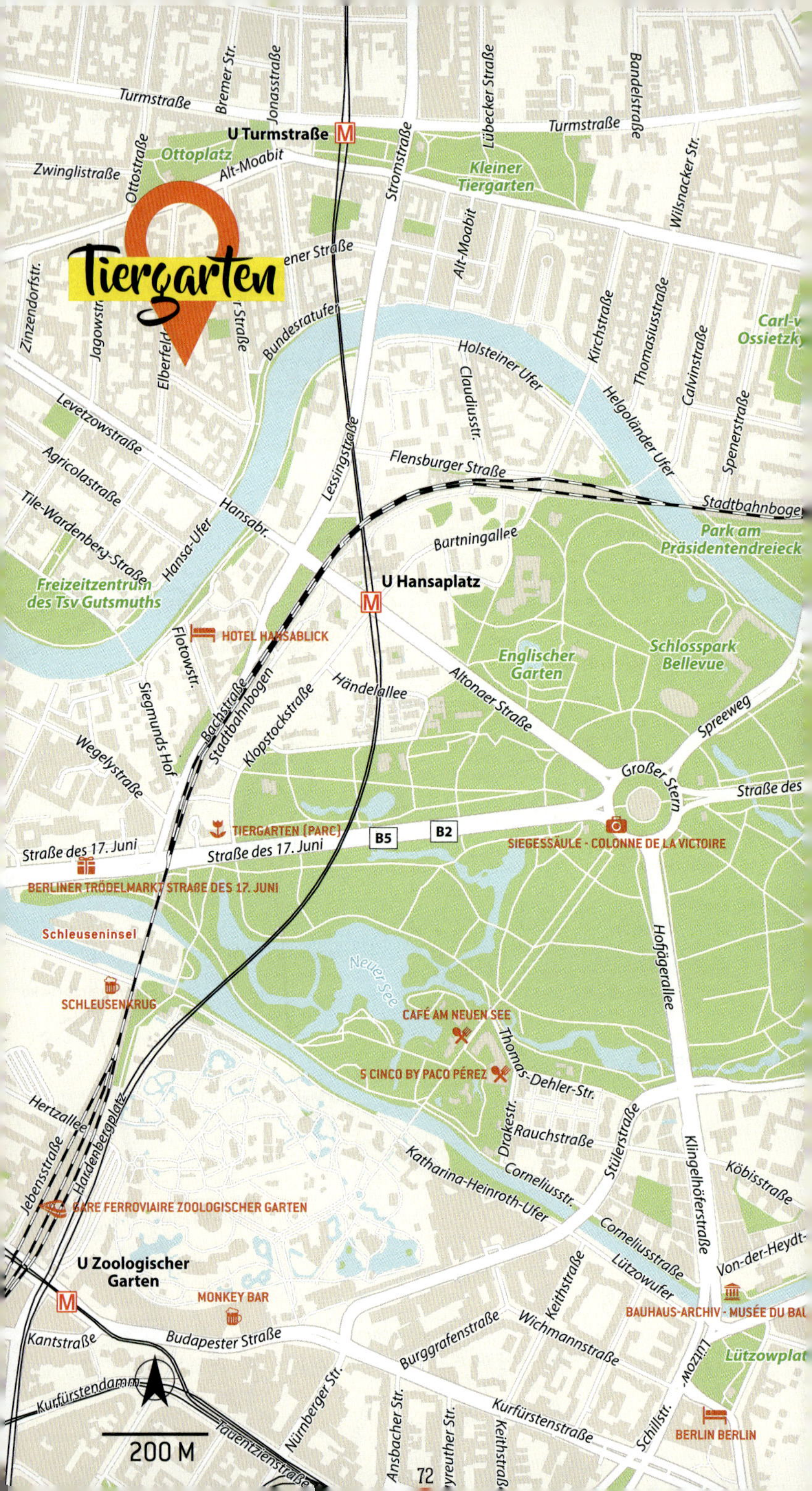

Tiergarten
Turmstraße
Bremer Str.
Jonasstraße
U Turmstraße
Lübecker Straße
Bandelstraße
Zwinglistraße
Ottostraße
Ottoplatz
Alt-Moabit
Stromstraße
Kleiner Tiergarten
Wilsnacker Str.
Zinzendorfstr.
Jagowstr.
Elberfeld
Bundesratufer
Alt-Moabit
Kirchstraße
Thomasiusstraße
Calvinstraße
Carl-v Ossietzky
Holsteiner Ufer
Claudiusstr.
Helgoländer Ufer
Spenerstraße
Levetzowstraße
Agricolastraße
Lessingstraße
Flensburger Straße
Stadtbahnbogen
Tile-Wardenberg-Straße
Hansa-Ufer
Hansabr.
Bartningallee
Park am Präsidentendreieck
Freizeitzentrum des Tsv Gutsmuths
U Hansaplatz
HOTEL HANSABLICK
Flotowstr.
Siegmunds Hof
Englischer Garten
Schlosspark Bellevue
Händelallee
Altonaer Straße
Bachstraße
Stadtbahnbogen
Klopstockstraße
Wegelystraße
Spreeweg
Großer Stern
Straße des
TIERGARTEN (PARC)
B5
B2
Straße des 17. Juni
Straße des 17. Juni
SIEGESSÄULE - COLONNE DE LA VICTOIRE
BERLINER TRÖDELMARKT STRAßE DES 17. JUNI
Schleuseninsel
SCHLEUSENKRUG
Neuer See
Hofjägerallee
CAFÉ AM NEUEN SEE
Thomas-Dehler-Str.
5 CINCO BY PACO PÉREZ
Hertzallee
Hardenbergplatz
Drakestr.
Rauchstraße
Stülerstraße
Klingelhöferstraße
Katharina-Heinroth-Ufer
Corneliusstr.
Köbisstraße
Jebensstraße
GARE FERROVIAIRE ZOOLOGISCHER GARTEN
Corneliusstraße
Lützowufer
Von-der-Heydt-
U Zoologischer Garten
MONKEY BAR
Keithstraße
Wichmannstraße
BAUHAUS-ARCHIV - MUSÉE DU BAU
Kantstraße
Budapester Straße
Burggrafenstraße
Lützowplat
Kurfürstendamm
Nürnberger Str.
Kurfürstenstraße
Schillstr.
Lützow
BERLIN BERLIN
200 M
Tauentzienstraße
Ansbacher Str.
yreuther Str.
Keithstraß

HAMBURGER BAHNHOF – MUSEE D'ART CONTEMPORAIN
Berlin-Spandauer-Schifffahrtskanal
Robert-Koch-Platz
Geschichtspark Gefängnis Moabit
Seydlitzstraße
-Schloss-Park
Lehrter Straße
Lesser-Ury-Weg
Invalidenstraße
Humboldthafen
U Hauptbahnhof
Otto-Dix-Straße
GARE CENTRALE HAUPTBAHNHOF
HAUPTBAHNHOF – GARE CENTRALE
Virchowweg
Sauerbruchw.
Hufelandweg
Luisenstraße
Washingtonplatz
F.-List-Ufer
FUTURIUM
Stadtbahnbogen
Schumannstraße
Ulap Park am Hauptbahnhof
Kapelle-Ufer
Alt-Moabit
Reinhardtstraße
Werftstraße
Willy-Brandt-Str.
Spreebogenpark
ARTE LUISE KUNSTHOTEL
ZOLLPACKHOF
Stadtbahnbogen
I.-Drewitz-A.
O.-v.-Bismarck-A.
U Bundestag
Kanzlerpark
Spree
-Karnatz-Allee
Paul-Löbe-Allee
HAUS DER KULTUREN DER WELT
REICHSTAG
Reichstagufer
Platz der Republik
Urgarten
J.-Foster-Dulles-Allee
John-Foster-Dulles-Allee
Scheidemannstraße
Dorotheenstraße
MÉMORIAL AUX SINTÉ ET ROMS ASSASSINÉS
B96
AMBASSADE ET CONSULAT DE FRANCE
Pariser Platz
MONUMENT SOVIÉTIQUE DU TIERGARTEN
OFFICE DE TOURISME – PORTE DE BRANDENBURG
B5
Goldfischteich
Steppengarten
B5
Behrenstraße
MÉMORIAL AUX HOMOSEXUELS PERSÉCUTÉS
Hannah-Arendt-Str.
Lennéstraße
MARRIOTT BERLIN
Henriette-Herz-Park
Voßstraße
MÉMORIAL AUX VICTIMES D'"EUTHANASIE"
COA
THE CURTAIN CLUB & FRAGRANCES
VAPIANO
Tiergartenstraße
MUSIKINSTRUMENTENMUSEUM
POTSDAMER PLATZ
PHILHARMONIE- BERLINER PHILHARMONIKER
PANORAMAPUNKT
KUNSTGEWERBEMUSEUM
THE MANDALA HOTEL
U Potsdamer Platz
Hiroshimastraße
Hildebrandstraße
Stauffenbergstraße
GEMÄLDEGALERIE
Matthäikirchpl.
Sigismundstraße
KINO ARSENAL – INSTITUT DU CINEMA ET DE LA VIDEO
KI-NOVA
DEUTSCHE KINEMATHEK - MUSÉE DU CINÉMA
MÉMORIAL STILLE HELDEN - SILENT HEROES
MÉMORIAL DE LA RÉSISTANCE ALLEMANDE
Hitzigallee
NEUE NATIONALGALERIE
Reichpietschufer
Schöneberger Ufer
Potsdamer Straße
Schellingstr.
Linkstraße
Tilla-Durieux-Park
Dessauer Str.
Lützowstraße
Magdeburger Platz
Bissingzeile
Park am Karlsbad
U Mendelssohn-Bartholdy-Park
Mendelssohn-Bartholdy-Park
ALPER HOTEL AM POTSDAMER PLATZ
JOSEPH-ROTH-DIELE
Lützowstraße
Gleisdreieck
Schöneberger Straße

U Gesundbrunnen
Dänenstraße
Kopenhagener Straße
Bärbel-Bohley-Ring
Schwedter Straße
Ystader Straße
Humboldthain Rosengarten
Lichtburgring
Korsörer Straße
Ramlerstraße
Gleimstraße
THE BIRD
Am Falkpl.
Mauergarten
Mauerpark
Volkspark Humboldthain
Rügener Straße
Swinemünder Straße
Graunstraße
Gustav-Meyer-Allee
Putbusser Straße
Swinemünder Straße
Lortzingstraße
U Voltastraße
MAUERPARK
Voltastraße
Demminer Straße
Wattstr.
Vinetaplatz
Wolliner Straße
KOCHU KARU
Eberswalder Str.
Vinetaplatz
FLOHMARKT IM MAUERPARK
Usedomer Straße
Brunnenstraße
Stralsunder Straße
BONANZA
Kremmener Str.
ENGELBERG
KAUF DICH GLÜCKLICH
Jasmunder Straße
Bernauer Straße
Stralsunder Straße
Schulgarten
Schwedter Straße
HA-AN SUSHI
Schönholzer Str.
Rheinsberger Straße
U Bernauer Straße
CAFÉ MORGENROT
Hussitenstraße
Arkonaplatz
Arkonaplatz
Wolliner Straße
BABEL
Ackerstraße
Strelitzer Straße
HOTEL KASTANIENHOF
Anklamer Straße
MÉMORIAL DU MUR DE BERLIN - BERNAUER STRASSE
AUSSPANNE
Fehrbelliner Straße
Anklamer Straße
Zionskirchplatz
W – DER IMBISS
Sophien-Friedhof II
Park am Nordbahnhof
Ackerstraße
Elisabethkirchstraße
WEINEREI FORUM
Zionskirchstraße
Bergstraße
Veteranenstraße
Rosengarten
Gartenstraße
Pappelplatz
Volkspark am Weinberg
Teutoburger Platz
Invalidenstraße
Bergstraße
YUMCHA HEROES
Borsigpark
Gartenstraße
Zehdenicker Straße
Lottumstr.
Schröderstraße
U Rosenthaler Platz
Christinenstraße
Heinrich-Zille-Park
Tieckstraße
Borsigstraße
Novalisstraße
Tucholskystr.
Torstraße
Linienstraße
Rosenthaler Straße
Ld. Alter Garnison-Friedhof
Koppenplatz
Sv Blau Weiß Berolina Mitte49
Auguststraße
Mulackstraße
Rückerstr.
Schendelpark

U Schönhauser Allee
Humannplatz
Krügerstraße
Kuglerstraße
Prenzlauer Allee
Wichertstraße
Sportplatz Dunkerstraße
HOLIDAY INN BERLIN CITY CENTER EAST
Erich-Weinert-Straße
GETHSEMANEKIRCHE
Zelterstraße
KNOFEL
BLUMEN CAFÉ
Greifenhagener Straße
Pappelallee
Stargarder Straße
Dunckerstraße
Kanzowstraße
Sültstraße
Küselstraße
B96A
Milastr.
Ahlbecker Straße
Grellstraße
Gneiststraße
Lychener Straße
SASAYA
Starplatz
Greifswalder Straße
Greßstr.
Schönhauser Allee
Friedhofspark Pappelallee
WOHNZIMMER
Helmholzplatz
Senefelderstraße
Prenzlauer Berg
BAHAMAS COCKTAILBAR
Schliemannstraße
ZU MIR ODER ZU DIR
Raumerstraße
SOUTHERN VITTLES
MUSEUM IN DER KULTURBRAUEREI
ZUM SCHUSTERJUNGE
MARIA BONITA
KONNOPKE IMBISS
BERLIN ON BIKE
Fröbelplatz
Diesterwegstraße
Fröbelstr.
Ella-Kay-Straße
AN EINEM SONNTAG IM AUGUST
BIBIM
B96A
Danziger Straße
KULTURBRAUEREI
Ernst-Thälmann Park
CAPO
Sredzkistraße
NOVEMBER CAFE
ERNST-THÄLMANN-PARK
CAFÉ ANNA BLUME
Danziger Straße
Chodowieckistraße
Rykestraße
Jablonskistraße
Wörther Straße
Kollwitzplatz
Christburger Straße
GUGELHOF
Marienburger Straße
Jüd. Friedhof Schönhauser Allee
PASTERNAK
WASSERTURM
UMAMI
SURIYA KANTHI
Winsstraße
Wasserturmplatz
MEININGER HOTEL BERLIN ALEXANDERPLATZ
Immanuelkirchstraße
Hufelandstraße
U Senefelderplatz
Belforter Straße
ACKSELHAUS & BLUE HOME
Prenzlauer Allee
Senefelderplatz
Raabestraße
Käthe-Niederkirchner-Str.
8MM BAR
MYER'S HOTEL
HOTEL TRANSIT LOFT
B2
Metzer Straße
Heinrich-Roller-Straße
I DUE FORNI
I Due Forni
Saarbrücker Straße
THE BARN ROASTERY
Straßburger Straße
Sankt Marien-Sankt Nikolai Friedhof
Greifswalder Straße
Bötzowstraße
Prenzlauer Berg
Am Friedrichshain
U Rosa-Luxemburg-Platz
Otto-Braun-Str.
150 M
Volkspark Friedrichshain

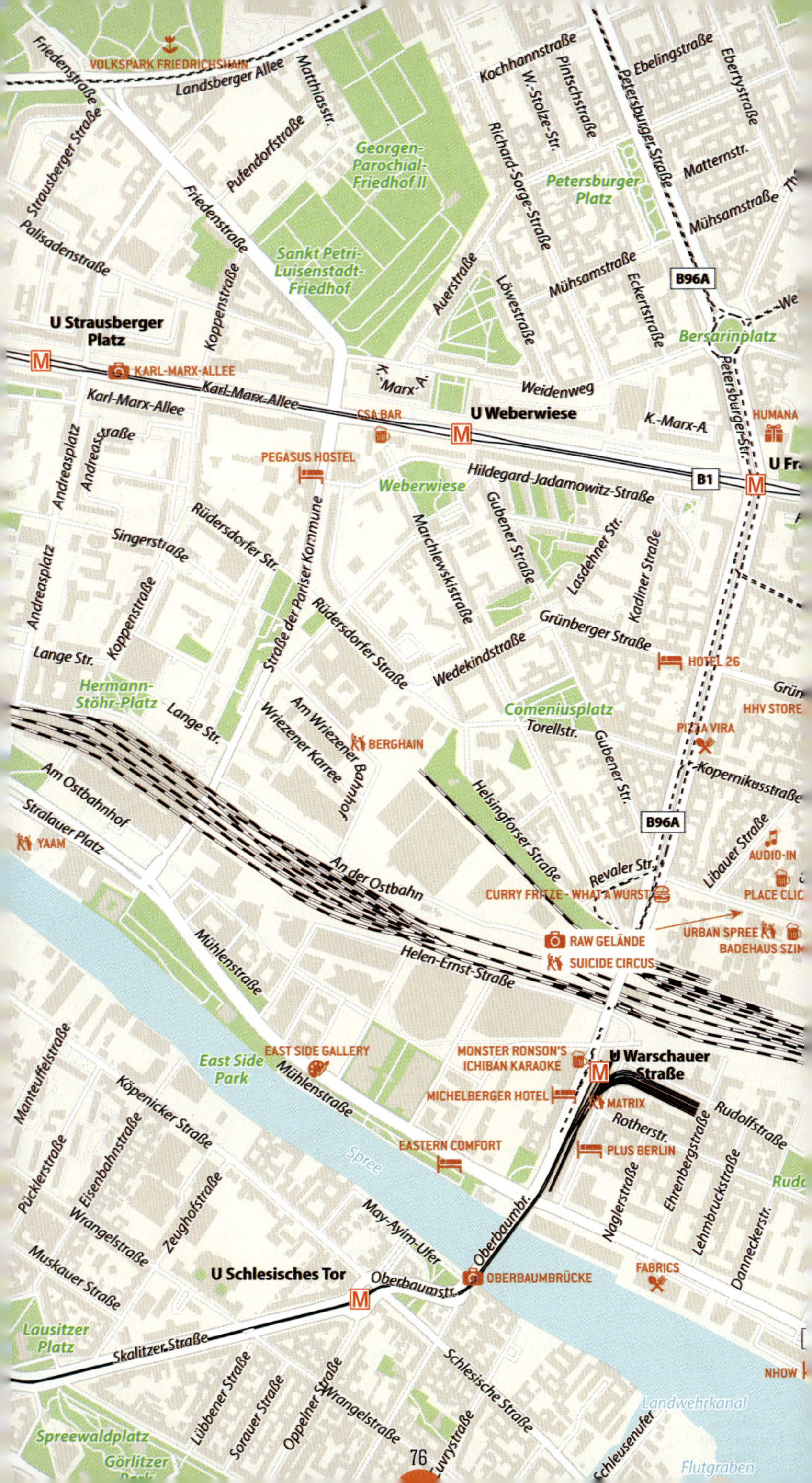
VOLKSPARK FRIEDRICHSHAIN
Landsberger Allee
Friedenstraße
Matthiasstr.
Georgen-Parochial-Friedhof II
Kochhannstraße
W.-Stolze-Str.
Pintschstraße
Petersburger Straße
Ebelingstraße
Ebertystraße
Strausberger Straße
Pufendorfstraße
Richard-Sorge-Straße
Petersburger Platz
Matternstr.
Mühsamstraße
Palisadenstraße
Friedenstraße
Sankt Petri-Luisenstadt-Friedhof
Auerstraße
Löwestraße
Mühsamstraße
Eckertstraße
B96A
U Strausberger Platz
Koppenstraße
Bersarinplatz
Petersburger Str.
KARL-MARX-ALLEE
K.-Marx-A.
Weidenweg
Karl-Marx-Allee
Karl-Marx-Allee
CSA BAR
U Weberwiese
K.-Marx-A.
HUMANA
Andreasstraße
Andreasplatz
PEGASUS HOSTEL
Weberwiese
Hildegard-Jadamowitz-Straße
B1
Rüdersdorfer Str.
Gubener Straße
Marchlewskistraße
Singerstraße
Lasdehner Str.
Kadiner Straße
Andreasplatz
Straße der Pariser Kommune
Rüdersdorfer Straße
Koppenstraße
Grünberger Straße
Lange Str.
Wedekindstraße
HOTEL 26
Hermann-Stöhr-Platz
Comeniusplatz
HHV STORE
Lange Str.
Torellstr.
Am Wriezener Bahnhof
Wriezener Karree
BERGHAIN
PIZZA VIRA
Gubener Str.
Kopernikusstraße
Am Ostbahnhof
Helsingforser Straße
B96A
Stralauer Platz
YAAM
Libauer Straße
AUDIO-IN
An der Ostbahn
Revaler Str.
PLACE CLIC
CURRY FRITZE - WHAT A WURST
RAW GELÄNDE
URBAN SPREE
BADEHAUS SZIM
Mühlenstraße
Helen-Ernst-Straße
SUICIDE CIRCUS
Manteuffelstraße
EAST SIDE GALLERY
MONSTER RONSON'S ICHIBAN KARAOKE
U Warschauer Straße
East Side Park
Mühlenstraße
MICHELBERGER HOTEL
MATRIX
Rudolfstraße
Köpenicker Straße
Rotherstr.
Eisenbahnstraße
EASTERN COMFORT
PLUS BERLIN
Ehrenbergstraße
Pücklerstraße
Spree
Naglerstraße
Lehmbruckstraße
Zeughofstraße
Wrangelstraße
May-Ayim-Ufer
Oberbaumbr.
Danneckerstr.
Muskauer Straße
U Schlesisches Tor
Oberbaumstr.
OBERBAUMBRÜCKE
FABRICS
Lausitzer Platz
Skalitzer Straße
NHOW
Lübbener Straße
Sorauer Straße
Oppelner Straße
Wrangelstraße
Schlesische Straße
Landwehrkanal
Spreewaldplatz
Cuvrystraße
Schleusenufer
Flutgraben

Friedrichshain
Storkower Bogen
Storkower Straße
Straße
J.-Orlopp-Str.
Gutspark Lichtenberg
Möllendorffstr.
Bornitzstr.
Hermann-Blankenstein-Straße
Paul-Junius-Str.
Alfred-Jung-Straße
R.-Ermisch-Str.
August-Lindemann-Str.
Neue Welt
Blankensteinpark
Eldenaer Straße
Scheffelstraße
Forckenbeckplatz
Dolziger Straße
Rutnikstraße
Zellestraße
Proskauer Straße
Bänschstraße
Voigtstraße
Pettenkoferstraße
ANASTASIA
Schreinerstraße
Rigaer Straße
MINIMAL BAR
Parkaue
Möllendorffstraße
SALAMI SOCIAL CLUB
Schleidenplatz
Ld. Friedhof Rathausstraße
Rathauspark
B5
Frankfurter Allee
U Samariterstraße
U Frankfurter Allee
Rathausstr.
Niederbarnimstraße
Friedhof Georgen-Parochial IV
Colbestraße
Kinzigstraße
Scharnweberstraße
Müggelstraße
Jessnerstr.
Frankfurter Allee
Jungstraße
Finowstr.
Boxhagener Platz
ASTRO BAR
FLOHMARKT AM BOXHAGENER PLATZ
Wismarplatz
Traveplatz
Wilhelm-Guddorf-Straße
John-Sieg-Straße
SILO COFFEE
Krossener Straße
Weserstraße
Oderstraße
Dossestraße
Gürtelstraße
IL RITROVO - CUCINA CASALINGA POPOLARE
Wühlischstraße
GALERIE ORANGE
SÜSS WAR GESTERN
Gryphiusstraße
Wühlischplatz
Kurt-Ritter-Sportplatz
Kietzer Weg
Schulze-Boysen-Straße
Simplonstraße
Wiesenweg
Coppistraße
Holteistraße
Lenbachstraße
Buchberger Straße
Hauffstr.
Modersohnstraße
Annemirl-Bauer-Platz
Schreiberhauer Straße
Pfarrstraße
Spittastr.
Kaskelstraße
Kynaststraße
Marktstraße
Türrschmidtpark
Türrschmidtstraße
Markgrafendamm
Lasker-Sportanlage
Nöldnerstraße
ZUKUNFT AM OSTKREUZ
Laskerstr.
Persiusstr.
Kynaststraße
200 M
Hauptstraße
Gartenarbeitsschule Friedrichshain-Kreuzberg
Rochowstraße
Markgrafendamm
Corinthstraße
Zillepromenade
An der Bucht
Stralauer Allee
Rummelsburger See

Kreuzberg
MÖVENPICK HOTEL BERLIN
BERLIN STORY BUNKER
LIQUIDROM
MINILOFT KREUZBERG
Frieda Süd
BERLINISCHE GALERIE
JÜDISCHES MUSEUM
Museumgarten
Garten des Exils
Prinzessinnengarten
MAX UND MORITZ
MODULOR
PRINCE CHARLES
SAFRAN
LUZIA
HASIR
BATEAU IVRE
SO36
HANFHAUS
SÜNDE CHOCOLATERIA
MÖBEL OLFE
OYA
3 SCHWESTERN
KUNSTRAUM BETHANIEN
Baumhaus an der Mauer
MARKTHALLE NEUN
ROCK'N'ROLL HERBERGE
LONG MARCH CANTEEN
TAQUERIA TA CABRON
MADAME CLAUDE
ATELIER FRISEUR
RAMONES MUSEUM
WATERGATE
MYSLIWSKA
LIDO
BARBIE DEINHOFF'S
DIE FABRIK
T'UNAS GEMÜSE KEBAP
CORE TEX
BARAKA
KIMCHI PRINCESS
36 ROOMS
CLUB CULTURE HOUZE
BAR RAVAL
GÖRLITZER PARK
BOHNENGOLD
CLUB DER VISIONÄRE
STANDUPCLUB BERLIN
Gartenarbeitsschule Friedrichshain-Kreuzberg
DAS HOTEL
HORVATH
ECHO BÜCHER
BRACHVOGEL
A.HORN
Planacker
IL CASOLARE
ATLAS CAFÉ
ANKERKLAUSE
SAINT AMOUR
RON TELESKY CANADIAN PIZZA
TÜRKISCHER MARKT AM MAYBACHUFER
HÜTTENPALAST
DSCHUNGEL
EISMANUFAKTUR
SILVERFUTURE
MELITTA SUNDSTRÖM
HOTEL TRANSIT
SPACE HALL
MARHEINEKE MARKTHALLE
BARCOMI'S
AUSTRIA
SEEROSE
Viktoriapark
VIKTORIAPARK
GOLGATHA
Rosengarten
Stadtacker
SEHITLIK MOSCHEE – MOSQUEE SEHITLIK
AZZAM
GÖZLEME
DAS GIFT
Ä
BOHEI
TIER
GREENS CAFÉ
KLUNKERKRANICH
Interkultureller Garten Rosenduft
Stresemannstraße
Dessauer Str.
Wilhelmstr.
Kochstraße
Zimmerstraße
Rudi-Dutschke-Str.
Besselstr.
Wilhelmstraße
Friedrichstr.
Oranienstraße
Ritterstraße
Lobeckstraße
Sebastianstr.
Heinrich-Heine-Straße
Leuschnerd.
Melchiorstraße
Engeldamm
Mühlenstraße
Helen-Ernst-Straße
Warschauer Straße
Revaler Straße
Ehrenbergstr.
Rudolfstr.
Markgrafend.
Modersohnstraße
Stralauer Allee
Hallesches Ufer
Tempelhofer Ufer
Gitschiner Straße
Brachvogelstr.
Blücherstraße
Möckernstraße
Großbeerenstr.
Yorckstr.
Hagelberger Str.
Kreuzbergstraße
Solmsstr.
Zossener Str.
Gneisenaustraße
Baerwaldstraße
Blücherstr.
Körtestraße
Fichtestr.
Urbanstraße
Graefestr.
Kottbusser Damm
Bürknerstr.
Sanderstr.
Pflügerstraße
Lenaustr.
Reuterstr.
Nansenstr.
Lausitzer Str.
Ohlauer Straße
Forster Straße
Liegnitzer Str.
Glogauer Straße
Ratiborstraße
Pannierstraße
Maybachufer
Pflügerstr.
Rütlistr.
Weserstraße
Ossastraße
Görlitzer Straße
Cuvrystraße
Puschkinallee
M.-Hoffmann-Str.
Elsenstraße
Jordanstraße
Krüllsstr.
Heidelberger Straße
Kiefholzstraße
Bouchéstraße
Wildenbruchstraße
Elsenstraße
Harzer Straße
Elsenstr.
Treptower Straße
Sonnenallee
Wildenbruchstr.
Weigandufer
Kiehlufer
Finowstraße
Innstraße
Karl-Mainzer Str.
Karl-Marx-Straße
Hermannstraße
Wissmannstraße
Flughafenstraße
Erkstraße
Jahnstr.
Lilienthalstr.
Züllichauer Str.
Columbiadamm
Bergmannstraße
Arndtstr.
Friesenstraße
Jüterboger Str.
Fidicinstraße
Schwiebusser Str.
Dudenstraße
Tempelhofer Damm
Kaiserkorso
Manfred-von-Richthofen-Straße
Wolffring
896
400 M

Neukölln
Volkspark Hasenheide
Rosengarten
Lilienthalstraße
Columbiadamm
SEHITLIK MOSCHEE – MOSQUEE SEHITLIK
Sommerbad Neukölln
Tempelhofer Feld
Gemeinschaftsgarten Allmende-Kontor
Wissmannstraße
Karlsgartenstr.
Flughafenstr.
Mahlower Straße
Selchower Straße
Herrfurthplatz
Herrfurthstr.
Kienitzer Straße
Lichtenrader Straße
PAPPELREIHE
Allerstraße
Okerstraße
Leinestraße
Oderstraße
Hermannstraße
Mainzer Straße
Reuterstraße
GÖZLEME
AZZAM
DAS GIFT
Weichselstr.
Weichselstraße
Jansastraße
Ä
GREENS CAFÉ
TIER
BOHEI
KLUNKERKRANICH
Flughafenstraße
Boddinstraße
Isarstr.
Am Sudhs.
Neckarstraße
SCHWUZ
Rollbergstraße
Werbellinstraße
Falkstraße
Kopfstraße
Morusstr.
Leykestraße
Mittelweg
Gemeinschaftsgarten Prachttomate
Fuldastraße
Schönstedtstr.
Erkstraße
Karl-Marx-Straße
STADTBAD NEUKÖLLN
NEUKÖLLNER OPER
CAFÉ RIX
Richardstraße
Donaustraße
Kirchgasse
Elbestraße
Wildenbruchstraße
Wildenbruchplatz
Finowstraße
Innstraße
Werrastr.
Roseggerstraße
Sonnenallee
Kiehlufer
Weigandufer
Elsenstraße
Sinsheimer W.
Treptower Straße
Teupitzer Straße
Mergenthalerring
Heidelberger Straße
Dieselstraße
Ederstraße
Weserstr.
Thiemannstraße
BOULDERGARTEN
Karma Kultur Gärten
Comenius-Garten
BÖHMISCHES DORF
K.-Marx-Pl.
Richardplatz
Böhmische Straße
Mareschstr.
Ziegrastraße
ESTREL BERLIN
Niemetzstraße
Esperantopl.
21 GRAMM
Thomasstraße
Jonasstraße
KÖRNERPARK
Ilsenh.
Ilsestraße
Altenbraker Str.
Schierker Straße
Ω BAR - OMEGA BAR
Kirchhofstraße
Nogatstraße
Braunschweiger Straße
Saalestraße
Mittelbuschweg
Mierstr.
Niemetzstr.
Lahnstraße
Grenzallee
Coop Campus
Warthestraße
Gemeinschaftsgarten
Emser Straße
Siegfriedstraße
Ringbahnstraße
250 M

KADEWE
ELLINGTON HOTEL BERLIN
SAFESTAY BERLIN
GARAGE
GAIJIN HOTEL
REGENBOGENSTELE - STÈLE ARC-EN-CIEL
URBAN NATION
PRINZ EISENHERZ BUCHLADEN
STAGGER LEE
GREEN DOOR
BERKIS
Frobengarten
Gemeinschaftsgarten Pallasseum
Interkultureller Garten der Künste
WINTERFELDTPLATZ MARKT
WINTERFELDT SCHOKOLADEN
SIRONI - LA PIZZA
MATTEA
MAULTASCHEN MANUFAKTUR
BERLIN HOMEMADE ICECREAM
KAMMERGERICHT – CHAMBRE D'APPEL
SARDINEN BAR
ALTER ST MATTHÄUS-KIRCHHOF
DAVID-BOWIE-HAUS
COCOTTE
HÔTEL PENSION DELTA
Inselgarten
RATHAUS SCHÖNEBERG
Rudolph-Wilde-Park
SAHARA IMBISS
TRATTORIA DEL CORSO
Gartenarbeitsschule Tempelhof-Schöneberg
B1
A103
Marburger Str.
Bayreuther Str.
Keithstraße
Kleiststr.
An der Urania
Schillstr.
K.-H.-Ulrichs-Str.
Derfflingerstraße
Genthiner Straße
Kluckstraße
Lützowstr.
Potsdamer Straße
Körnerstraße
Pohlstr.
Kurfürstenstraße
Kleiststraße
Lietzenburger Straße
Fuggerstraße
Fuggerstr.
Geisbergstraße
Ansbacher Straße
Welserstraße
Bamberger Str.
Motzstraße
Luitpoldstr.
Hohenstaufen-straße
Goebenstraße
Kulmer Str.
Bülowstr.
Bamberger Straße
Landshuter Straße
Heilbronner Str.
Münchener Straße
Kyffhäuserstr.
Barbarossastraße
Gleditschstraße
Steinmetzstr.
Rosenheimer Str.
Martin-Luther-Straße
Grunewaldstraße
Willmannd.
Crellestr.
Bayerischer Pl.
Jenaer Str.
Akazienstraße
Apostel-Paulus-Str.
Wartburgstraße
Eisenacher Straße
Salzburger Straße
Crellestraße
Czeminskistr.
Hohenfriedbergstr.
Badensche Straße
Belziger Straße
Babelsberger Straße
Kufsteiner Straße
Meraner Straße
Dominicusstraße
Hauptstraße
Albertstr.
Feurigstraße
Ebersstraße
Euref-Campus
Cheruskerstraße
Gotenstraße
Leberstraße
Gustav-Müller-Straße
Naumannstraße
W.-Kabus-Str.
Wilhelm-Kabus-Straße
Fritz-Elsas-Straße
Erfurter Straße
Heylstraße
Kärntener Str.
Torgauer Straße
Wexstr.
Stadtring Berlin
Sachsend.
Tempelhofer Weg
Werdauer Weg
Sachsendamm
Eisackstr.
Bennigsenstraße
Hähnelstr.
Rubensstraße
Otzenstr.
Ceciliengärten
Lauterstraße
Stierstr.
Wielandstr.
Sponholzstraße
Rheinstraße
Hedwigstraße
Dickhardtstraße
Fregestraße
Grazer Damm
Riemenschneiderweg
Vorarlberger Damm
Priesterweg
Alboinstraße
Grazer Platz

Schöneberg et Tempelhof
Frieda Süd
Museumgarten
Garten des Exils
Ritterstraße
Hafenplatz
Schöneberger Ufer
Schöneberger Straße
Hallesche Str.
Stresemannstraße
Wilhelmstraße
Franz-Klühs-Str.
Lindenstraße
Neuenburger Str.
Alexandrinenstraße
Lobeckstraße
Möckernstr.
BRLO BRWHOUSE
B96
Bogen
PARK AM GLEISDREIECK
Hallesches Ufer
Tempelhofer Ufer
Gitschiner Straße
Brachvogelstraße
Carl-Herz-Ufer
Obentrautstr.
Möckernstraße
Großbeerenstraße
Blücherplatz
Blücherstraße
Gleisdreieck
Hornstraße
Yorckstraße
Urbanstraße
Nostitzstr.
Solmsstraße
Zossener Straße
Mittenwalder Straße
Blücherstr.
Baerwaldstraße
Interkultureller Garten Rosenduft
Möckernstr.
Großbeerenstr.
Mehringdamm
Nostitzstraße
Solmsstraße
Zossener Str.
Gneisenaustraße
Kreuzbergstraße
Kreuzbergstr.
Katzbachstraße
Bergmannstraße
Arndtstraße
Viktoriapark
Am Lokdepot
Eylauer Straße
Fidicinstraße
Heimstraße
Friesenstraße
Jüterboger Straße
Methfesselstr.
Schwiebusser Straße
Dudenstraße
COLUMBIAHALLE
Züllichauer Str.
Golßener Str.
Columbiadamm
Platz der Luftbrücke
Mussehlstr.
Bayernring
FLUGHAFEN TEMPELHOF - ANCIEN AÉROPORT DE TEMPELHOF
Loewenhardtdamm
Schulenburgring
Kaiserkorso
Stadtacker
Wolffring
Bundesring
Manfred-von-Richthofen-Straße
Kanzlerweg
Boelckestraße
Bäumerplan
Paradestraße
Gontermannstraße
Rosengarten
Tempelhofer Damm
TEMPELHOFER FELD
Hessenring
Damm
Tempelhofer Feld
Thuyring
Wiesenerstr.
Kleinew.
Siegertw.
Hoeppnerstraße
Hoeppnerstr.
1 KM
Stadtring Berlin
A100
Schöneberger Straße
Manteuffels
Ringbahnstraße
Tempelhofer D
Ringbahnstraße

Charlottenburg
Havel
Zitadelle
ZITADELLE SPANDAU
NIKOLAIKIRCHE (SPANDAU)
Am Juliusturm
Gartenfelder Str.
Paulsternstr.
Nonnendammallee
Siemensstadt
Rohrdamm
Altstädter Ring
Klosterstraße
Wilhelmstr.
Freiheit
Ruhlebener Straße
Charlottenburger Chaussee
Pichelsdorfer Straße
Havelchaussee
Fließwiese Ruhleben
Schanzenwald
Murellenschlucht und Schanzenwald
SOMMERBAD OLYMPIASTADION - PISCINE OLYMPIQUE
OLYMPIASTADION - STADE OLYMPIQUE
Reichsstraße
Spandauer Dam
Westend
Olympische Str.
Preußenallee
Trakehner Allee
Flatowa.
Glockenturmstraße
GEORG KOLBE MUSEUM
B2
B5
Heerstraße
Jafféstraße
Postfenn und Teufelsfenn
TEUFELSBERG
Eichkampstraße
Sandgrube im Jagen 86
Koenigsallee
Hagenstraße
Grunewald
Barssee und Pechsee
SCHLOSSHOTEL BY PATRICK HELLMANN
Hundekehlefenn
A115
E51
Koenigsallee
Grunewaldsee (Südlicher Teil)
JAGDSCHLOSS GRUNEWALD
BRÜCKE-MUSEUM
Hüttenweg
Onkel-Tom-Straße
Langes Luch / Dachsheide
Riemeisterfenn
ALLIIERTENMUSEUM - MUSÉE DES ALLIÉS
1 KM

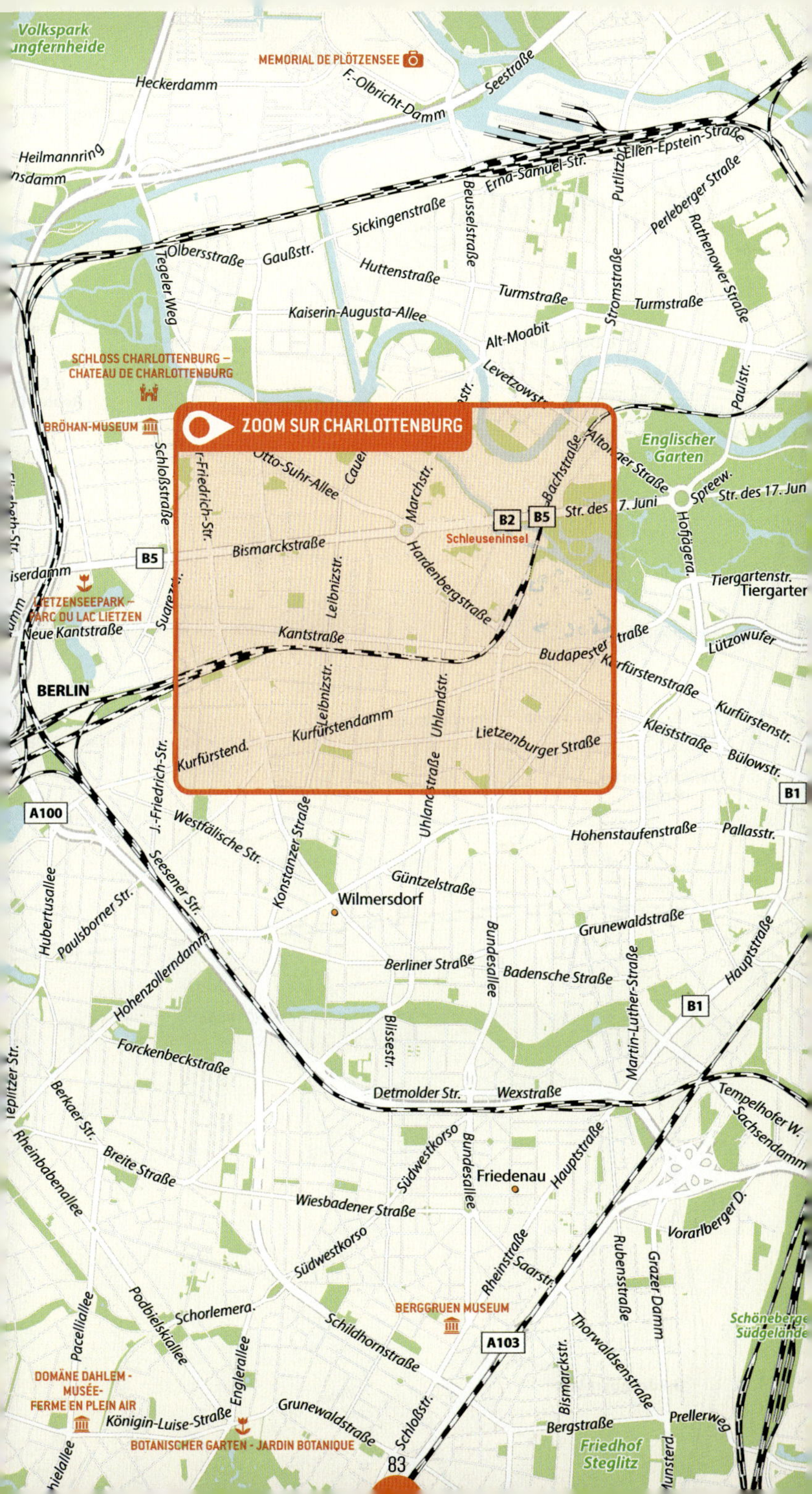
Volkspark Jungfernheide
MEMORIAL DE PLÖTZENSEE
Heckerdamm
F.-Olbricht-Damm
Seestraße
Heilmannring
Erna-Samuel-Str.
Ellen-Epstein-Straße
Sickingenstraße
Beusselstraße
Putlitzbr.
Perleberger Straße
Olbersstraße
Gaußstr.
Huttenstraße
Rathenower Straße
Tegeler Weg
Turmstraße
Stromstraße
Kaiserin-Augusta-Allee
Alt-Moabit
SCHLOSS CHARLOTTENBURG – CHATEAU DE CHARLOTTENBURG
Levetzowstr.
Paulstr.
BRÖHAN-MUSEUM
ZOOM SUR CHARLOTTENBURG
Englischer Garten
Schloßstraße
Otto-Suhr-Allee
Marchstr.
Bachstraße
Altonaer Straße
Spreew.
Str. des 17. Juni
B2
B5
Schleuseninsel
Hofjägera.
Bismarckstraße
Hardenbergstraße
Tiergartenstr.
Tiergarten
B5
LIETZENSEEPARK – PARC DU LAC LIETZEN
Leibnizstr.
Neue Kantstraße
Kantstraße
Budapester Straße
Lützowufer
Kurfürstenstraße
BERLIN
Leibnizstr.
Uhlandstr.
Kurfürstendamm
Kurfürstenstr.
Kleiststraße
Lietzenburger Straße
Kurfürstend.
Bülowstr.
B1
A100
J.-Friedrich-Str.
Westfälische Str.
Konstanzer Straße
Uhlandstraße
Hohenstaufenstraße
Pallasstr.
Seesener Str.
Güntzelstraße
Wilmersdorf
Hubertusallee
Paulsborner Str.
Grunewaldstraße
Bundesallee
Hauptstraße
Hohenzollerndamm
Berliner Straße
Badensche Straße
Martin-Luther-Straße
B1
Blissestr.
Forckenbeckstraße
Detmolder Str.
Wexstraße
Tempelhofer W.
Sachsendamm
Berkaer Str.
Rheinbabenallee
Breite Straße
Südwestkorso
Bundesallee
Friedenau
Hauptstraße
Wiesbadener Straße
Vorarlberger D.
Südwestkorso
Rheinstraße
Saarstr.
Rubensstraße
Grazer Damm
Podbielskiallee
Schorlemera.
Pacelliallee
BERGGRUEN MUSEUM
Schildhornstraße
A103
Thorwaldsenstraße
Schöneberger Südgelände
DOMÄNE DAHLEM - MUSÉE-FERME EN PLEIN AIR
Englerallee
Bismarckstr.
Königin-Luise-Straße
Grunewaldstraße
Schloßstr.
Bergstraße
Prellerweg
BOTANISCHER GARTEN - JARDIN BOTANIQUE
Friedhof Steglitz

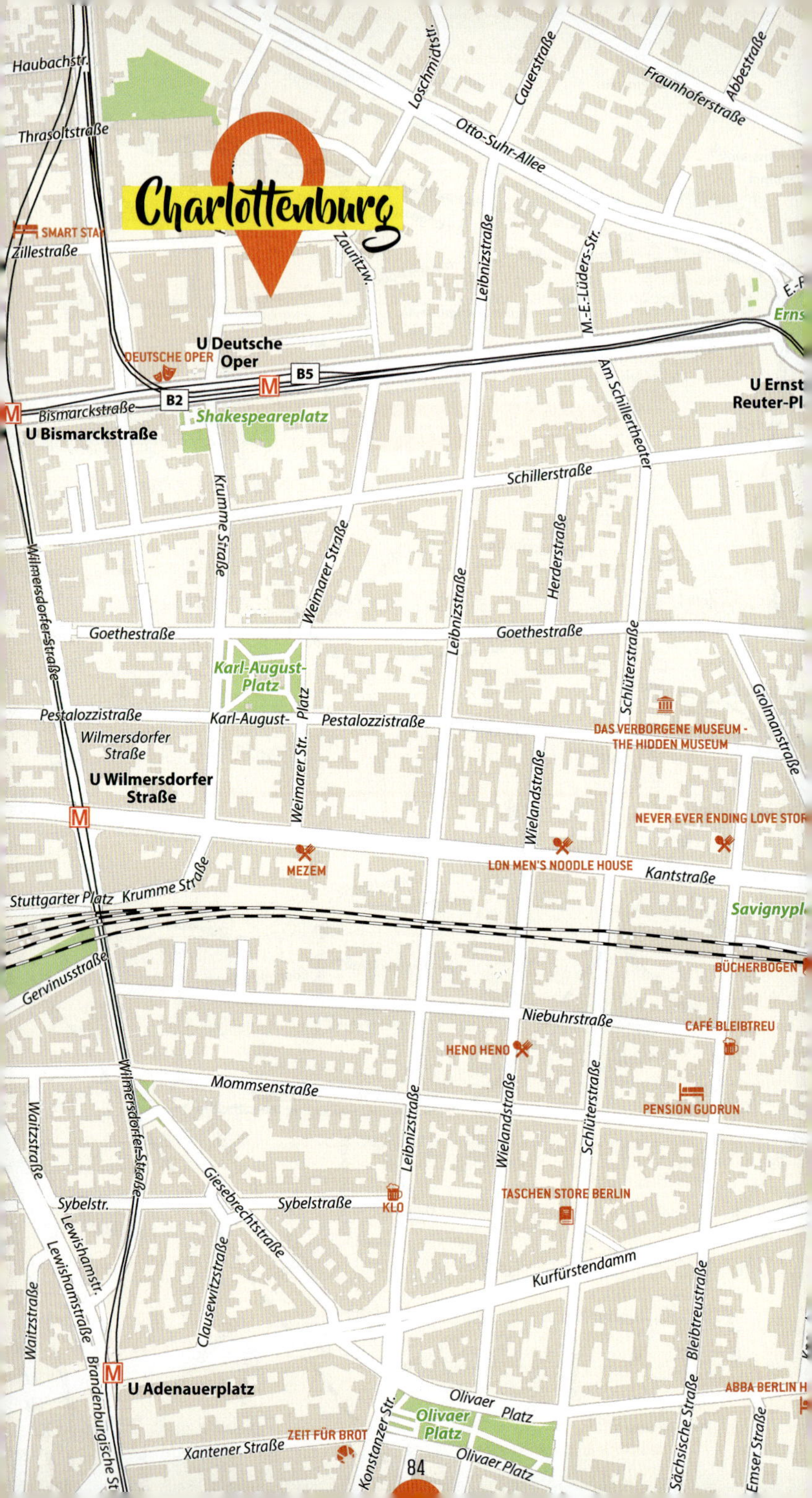
Charlottenburg
Haubachstr.
Thrasoltstraße
SMART STAY
Zillestraße
Loschmidtstr.
Cauerstraße
Fraunhoferstraße
Abbestraße
Otto-Suhr-Allee
Zauritzw.
Leibnizstraße
M.-E.-Lüders-Str.
Ernst
U Deutsche Oper
DEUTSCHE OPER
B5
B2
Bismarckstraße
U Bismarckstraße
Shakespeareplatz
U Ernst Reuter-Pl
Am Schillertheater
Schillerstraße
Krumme Straße
Weimarer Straße
Herderstraße
Goethestraße
Schlüterstraße
Karl-August-Platz
Wilmersdorfer-Straße
Pestalozzistraße
Karl-August-Platz
Grolmanstraße
DAS VERBORGENE MUSEUM - THE HIDDEN MUSEUM
Wilmersdorfer Straße
U Wilmersdorfer Straße
Weimarer Str.
Wielandstraße
NEVER EVER ENDING LOVE STOR
MEZEM
LON MEN'S NOODLE HOUSE
Kantstraße
Stuttgarter Platz
Krumme Straße
Savignypl
Gervinusstraße
BÜCHERBOGEN
Niebuhrstraße
CAFÉ BLEIBTREU
HENO HENO
Mommsenstraße
PENSION GUDRUN
Waitzstraße
Wilmersdorfer-Straße
Leibnizstraße
Wielandstraße
Schlüterstraße
Giesebrechtstraße
Sybelstr.
Sybelstraße
KLO
TASCHEN STORE BERLIN
Lewishamstr.
Lewishamstraße
Clausewitzstraße
Kurfürstendamm
Bleibtreustraße
Waitzstraße
U Adenauerplatz
Brandenburgische St
Olivaer Platz
ABBA BERLIN H
Konstanzer Str.
ZEIT FÜR BROT
Xantener Straße
Sächsische Straße
Emser Straße

Campusgärten Charlottenburg
Einsteinufer
Landwehrkanal
Salzufer
Gutenbergstraße
Englische Straße
Wegelystraße
Siegmunds Hof
Bachstraße
Stadtbahnbogen
Klopstockstraße
B5
Straße des 17. Juni
Straße des 17. Juni
Straße des 17. Juni
Straße des 17. Juni
B2
Bremer Weg
Tiergartenufer
Tiergarten
Großer Weg
Neuer See
TECHNISCHE UNIVERSITÄT (TU)
Schleuseninsel
Müller-Breslau-Straße
Gartenufer
Fasanenstraße
Hertzallee
Stadtbahnbogen
CAFÉ HARDENBERG
Steinplatz
Steinplatz
UNIVERSITÄT DER KÜNSTE (UDK)
MUSEUM FÜR FOTOGRAFIE & HELMUT NEWTON STIFTUNG
Hardenbergstraße
Carmerstraße
Uhlandstraße
Fasanenstraße
Jebensstraße
Hardenbergplatz
ZOOLOGISCHER GARTEN & AQUARIUM
BIKINI BERLIN
25 HOURS BIKINI HOTEL
NENI
U Zoologischer Garten
DIE STULLE
C/O BERLIN
QUASIMODO
Yva-Bogen
ION PETERS
SCHWARZES CAFÉ
THEATER DES WESTENS
PARIS BAR
THE HAT BAR
Joachimsthaler Straße
Breitscheidplatz
Budapester Straße
KAISER-WILHELM-GEDÄCHTNIS-KIRCHE
HÔTEL PALACE BERLIN
GAINSBOURG
Grolmanstraße
Fasanenstraße
Breitscheidpl.
Kurfürstendamm
Kurfürstendamm
Tauentzienstraße
LINDNER HOTEL AM KU'DAMM
U Kurfürstendamm
SOUP KULTUR
HECKER'S HOTEL
U Uhlandstraße
EIFF
HOTEL AUGUSTA
H10 BERLIN KU'DAMM
ERGARTEN, CAFÉ IM LITERATURHAUS
Los-Angeles-Platz
Marburger Straße
Nürnberger Straße
Uhlandstraße
KÄTHE-KOLLWITZ-MUSEUM
Meinekestraße
Rankestraße
Augsburger Straße
HOTEL HENRI
Eislebener Straße
U Augsburger Straße
Lietzenburger Straße
Rankestr.
Uhlandstraße
Fasanenstraße
Schaperstraße
Schaperstraße
150 M
Fasanenplatz

SE REPÉRER / SE DÉPLACER

DE L'AÉROPORT AU CENTRE-VILLE

Depuis l'automne 2020, Berlin n'a plus qu'un seul aéroport : l'aéroport Willy Brandt Berlin-Brandenburg, connu sous l'identifiant BER.

▸ De très nombreuses lignes s'offrent pour rejoindre différents points de la ville. La ligne de S-Bahn S9 dessert un grand nombre de stations dans toute la ville comme Alexanderplatz, Hauptbahnhof et Zoologischer Garten. Le S45 vous permet de rejoindre le Ring (la ligne circulaire de Berlin). Il y a également des trains Express (RE7, RB14, RB22) qui desservent seulement les grandes gares et sont ainsi plus rapides. La nouvelle ligne express FEX permet de rejoindre Ostkreuz en un quart d'heure et la gare centrale Hauptbahnhof en 30 minutes. Pour calculer le meilleur itinéraire, on peut utiliser les applications de la BVG (société des transports berlinois) ou la VBB (société des transports de Berlin et du Brandebourg), toutes deux disponibles en anglais.

▸ Pour toutes ces lignes, il vous faudra prendre un billet ABC car l'aéroport se trouve en dehors de Berlin, dans la zone C. Il coûte 3,80 €, en tarif réduit 2,70 €.

▸ Compte tenu de la distance de l'aéroport, un trajet en taxi est plutôt cher. Considérez au moins 40 € pour rejoindre un point central de la ville.

ARRIVÉE EN TRAIN

La Deutsche Bahn (www.bahn.de) possède un quasi-monopole sur les grandes lignes de train. On ne trouve d'autres compagnies qu'au niveau local. Votre train vous amènera vraisemblablement jusqu'à la gare centrale Hauptbahnhof. De là, on peut prendre plusieurs lignes de S-Bahn comme le S3, le S5, le S7 ou le S9, des tramways pour rejoindre Berlin-Est et quantité de bus. Il y a fort à parier que votre train desserve également d'autres gares à l'intérieur de Berlin. Renseignez-vous sur la station régionale la plus proche de votre hébergement.

TRANSPORTS EN COMMUN

Berlin dispose d'un excellent réseau de transports en commun, géré par la BVG (Berliner Verkehrsbetriebe). Pour vous déplacer dans la ville, plusieurs possibilités : le U-Bahn (métro), le S-Bahn (sorte de RER), le tramway et le bus. Tous sont couverts par les mêmes billets de transport.

▸ Le U-Bahn, signalé par un U blanc sur fond bleu, circule de 4h à 1h du matin. Il circule également toute la nuit les vendredis et samedis, ainsi que les jours fériés, à des fréquences variables.

▸ Le S-Bahn, signalé par un S blanc sur fond vert, relie Berlin et sa banlieue en traversant la ville du nord au sud (S1 & S2) ou d'est en ouest (S3, S5, S7 & S9) en desservant de grandes gares comme celles d'Alexanderplatz ou de Friedrichstraße. Le Ringbahn est un S-Bahn qui fait le tour de la ville. Les deux lignes circulaires font le même trajet, mais chacune dans un sens (S41 dans le sens des aiguilles d'une montre et S42 dans le sens contraire). Pour vous repérer, regardez le sens de la flèche sur le panneau d'indication du quai. Le Ringbahn distingue aussi la zone A (à l'intérieur du Ring) de la zone B (à l'extérieur du Ring).

▸ Les bus circulent de 4h30 à 1h du matin. Un M devant le numéro de la ligne indique un *Metrobus*, c'est-à-dire un bus plus fréquent (environ toutes les 10 minutes) et un X indique que c'est un bus *Express* qui dessert moins de stations. Certaines lignes de bus circulent toute la nuit, environ toutes les demi-heures en suivant les lignes de métro (par exemple le bus N7 suit un trajet similaire à la ligne de métro U7). On peut acheter son ticket directement auprès du chauffeur.

▸ Les tramways circulent presque uniquement dans l'est de la ville et, comme les bus, ont parfois un « M » devant leurs numéros de ligne. Ils sont très pratiques pour sillonner les quartiers de Mitte, Prenzlauer Berg et Friedrischain. Ils circulent toute la nuit.

▸ Selon la durée de votre séjour, plusieurs titres de transport s'offrent à vous. Un ticket à l'unité (*Einzelfahrschein*) coûte 3 € pour un trajet jusqu'à 2 heures dans une direction. La *Tageskarte*, le billet à la journée (24h partir du compostage), coûte 8,80 € pour une personne dans les zones A et B (c'est-à-dire toute la ville) et 25,50 € pour un groupe (jusqu'à 5 personnes). Le billet à la semaine – 7 jours consécutifs – coûte 36 € pour les zones A et B. Si vous ne voyagez qu'occasionnellement, pensez au carnet de quatre billets à 9,40 €.

▸ NB : un billet de transport ne se composte qu'une seule fois. La toute première fois puis

© GOLERO - ISTOCKPHOTO.COM

plus jamais ! Si vous le recompostez, vous vous exposez à une sévère amende. Le compostage sert uniquement à déterminer le déclenchement de la validité d'un billet. Pour faire l'acquisition d'un billet ou d'un pass, le plus simple est de les acheter sur les automates qui se trouvent dans les stations de U-Bahn et S-Bahn.

- Les enfants de moins de 6 ans voyagent gratuitement sur le réseau de transport berlinois. Jusqu'à 14 ans, ils bénéficient d'un tarif réduit.

VÉLO, TROTTINETTE & CO

Avec 600 km de pistes cyclables, Berlin est un paradis pour les amateurs de vélo qui se sentent plus en sécurité que dans les couloirs de bus parisiens. En plus la ville est pratiquement plate. Si vous voulez devenir un vrai Berlinois, un de ceux qui font du vélo même en hiver ou qui tirent leurs enfants dans des charrettes spécialement aménagées, louez un vélo ! C'est un moyen agréable de découvrir la ville, et vous pourrez, en payant un petit supplément, le mettre dans le S-Bahn et le U-Bahn. Les hôtels proposent parfois des locations de vélo à leurs clients.

Pour la location de vélos en ville, il n'y a pas un prestataire unique, comparable au Vélib parisien. Plusieurs entreprises se partagent le marché. Ainsi, vous verrez dans la rues des vélos Lidl, Nextbike, Call A Bike (le service de la Deutsche Bahn), etc. Pour les louer, il suffit de télécharger l'application sur un smartphone, et suivre les indications pour le paiement et le déverrouillage des vélos. C'est la même chose pour les nouvelles trottinettes électriques qui ont fait leur apparition à Berlin en 2019. Plusieurs prestataires : Tier, Lime, etc.

Pour louer un vélo, le plus simple reste de se rendre chez *Berlin On Bike* (www.berlinonbike.de) dans la Kulturbrauerei à Prenzlauer Berg. La location coûte entre 10 et 15 € pour 24 heures.

AVEC UN CHAUFFEUR

Environ 7 000 taxis sillonnent Berlin ! Il est donc facile d'en trouver un et il suffit en général de lever la main dans la rue pour qu'un taxi s'arrête. Sinon, on trouve des stations aux gares et à proximité des grands axes (Gendarmenmarkt ou Potsdamer Platz, par exemple). La prise en charge est de 3,90 € puis de 1,79 € le kilomètre pour les 7 premiers km, puis 1,28 € le km.

Pour un trajet court (2km), demandez une «Kurzstrecke» qui vous reviendra à 6 €.

EN VOITURE

Il est facile de circuler en voiture en ville mais plus compliqué de se garer dans certains quartiers. Les places sont payantes en centre-ville. Attention aux stationnements gênants : les voitures sont rapidement enlevées. il faut ensuite se rendre au poste de police et payer une amende pour savoir où elle se trouve. Depuis le 1er janvier 2010, Berlin a renforcé sa politique de restriction de véhicules polluants autorisés à pénétrer dans le centre-ville.

En effet, seules les voitures possédant une étiquette verte, concernant uniquement les véhicules achetés après le 1er janvier 2006, sont autorisées à rouler. Le sticker et l'autorisation sont à se procurer à la Préfecture et dans divers centres agréés. Si vous pénétrez en ville sans, le risque d'amende est grand. Renseignements sur le site www.berlin.de

ACCESSIBILITÉ

L'accessibilité au métro pour les personnes à mobilité réduite est bien meilleure à Berlin que dans la plupart des villes de France. La majorité des stations disposent d'ascenseurs (le plan du métro les identifie avec un petit symbole) et plus de 100 stations ont un système d'orientation pour les malvoyants. Les bus sont tous accessibles aux PMR. Si vous êtes en fauteuil, le conducteur ou la conductrice du bus sortira pour vous ouvrir une rampe d'accès.

LES ATTRAPE-TOURISTES

Ne vous sentez pas obligé d'acheter d'acheter un billet touristique dès votre arrivée à la gare ou à l'aéroport. L'office de tourisme de Berlin est très porté sur la vente de sa Welcome Card mais si vous souhaitez seulement vous déplacer en ville, vous n'en aurez pas besoin et il sera mieux de se tourner vers les titres réguliers de transport de la BVG.

- Autre information déterminante pour votre orientation à Berlin : de très nombreuses rues portent le même nom ! Ainsi, il y a une Weserstraße à Neukölln mais aussi à Friedrichshain. De même pour l'Oderstraße. La Schloßstraße existe à Charlottenburg tout comme à Steglitz, etc. En outre, il y a de nombreuses rues qui ont des noms similaires : par exemple : Karl-Marx-Allee à Friedrichshain et Karl-Marx-Straße à Neukölln, Bismarckstraße à Charlottenburg, Bismarckallee à Grunewald et Otto-von-Bismarck-Allee à Tiergarten ! Et cette liste est très loin d'être exhaustive !

LES PHRASES CLÉS

Bonjour, comment puis-je me rendre à…
Hallo, wie komme ich nach …

Est-ce loin à pied ? Y a-t-il le métro ou un bus... pour y aller ?
Ist es zu Fuß weit? - Gibt es eine U-Bahn oder einen Bus, die ich bis dorthin nehmen kann?

Pouvez-vous me montrer cet endroit sur la carte s'il vous plait ?
Können Sie mir diesen Ort bitte auf der Karte zeigen?

Où puis-je acheter les tickets de transport ? Est-ce que je peux payer en carte de crédit ?
Wo kann ich die Fahrkarten kaufen? - Kann ich mit Kreditkarte bezahlen?

Où est la sortie ? A gauche, à droite ou tout droit ?
Wo ist der Ausgang? Links, rechts oder geradeaus?

Je suis perdu et je suis en retard, s'il vous plait, aidez-moi ! Merci beaucoup !
Ich habe mich verlaufen und werde zu spät kommen, bitte helfen Sie mir! Vielen Dank!

QUARTIERS

À en juger par sa taille, Berlin n'est pas une ville, c'est une mégalopole monstre et qui fait neuf fois la surface de Paris. Tout y est beaucoup plus large, plus vaste et étalé que dans la plupart des villes d'Europe. En 1920, les villes et communes limitrophes (comme Schöneberg ou Charlottenburg) sont réunies sous la juridiction du Grand-Berlin. Avec ses 3,8 millions d'habitants, Berlin compte alors avec Londres, New York, Tokyo et Paris parmi les cinq plus grandes villes du monde. Cette entité est sous-divisée en vingt circonscriptions, qui ont été réduites à 12 en 2001. Certaines de ces nouvelles circonscriptions (Bezirke) regroupent des quartiers de l'Est et de l'Ouest qui avaient été séparés par le Mur. Dans ce guide, nous ne reprenons pas le découpage administratif stricto sensu mais avons redécoupé la ville en sept quartiers, avec des caractères tous profondément différents.

Mitte

Cœur historique de la ville, Mitte est le symbole de la ville réunifiée depuis la chute du Mur. C'est ici que l'on trouvera la plupart de édifices historiques, musées et points d'intérêt de la ville. C'est sans doute la partie de la ville qui a connu la transformation la plus spectaculaire depuis la réunification avec l'installation de nouvelles ambassades, la restauration de ses monuments et l'ouverture de boutiques en tout genre. En revanche, la plupart des clubs qui ont fait la popularité du quartier dans les années 1990 ont fermé.

Dorotheenstadt et Friedrichstadt

Ces deux quartiers, le premier au nord, le second au sud de la prestigieuse avenue Unter den Linden, sont les plus chics de Mitte. C'est ici que l'on trouvera la bibliothèque nationale, deux des trois opéras de la ville, l'université, le Konzerthaus, un certain nombre d'ambassades, etc. Vous l'aurez compris, c'est une partie de la ville toute en représentation, où les édifices historiques rencontrent l'architecture contemporaine. Dans la Friedrichstadt, la place du Gendarmenmarkt en impose avec son élégante symétrie. La Friedrichtraße est l'artère commerçante du quartier. Il est régulièrement question de la rendre piétonne pour renforcer son attractivité. Affaire à suivre. Dans ce quartier, bien sûr, il ne faut pas manquer la Pariser Platz avec le plus célèbre monument de la ville : la Porte de Brandebourg.

Museumsinsel (l'île aux Musées)

Cette île, lovée entre deux bras de la Spree, accueille cinq des plus prestigieux musées de la ville. Le Neues Museum, avec son buste de Néfertiti, et le Pergamonmuseum, avec la porte d'Ishtar, attirent des foules de visiteurs, envoûtés par ces trésors de l'Antiquité. En face, la Schloßplatz clôt l'avenue Unter den Linden : c'est ici que se trouvait, avant la guerre, le château qui avait été la résidence des princes-électeurs du Brandebourg, des rois de Prusse et à partir de 1871 des empereurs d'Allemagne. Endommagé par les bombardements puis démoli par les autorités est-allemandes, le château avait laissé place à un « Palais de la République » sous la RDA qui est démoli à son tour en 2008. Depuis 2013, la ville a entrepris de reconstruire le palais tel qu'il était au XIXe siècle pour un faire un grand espace culturel.

Alexanderplatz

Ce qui fut le cœur de la Berlin médiévale est aujourd'hui un quartier un peu décousu, avec quelques vestiges épargnés par les bombardements (la Marienkirche), de grands axes sacrifiés à la circulation automobile (Karl-Liebknecht-Straße, Alexanderstraße), la très célèbre Alexanderplatz et la non moins populaire tour de la télévision, qui donne à la ville une silhouette reconnaissable entre toutes. Non loin de la place, le Nikolaiviertel est le seul quartier de toute la ville qui présente un tracé médiéval. Détruit pendant la Seconde Guerre mondiale, il a été reconstruit dans les années 1980 par les autorités est-allemandes.

Hackescher Markt, la Spandauer Vorstadt et le Scheunenviertel

Autour de la station de S-Bahn Hackescher Markt, des cafés se nichent dans les arcades et les Hackesche Höfe. Ici, bars, salons de coiffure, cinémas, boutiques de jeunes créateurs berlinois sont au coude à coude.

A ne pas rater non plus, la Spandauer Vorstadt (littéralement « faubourg de Spandau ») qui s'articule autour de l'élégante et dynamique Oranienburger Straße et le Scheunenviertel (littéralement « quartier des granges »), entre les Hackesche Höfe et la Rosa-Luxemburg-Platz. Ici aussi, on trouvera de très nombreuses boutiques, des restaurants, des friperies et des cafés. Un quartier plus bourgeois que bohème.

Moabit et Wedding

Depuis quelques années, ce deux quartiers populaires et multiculturels de Berlin-Ouest – qui d'un point de vue administratif appartiennent au Bezirk de Mitte – attirent les jeunes Berlinois en quête de loyers plus abordables. Wedding, ancien quartier ouvrier et « rouge » de la ville, concentre de plus en plus de bars sympathiques même si toutes les adresses sont encore diluées aux quatre coins du quartier.

Prenzlauer Berg

Ce quartier, qui se trouvait à l'est du Mur, fut après la réunification le terreau d'une nouvelle vie artistique bohème, désargentée, spontanée et pleine de charme. Aujourd'hui, les façades ont été rénovées, les rues assainies et une nouvelle classe moyenne et fortunée s'y est installée. Prenzlauer Berg a vu sa vie nocturne décliner au milieu des années 2000. Ici, selon le cliché, on se promène avec sa poussette, on mange des glaces bio et on fait son pain soi-même. Prenzlauer Berg ne manque pas de charme, avec ses beaux immeubles du XIXe siècle, ses places fleuries et ses terrasses aguicheuses. On y trouve encore quelques pépites : ici une librairie-café, là un bar de la RDA, un cinéma d'art et d'essai minuscule...

La Kastanienallee est une rue idéale pour prendre la température du quartier et flâner, rentrer dans quelques boutique de créateurs, avant de se poser pour prendre un café dans la charmante Oderberger Straße. Tout près, le Mauerpark jouit d'une popularité qui ne se dément pas.

Helmoltzkiez : Prenzlauer Berg ne manque pas de jolies places. La Helmoltzplatz a le charme d'une place animée et l'on trouvera à tous les angles toujours un café, un restaurant ou un bar qui convient à ses envies.

La jolie Kollwitzplatz est particulièrement populaire pour son marché. Les rues alentour affichent de belle façades restaurées. Ne manquez pas le Wasserturm non loin, cet ancien château d'eau en brique plein de charme.

Friedrichshain

Quartier étudiant dans les années 2000, Friedrichshain était un peu punk, un peu anarchiste... jusqu'à ce que les touristes du clubbing envahissent le Berghain et les autres clubs mythiques du RAW Gelände. A certains égards, Friedrichshain garde quelque chose de cette attitude rebelle et engagée. Pour s'en convaincre, il faut y voir les manifestations du 1er mai. C'est aujourd'hui indéniablement l'un des quartiers les plus festifs. Friedrichshain a plusieurs visages : il y a les grands axes, tracés après la guerre et notamment la très impressionnante Karl-Marx-Allee (p.130), et les quartiers recouverts de barres d'immeubles (Platz der Vereinten Nationen par exemple) et aussi des quartiers qui ont gardé leur substance d'avant-guerre.

Karl-Marx-Allee : cette avenue, fascinante avec ses imposants édifices à l'architecture réal-socialiste, sépare le quartier de Friedrichshain en deux. C'est une balade troublante à un travers un monde qui n'est plus et qui rappellera aux grands voyageurs tantôt Moscou tantôt Varsovie. Malheureusement, la rue n'est pas très animée.

Boxhagener Platz. C'est ici, autour de cette place surnommée affectueusement Boxi, que l'on perçoit le mieux l'ambiance du quartier qui attirait autrefois beaucoup d'étudiants. La Simon-Dach-Straße et la Gabriel-Max-Straße, deux rues parallèles autour de Boxhagener Platz, forment ce *Kiez* qui regorge de petits restos, de boutiques alternatives et de bars sympathiques. La Boxi accueille également un marché aux puces très apprécié des Berlinois. Non loin, le RAW-Gelände continue d'attirer tous les oiseaux de nuit.

Kreuzberg et Neukölln

Ces deux quartiers de Berlin-Ouest – qui se trouvaient à proximité immédiate du Mur – sont sur toutes les lèvres quand il s'agit de la Berlin qui bouge. Multiculturels, alternatifs, festifs, Kreuzberg et Neukölln sont la coqueluche des jeunes Berlinois. Kreuzberg, quartier mythique de Berlin, ne faillit toujours pas à sa réputation après des années d'engouement : il est coloré, punk, queer, fou, joyeux. Mais c'est Neukölln, ancien quartier pauvre et mal famé, qui, aujourd'hui, n'en finit pas de se métamorphoser et qui est devenu le quartier le plus à la mode de la capitale allemande.

Kreuzberg. Peu attractif car très proche du Mur, il est laissé longtemps pour compte par le reste de la ville et devient un lieu assez décadent, où communautés de squatters, punks et anarchistes élisent domicile. C'est aussi un quartier privilégié par les immigrés turcs attirés par les loyers parmi les plus bas de Berlin. Après 1990, la scène alternative commence à investir les quartiers de l'Est comme Mitte ou Prenzlauer Berg, et Kreuzberg perd un peu de son esprit radical. Si une partie de Kreuzberg, autour de la Bergmannstraße et de Südstern, s'est franchement embourgeoisée, le versant turc, punk et bohème de Kreuzberg est bien vivant du côté de Schlesiches Tor, de Kottbusser Tor et du Görlitzerpark. Kreuzberg reste un lieu de rencontres particulièrement chaleureux, ponctué de bars et de clubs vivants et authentiques.

Neukölln. Au sud de Landwherkanal, ce quartier en pleine renaissance n'était autrefois habité que par des ouvriers et des immigrés turcs et arabes. Dès la fin des années 2000, les artistes et les étudiants, effrayés par les loyers en aug-

© ELXENEIZE - SHUTTERSTOCK.COM

Les façades rénovées du quartier Prenzlauer Berg.

mentation de Kreuzberg et de Prenzlauer Berg, s'empressèrent d'investir les rues de Neukölln. Au nord, près du canal, le quartier surnommé Kreuzkölln (contraction des deux quartiers de Kreuzberg et Neukölln) est très à la mode. A la fois turc et familial, bohème et bucolique, il rappelle l'ambiance de Kreuzberg. Parallèle à la Sonnenallee, interminable avenue ponctuée de restaurants et boutiques tenus par des membres de communautés arabes, la Weserstraße se distingue par ses bars branchés et ses boutiques de créateurs. Aujourd'hui, c'est Rixdorf, un adorable village du XVIIe siècle tout au bout de la Sonnenallee, qui s'embourgeoise à la vitesse de la lumière. Victime de sa popularité, Neukölln est désormais l'un des quartiers les plus chers de Berlin.

▸ **Treptow**. A l'est de Neukölln et au sud de Kreuzberg s'étend le petit quartier de Treptow. Encore très en friche, il garde un visage industriel et désert, mais il est aussi très vert. On y va notamment pour l'Arena, cette gare transformée en complexe de clubs et plages urbaines, et pour le Treptower Park, à l'embouchure du Landwehrkanal et de la Spree.

Schöneberg et Tempelhof

Schöneberg fut une ville indépendante jusqu'en 1920, année où elle fut intégrée au Grand-Berlin. La petite U4 témoigne de la prospérité de la ville, fière d'avoir sa propre ligne de métro. C'est à Schöneberg que Marlene Dietrich est née et c'est dans un cimetière du quartier qu'elle a demandé à être enterrée. A la chute du Mur, Schöneberg est un quartier tampon entre le Charlottenburg bourgeois et le Kreuzberg populaire. C'est à Schöneberg que David Bowie décide de s'installer quand il emménage à Berlin en 1976, Nick Cave y donnait ses concerts et les gamins punks, à la fin des années 1970, faisaient trembler les murs des bars et des salles de concert improvisées dans des galeries ou des cinémas. Aujourd'hui, la plupart de ses beaux immeubles datant du début du XXe siècle sont rénovés. C'est donc un quartier très prisé et relativement cher.

▸ **Nollendorfplatz**. Au nord du quartier, Nollendorfplatz forme le maillon central de la nuit berlinoise à l'Ouest. C'est aussi le quartier gay de la ville. A la sortie du métro est d'ailleurs érigé le mémorial aux victimes homosexuelles des nazis et chaque année une fête est organisée dans la Motzsstraße (Lesbisch-schwules Stadtfest). La Winterfeldplatz est très appréciée pour son marché. Non loin, la mairie de quartier (voir Rathaus Schöneberg) est un lieu historique depuis l'allocution du président américain en 1961, lorsque JFK déclarait dans un allemand approximatif : « Ich bin ein Berliner. »

▸ **Tempelhof.** Ce quartier ne présente pas un intérêt particulier pour les visiteurs, à l'exception d'un site absolument inouï: le Tempelhofer Feld. Ce qui fut autrefois un aéroport a été transformé en un parc accessible à tous. C'est une aire de détente très appréciée des Berlinois, qui viennent se dorer la pilule au soleil, prendre une bière sur la pelouse ou faire du roller sur les anciennes pistes d'atterrissage.

Tiergarten

Tiergarten est l'un des quartiers les plus centraux de la capitale, entre Mitte et Charlottenburg. L'écrasante majorité du quartier est occupée par le parc. Vert par nature, le quartier possède aussi de très nombreux musées, quelques hôtels (de luxe) mais relativement peu de restaurants et de bars.

Parc du Tiergarten

Le grand parc du Tiergarten, qui donne son nom au quartier, est un bel espace vert et de loisirs, dont une partie est consacrée au jardin zoologique. Créé au XVIe siècle, sa première fonction fut d'être une réserve de chasse pour la famille princière avant de devenir aujourd'hui le repaire des amoureux de la nature : on y jogge, les enfants y jouent, les joueurs de foot envahissent les pelouses, on vient y parfaire son bronzage, il y a quelques coins à drague. Il y a beaucoup à voir dans le parc : la **Siegessäule** (p.125) (colonne de la victoire), le Schloss Bellevue qui abrite le palais présidentiel, le mémorial soviétique, etc. Le long de la Tiergartenstraße s'alignent des ambassades aux lignes contemporaines.

Potsdamer Platz

Depuis sa reconstruction, la **Potsdamer Platz** (p.123), que le Mur traversait, assure de nouveau le lien entre Tiergarten et Mitte. La place en elle-même est une œuvre architecturale créative et futuriste, qui attire et enthousiasme les visiteurs. Juste derrière, le Kulturforum regroupe de nombreuses institutions culturelles de taille : la **Neue Nationalgalerie** (p.122), la **Gemäldegalerie** (p.119), le Kupferstichkabinett et **Kunstgewerbemuseum** (p.120), mais aussi la bibliothèque nationale (*Staatsbibliothek* ou Stabi, en abrégé) et la **Philharmonie** (p.205), salle de concerts à la renommée mondiale, qui accueille aussi le musée des instruments de musique (Musikinstrumenten Museum).

Regierungsviertel0

Depuis que Berlin a supplanté Bonn comme capitale de la République fédérale, ce quartier, lové dans un bras de la Spree, accueille de nombreuses institutions politiques : notamment la chancellerie (Kanzleramt) et, bien sûr, le **Reichstag** (p.124). Cette imposante bâtisse, qui avait brûlé dans les affres de l'hitlérisme en 1933, abrite aujourd'hui à nouveau le Parlement allemand sous un magnifique dôme de verre, signé Sir Norman Foster. De l'autre côté de la Spree, on aperçoit la nouvelle gare centrale, **Hauptbahnhof** (p.118), une extraordinaire composition géante de métal et de verre inaugurée en 2006.

Charlottenburg

Ancienne ville indépendante, Charlottenburg fut rattachée à Berlin lors de la création du Grand Berlin en 1920. Charlottenburg a la réputation d'être un quartier bourgeois, avec des rues calmes, ombragées et ses petits squares. En effet, le passant pourra observer une multitude de bâtiments Jugendstil (Art nouveau) et Gründerzeit, tout en ornements, avec de grandes fenêtres et des plafonds hauts. Avant la chute du Mur, Charlottenburg faisait office de centre pour Berlin-Ouest et la gare du Jardin Zoologique en était la gare centrale, aujourd'hui reléguée au rang de gare régionale. Charlottenburg n'a pas le charme déjanté et festif des quartiers à l'Est, mais pour certains c'est finalement la « vraie » Berlin que l'on y voit, épargnée par la vague de branchitude qui a transformé Kreuzberg ou Friedrichshain. La Breitscheidplatz, cœur névralgique de la Berlin-Ouest d'après-guerre, connaît une nouvelle métamorphose ces dernières années : le Bikini a ouvert ses portes, le Zoopalast a été retapé et quelques barres des années 1960 ont cédé leur place à de nouveaux gratte-ciel. Et la mue du quartier ne semble pas terminée.

Autour du château

Au nord, le château de Charlottenburg – qui donne son nom au quartier – vaut le détour. C'est un incontournable pour les amateurs d'architecture baroque. Le parc qui s'étend derrière le château, invite à la promenade et à la rêverie. En face du château se trouvent de très beaux musées d'art, notamment la superbe collection d'art moderne (Picasso, Matisse, Klee...) du Bergruen Museum.

Le Kurfürstendamm

Un peu plus loin commence le Kurfürstendamm (ou Ku'damm pour les intimes), une allée à trois voies connue pour être l'une des plus luxueuses de la capitale. A la fin du XIXe siècle, elle est devenue une avenue cossue, la plus huppée de Charlottenburg. La plupart des belles demeures n'ont pas survécu aux bombardements, mais l'avenue conserve une certaine élégance. Sur le Ku'damm cohabitent les couturiers les plus chics avec les magasins les plus ringards, les bonnes vieilles Bierstuben avec les restaurants raffinés.

Savignyplatz et la Kantstraße

La charmante Savignyplatz distille une atmosphère à la fois chic, intello et décontractée. Quant à la Kantstraße, on trouve une variété incroyable de restaurants, pour la plupart de cuisine asiatique, du boui-boui taïwanais au burger japonais très tendance.

Steglitz-Zehlendorf

Cet arrondissement, entre Charlottenburg et Potsdam, est un quartier résidentiel bourgeois, tranquille, propre et vert. On y trouve notamment le Grunewald, une gigantesque forêt sur les bords de la Havel, et la Freie Universität de Berlin-Ouest. Bien qu'excentré, ce quartier regorge de points d'intérêt. On y trouvera par exemple le Musée des Alliés, la villa de la conférence de Wannsee, le jardin botanique, etc.

Spandau

Ce quartier de Berlin fut autrefois une ville indépendante. Le centre a conservé un tracé médiéval. On peut y voir la **Zitadelle** (p.146), une forteresse Renaissance qui rappelle les fortifications de Vauban.

BERLIN BRANDENBURG AIRPORT

Berlin Brandenburg Airport
✆ +49 180 5000 186
www.berlin-airport.de
18 km au sud-est de Berlin. Ouverture pas avant 2020.

Initialement prévue pour 2010 puis 2012, l'ouverture du nouvel aéroport international de Berlin a été repoussée à 2020 (encore à confirmer), après avoir rencontré tout une série de difficultés. Avec une capacité de 45 millions de passagers, il doit devenir l'un des plus grands aéroports d'Europe. Il absorbera le site de l'aéroport de Schönefeld qui donc n'existera plus sous ce nom. Quant à Tegel, il demeure l'aéroport des compagnies régulières jusqu'à nouvel ordre

DEUTSCHE BAHN

✆ +49 180 6 10 11 11
www.bahn.de

C'est la compagnie ferroviaire publique. Bien que le réseau ferroviaire allemand soit ouvert à la concurrence, la DB (Deutsche Bahn) reste l'entreprise ferroviaire la plus importante d'Europe après celle de Russie, sur le plan du chiffre d'affaires comme des prestations. Elle gère notamment les trains internationaux, les trains régionaux et les trains de banlieue berlinois (S-Bahn). Des points de vente et d'information existent un peu partout dans Berlin, en particulier dans les grandes gares (Hauptbahnhof, Alexanderplatz, Zoologischer Garten...).

GARE CENTRALE HAUPTBAHNHOF

Hauptbahnhof
http://berliner-hbf.de/
Ouverte 24h/24.

La gare centrale est impressionnante. Construite selon les plans de l'architecte Meinhard von Gerkan et conçue comme une cathédrale de verre, elle a été inaugurée en 2006. Elle est depuis reliée aux autres modes de transports en commun. Trois lignes de bus la desservent, elle est placée sur la ligne centrale de S-Bahn (S3, S5, S7, S9), la ligne de métro (U5) et les lignes de Tramway (M1, 5, 8, 10). La gare centrale de Berlin dispose aussi d'un office de tourisme.

GARE FERROVIAIRE ZOOLOGISCHER GARTEN

Zoologischer Garten
www.bahnhof.de

Héritage de son statut de gare principale de Berlin-Ouest, la gare de « Zoo » continue d'être très bien desservie par les transports en commun. Elle est située sur les lignes 2 et 9 de U-Bahn et sur la ligne centrale de S-Bahn (S3, S5, S7, S9). Vous trouverez également de nombreuses lignes de bus sur l'esplanade de la Hardenbergplatz ainsi que des taxis. La gare du zoo est actuellement en travaux et se trouve au cœur d'un quartier en pleine mutation.

VERKEHRSVERBUND BERLIN-BRANDENBURG (VBB)

Hardenbergplatz 2
✆ +49 30 25 41 40
https://www.vbb.de/

Pour voyager entre la capitale et sa banlieue, entre Berlin et le Brandebourg, pensez à utiliser le site ou l'application de la VBB (la société de transports en commun Berlin-Brandebourg qui chapeaute 36 compagnies sur le réseau). Vous pourrez facilement y calculer vos itinéraires, vous informer sur les tarifs, les travaux sur les lignes et acheter vos billets. Les tickets de transport sont valides sur l'ensemble du réseau. Le site Internet est bien sûr disponible en anglais.

GARE ROUTIERE - ZENTRALER OMNIBUS BAHNHOF

Masurenallee 4-6
www.iob-berlin.de

La gare routière (Zentraler Omnibus Bahnhof, ou ZOB) est située à côté de la Tour de la Radio (Funkturm). **U-Bahn.** La station de métro la plus proche est Kaiserdamm (U2, directe jusqu'à Zoo, Stadtmitte ou Alexanderplatz). Vous devez alors suivre le sigle U et remonter le boulevard Messedamm vers le nord. **S-Bahn.** La station de S-Bahn Messe Nord ICC est plus proche, et vous met directement sur le Ring (la ligne circulaire de S-Bahn). **Taxi.** Comptez 17 € pour rejoindre le centre-ville.

BERLIN ON BIKE

Knaackstraße 97

✆ + 49 30 43 73 9999

www.berlinonbike.de

Location de vélos : 10 à 15 € pour 24 heures. Casques fournis.

En plus de son programme riche et varié de visites guidées (disponibles en français), Berlin on Bike propose aussi un service classique de location de vélos, pour les adultes comme pour les enfants. Avec un réseau de pistes cyclables de quelque 620 km, voilà un très bon moyen de locomotion pour sillonner la capitale ! C'est pratique, rapide et écolo. Pour visiter la ville de façon plus touristique, n'hésitez pas à vous renseigner sur les tours guidés (visites thématiques : Mur de Berlin, Berlin alternatif, Berlin historique, etc.).

BERLKÖNIG

www.berlkoenig.de/

Application disponible sur Google Play et Apple Store. 4 € pour l'utilisation du service puis environ 1,50 € par km.

Berlkönig est un service de transport proposé par la BVG. C'est en quelque sorte un taxi partagé qui collecte les passagers sur la route. Vous indiquez votre emplacement et votre lieu de dépose dans l'application et Berlkönig calcule un itinéraire optimal pour prendre et déposer d'autres voyageurs en chemin, ce qui permet de diviser les coûts. A l'heure actuelle, le service – efficace et abordable – n'est proposé que dans les quartiers de Mitte, Prenzlauer Berg, Friedrichhain, Kreuzberg et Neukölln. Une alternative bon marché au taxi.

BVG

✆ +49 30 194 49

www.bvg.de

Réseau de transport en commun berlinois.

La BVG – Berliner Verkehrsbetriebe – est à Berlin ce que la RATP est à Paris. Vous retrouverez sur son site Internet des plans du réseau et tous les tarifs pour les billets réguliers (trajet simple, carnets, billets à la journée, à la semaine, etc.). L'application de la BVG est utile pour calculer ses itinéraires. La BVG dispose également de deux centres d'information, à Alexanderplatz et Zoologischer Garten, dans lesquels on peut acheter des titres de transport mais aussi des souvenirs (sacs, tongs, lunettes, tasses...) aux motifs de l'entreprise.

CALL A BIKE

Hauptbahnhof

✆ +49 7000 5225522

www.callabike.de

Forfait light : 0,10 €/min et jusqu'à 9 € la journée (24h). Forfait basic : 3 €/an puis 1 €/min et jusqu'à 9 € les 24h.

C'est le système de location de vélo mis en place par la Deustche Bahn. 4 200 vélos sont répartis à travers la ville. La première étape sera de s'enregistrer sur le site, de renseigner ses informations personnelles et ses données bancaires (carte de crédit) pour le paiement. Vous recevrez un courriel avec un lien de confirmation et un SMS avec le code de déverrouillage. Ensuite, vous pourrez utiliser l'application pour trouver le vélo le plus proche. Vous tapez le numéro du vélo pour le débloquer, puis vous le reposerez dans zone délimitée en rouge.

FAT TIRE BIKE RENTAL

Panoramastraße 1a

✆ +49 30 24047991

www.fattiretours.com/berlin

Location standard : 14 € le premier jour, 36 € pour 3 jours. Plans de la ville, cadenas et casques fournis.

Juste à côté d'Alexanderplatz et sous la Tour de la Télévision, Fat Tire jouit d'un emplacement ultra central pour sa location de vélos : on trouvera des vélos standards et des vélos de trekking. En plus de louer des vélos, l'agence propose aussi des visites guidées entrecoupées de fréquents arrêts pour prendre le temps de commenter les monuments et vues sur la ville. Des vélos et casques adaptés aux enfants sont aussi à disposition. Et puisque vous vous posiez la question : «fat tire» désigne en anglais les gros pneus des vélos.

NEXTBIKE

Erich-Zeigner-Allee 69-73

LEIPZIG

✆ +49 30 69205046

www.nextbike.de/fr/leipzig/

Compter 1 € les 30 minutes et 15 € la journée de location.

Pratique pour ceux qui souhaitent sillonner la ville à vélo ponctuellement. Une location de vélos avec points relais du type Vélib' dans toute la zone A. Dans l'application Nextbike, sélectionnez le pays, puis la ville. Renseignez vos informations (identité et carte de paiement). Un PIN vous sera envoyé par SMS. Dans l'application, la carte vous renseigne sur les vélos et les stations à proximité. Le service Nextbike est un peu cher mais très efficace. Si vous voyagez en Europe, sachez que les vélos Nextbike sont disponibles dans une vingtaine de pays.

À VOIR / À FAIRE

Berlin est une ville-kaléidoscope décousue, sévèrement marquée par les destructions et les tragédies du XXe siècle. Elle ne se visite pas comme Prague ou Florence qui peuvent étaler des siècles de vieilles pierres. Berlin peut se visiter comme on visite un chantier. On y travaille à la reconstruction de la ville bien sûr, mais aussi à l'élaboration de nouvelles idées, de nouveaux modes de vie… Et c'est cette souplesse, cette « élasticité », qui rend Berlin si séduisante. Son architecture contemporaine la positionne incontestablement dans le temps présent. Çà et là, on découvre aussi des vestiges de son passé et ses musées préservent des collections prestigieuses qui raviront les amateurs d'art et d'archéologie. Les passionnés d'histoire arpenteront les lieux marqués par les Hohenzollern, la révolution de novembre, la République de Weimar, la dictature nazie et la division de la ville pendant la guerre froide.

PRATIQUE

A VOIR / A FAIRE

HORAIRES

A Berlin, nombreux sont les musées qui sont fermés le lundi, à l'exception de quelques-uns comme le Pergamon et le Neues Museum qui sont ouverts toute la semaine, bien souvent entre 10h et 18h. Le jeudi, les musées nationaux font leur nocturne et restent ouverts jusqu'à 20h. L'affluence dans certains musées peut être très grande lors de week-ends prolongés.

A RÉSERVER

- Il est possible (et conseillé) de réserver un horaire d'entrée pour certains musées ou certaines attractions. Sur le site des musées nationaux (www.smb.museum) ou à l'office de tourisme, vous pourrez acheter votre billet et réserver dans le même temps un horaire d'entrée – *zeitfenster* en allemand, *time slot* en anglais – pour le Musée de Pergame. Ce service est gratuit et vous permettra d'éviter de longues heures d'attente dans la queue. Il en va plus ou moins de même pour la Tour de la Télévision (Fernsehturm), elle aussi très fréquentée. En revanche, le Fast View Ticket est plus cher que le ticket que vous pouvez prendre sur place après avoir affronté la file d'attente.
- Pour la visite des châteaux de Berlin et Potsdam, vous pourrez trouver des tickets combinés sur le site officiel : www.spsg.de. Ils permettent également de réserver un horaire d'entrée pour le château de Charlottenburg et le palais de Sanssouci à Potsdam.
- Pour ce qui est de la visite de la coupole du Reichstag, elle est gratuite et doit impérativement être réservée à l'avance. Faites la réservation bien avant votre voyage sur le site du Bundestag (www.bundestag.de/fr/visite), dans l'idéal au moins deux semaines en avance. Sinon, une fois sur place, tentez votre chance au stand info en face du parlement.

BUDGET / BONS PLANS

- Il existe plusieurs offres touristiques qui permettent d'économiser à l'entrée des musées et attractions de la ville. La Welcome Card combine un billet pour les transports en commun avec tout un attirail de réductions. Elle est intéressante si vous souhaitez visiter la Tour de la Télé ou faire un tour en bus touristique, mais elle est considérablement plus chère que les billets de transport en commun. Son prix varie en fonction de la durée de validité et des zones (https://www.berlin-welcomecard.de/fr). Pour deux jours dans les zones A et B, elle coûte 23 €. Pour six jours ABC (avec Potsdam) 52 €, contre 41 € pour 6 jours de transports en commun sans les réductions. Faites le calcul en comparant la liste des réductions avec votre To-do-List.
- Pour la visite des grands musées de la ville, il n'y a – de notre avis – rien de mieux que le

© VVOE - SHUTTERSTOCK.COM

L'île des musées.

Museumspass. Pendant trois jours consécutifs, ce Pass à 29 € (14,50 € en tarif réduit) vous ouvre les portes de 30 musées dont ceux de l'Île aux Musées, du Musée Juif, du Musée d'Histoire de l'Allemagne, etc. Le billet est très vite rentabilisé. Pour une organisation optimale, consultez les jours d'ouverture, attention au lundi !

▸ De nombreux lieux consacrés à la préservation de la mémoire sont en accès libre à Berlin : c'est le cas par exemple de l'exposition *Topographie des Terrors* ou des mémoriaux pour les victimes du nazisme.

LES ÉVÉNEMENTS

Selon la saison à laquelle vous venez à Berlin, vous serez susceptible de faire des activités très différentes. L'hiver est froid et gris à Berlin. Les températures se prêtent mal à de longues balades en ville et l'on a vite fait de se rendre au musée. Quant à l'été, les longues journées ensoleillées invitent à la flânerie et au farniente en terrasse ou bien à la course effrénée pour ne rien manquer de l'offre culturelle et festive exceptionnelle.
Il arrive que le centre-ville de Berlin soit en partie bouclé, à cause du marathon par exemple ou d'une visite d'Etat.

VISITES GUIDÉES

Tous les jours, de jeunes Berlinois proposent des *Free Tours* (pas de prix fixe, on donne un pourboire en quelque sorte) en anglais, en allemand et en espagnol, utiles pour découvrir la ville la première fois (www.neweuropetours.eu/sandemans-tours/berlin/). Pour une visite guidée en anglais, rendez-vous à Pariser Platz à 10h, 11h, 12h, 14h ou 16h. Ils débutent le circuit non loin de la station *Brandenburger Tor* et vous les reconnaîtrez à leurs parapluies rouges.
Pour une visite inédite de la ville, nous vous conseillons les *Berliner Unterwelten* (www.berliner-unterwelten.de/fr), une association qui ouvre les portes des souterrains berlinois. Ils proposent trois visites thématiques en français !

LES ATTRAPE-TOURISTES

Ne vous jetez pas sur le premier billet touristique qui vous sera proposé. L'office de tourisme de Berlin Visitberlin est très « pousse-à-la-vente ». Prenez le temps de voir si les réductions proposées sont intéressantes pour votre séjour. La Welcome Card ne comprend pas de réductions pour la célèbre Île aux Musées ni pour la Gemäldegalerie.

LES PHRASES CLÉS

Bonjour, puis-je avoir deux entrées adultes et un enfant s'il vous plait ?
Hallo, kann ich bitte zwei Erwachsenen- und zwei Kinderfahrkarten haben?

Le tarif enfant est jusqu'à quel âge ? Et pour les seniors, est-ce qu'il y a une réduction ?
Wie alt sind die Kinder? Gibt es einen Rabatt für Rentner?

Est-ce qu'il y a des visites guidées en français ou un audioguide ?
Gibt es eine Führung auf Französisch oder einen Audio-Guide?

Combien de temps faut-il pour faire la visite ?
Wie lange dauert der Besuch?

J'ai du mal à monter les escaliers, avez-vous un ascenseur ?
Ich habe Schwierigkeiten beim Treppensteigen, gibt es einen Fahrstuhl?

Excusez-moi, pouvez-vous me dire où sont les toilettes ? Merci beaucoup.
Entschuldigung, können Sie mir sagen, wo es hier eine Toilette gibt? Vielen Dank!

BERLIN BÜHNEN

www.berlin-buehnen.de/en/

Site Internet gratuit utile pour le calendrier des spectacles à Berlin.

Berlin Bühnen (littéralement «Berlin Scènes») est un site bien pratique, synthétique et clair, qui répertorie les spectacles qui ont lieu dans plus de 80 salles de la capitale allemande. Comme pour le Museumsportal, le calendrier de Berlin Bühnen dispose d'un système de filtre. Vous pourrez donc filtrer les spectacles selon vos critères : par quartier, par genre (théâtre, danse, concert, opéra, cabaret, etc.), par langue (anglais, allemand ou encore « pas de problème de langue »)... Le site est disponible en allemand et en anglais.

MUSEUMSPORTAL

www.museumsportal-berlin.de/fr

Un site qui offre une vue d'ensemble sur l'offre dans les musées de Berlin.

Vous connaissez les musées de Berlin comme votre poche et êtes à la recherche des vernissages et des expositions temporaires actuelles ? Le site Museumsportal répertorie de façon claire et synthétique toute la programmation culturelle dans les musées, mémoriaux et palais de la ville. Grâce à un intelligent système de filtres, vous pourrez affiner votre recherche : par date, par sujet (arts plastiques, histoire, etc.), par public, etc. Le site, en grande partie traduit en français, liste également les musées gratuits et les musées ouverts le lundi.

OFFICE DE TOURISME - HAUPTBAHNHOF

Europaplatz 1

✆ +49 30 250025

www.visitberlin.de/fr

Ouvert tous les jours de 8h à 21h.

L'office de tourisme est situé à la sortie de la gare centrale Hauptbahnof. Très pratique pour vous procurer un plan de la ville et toutes les infos pratiques, comme les billets d'entrée pour les musées, les excursions en bus ou en bateau, les tickets pour prendre les transports en commun. Vous pourrez procéder à vos réservations d'hôtels, obtenir une liste des manifestations culturelles et tout autre renseignement dont vous pourriez avoir besoin dès la descente du train !

OFFICE DE TOURISME - PORTE DE BRANDENBURG

Pariser Platz 1

✆ +49 30 250025

www.visitberlin.de/fr

Ouvert tous les jours de 9h30 à 18h, jusqu'à 19h d'avril à octobre.

C'est le plus central des offices de tourisme de la ville. Il se trouve dans l'aile sud de la Porte de Brandebourg. On y trouvera des cartes, des brochures, des flyers, des souvenirs et des livres. Le personnel est polyglotte et tous maîtrisent parfaitement la langue de Shakespeare. On pourra aussi venir y acheter la Welcome Card, le Museumspass et s'y procurer les billets de différentes attractions (musées, tour en bus, croisière sur la Spree, etc.).

REISE SERVICE INTERNATIONAL

Droysenstraße 6

✆ +49 30 264 0451

www.reise-service-international.de

Agence réceptive existant depuis 1991.

Une équipe professionnelle et sympathique prête à répondre à vos attentes. De l'organisation complète d'un voyage, du vol jusqu'à la réservation de visites, cette agence s'occupe vraiment de tout (vols, transferts de l'aéroport, hôtels, visites, location de voiture de vélo, etc.). Que ce soit à Berlin en Allemagne en Europe, ou de par le monde, grâce à l'expérience ainsi que la fiabilité des partenariats, cette agence vous offre le meilleur du « sur-mesure ».

ALTERNATIVE BERLIN TOURS ★★

✆ +49 162 8198264

www.alternativeberlin.com

1 visite alternative de la ville gratuite et 5 visites payantes entre 14 et 35 €. Durée : entre 3h et 4h30.

Découvrez la capitale allemande sous ses angles les plus insolites ! German Craft Beer, Alternative Nightlife, Street Art (aussi avec ateliers pratiques) : tout autant de visites qui vous laisseront d'étonnants souvenirs. Les visites sont en anglais et menées par des guides motivés et passionnants. En plus des tours payants, un tour gratuit est également proposé tous les jours à 11h et à 13h. Rendez-vous alors devant le Starbucks près de la Tour de la Télévision, à Alexanderplatz. Le guide est rémunéré uniquement par les pourboires.

BERLIN ON BIKE ★★

Knaackstraße 97
✆ + 49 30 43 73 9999
www.berlinonbike.de
4 tours guidés par semaine en français. Durée : 3h30. Réservation obligatoire. 29,50 €/adulte. Location à 10 €/jour.

Avec une flotte de 600 vélos et une dynamique équipe de guides, francophones pour certains, Berlin on Bike a développé des parcours guidés vraiment sympa aux quatre coins de la capitale. Accessibles à tout âge, ils vous dévoileront sans doute un autre visage de Berlin, que vous optiez pour l'itinéraire « L'Essentiel », pour le circuit « Berlin Alternatif » ou bien pour celui consacré au « Mur de Berlin ». Chez Berlin on Bike, il est également possible de louer un vélo et un casque pour une certaine durée afin d'explorer la ville par soi-même.

BERLINER FOR A DAY

Solmsstraße 17
✆ +4901522 16 717 91
https://berlinerforaday.com/
Pour la visite «Les secrets de Berlin» : 60 € pour 1 ou 2 adultes, 15 € pour -15 ans, gratuit -6 ans.

Myriam organise des visites guidées alternatives de Berlin et de ses quartiers en langue française. La palette des thèmes proposés est très large : street art, mode, art contemporain, architecture contemporaine, histoire de la ville, Mur de Berlin. La visite « Les secrets de Berlin » permet de découvrir l'ancien quartier juif et les arrière-cours de Mitte. Il est possible de réserver la visite à vélo ou à pied, en groupe ou en privé. Les visites durent 2h30 et le règlement se fait en espèces à la fin de la visite. Réservations sur le site Internet.

BERLINER UNTERWELTEN - MONDES SOUTERRAINS ★★

Brunnenstraße 105 ✆ +49 3049910517
www.berliner-unterwelten.de
3 visites guidées en français du vendredi au mardi. entre 90 et 120 minutes. 12-15 €. Consulter calendrier en ligne.

Les Berliner Unterwelten sont une association qui offre une vision résolument *undergound* de la ville ! Trois visites insolites (et d'excellente qualité) sont proposées en français : sur les bunkers et les bombardements de la Seconde Guerre mondiale, sur les abris antiatomiques de la guerre froide et sur les évasions de la RDA après la construction du Mur (creusement de tunnels, canalisations, etc.). En plus : une exposition sur *Germania*, le projet de ville imaginé par Albert Speer.

CITY CIRCLE

✆ +49 30 880 41 90
https://city-circle.de/
Circuit jaune : 26 €. Circuit rose : 17 €. Combi jaune & rose : 34 € pour 24h. Tarifs enfants et famille également.

Vous verrez probablement ce bus jaune et rose dans toute la ville. Bien pratique pour s'épargner des heures de marche et apprécier la visite de la ville sur le toit du bus. Les bus circulent de 10h à 17h et chaque station est desservie toutes les 20 minutes. De tous les bus touristiques de la ville, le City Circle a le plus grand circuit, avec pas moins de 26 stations. C'est même le seul de la ville à inclure une station devant le château de Charlottenburg. Il remonte aussi l'avenue du Kurfürstendamm vers le zoo et l'église du Souvenir.

LE 9 NOVEMBRE

Les hasards de l'Histoire font que plusieurs événements-clé de l'histoire allemande du XXe siècle se sont produits un 9 novembre. En 1918, en pleine révolution, la république (que l'on appellera bientôt République de Weimar) est proclamée à Berlin, au Reichstag par P. Scheidemann et au château par K. Liebknecht. Le 9 novembre 1923, Hitler rate un putsch à Munich. Quinze ans plus tard, le 9 novembre 1938, c'est la tristement célèbre nuit de cristal où, à Berlin et dans toute l'Allemagne, des magasins et des synagogues sont mises à sac et des citoyens citoyens juifs assassinés. Le 9 novembre 1989, c'est la chute du Mur qui aura séparé la ville pendant 28 ans.

DÉCOUVRIR BERLIN

https://decouvrir-berlin.com/
Visites guidées entre 30 et 35 € par adulte, 20 et 25 € par enfant. Durée variable entre 2h30 et 3h30.

L'équipe de Découvrir Berlin propose des visites guidées de la capitale allemande en français. Deux thématiques au programme pour les visites à vélo : «Sur les traces du Mur» et «Cœur historique». Pour ces deux visites, le rendez-vous se fait devant le magasin de location Take a Bike près de la station Friedrichstraße. Le tarif comprend la location du vélo. Une visite à pied permet aussi de découvrir le Berlin nocturne. Et rien de plus simple que de faire la réservation en ligne ! Le règlement de la visite se fait en espèces à la fin du tour auprès de votre guide.

GOOD MORNING BERLIN

✆ +49 151 10565386

www.goodmorningberlin.com

Visite : environ 170 € pour 1 à 5 participants.

Good Morning Berlin propose des visites insolites qui peuvent intéresser aussi bien les touristes que les Berlinois. Organisées par des Français installés à Berlin, elles couvrent des thématiques qu'on ne trouve pas ailleurs : par exemple une visite du Berlin Techno (pour découvrir la fièvre festive du Berlin des années 1990) ou une visite des lieux de tournage de films iconiques comme *Les Ailes du désir*, *Oh Boy* ou *Sonnenallee*. Il existe aussi une série de 9 e-books (9 balades dans 9 quartiers de la ville). Good Morning, c'est aussi un blog qui regorge d'infos.

TRABI SAFARI ★

Zimmerstraße 97

✆ +49 30 30 20 10 30

www.trabi-safari.de

Ouvert tous les jours de 10h à 18h. Tours entre 49 € et 79 € par personne.

Cette compagnie vous propose une visite très « ostalgique » : parcourez la ville pendant une heure (ou plus en fonction des thématiques) au volant d'une mythique Trabant *made in DDR*. Etrange destin que celui de cette voiture, longtemps raillée et aujourd'hui véritable objet de collection et de vénération. Malheureusement, l'opération Trabi Safari est victime de son succès et les prix sont devenus exorbitants. Si vous souhaitez seulement voir une Trabant d'un peu plus près et en apprendre plus sur son histoire, rendez-vous au Trabi-Museum dans la même rue.

REEDEREI RIEDEL ★★

✆ +49 30 6934646

www.reederei-riedel.de

De mars à décembre. Plusieurs croisières possibles à partir de 17 € par adulte et de 8,50 € par enfant. Trajet 1h.

Reederei Riedel est une compagnie de croisières sur la Spree, en centre-ville, mais elle propose aussi un circuit sur le Landwehrkanal. Tous les lieux d'intérêt de la ville ne se trouvent pas sur les bords de la Spree, mais la balade est particulièrement agréable par temps ensoleillé le long de l'île aux Musées, du Reichstag, de la gare centrale et de la Chancellerie. Un audioguide en français est disponible pour 3 € supplémentaires. Départs depuis Hauptbahnof ou Mercedes-Platz. Réduction de 25 % pour les détenteurs de la Welcome Card.

VIVE BERLIN TOURS ★★★

Potsdamer Platz 10

✆ +49 178 1369312

https://www.viveberlintours.com/fr/

Adultes : 16 €, réduit 12 €, gratuit pour les moins de 13 ans. Possibilité de tour privé. Durée : environ 3h30.

Une coopérative d'historiens, de spécialistes du tourisme, de politologues et d'architectes propose des visites guidées de Berlin, tous les jours de la semaine et en français. Divers thèmes au programme : les Incontournables du Berlin historique, Berlin-Est et la RDA, le IIIe Reich ou encore le street art. Il est possible de réserver en ligne sur le site web (c'est conseillé en période de vacances). Consultez le site Internet pour connaître les horaires. On peut également réserver un guide pour une visite privée, un groupe ou une école.

STERN UND KREIS ★

Puschkinallee 15

✆ +49 30 5363600

www.sternundkreis.de

Croisière aux durées variables selon les circuits : entre 1 heure et 3 heures 30, tarifs : entre 8 et 25 €.

Une balade en bateau sur la Spree permet de découvrir Berlin sous un aspect différent. Stern und Kreis propose plusieurs circuits : des parcours dans le cœur historique de la ville (gare centrale, quartier gouvernemental, Ile aux Musées, Mur de Berlin) ou des circuits dans les quartiers périphériques, vers Treptow, Köpenick ou encore jusqu'au Müggelsee. Très agréable par beau temps. Le flyer avec tous les parcours est disponible à l'office de tourisme ou en ligne. Réduction de 25 % avec la WelcomeCard. Audioguide en français pour 2 €.

WELT BALLON - AIR SERVICE BERLIN ★

Zimmerstraße 95-100

✆ +49 30 53215321

http://air-service-berlin.de/weltballon

Ouvert tous les jours de 10h à 22h en été, et de 11h à 18h l'hiver. 25 €, réduit 20 €, enfants (3-10 ans) 12 €.

On peut voir cette montgolfière depuis de nombreux endroits de la ville quand elle est fièrement dressée dans les airs. Durant une quinzaine de minutes, elle permet de s'élever au-dessus de Berlin, le temps de prendre quelques beaux clichés et se laisser griser par le vide, avant de redescendre laisser sa place à d'autres. Pouvoir s'élever dans les airs, dans cette rue où passait autrefois le Mur, quel symbole ! S'il y a trop de vent, le service est annulé.

ANGELA MERKEL

Lorsque vous vous rendrez sur l'Île aux Musées, vous passerez peut-être par le Kupfergraben, et vous verrez sans doute deux ou trois policiers devant un immeuble jaune orangé. C'est ici, dans cette rue au bord de la Spree, que vit la chancelière fédérale Angela Merkel depuis des années avec son époux, qui se tient éloigné de la vie publique. Il paraîtrait que lorsqu'elle a été élue, elle voulait se rendre à la Chancellerie à vélo (le site est tout proche) mais cela n'a pas été possible, pour des raisons de sécurité. On notera quand même ici une nette différence entre les pratiques de la Chancellerie et du Palais de l'Elysée. Autre pays. Autres mœurs.

BEBELPLATZ ★★

Bebelplatz

La *Bebelplatz* est le symbole de la brutalité de l'idéologie nazie. Le 10 mai 1933, le ministre de Propagande Joseph Goebbels ordonna que l'on y brûle 20 000 œuvres à l'esprit « non allemand ». Les œuvres de Karl Marx, Sigmund Freud, Heinrich Mann, Kurt Tucholsky furent ainsi jetées aux flammes sur un lieu hautement culturel (la place est bordée par le Staatsoper, la Humboldt-Universität, etc.). Un mémorial très discret a été érigé en mémoire de cet autodafé. Cherchez au sol une plaque de verre. Sous vos pieds : les étagères d'une bibliothèque… vide.

ALEXANDERPLATZ ★★

Alexanderplatz

L'*Alex*, comme la nomment les Berlinois, doit son nom au tsar Alexandre Ier de Russie, en visite à Berlin en 1805. Simple marché à bestiaux au XVIIe siècle, puis terrain d'exercices, elle entre en littérature en 1929 avec la parution du célèbre roman d'Alfred Döblin, *Berlin Alexanderplatz*. Vitrine du régime communiste de la RDA après la Seconde Guerre mondiale, elle était autrefois le cœur battant de Berlin-Est. Aujourd'hui, c'est le centre névralgique de Berlin, et surtout une grande gare de métros, trains, trams et bus. Non loin de la place se trouve aussi l'un des plus grands centres commerciaux de la ville, l'Alexa, immense et aseptisé. L'hiver, la place se transforme en marché de Noël avec notamment une patinoire.

▶ Alexanderplatz, c'est un peu un pot-pourri d'architecture du XXe siècle. L' édifice le plus ancien de la place est la Berolinahaus de l'architecte Peter Behrens. Bâtie entre 1929 et 1932, c'est un exemple de construction du mouvement de la « Nouvelle Objectivité ». Vous verrez également la tour de l'Hôtel Park Inn, inaugurée en 1970. Ce n'est pas une belle place, mais un vaste plan de restructuration se donne pour objectif de la revaloriser. Affaire à suivre.

▶ Ne manquez pas de regarder de près l'horloge universelle Urania. Inaugurée en 1969 et rénovée en 1997, elle mesure 10 mètres de hauteur et donne l'heure actuelle des principales villes de chaque fuseau horaire. Elle compte 24 faces, chacune correspondant à un fuseau horaire. Au-dessus de l'horloge trône une représentation du système solaire.

DALI - DIE AUSSTELLUNG AM POTDAMER PLATZ ★

Leipziger Platz 7

✆ +49 700 32542375

www.daliberlin.de

Ouvert tous les jours de midi à 20h, en juillet et août de 10h à 20h. Fermé le 24 décembre. 12,50 €, réduit 9,50 €.

Les publicités légèrement racoleuses pour cette exposition permanente ne laissent pas présager de sa grande qualité. Les offres à gogo sur le site Internet et les prix à géométrie variable (tout est en option : le coupe-file, le casier à un euro, le droit de faire des photos, etc.), tout cela flaire l'attrape-touriste en bonne et due forme. Passé ces désagréments, on sera surpris par les centaines d'œuvres graphiques de Dali qui sont exposées ici dans une scénographie sobre et bien agencée. Ne cherchez pas les célèbres peintures du maître espagnol, l'expo s'attache surtout à mettre en lumière le travail (absolument génial) d'illustrateur de Salvador Dali. Celui-ci, en effet, illustra avec une créativité et une technique époustouflante des chefs-d'œuvre classiques, de *Don Quichotte* à *Alice au Pays des Merveilles*, en passant par la *Divine Comédie* de Dante, le *Carmen* de Mérimée ou le célèbre *Faust* de Goethe. Il est assez plaisant de redécouvrir ce grands classiques à travers le regard du maître espagnol. Grand admirateur de Freud, Dali le surréaliste explorait, à travers son œuvre extrêmement prolifique, les profondeurs de l'inconscient. Ainsi, vous observerez peut-être certains de ces symboles chers à Dali : le tiroir, le homard, l'œuf, etc. Demandez absolument à faire la visite guidée (en allemand ou en anglais), les œuvres exposées ne sont assorties d'aucune explication. Ou bien laissez libre cours à votre imagination, c'est naturellement permis.

L'EMBLÈME DE BERLIN

Vous verrez des Ours un peu partout dans la ville : en statues, en peluches, et sur le drapeau de Berlin bien-sûr ! On trouve répartis dans toute la ville les Buddy Bären, ces statues d'ours promouvant la tolérance. C'est aussi le trophée pour récompenser les films au festival du cinéma, la Berlinale. Certains soutiennent que le choix de l'ours comme symbole vient de sa présence dans les forêts environnantes, d'autres avancent - à tort – que « Bär » et Berlin partagent la même étymologie. L'Ours est plus vraisemblablement l'emblème de Berlin depuis le règne du comte Albert Ier du Brandebourg, dit « Albert l'Ours ». Une chose est sûre, l'ours est sur les différents blasons de la ville depuis des siècles. Dès le XIVe siècle, les pièces frappées sont frappées de l'ours berlinois. L'Ours a cependant longtemps côtoyé un aigle sur les armoiries, l'aigle étant le symbole des comtes Ascaniens avant de devenir l'emblème du Brandebourg de manière générale (le blason du Land du Brandebourg présente toujours un aigle aujourd'hui). Au Moyen-Age, le blason de Berlin représente l'Ours pris dans les serres d'un aigle pour symboliser la soumission de la cité à l'autorité des Hohenzollern. Petit à petit, l'Ours s'émancipe de l'emprise du rapace pour devenir le seul symbole de la ville. Observez aujourd'hui le drapeau de la ville. Sur trois bandes horizontales (rouge, blanc, rouge) se dresse un ours, droit sur ses pattes arrière et tourné vers la gauche. Regardez bien : il tire la langue et a du vernis à ongles rouge.

DDR MUSEUM ★★

Karl-Liebknecht-Strasse 1
✆ +49 30 847123731
www.ddr-museum.de
Ouvert tous les jours 9h-21h. Entrée 9,80 €, réduit 6 €. Tarif en ligne 8,50 € (adulte) et 5,50 € (enfant).

Ce Musée de la RDA est devenu, dès son ouverture en 2007, l'un des musées les plus visités de Berlin. Son exposition permanente retrace la vie quotidienne en RDA de façon détaillée mais ludique et interactive : on peut par exemple prendre le volant d'une *Trabant*, s'installer dans le salon d'un appartement des années 1970, écouter les témoignages des habitants... C'est une mise en scène mais il faut reconnaître qu'elle est divertissante. Tout naturellement, l'exposition traite aussi de la surveillance de la Stasi et du système carcéral est-allemand.

DEUTSCHES SPIONAGEMUSEUM - MUSÉE DE L'ESPIONNAGE ★★

Leipziger Platz 9
✆ +49 30 398 200 45 1
www.deutsches-spionagemuseum.de
Ouvert tous les jours de 10h à 20h. Entrée : 12 €, réduit 8 €.

Berlin, capitale de la guerre froide et l'espionnage. C'est bien dans cette ville qu'il fallait un tel musée. Le visiteur y découvrira les méthodes astucieuses des espions et agences de renseignement internationales. Le musée est très interactif : déchiffrez des codes secrets, défiez le parcours de rayons laser et découvrez avec stupeur tout de ce que la NSA et Facebook savent de vous… Y sont exposés aussi de beaux objets, dont la fameuse machine Enigma.

Fontaine de Neptune sur Alexanderplatz.

BERLINER DOM - CATHÉDRALE DE BERLIN ★★

Am Lustgarten ✆ +49 30 8785685
www.berlinerdom.de

Du lundi au samedi de 9h à 20h et le dimanche de midi à 20h (19h en hiver). Entrée 7 €/ 5 €. Audioguide en français 4 €.

Les premières traces d'une église remontent à 1465, lorsque la chapelle Saint-Erasme du palais royal de Cölln est élevée au rang de collégiale. Dès cette époque, l'église est appelée *Dom* (cathédrale). Eglise luthérienne sous Martin Luther en 1539, elle devient église calviniste en 1613 (après la conversion du prince-électeur Jean-Sigismund au calvinisme la même année). Elle est remaniée en 1745 à la demande de Frédéric le Grand. Schinkel y apporte ensuite quelques transformations en 1822. En 1893, le bâtiment est détruit et une nouvelle cathédrale luthérienne est reconstruite dans un style éclectique, mêlant des éléments baroques et Renaissance tardive par Julius Raschdorff. Terminé en 1905, ce *Berliner Dom* incarne au mieux la pompe impériale voulue par l'empereur Guillaume II.

▶ L'intérieur est gigantesque et grandiloquent. Observez les statues des grands réformateurs : Luther, Calvin, Melanchton, etc. Un musée dans les étages retrace l'histoire du *Berliner Dom* et vous découvrirez de grandes maquettes des autres projets qui n'ont pas été réalisés. Les amateurs de généalogie se rendront dans la crypte pour retrouver les tombes de nombreux membres de la famille des Hohenzollern.

▶ L'endroit vaut également le détour pour le magnifique panorama sur Unter den Linden et le quartier de Mitte offert par la plateforme en haut, autour de la coupole. L'accès se fait par maints couloirs et escaliers et n'est pas adapté aux personnes à mobilité réduite malheureusement.

BRANDENBURGER TOR – PORTE DE BRANDEBOURG ★★★★

Pariser Platz

Cette porte est le symbole de Berlin et conserve toujours autant de majesté. C'est la seule survivante des 14 portes de Berlin (du temps où Berlin possédait encore un mur de fortifications) et sans doute le monument le plus connu de la ville. Elle fut construite entre 1788 et 1791 sur le modèle du propylée d'Athènes dans un style néoclassique, d'après les plans de l'architecte Carl Langhans, et en honneur du roi Frédéric Guillaume II de Prusse. Elle est surmontée d'une sculpture de la déesse de la Victoire, Niké, montée sur un char tiré par quatre chevaux, œuvre de K. F. Schinkel. La porte de Brandebourg était exclusivement réservée au passage des empereurs germaniques, ce qui n'empêcha pas Napoléon d'y passer, lorsqu'il marcha sur la Prusse lors de ses vastes campagnes militaires européennes. D'ailleurs, profitant de sa victoire, l'Empereur fera retirer le quadrige qui coiffe la porte pour le ramener à Paris en guise de trophée. Sa chute et celle de son empire, quelques années plus tard, sera l'occasion pour la Prusse de récupérer son bien. La place carrée, où se trouve la porte de Brandebourg, est alors renommée Pariser Platz en référence au traité de Paris, mettant fin au règne de Napoléon.

Pendant la Seconde Guerre mondiale, la porte souffrit de dommages importants, notamment durant la Bataille de Berlin, mais elle fut restaurée en 1957. Symbole de la division des deux Allemagne jusqu'en 1989 de par sa position au milieu d'un *no man's land* dont des soldats est-allemands assuraient la garde, elle est aujourd'hui le symbole de la réunification à l'image des dizaines de milliers de personnes qui se sont réunis en 1989 pour faire pression sur le Mur et ainsi percer le rideau de fer. Il faut voir les images historiques sur les panneaux à côté de la porte, elles aident à retracer le destin inédit du monument. Les images aériennes de 1945 sont sidérantes tout comme les images du Mur et des barbelés.

Après la chute du Mur, la Pariser Platz a été entièrement reconstruite et les ambassades des grands pays amis de l'Allemagne y ont retrouvé leur place : Etats-Unis, France... L'ambassade du Royaume-Uni n'est pas loin non plus. Cette place est devenue le lieu de prédilection de manifestations en tout genre, politiques ou artistiques. Riche de son héritage historique, le lieu est aussi souvent le théâtre de visites officielles de dirigeants étrangers. De l'autre côté, la place s'appelle Platz des 18. März en référence à la révolution de 1848.

© SIEGFRIED STOLTZFUSS - ICONOTEC

DEUTSCHES HISTORISCHES MUSEUM ★★

Unter den Linden 2 ✆ +49 30 203040
www.dhm.de
Ouvert tous les jours de 10h à 18h. Entrée gratuite pour l'expo permanente. Expositions temporaires : 8 €, réduit 4 €.

Ce musée de l'histoire allemande se trouve dans un édifice lui-même hautement historique : le Zeughaus (Arsenal), initié par Friedrich II en 1695, qui est le plus vieux bâtiment d'Unter den Linden et l'un des plus beaux édifices baroques de toute l'Allemagne. Sur 10 000 m² et sur deux étages, l'histoire allemande est retracée depuis le IXe siècle à travers des thèmes politiques, sociaux et économiques. Le principe de l'exposition est de situer l'histoire allemande dans la perspective européenne et mondiale – les visiteurs prendront aussi du plaisir à découvrir la richissime collection de ce musée : livres, armures, etc.

▸ Au premier étage, la visite commence avec une vidéo projetée au mur : c'est une carte de l'Europe où l'on peut suivre, siècle après siècle, les changements de frontières des différentes entités politiques. La plus belle pièce de cette partie de l'expo est le célèbre tableau de Charlemagne peint par Dürer. Puis vous découvrirez le temps de la Réforme, avec les premières imprimeries, les pamphlets et les caricatures. Plongez après cela dans l'époque traumatisante de la guerre de Trente Ans et le siècle des Lumières. Comprenez comment les guerres napoléoniennes ont fait naître le sentiment national allemand, tout en admirant de splendides robes très bien conservées de l'époque. Grâce aux nombreux tableaux et aux premières photos, vous pourrez revivre les plus grands moments de l'unification de l'Allemagne par Bismarck et vous étonner des rêves mégalomanes de l'empereur Guillaume II.

▸ La suite de l'exposition au rez-de-chaussée est consacrée au XXe siècle, avec tout d'abord la république de Weimar et la lutte acharnée entre les parties, qui est représentée grâce aux affiches politiques de l'époque. Vient alors janvier 1933 et l'avènement de la terreur nazie. La partie de l'exposition consacrée à la dictature et la Seconde Guerre mondiale est des plus effroyables et se termine dans les ruines de l'après-guerre et la partition de l'Allemagne. Grâce aux premiers téléviseurs et aux voitures Volkswagen, vous allez assister au miracle économique des années 1950 et aux mouvements sociaux de 1968. Et, enfin au bout du chemin, la réunification, comme fin (provisoire) d'une histoire lourde, riche, passionnante. Prévoyez naturellement une plage horaire assez conséquente pour cette visite.

▸ A voir également : l'aile conçue par I. M. Pei, l'architecte de la Pyramide du Louvre, et qui abrite les expositions temporaires.

DOROTHEENSTÄDTISCHER FRIEDHOF

Chausseestraße 126 ✆ +49 30 4617279
www.evfbs.de
Ouvert tous les jours à partir de 8h. Fermeture entre 16h (décembre-janvier) et 20h (mai-août), selon la saison.

De nombreuses tombes illustres dans ce petit cimetière, notamment celles des architectes et sculpteurs Schinkel, Schadow et Rauch, celles des philosophes Hegel et Fichte, celle du musicien Hans Eisler, ainsi que celles des écrivains Bertold Brecht et Helene Weigel, Anna Seghers, Heinich Mann et Heiner Müller. Une petite parcelle du cimetière abrite les tombes de la communauté huguenote de Berlin au XVIIIe siècle. Non loin, au 125 de la Chausseestraße, se trouve la maison de Brecht.

FERNSEHTURM - TOUR DE LA TÉLÉVISION ★★

Panoramastraße 1A
✆ +49 30 2423333
www.tv-turm.de
De mars à octobre de 9h à minuit, de novembre à février à partir de 10h. Billets de 9,50 € (enfant) à 17,50 € (adulte).

© JOERG_FRANZEN

Construite à la fin des années 1960, la tour de la Télévision, forte de ses 368 m de hauteur, se veut un symbole de la modernité du régime communiste. Aujourd'hui, on imagine mal la silhouette de la ville sans cette *Fernsehturm* emblématique. Le *must*, c'est de grimper au sommet (enfin presque puisque la plateforme d'observation se trouve à 203 m). On peut prendre un café ou dîner dans le restaurant, qui tourne sur lui-même, tout en admirant une vue à 360 degrés de la ville.

FRIEDRICHSWERDERSCHE KIRCHE ★★

Werderscher Markt
✆ +49 30 2081323
www.smb.museum
Du mardi au dimanche : 10h-18h. Le jeudi jusqu'à 20h.

Cette [ancienne] église est l'un des chefs-d'œuvre néogothiques allemands. On la doit à l'architecte prussien Karl F. Schinkel. Son intérieur, composé d'une unique nef centrale, n'est pas sans rappeler certaines chapelles d'Angleterre. On y expose des sculptures allemandes du XIXe siècle, de Schinkel et de ses contemporains, donnant un aperçu assez juste du classicisme et du romantique allemands. Des maîtres tels que Joachim G. Schadow, Christian D. Rauch et August Kiss y sont exposés.

GALERIE DESCHLER ★

Auguststraße 61
✆ +49 30 2833288
www.deschler-berlin.de
Ouvert du mardi au vendredi de 11h à 18h, le samedi de midi à 18h et sur rendez-vous.

Installé au cœur du très branché quartier de Berlin-Mitte, M. Deschler est un mécène de l'art berlinois extravagant. Sa galerie fondée en 1995, pleine de charme et mêlant sans mauvais goût le moderne et l'ancien, est loin de l'esprit guindé que l'on retrouve parfois dans les galeries du coin. Au contraire, elle ne manque pas de glamour. Les vernissages, qui se terminent généralement dans la rue, attirent beaucoup de monde et ont fait la réputation de la maison. Le lieu, ouvert et accueillant, plaira aux amateurs d'art comme aux flâneurs du dimanche.

HUMBOLDT FORUM

Schloßplatz
www.humboldtforum.org
Entrée libre. Expositions payantes.

A côté du Berliner Dom se dresse un bâtiment aux façades baroques. C'est une reconstruction partielle du Château de Berlin, tel que l'avait remanié l'architecte Andreas Schlüter pour le Prince-électeur Frédéric III. Il avait été démoli après-guerre et remplacé par le Palais de la République, détruit à son tour en 2008. A la fin des travaux, ce Forum doit accueillir les collections du Musée d'art asiatique et du Musée ethnologique, une bibliothèque, des salles de conférence, etc. Un café-restaurant avec vue doit ouvrir à côté de la coupole. Affaire à suivre.

ERLEBNIS EUROPA - EUROPA EXPERIENCE ★

Unter den Linden 78 ✆ +49 30 2280 2900
www.erlebnis-europa.eu
Ouvert tous les jours de 10h à 18h. Entrée libre.

Inauguré en mai 2016, cet espace de découverte de l'Europe et de ses institutions s'est tout naturellement installé en plein centre-ville, à deux pas de la porte de Brandebourg. Une exposition interactive et accessible à tous. Installez-vous confortablement dans le cinéma à 360° et faites connaissance avec les différents acteurs des institutions européennes. Une visite ludique disponible en 24 langues, chaudement recommandée pour tout comprendre sur l'Union européenne.

GENDARMENMARKT ★★★

Gendarmenmarkt

La place du « Marché des Gendarmes » est considérée comme l'une des plus belles places de Berlin et son nom fait référence aux régiments de cuirassiers de Frédéric-Guillaume Ier [Gens d'armes]. L'origine du Gendarmenmarkt remonte au XVIIe siècle. La place se situe alors en dehors de Berlin, dans la Friedrichstadt, une ville nouvelle où viennent se réfugier de nombreux huguenots, ces protestants français à qui la Prusse offre l'asile suite aux persécutions dont ils sont victimes en France. De part et d'autre de la place se dressent symétriquement deux églises protestantes, l'une allemande et l'autre française. Le théâtre qui se trouvait au milieu de la place brûla en 1817 et sa reconstruction fut confiée à l'architecte Karl Friedrich Schinkel. Le Konzerthaus est aujourd'hui un chef-d'œuvre de l'art néoclassique. La statue qui se trouve au milieu de la place est à l'effigie du poète allemand Friedrich Schiller. La Seconde Guerre mondiale apporte son lot de dégâts et longtemps la place reste dans un état de ruine. La RDA lance un projet de reconstruction [1977-1983] pour lui redonner ses lettres de noblesse. Après avoir été renommée Platz der Akademie en 1950, elle retrouve son nom d'origine en 1991. En été, prenez le temps de faire une pause et de boire un café sur l'une des terrasses. Consultez également les événements qui s'y produisent car des *open air* de musique classique sont fréquemment organisés. En hiver, laissez-vous emporter par la magie du marché de Noël avec ses chorales, son vin chaud et ses amandes grillées.

Erlebnis
Europa
EUROPA EXPERIENCE
L'Exposition dans la maison de l'Europe à Berlin
Cinéma 360°
Découvrez l'Europe
au cœur de Berlin
Entrée gratuite
En langue française
Europa im Alltag
Europe in daily life
Europäisches Parlament
Europäische Kommission
Ouvert tous les jours de 10h à 18h
Unter den Linden 78
10117 Berlin
– à la Porte de Brandenbourg –

HOLOCAUST-MAHNMAL ★★★★

Cora-Berliner-Straße 1 ✆ +49 30 26394311
www.stiftung-denkmal.de
Mémorial en accès libre. Musée : 10h-19h ou 20h selon la saison. Fermé lundis, 1er janvier et du 24 au 26 décembre.

Difficile de décrire l'étrange impression que l'on ressent en se promenant à travers cette forêt de pierres toutes irrégulières, cette sensation de vertige, de désorientation et d'angoisse. Au total, 2 710 stèles de béton composent le site conçu par l'architecte new-yorkais Peter Eisenman. Ce mémorial aux juifs assassinés d'Europe n'est pas un lieu qui énumère les atrocités, c'est bien plus une réflexion sur l'aspect indicible et inimaginable de ce qui s'est passé dans les camps de la mort et lors des massacres des *Einsatzgruppen*. Une exposition plus explicative sur le thème de la Shoah est accessible dans le sous-sol du mémorial. Elle rend hommage à de nombreuses familles par des récits biographiques.

Les visiteurs confondent régulièrement ce mémorial au cœur de Mitte et le Musée juif de Kreuzberg qui possède lui aussi une partie mémorielle qui doit donner aux sens la mesure de l'horreur. Il s'agit pourtant de deux projets complètement différents. Le Mémorial de la Shoah s'inscrit dans une politique de mise en espace de la mémoire dans la nouvelle capitale allemande. Non loin de la Porte de Brandebourg se trouvent d'autres mémoriaux en hommage aux victimes de la déportation. En face du mémorial pour les juifs assassinés d'Europe s'élève depuis mai 2008 un autre lieu de mémoire destiné aux victimes homosexuelles. Un peu plus loin vers le Reichstag s'élève depuis 2012 le mémorial des Sinti et Roms. Enfin, depuis 2014, un mémorial aux malades mentaux et handicapés, victimes des programmes d'euthanasie.

L'ÎLE AUX MUSÉES ★★★★

L'île aux Musées est un complexe de cinq musées lové entre deux bras de la Spree en plein centre de Berlin. Ses édifices majestueux et ses collections exceptionnelles (peintures, sculptures, archéologie...) lui ont valu d'être classée au patrimoine mondial de l'Unesco. Depuis 1998, un plan de restauration complet des cinq musées est à l'œuvre et l'on fait tout pour que le public puisse garder un accès aux collections. L'île aux Musées dispose d'une nouvelle porte d'entrée qui sert de point d'accueil : la Simon-James-Galerie de l'architecte David Chipperfield.

ALTE NATIONALGALERIE ★★★

Bodestraße 1-3
✆ +49 30 266424242
www.smb.museum
Ouvert du mardi au dimanche 10h-18h, jeudi 10h-20h. 10 €/5 €. Compris dans le Museumspass ou le Ticket Museumsinsel.

La Alte Nationalgalerie propose une très belle collection de peintures et de sculptures, principalement du XIXe siècle, entre réalisme, classicisme, romantisme et impressionnisme avec un accent particulier mis sur les artistes allemands et français.

Au premier étage, le réalisme est à l'honneur, avec quelques grands maîtres allemands comme Waldmüller ou Menzel avec sa célèbre toile *Intérieur d'une chambre avec balcon*, mais aussi avec des artistes de renommée internationale comme Courbet ou Constable. Les tableaux du deuxième étage sont bien différents, avec leurs touches impressionnistes et idéalistes. Ne manquez pas les sculptures de Rodin. Une salle tout entière est consacrée aux Français, de Manet en passant par Monet jusqu'à Cézanne. A ne pas manquer non plus : *L'Ile des morts* de Böcklin, tableau qui a inspiré de nombreux artistes du XXe siècle, l'une des pièces maîtresses de ce musée. Egalement, une riche collection de peintures de Max Liebermann, célèbre artiste berlinois. Enfin, le troisième étage est entièrement consacré au romantisme et au symbolisme, avec une part belle donnée à Caspar David Friedrich et Anselm Feuerbach.

Le bâtiment, aux allures de temple romain, dessiné par Heinrich Strack et August Stüler et inauguré en 1876, avec ses intérieurs ornés de marbres et de somptueuses décorations de stuc, est un écrin de choix pour cette superbe collection. Notez également que le musée propose des expositions temporaires qui font souvent l'objet d'un focus sur un artiste ou un style en particulier.

KW (KUNSTWERKE) ★

Auguststraße 69
✆ +49 30 2434590
www.kw-berlin.de
Ouvert du mercredi au lundi de midi à 19h, le jeudi jusqu'à 21h. Entrée : 8 €, réduit : 6 €.

Fondé au début des années 1990 par Klaus Biesenbach (actuel directeur du MOCA à Los Angeles), cet institut d'art contemporain est un lieu incontournable dans le petit monde de l'art. Très branché et véritable fer de lance de la scène artistique contemporaine, le KW ne possède pas de collection permanente mais sa programmation propose une large diversité d'expositions sous différents formats. Dans la petite cour pavée et boisée se trouve le café du musée, le Café Bravo, un lieu idéal pour s'accorder une pause après la visite.

ALTES MUSEUM ★★

Am Lustgarten ✆ +49 30 266424242
www.smb.museum
Ouvert du mardi au dimanche 10h-18h, jeudi 10h-20h. 10 €/5 €. Compris dans le Museumpass et le ticket Museumsinsel.

Conçu par l'architecte prussien Karl Friedrich Schinkel (aussi célèbre pour le théâtre sur le Gendarmenmarkt) dans un style s'inspirant des édifices de l'Antiquité, cet « Ancien Musée » ouvert en 1830 est, comme son nom l'indique, le premier des musées de l'île. Mais c'est aussi l'un des plus vieux musées publics d'Allemagne, derrière le Fridericianum à Kassel (1779) et la Glyptothek de Munich (1830). Il accueille aujourd'hui les collections d'arts grec, romain et étrusque. S'il n'est pas le plus fréquenté, sa visite se fait sans déplaisir tant la muséographie y est soignée. L'entrée, côté Lustgarten, a quelque chose de monumental, avec un escalier de pierre au pied d'une rangée de 18 colonnes ioniques.

La collection présente, sur deux niveaux, des sculptures en pierre et en bronze, des vases mais aussi des bijoux et des objets de la vie quotidienne. Le rez-de-chaussée offre un panorama de l'art antique grec du Xe au Ier siècle avant notre ère. A l'étage, vous trouverez l'une des plus grandes collections d'art étrusque en dehors d'Italie (urnes, tablettes d'argile, etc). L'Empire romain n'est pas en reste. Vous verrez par exemple des bustes de Jules César ou de Cléopâtre. Parmi les pièces d'exception, notons aussi la présence du célèbre buste de Périclès ou le buste de Brutus du Capitole. La rotonde centrale sous la coupole est sans doute la plus belle et la plus impressionnante salle du musée avec de fascinantes statues des dieux et déesses de l'Antiquité disposées en cercle entre des colonnes de marbre.

BODE MUSEUM ★★★

Am Kupfergraben ✆ +49 30 266424242
www.smb.museum
Ouvert du mardi au dimanche 10h-18h, jeudi jusqu'à 20h. 10 €/5 €, compris dans le Museumspass et ticket Museumsinsel.

Rarement le Bode Museum se retrouve sur la liste des incontournables de Berlin et pourtant c'est l'un des plus beaux musées. Dans un somptueux bâtiment de style wilhelmien, vous trouverez de nombreuses œuvres d'art du monde chrétien, en provenance d'Allemagne, d'Italie ou encore d'Égypte (art copte). On retrouve également une magnifique collection de l'artiste Donatello dont la célèbre *Pazzi Madonna*. L'art africain y trouve aussi sa place avec des sculptures et des masques, parfois mis en regard avec l'art européen. Le musée possède 3 collections bien distinctes.

- La collection de sculptures s'étend du Moyen Age au XVIIIe siècle et comporte notamment de nombreuses œuvres de sculpteurs italiens tels que Della Robbia, Canova, Donatello ou encore Mino da Fiesole. Le musée présente également de très belles œuvres allemandes, françaises et flamandes, des sculptures en ivoire et en bois, des sculptures religieuses, des portraits..
- La collection d'art byzantin présente un bel échantillon de l'art paléochrétien jusqu'à post-byzantin, avec notamment une magnifique collection d'œuvres d'art provenant de l'ensemble du monde méditerranéen. Icônes, statuettes, gravures, sculptures forment cet ensemble unique en Allemagne.
- Enfin la collection des médailles constitué au départ par celles des princes électeurs présente plus de 500 000 pièces et fait partie des plus importantes au monde. On peut admirer notamment une belle série de pièces antiques depuis les débuts de la frappe des monnaies ainsi que près de 25 000 médailles.

À VOIR / À FAIRE

Rotonde de style classique de l'Altes Museum.

NEUES MUSEUM ★★★

Bodestraße 1-3

✆ +49 30 266424242 - www.smb.museum

Ouvert tous les jours 10h-18h, jeudi jusqu'à 20h. 12 € ou 6 € ; inclus dans le Museumpass et le Ticket Museumsinsel.

Collections égyptiennes et préhistoriques absolument exceptionnelles. Le bâtiment n'avait pas servi depuis plus de 70 ans. Construit au XIXe siècle par Friedrich August Stüler, il avait été gravement endommagé durant la Seconde Guerre mondiale avant de faire l'objet d'une totale rénovation et de rouvrir ses portes au public en octobre 2009. Il a été réaménagé par l'architecte David Chipperfield afin de lui redonner sa splendeur passée tout en modernisant les lieux pour une meilleure mise en valeur des collections. Celles-ci sont réparties sur 4 étages. Le rez-de-chaussée et les deux premiers étages présentent la collection égyptienne et de papyrus. Commencée en 1828, elle s'est cons rablement enrichie au XIXe siècle, grâce à des do tions diverses, et surtout entre 1911 et 1914 de nombreuses pièces ont été trouvées sur le de l'ancienne capitale des pharaons à Amarna collection est magnifique, composée de pièces perbes et en très bon état, on y trouve plus de 2 pièces (statues, objets d'artisanat) datant pou plus ancienne de 3 000 ans av. J.-C. ainsi que pièces d'architecture monumentales.

Le cœur de la collection réside dans les œuvres d du XIVe siècle av. J.-C., provenant de l'ère du phar Aménophis IV, plus connu sous le nom d'Akhena Ce personnage central de l'histoire égyptienne a introduit le monothéisme dans son royaume pour la première fois dans l'histoire de l'humar opté pour une représentation réaliste des homn Le buste de sa femme, Néfertiti, en est la meille illustration : c'est une pièce magnifique, déc

e en 1900 par des archéologues allemands, ui depuis n'a pas été une seule fois restaurée. plendissante, la reine est représentée avec une e qui indique sa noble provenance. Le buste de époux, Akhenaton, surnommé le roi hérétique artie à cause de ses nouvelles croyances, est nt à lui très abîmé.

s pourrez également contempler une momie et ieurs sarcophages, ainsi qu'une belle collection bijoux et papyrus, la porte de Kalabscha et la aux colonnes de la pyramide du roi Sahourê. ni les vestiges des autres civilisations, on re- t aussi la remarquable statue en bronze du jeune on de Xanten, qui fait référence aux banquets nés par les Romains et qui tient son nom de la allemande située sur le Rhin.

ernier étage, quant à lui, est dédié à la Préhis- et la protohistoire. Des objets provenant des rents périodes de l'âge de pierre à l'âge de bronze en Europe (700 av. J.-C.) qui comprennent de fabuleuses verreries. Puis des pièces datant du pré-Moyen Age et ses influences mérovingiennes et carolingiennes, à quoi s'ajoutent les trouvailles slaves de la vieille Prusse. Une salle est également consacrée aux pièces archéologiques retrouvées ici même à Berlin. On y trouve également l'autre grande attraction du musée, à savoir le chapeau d'or (*Goldenhut*), pièce datant de près de 1 000 ans av. J.-C. qui recèle encore beaucoup de secrets.

Le Neues Museum possède également une étonnante collection issue des fouilles archéologiques menées sur le site historique de Troie en Asie mineure. C'est à l'archéologue autodidacte Heinrich Schliemann que l'on doit ce « Trésor de Priam » découvert en 1873 sous la colline d'Hissarlik dans l'Empire ottoman et dont Schliemann a fait don à l'Empire allemand en 1881. La plus belle pièce de cet trésor est assurément le diadème en or.

Neues Museum.

PERGAMONMUSEUM - MUSÉE DE PERGAME ★★★★

Bodestraße 1-3 ✆ +49 30 20905577
www.smb.museum
10h-18h, jeudi jusqu'à 20h. 12 €/6 €, inclus dans le Museumpass et le ticket Museumsinsel. Audioguide en français.

Fondé en 1930, suite à des fouilles à Olympie, Pergame, Samos et dans d'autres sites antiques, le Pergamonmuseum est considéré aujourd'hui comme l'un des plus importants musées archéologiques du monde.

▶ L'**autel de Pergame**, œuvre mythique de l'art hellénistique, est au centre du complexe. Tout autour, des fresques représentent le combat final entre les dieux et les géants et donnent un aspect gigantesque de la nature de cette merveille de l'architecture grecque. Sur la gauche, on peut découvrir pièces spectaculaires de l'art grec avec d'immenses colonnes ioniques, doriques et corinthiennes exposées dans des salles contiguës, ainsi que de très belles statues datant du Ve siècle av. J.-C. jusqu'au IVe siècle apr. J.-C., des copies de statues grecques ainsi que des sculptures romaines. Cette salle fait l'objet de rénovations et sa réouverture est prévue pour 2023.

▶ La **collection d'art du Proche-Orient** (Vorderasiatisches Museum) présente de nombreuses pièces rapportées par les archéologues allemands notamment de Syrie, de Turquie et d'Irak. Sur 14 salles, elle recouvre les zones d'influence de Babylone et d'Assyrie. Les archéologues allemands furent si nombreux dans la région que le Pergamonmuseum possède aujourd'hui, avec le Louvre et le British Museum, la plus importante collection d'art provenant du Moyen-Orient.

L'une des œuvres majeures est la voie processionnelle royale, la porte d'Ishtar et la façade du trône du roi Nabuchodonosor Ier datant de

Musée de Pergame, céramique assyrienne.

l'époque Babylonienne. L'ensemble a été reconstruit grâce aux centaines de morceaux trouvés. Une autre salle est entièrement consacrée à Babylone. Vous y trouverez plus d'informations sur cette ville mythique, ainsi que de nombreux documents, des bijoux et des objets artisanaux. Au centre de la salle, une maquette détaillée donne une idée de la topographie de la ville légendaire.

Autre pièce impressionnante, la porte du marché de Millet donne une notion du raffinement de l'art en Asie mineure dans l'Antiquité. La collection d'objets en provenance du Moyen-Orient ne s'arrête cependant pas là : visitez les reconstitutions des temples et palais d'Assyrie, les tombes de la plus ancienne ville du monde, Uruk, ainsi que les joyaux architecturaux de l'Iran antique.

▶ Le **musée d'art islamique**, au premier étage, possède des objets du VIIIe au XIXe siècle et comprend des pièces d'arts omeyyades, abbassides, almoravides, safavides, moghuls et ottomanes. Le fer de lance de cette partie du musée fut un présent d'un sultan turc à l'empereur allemand, et pas des moindres : la façade de la citadelle de Mshatta. La famille impériale allemande semble s'être pris d'intérêt pour cet art, car au fil des années s'ajoutèrent de nombreuses pièces et tapis. Avec les bombardements, de nombreux trésors disparurent malheureusement dans les flammes, entre autres, une partie de la porte de Mshatta. Aujourd'hui, la collection compte plusieurs milliers de pièces, venant d'une zone très vaste qui va de l'Espagne à l'Inde, mais dont les points forts sont les arts du Proche-Orient, y compris l'Egypte et l'Iran. Émouvante dans le contexte actuel, la somptueuse chambre d'Alep (*Aleppo-Zimmer*) est un vestige syrien du XVIIe siècle, une salle de réception tout en bois rouge peint de scènes de la Bible.

▶ Les **arts plastiques** sont présents grâce à la collection Louis Henri de Polier, avec des enluminures et des miniatures de livres, pièces remarquables de l'art indo-persan.

Marienkirche – Eglise Sainte-Marie.

MAGICUM - BERLIN MAGIC MUSEUM ★

Große Hamburger Straße 17
✆ +49 30 288 75 635
www.magicum-berlin.de
Ouvert tous les jours de 10h à 20h. Entrée : 9,50 € par adulte, 7,50 € par enfant, entre 24 € et 29 € pour les familles.

Antre de la magie, le Magicum se compose d'une série d'ateliers interactifs adapté à tous les âges ; les objets présentés sont les trouvailles des propriétaires, dénichées au fil de leurs voyages aux quatre coins du monde. On vous enseignera le lâcher-prise pour faire chanter un vaste bol rempli d'eau : pas si facile ! Puis sont abordés les thèmes de l'alchimie, de l'astrologie, des sorcières, ou encore des superstitions. En fin de visite, place aux jeux déroutants ! Abracadabra !

MARIENKIRCHE - EGLISE SAINTE-MARIE ★

Karl-Liebknecht-Straße 8
✆ +49 30 2423600
www.marienkirche-berlin.de
Ouvert tous les jours 10h-18h (16h de janvier à mars). Messe du dimanche à 10h30. Entrée libre.

La Marienkirche, construite au XIIIe et remaniée au XVIIIe siècle, est l'un des rares édifices du Moyen Age toujours existants à Berlin. Elle semble un peu perdue au milieu des grandes artères du quartier. A l'intérieur, elle conserve une fresque de 1484 représentant une danse macabre (*Totentanz*), sans doute réalisée après une épidémie de peste. Le temps a fait son œuvre mais on y reconnaît des ecclésiastiques, des paysans, l'empereur. Face à la mort, tous sont égaux.

MARTIN-GROPIUS-BAU ★★★

Niederkirchnerstraße 7
✆ +49 30 254860
www.gropiusbau.de
Ouvert du mercredi au lundi de 10h à 19h. Entrée 15 €, réduit 10 €.

Construit entre 1877 et 1881 par l'architecte du même nom dans un style néo-Renaissance, le Martin-Gropius-Bau fut en grande partie détruit durant la Seconde Guerre mondiale. Aujourd'hui, il a été restauré selon le modèle original. Le bâtiment sert désormais de lieu d'expositions temporaires de très haute qualité… D'Ai Weiwei à l'expo David Bowie, la programmation est toujours excellente. Consultez le site Internet pour connaître les expos en cours. L'édifice que vous voyez en face de la rue est le *Abgeordnetenhaus*, le parlement du Land de Berlin.

MUSEUM FÜR KOMMUNIKATION ★

Leipziger Straße 16 ✆ +49 30 202940
www.mfk-berlin.de
Mardi 9h-20h, du mercredi au vendredi 9h-17h, week-end 10h-18h. Entrée 6 €/3 €, gratuit -17 ans.

Installé dans un magnifique édifice des années 1920 de la Leipziger Straße, ce musée relate l'histoire des moyens de communication avec de très beaux objets d'époques variées : des timbres, les premiers téléphones, jusqu'aux ordinateurs des années 1950. Le musée s'adresse aux enfants comme aux adultes et est connu pour être à la fois ludique et interactif. Vous pourrez ainsi envoyer un message par poste pneumatique, vous essayer au morse ou présenter le bulletin météo comme si vous y étiez ! Un beau musée pour toute la famille.

MAUERMUSEM - HAUS AM CHECKPOINT CHARLIE ★

Friedrichstraße 43-45 ✆ +49 30 2537250
www.mauermuseum.de
Tous les jours de 9h à 22h. Entrée 14,50 €, réduit 9,50 €. Audioguide 5 €. Permission pour prendre des photos 5 €.

Ce musée, ouvert dès 1962 – peu de temps après la construction du Mur –, jouxtait à l'époque le célèbre *Checkpoint Charlie*, point de liaison entre l'Est et l'Ouest au cœur de la ville et sa célèbre pancarte mentionnant dans toutes les langues des protagonistes de l'époque que « Vous quittez le secteur américain ». Le fondateur du musée, Rainer Hildebrandt, a mis en place ce projet pour réaliser son combat contre l'injustice et rendre hommage aux milliers d'individus et de familles séparés par le Mur. L'exposition retrace l'histoire de la guerre froide et accorde beaucoup de place aux témoignages de dizaines de personnes ayant fui ou tenté de fuir la RDA. Avec de nombreux documents et objets authentiques, de nombreuses et ingénieuses tentatives d'évasion sont présentées.

Il faut dire que la muséographie a sérieusement vieilli et que la quantité de photos et de panneaux (dans quatre langues) provoque une certaine indigestion. Le musée tente de se renouveler en faisant le parallèle entre le Mur de Berlin et d'autres situations dans le monde (conflits au Proche-Orient, en Ukraine, etc.), ce qui rend le propos encore plus confus.

Pour celles et ceux qui voudraient économiser sur le prix du ticket d'entrée, sachez que vous trouverez de nombreux panneaux d'information (en anglais et en allemand) dans les différents lieux de la ville marqués par la présence du Mur comme le mémorial de la Bernauer Straße ou à côté de Topographie des Terrors par exemple.

NEUE SYNAGOGE - NOUVELLE SYNAGOGUE ★★

Oranienburger Straße 28-30
✆ +49 30 88028451
https://centrumjudaicum.de/
Ouverte de 10h à 18h (15h le vendredi). Fermée le samedi. Entrée 7 €, réduit 4,50 €.

Cette splendide synagogue, construite au XIXe siècle, s'est refait une beauté, après avoir connu des années de délabrement. Sa coupole dorée resplendit de nouveau sur tout le quartier. Ne vous laissez pas impressionner par les policiers qui la surveillent, et allez découvrir l'exposition à l'intérieur qui présente des reliques de l'ancienne synagogue, mais aussi de la documentation sur la communauté juive avant et pendant le IIIe Reich, ainsi qu'un mémorial dans le jardin.

NEUE WACHE ★

Unter den Linden 4
Ouvert tous les jours de 10h à 18h. Entrée libre.

Construite en 1816-1818 dans un syle néoclassique, cette "Nouvelle Garde" est la première réalisation de Schinkel à Berlin. Sous la RDA, on l'utilise comme mémorial aux victimes du fascisme et du militarisme. L'Allemagne réunifiée a repris cette idée et en a fait le « Mémorial central de la République fédérale d'Allemagne aux victimes de la guerre et de la tyrannie ». A l'intérieur de cet édifice, sobre à l'extrême, les visiteurs peuvent se recueillir devant la statue *Mère et son fils mort* de Käthe Kollwitz, une pietà moderne dénonçant les horreurs de la guerre.

LES COURS DE BERLIN

Berlin est une ville multidimensionnelle. Ici, les façades ne paient pas de mine et il faut souvent pousser une porte, s'avancer dans un passage pour découvrir un nouveau monde de cours (*Höfe*) en enfilade. La construction des immeubles pendant le Kaiserreich (1871-1818) fut souvent pensée et conçue de la manière suivante : le premier rang d'immeubles est destiné à une clientèle bourgeoise, le second rang et les appartements donnant sur l'arrière sont loués aux ouvriers, et le troisième rang d'immeubles contient les ateliers de fabrication. Aujourd'hui, ces ateliers sont parfois transformés en lofts, bureaux de graphistes et ateliers d'artistes. Mitte compte quelques-unes des cours les plus intéressantes. Faites notamment un tour par les Hackesche Höfe qui sont les plus connues et les plus remarquables. Ici, les façades sont également décorées de mosaïques Art déco (Jugendstil) et le rez-de-chaussée est occupé par de nombreuses boutiques. Vous y trouverez un lieu vivant, animé par des cafés, un théâtre, un cinéma, etc. Ne manquez pas non plus de visiter les Heckmann Höfe. On y accède par le numéro 32 de la Oranienburger Straße ou par le numéro 9 de l'Auguststraße. Les cours sont pavées et joliment végétalisées. On se posera sur un banc pour observer les plantes grimper sur les façades. Nous vous conseillons de faire un tour par la confiserie Bonbonmacherei. Enfin, vous pourrez aussi jeter un coup d'œil au Kunsthof au 27 de l'Oranienburger Straße, où se trouve un ravissant salon de thé tadjik.

MUSEUM FÜR NATURKUNDE - MUSÉE D'HISTOIRE NATURELLE ★★

Invalidenstraße 43 ✆ +49 30 20938591
www.naturkundemuseum-berlin.de
Ouvert du mardi au vendredi 9h30-18h, week-ends et vacances de 10h à 18h. Entrée : 8 €. Compris dans le Museumspass.

Ce musée divertissant et didactique fera le bonheur des petits et des plus grands. Installé dans un bel édifice de 1889, le musée d'histoire naturelle de Berlin peut s'enorgueillir d'une collection unique de dinosaures, déterrés lors de fouilles en Tanzanie au début du XXe siècle. Placé dans le hall central et haut de plus de 15 m, le squelette d'un brachiosaure y est exposé aux côtés de ses collègues du Jurassique (dont un allosaure et un stégosaure). Son petit nom ? Oskar ! L'autre vedette du musée, c'est Tristan Otto – le *Tyrannosaurus Rex* – qui devrait revenir à Berlin après un séjour de quelques années au Musée d'histoire naturelle de Copenhague. Il fera l'objet d'une nouvelle exposition. Des animations vidéo 3D permettent de redonner à ces squelettes leurs muscles, leur chair, leur peau pour les replacer dans leur environnement. Le fossile d'*Archéopteryx* constitue un autre point fort du musée : c'est le plus ancien oiseau fossilisé trouvé à ce jour. Au-delà de ces carcasses de dinosaures absolument spectaculaires et incontournables, les visiteurs pourront également faire un voyage dans le temps et dans l'espace dans la partie qui explique la genèse du système solaire et l'évolution des espèces dans l'aile ouest du musée. Dans l'aile est, les salles sont réservées aux squelettes et aux animaux empaillés, toutes espèces confondues. Un *must* pour les familles et les enfants curieux. Zoologie, minéralogie, paléontologie, géologie, il y a en a pour tous les goûts !

© UGIS RIBA - SHUTTERSTOCK.COM

NIKOLAIVIERTEL - QUARTIER SAINT-NICOLAS ★

Le cœur historique et médiéval de Berlin s'articule autour de la Nikolaikirche, la plus vieille église conservée de la ville (ouverte tous les jours de 10h à 18h). C'est là aussi que les supplices et les exécutions publiques avaient lieu jusqu'au XIXe siècle.

Sérieusement endommagé par les bombardements de la Seconde Guerre mondiale, le quartier n'est plus qu'un champ de ruines en 1945. Pour célébrer le 750e anniversaire de la ville en 1987, le gouvernement est-allemand décide la reconstruction du quartier. Ainsi, tout est neuf ici, d'où l'allure un peu artificielle de ces quelques rues, un peu isolées dans cette partie de la ville où l'on a tracé de grandes artères. Quelques habitations d'époque jalonnent cependant les rues et donnent une atmosphère agréable à ce micro-quartier composé d'à peine plus de 50 maisons.

Faites un détour par le Palais Ephraim (ouvert du mardi au dimanche de 10h à 18h, le mercredi de 12h à 20h), riche demeure rococo qui appartenait au banquier royal Veitel Heine Ephraim. Le Palais Ephraim propose des expositions temporaires qui présentent des aspects de l'histoire berlinoise. Tout près, la Knoblauchhaus constitue un bel exemple d'architecture bourgeoise du XIXe siècle. L'accès y est gratuit et vous pourrez découvrir un appartement bourgeois de style Biedermeier. Le Palais Ephraim et la Nikolaikirche sont compris dans le Museumspass.

Le quartier est aussi connu pour ses cafés et de ses boutiques d'artisanat, assez touristiques.

ROTES RATHAUS ★

Rathausstraße 15
✆ +49 30 90262411
www.berlin.de
Ouvert du lundi au vendredi de 9h à 18h. Entrée libre.

Cet Hôtel de Ville "rouge" (*Rotes* Rathaus) de Berlin, inauguré en 1869, ne doit pas son nom à sa couleur politique (bien que le Bourgmestre de Berlin soit très souvent issu du SPD) mais bien à la couleur de ses briques. Depuis la chute du Mur et la réunification, la mairie est celle de la ville dans son intégralité, et les administrés de l'Ouest, qui siégeaient auparavant dans la mairie de Schöneberg, ont emménagé dans ces locaux en 1991. Une fresque retraçant l'histoire de la ville jusqu'à 1871 est à découvrir sur sa façade.

© AUTHOR'S IMAGE

Nicolaiviertel et la Spree.

TOPOGRAPHIE DES TERRORS ★★★

Niederkirchnerstraße 8 ✆ +49 30 254 509 50
www.topographie.de
Ouvert tous les jours de 10h à 20h, 18h en hiver. Entrée libre. Fermé le 24 et 31 décembre ainsi que le 1er janvier.

La « Topographie de la Terreur » est un mémorial situé sur un terrain vague où se trouvait autrefois un palais princier. Ce lieu est capital dans l'histoire du IIIe Reich car c'est ici, au centre de ce que fut jadis le quartier gouvernemental nazi, que siégeaient les institutions les plus redoutées de la machine nazie : la Geheime Staatspolizei (Gestapo), le Reichsführer-SS et son état-major, le Sicherheitsdienst (services de sécurité des SS) ainsi que le Reichssicherheitshauptdienst (direction de la sécurité du Reich). La chancellerie et le bunker d'Hitler se trouvaient non loin. C'est ici que furent prises les grandes décisions qui ont mis l'Europe à feu et à sang : holocauste, camps de concentration, germanisation de l'Est... Les bâtiments ont été bombardés par les Alliés puis rasés afin de prévenir d'éventuels rassemblements néo-nazis. Aujourd'hui, l'endroit a donc changé de visage : il ne reste de cette époque que les fondations en pierre du bâtiment, longées désormais par une immense chronologie des années 1930 (montée en puissance du nazisme) aux années 1960 (dénazification et procès). L'exposition du mémorial met en lumière les mécanismes du régime fasciste. Les textes en allemand et en anglais sont très clairs et les photos sont saisissantes. A l'entrée, une maquette du quartier permet de mieux localiser l'emplacement des différentes institutions nazies. Vous trouverez à l'extérieur une partie du Mur de Berlin qui longe la Niederkirchnerstraße, une rue lourdement marquée par l'histoire.

TRÄNENPALAST - PALAIS DES LARMES ★★

Reichstagufer 17
✆ +49 30 46777790
www.hdg.de
Ouvert du mardi au vendredi 9h-19h. Les samedis, dimanches et vacances scolaires 10h-18h. Gratuit. Visite environ 1h.

Le Tränenpalast est un lieu de mémoire qui nous aide à mieux comprendre la division de la ville pendant la guerre froide et les conséquences de la construction du Mur en 1961. La gare de Friedrichsstraße avait alors le statut étrange d'être une gare à l'intérieur du territoire est-allemand mais où se croisaient le S-Bahn et la U6 qui, eux, servaient au transport des Berlinois de l'Ouest. Après l'édification du Mur, on construisit ce bâtiment comme poste-frontière. On le surnomme Palais des Larmes en raison du grand nombre de séparations douloureuses dont il a été témoin entre 1962, date de sa construction, et 1989. L'exposition présente des objets et des souvenirs d'époque, des témoignages, notamment de citoyens est-allemands qui ont réussi à fuir ici en trompant la vigilance des gardes-frontières. Il y aussi une reconstitution du *checkpoint* et une maquette de la gare. Un vidéo étonnante de la télévision ouest-allemande en 1989 après la chute du Mur montre un garde-frontière est-allemand qui explique sa façon de contrôler les passeports et l'attention toute particulière qu'il porte aux lobes de l'oreille, tout à fait différents d'un homme à l'autre. Une manière de mieux saisir l'influence que le Mur a eu sur la vie de milliers de Berlinois dans ce lieu qui illustre mieux que tout autre le traumatisme de la division de l'Allemagne. Si vous êtes détenteur d'un smartphone et d'écouteurs, vous pourrez faire la visite avec un audioguide en français.

À VOIR / À FAIRE

BAUHAUS-ARCHIV - MUSÉE DU BAUHAUS ★★

Klingelhöferstraße 13-14 ✆ +49 30 2540020
www.bauhaus.de

Le Bauhaus Museum connaît actuellement une phase de restauration et d'agrandissement. Réouverture prévue pour 2022.

C'est le chef de file et fondateur du Bauhaus, Walter Gropius, qui a élaboré les plans du bâtiment dans lequel se trouvent le musée et les archives. On peut aussi y admirer des sculptures, des objets, des céramiques, des gravures, bref tout ce qui est sorti de l'atelier Bauhaus entre 1919 et 1933, avant d'être banni par les nazis. Considéré comme la plus grosse collection d'œuvres sur le Bauhaus, le musée n'en reste pas moins assez petit et même si qualité prime sur quantité.

FUTURIUM

Alexanderufer 2
✆ +4930408189777
https://www.futurium.de/

Ouvert du mercredi au lundi de 10h à 18h, le jeudi jusqu'à 20h. Fermé le mardi. Entrée gratuite.

C'est l'un des derniers-nés des musées berlinois. Ouvert en septembre 2019, le Futurium propose une exposition moderne, ludique et interactive sur les enjeux de notre avenir, entre les explorations scientifiques et les défis de l'écologie. Dans un édifice à l'architecture ultra-moderne, on pourra en apprendre davantage sur la production d'énergie, les matériaux renouvelables qui pourront remplacer le plastique, l'aménagement des villes, etc. On pourra même jouer au morpion avec un robot ! Depuis la terrasse, jolie vue sur le quartier gouvernemental.

WALTER GROPIUS

Walter Gropius (1883-1969) suit ses études d'architecture à Berlin puis à Munich. A 27 ans, il dirige son propre cabinet dans lequel il crée une nouvelle esthétique industrielle. Sa conception architecturale se base essentiellement sur des concepts de rationalisation, préfabrication et standardisation. En conséquence, il développe des toits-terrasses, des murs-rideaux... En 1919, il fonde l'école du Bauhaus à Weimar. Gropius y enseigne une architecture basée sur la pluridisciplinarité et l'expérimentation. Il s'essaie à concevoir un théâtre synthétisant toutes les salles de spectacles existantes et assorti d'une scène tournante. A Berlin, il a dessiné le Bauhaus-Archiv.

DEUTSCHE KINEMATHEK - MUSÉE DU CINÉMA ★★

Potsdamer Straße 2 ✆ +49 30 3009030
www.deutsche-kinemathek.de

Ouvert tous les jours (sauf le mardi) 10h-18h, jeudi jusqu'à 20h. Entrée 8 €/5 €. Gratuit le jeudi de 16h à 20h.

Depuis sa fondation en 1962, la cinémathèque allemande a rassemblé une grande documentation (films, objets, photos, scripts, etc.) dont une partie est désormais exposée ici. L'entrée de l'exposition nous fait traverser un couloir d'écrans et de miroirs où se reflètent des scènes de films allemands célèbres. Une belle manière de pénétrer les coulisses de l'industrie du rêve. Promenez-vous dans les salles dédiées aux stars des années 1920, comme Henny Porten, Asta Nielsen, et bien sûr Marlène Dietrich à qui est dédiée une rotonde où sont exposés certains de ses costumes. Découvrez ensuite l'heure de gloire des studios de la UFA, avec leurs productions expressionnistes. Vous pourrez ainsi voir des extraits du visionnaire *Cabinet du Docteur Caligari* et revivre les scènes clés du *Metropolis* de Fritz Lang. Mais l'apogée de la production cinématographique allemande a connu une rupture avec la prise de pouvoir des nazis en 1933. Beaucoup d'artistes durent s'exiler. D'autres, comme Leni Riefenstahl, ont décidé de mettre leur talent au service du nazisme. Après la partie consacrée à l'après-guerre (Wenders, Fassbinder, Trotta...), la dernière salle s'intéresse au cinéma de ces trente dernières années. On pourra (re) voir des extraits de *Good Bye Lenin !* ou de *Lola rennt*. La cinémathèque possède également un Musée de la Télévision et elle propose des expositions temporaires. Les plus cinéphiles pourront consulter la programmation du Kino Arsenal qui propose des rétrospectives.

HAUPTBAHNHOF - GARE CENTRALE ★

Hauptbahnhof
www.bahn.de

Ouvert 24h/24.

Créée par l'architecte Meinhard von Gerkan, cette gare est un bijou architectural. Ses voûtes de verre s'élèvent au-dessus du ballet incessant de trains, d'escalators et d'ascenseurs. Sur l'esplanade du côté de Washington Platz, on découvre une belle vue sur le quartier gouvernemental. Quatre étages et un trafic digne d'un aéroport international, de nombreuses boutiques ouvertes tard le soir et le dimanche, et prochainement tout un nouveau quartier en face de la gare.

GEMÄLDEGALERIE ★★★★

Matthäikirchplatz 8
✆ +49 30 266424242
www.smb.museum
Ouverture mardi-vendredi 10h-18h, jeudi jusqu'à 20h. Week-end : 11h-18h. 10 €. Gratuit avec le Museumspass.

Les collections de la Gemäldegalerie, institution fondée en 1830, reposent en grande partie sur les acquisitions des monarques Frédéric-Guillaume Ier du Brandebourg (« le Grand-Électeur ») et Frédéric II « le Grand » aux XVIIe et XVIIIe siècles. La collection a connu de nombreux déménagements. A sa création en 1830, les œuvres sont exposées dans un musée (l'actuel Altes Museum) construit par l'architecte prussien Karl Friedrich Schinkel au bord du Lustgarten. En 1904, la Gemäldegalerie emménage dans le Kaiser-Friedrich-Museum (aujourd'hui Bode-Museum) fraîchement construit à la pointe de l'Île aux Musées. Les bombardements de la Seconde Guerre mondiale sont responsables de la destruction de près de 400 tableaux. La division de la ville après-guerre oblige une partie de la collection de la Gemäldegalerie à rejoindre le quartier de Dahlem en périphérie de Berlin-Ouest. Ce n'est qu'en 1998 qu'elle peut retrouver le centre de Berlin en s'installant dans un bâtiment moderne du Kulturforum, à deux pas de la Potsdamer Platz. Aujourd'hui, cette pinacothèque, parmi les plus riches d'Europe, couvre l'histoire de la peinture du XIIIe siècle au XVIIIe siècle avec des œuvres de grands maîtres : Cranach, Holbein, Vermeer, Rubens, Rembrandt, Titien, Botticelli, Van Dyck...

▶ Avec plus de 72 salles et une réserve de près de 1 000 pièces, ce musée est unique et vous pourrez découvrir une collection digne des meilleures pinacothèques d'Italie et de toute l'Europe. Commencez par les salles 1 à 4, qui contiennent l'art médiéval allemand à son apogée. Continuez pour admirer les chefs-d'œuvre de l'art germanique de la Renaissance, avec des tableaux de Dürer, Lucas Cranach et Hans Holbein. Dans les salles 5 à 8, vous pourrez voir quelques-unes des plus belles œuvres de l'art flamand. Entre Hals, Van der Weyden, Van Dyck, Vermeer, Van Eyck et Breughel, vous ne saurez plus où donner de la tête et des yeux. Dans votre parcours à travers l'histoire de l'art du nord de l'Europe, vous verrez ensuite les tableaux de Rubens. A l'arrière, regroupé autour de la salle 10, un des trésors de la collection : 17 œuvres de Rembrandt, exposées sous une lumière particulière pour mettre en valeur les contrastes et les couleurs. Après une brève excursion dans les heures de gloire de la peinture galante anglaise (Gainsbourough et Reynolds) et française (Watteau, de La Tour, Chardin), la deuxième partie de la visite est consacrée au sud de l'Europe : à partir de la salle 23, vous aurez notamment l'occasion de voir quelques-uns des plus importants tableaux de l'Espagnol Diego Vélasquez. Mais la part belle est donnée aux maîtres italiens du XIIIe au XVIIIe siècle, comme un détour par-delà les Alpes, pour découvrir le savoir-faire inégalé de l'École vénitienne et de ses plus grands représentants : Titien, le Tintoret, Véronèse, Canaletto… Enfin, pour terminer cette visite grandiose, vous aurez l'occasion d'admirer les œuvres de ceux qui, il y a cinq siècles, ont révolutionné l'art : les peintres toscans de la Renaissance. Dans les salles 32 à 41, le panthéon des peintres italiens semble être réuni : Masaccio, Fra Angelico, Pietro della Francesca, Mantegna, Botticelli et Raphaël. A noter également que le hall central accueille des expositions temporaires de qualité. N'hésitez pas à vous procurer l'audioguide en français à l'accueil ; il attire le regard sur des éléments intéressants des œuvres les plus - et les moins - connues.

Gemäldegalerie.

HAMBURGER BAHNHOF - MUSEE D'ART CONTEMPORAIN ★★★

Invalidenstraße 50-51 ✆ +49 30 266424242
www.smb.museum
Ouvert du mardi au jeudi 10h-18h (le jeudi jusqu'à 20h), le week-end 11h-18h. 14 €/7 € (avec expositions temporaires).

Cette ancienne gare de train, construite en 1846, est désormais un musée national d'art contemporain majeur dans le paysage européen. Œuvre de l'architecte Friedrich Neuhaus, elle est désormais la seule gare de style néoclassique conservée à Berlin - les autres ayant été détruites. Après sa fermeture en 1884, elle commence à accueillir différentes expositions. Dans les années 1920, les environs de la Hamburger Bahnhof (la gare de Hambourg) comprennent le plus d'hôtels et le plus grand nombre de touristes. Dans un Berlin en plein essor économique, cette gare est le symbole du brassage qui s'effectue à Berlin. Puis viennent la Seconde Guerre mondiale et les bombardements. En 1945, la gare est fermée, pour partir en fumée en 1959. Il n'en restait plus que le pan de l'entrée, mais le miracle de la réunification et surtout des millions investis en quelques années ont permis de reconstruire la gare, qui a été rouverte en fanfare, en 1997, et dédiée à l'art contemporain.

▶ Elle se voit de loin, car elle est en permanence éclairée par une installation fluorescente sur sa façade. De nombreuses expositions temporaires y sont organisées, mais on peut également visiter l'exposition permanente de la collection Marx. Celle-ci est divisée en trois parties : dans le hall central du musée-gare sont exposées des œuvres de Bruce Naumann et d'Anselm Kiefer. A gauche, vous pourrez admirer la section pop art de la collection Marx, avec de nombreux tableaux d'Andy Warhol (entre autres le fameux portrait gigantesque de Mao Zedong) et Keith Haring. L'aile ouest du musée, située derrière la librairie König, est divisée entre une section de sculptures dominée par les travaux monumentaux de Joseph Beuys et les œuvres volontairement kitsch de Jeff Koons, et une deuxième section consacrée à l'excentrique artiste new-yorkais Matthew Barney et son célèbre cycle de vidéos intitulé *Cremaster*. Le musée est complété par les Rieckhallen, qui se trouvent derrière la gare à proprement parler et où l'on peut découvrir des objets utilisés lors de différentes expositions et des artistes complètement déjantés comme Paul McCarthy. Une annexe moderne a été ajoutée récemment au bâtiment. Au-delà du musée, on trouve aussi une librairie qui propose une large variété d'ouvrages (en allemand et anglais), dont certains en lien direct avec les collections exposées ainsi qu'un restaurant offrant une belle terrasse le long du canal. C'est un musée vivant, dont l'animation… est digne d'une gare !

HAUS DER KULTUREN DER WELT ★★

John-Foster-Dulles-Allee 10
✆ +49 30 39787175
www.hkw.de
Ouvert uniquement pendant les événements. Programme sur le site Internet. Tarification selon les expos.

Cette "maison des cultures du monde" – que l'on a coutume d'appeler l'Huître enceinte (*Die Schwangere Auster*) – est un palais des congrès à la forme convexe, offert par les Américains pour contribuer au renouveau de Berlin lors de l'exposition internationale d'architecture Interbau de 1957. Et cette forme lui donne tout son caractère ! Vernissages, concerts, barbecues… : le HKW (c'est son petit nom) est aujourd'hui un lieu culturel actif et pointu.

KUNSTGEWERBEMUSEUM ★★

Tiergartenstraße 6 ✆ +49 30 266424242
www.smb.museum
Ouvert du mardi au vendredi de 10h à 18h, samedi et dimanche de 11h à 18h. 8 €/4 €. Compris dans le Museumspass.

Ce Musée des Arts décoratifs, le plus ancien musée du Kulturforum, possède une magnifique collection d'objets qui s'étend du Moyen Age à l'Art déco. Sur 4 étages, sculptures en ivoire, bijoux, tapisseries, meubles, vaisselles, céramiques ou pièces d'argenterie. Le sous-sol présente une intéressante rétrospective de meubles design du XXe siècle. Seul défaut, les cartels explicatifs ne sont qu'en allemand ! L'étage de la mode a pris un sacré coup de jeune. Magnifiques robes et costumes de toutes les époques et une belle section dédiée aux stylistes modernes.

MÉMORIAL AUX HOMOSEXUELS PERSÉCUTÉS ★

Ebertstraße
Accessible à toute heure.

Inauguré en 2008 dans le sud-est du parc du Tiegarten par le ministère de la Culture et le maire de Berlin, ce petit mémorial rend hommage aux 50 000 homosexuels persécutés et déportés dans les camps de concentration pendant la période nazie. Le monument consiste en un cube en béton haut de 5 mètres dont la forme rappelle le mémorial de l'holocauste. Sur un côté, une petite lucarne permet d'apercevoir à l'intérieur la vidéo d'un baiser entre deux hommes ou deux femmes.

© MEUNIERD - SHUTTERSTOCK.COM

Mémorial aux Sinté et Roms Assassinés.

MÉMORIAL AUX SINTÉ ET ROMS ASSASSINÉS ★

Scheidemannstraße

Accessible à toute heure.

Ce monument a été inauguré en 2012 à proximité du Reichstag pour honorer la mémoire des 500 000 Sinti et Roms assassinés par les Nazis. Le mémorial prend la forme d'une fontaine ronde ; en son centre se dresse une stèle sur laquelle une fleur est déposée chaque jour. Sur le bord de la fontaine, un poème de Santino Spinelli intitulé *Auschwitz*. Au sol, des plaques indiquent les noms des différents lieux du génocide. L'ensemble a été dessiné par l'architecte israélien Dani Karavan.

MÉMORIAL AUX VICTIMES D'«EUTHANASIE»

Tiergartenstraße 4

Accès libre.

C'est le dernier-né des mémoriaux consacrés aux victimes de la politique nationale-socialiste. Depuis 2014, ce lieu commémore les 300 000 handicapés et malades mentaux d'Europe assassinés suite aux programmes d'euthanasie lancés par les nazis. Notons qu'en allemand, le mot «euthanasie» n'a pas le même emploi qu'en français. Son usage est réservé à ce tragique événement de l'histoire allemande, il n'est en aucun cas employé aujourd'hui pour désigner le suicide accompagné (*Sterbehilfe*).

MÉMORIAL DE LA RÉSISTANCE ALLEMANDE ★★

Stauffenbergstraße 13-14

✆ +49 30 26995000

www.gdw-berlin.de

Ouvert du lundi au vendredi de 9h à 18h et le week-end de 10h à 18h. Entrée libre.

On sait trop peu que l'Allemagne comptait dans ses rangs de véritables héros de la Résistance au nazisme. Ce musée fort bien documenté, avec une muséographie moderne et adaptée, leur rend justice et leur donne un visage.

En 1944, sous la direction de l'officier de la Wehrmacht Claus von Stauffenberg (dont le nom a rebaptisé la rue du Mémorial), l'opération Valkyrie vise à assassiner Hitler et à renverser le régime nazi. Malheureusement, celle-ci échoue et les 600 militaires ayant participé à l'opération furent persécutés, quand ils ne furent pas, tout simplement, exécutés presque sur le champ. Mais la Résistance allemande a aussi le visage tendre des étudiants munichois de la Weisse Rose (Hans et Sophie Scholl) et ceux des Chrétiens, des sociaux-démocrates, des communistes, des artistes (Marlene Dietrich, Käthe Kollwitz) ou des intellectuels (Albert Einstein) qui eurent le courage de se mobiliser et de s'opposer au régime. Un audioguide en français est proposé gratuitement, des visites sont également disponibles (inscription sur requête au moins 6 semaines à l'avance). Une exposition bouleversante, installée dans les anciens quartiers militaires de l'armée nazie. Dans la cour qui accueille le visiteur, Stauffenberg et ses compagnons d'infortune furent fusillés le 20 juin 1944, après l'échec de la conspiration.

Ne manquez pas le troisième étage, avec le musée-mémorial Stille Helden (héros silencieux), consacré aux Justes parmi les Nations.

MÉMORIAL STILLE HELDEN - SILENT HEROES ★★

Stauffenbergstr. 13-14
✆ +49 3026 39 23 822
www.gedenkstaette-stille-helden.de
Ouvert du lundi au vendredi de 9h à 18h, les week-ends et jours fériés de 10h à 18h. Entrée libre.

Au troisième étage de ce centre consacré à la résistance au nazisme, une exposition permanente met à l'honneur les biographiques des « Justes », ces citoyens, « héros silencieux », qui se sont révoltés contre la persécution des juifs et les ont aidés à survivre, notamment en les cachant. On y retrace les expériences réussies et ratées mises en place par ces hommes et ces femmes qui étaient déterminés à ne pas rester les témoins des plans génocidaires du régime nazi.

MONUMENT SOVIÉTIQUE DU TIERGARTEN ★

Straße des 17. Juni 4
✆ +49 180 5807737

Curieusement situé dans la partie ouest de la ville, ce mémorial, érigé dès 1945, rappelle le sacrifice des soldats soviétiques pendant la Bataille de Berlin. C'est une pièce impressionnante, composée d'une statue de bronze représentant un soldat de l'Armée Rouge, des restes de marbre de la chancellerie d'Hitler et deux chars T34 dont la légende dit qu'ils sont les premiers chars russes à être entrés dans Berlin. Près de 2 500 soldats de l'Armée Rouge y sont enterrés.

MUSIKINSTRUMENTEN MUSEUM ★★

Tiergartenstraße 1 ✆ +49 30 254 810
www.sim.spk-berlin.de
Ouvert du mardi au vendredi 9h-17h, le jeudi 9h-20h et le week-end 10h-17h. 6 €/3 €, compris dans le Museumspass.

Ce Musée des Instruments de Musique recèle plus de 800 instruments retraçant l'histoire de la musique du XVIe au XXe siècle. Vous pourrez y voir notamment les cymbales de Jean-Sébastien Bach, les flûtes préférées de Frédéric le Grand et un harmonica inventé par Benjamin Franklin. Le samedi après la visite guidée débutant à 11h, on peut entendre jouer le plus grand orgue d'Europe, *The Mighty Wurlitzer*. Des expositions temporaires ont aussi régulièrement lieu sur la musique un peu plus contemporaine. Pour les mélomanes et les curieux.

NEUE NATIONALGALERIE ★★★

Potsdamer Straße 50 ✆ +49 30 266 42 42 42
www.smb.museum/en/museums-institutions/neue-nationalgalerie/home.html
Attention, le musée est fermé pour travaux depuis le 1er janvier 2015. La date de la réouverture n'est pas encore fixée.

Ce que la Gemäldegalerie est aux amateurs d'art classique, la Neue Nationalgalerie l'est à ceux qui aiment l'art du XXe siècle. Le bâtiment dessiné par Mies Van Rohe accueille les collections permanentes et temporaires, et de grands artistes internationaux (Dalí, Magritte, Modigliani) côtoient les grands noms allemands : des œuvres du mouvement expressionniste Die Brücke, les gravures ironiques de George Grosz, les tableaux visionnaires d'Oskar Kokoschka, des études géométriques de Paul Klee, ainsi que les célèbres portraits d'Otto Dix.

Neue Nationalgalerie.

PANORAMAPUNKT ★

Potsdamer Platz 1
✆ +49 30 25937080
www.panoramapunkt.de
Ouverture : 10h-20h, 18h en hiver. 7,50 €/ 6 € ou 17,50 € (famille). Panoramacafé : 11h-19h, 17h en hiver.

Situé aux 24e et 25e étages de la tour Kollhoff, Panoramapunkt offre une perspective sur toute la ville et ses sites majeurs. Située à 103 m d'altitude, la plateforme est accessible par l'ascenseur le plus rapide d'Europe (20 secondes). En plus d'une vue sur nombre de monuments comme la porte de Brandebourg, la tour de la Télévision, ou encore le mémorial de l'Holocauste, le site invite à venir découvrir son exposition permanente en plein air sur l'histoire de la Potsdamer Platz. Vous pourrez également admirer le coucher du soleil dans le Panoramacafé.

TIERGARTEN (PARC) ★★

Straße des 17. Juni

© PANI GARMYDER - SHUTTERSTOCK.COM

Il attire l'œil qui se pose sur tout le plan de Berlin. Le Tiergarten, poumon vert en plein centre de la ville, s'étend majestueusement de Charlottenburg à Mitte. Véritable forêt, vous y trouverez de multiples aires de jeux, des endroits charmants au bord de l'eau pour parler d'amour, pour bouquiner ou pour faire des rencontres. Il peut être agréable d'y faire une balade à vélo. Ne manquez de voir le Schloss Bellevue, où travaille et réside le président de la République fédérale. Le nec plus ultra, c'est de finir sa promenade au Café am Neuen See.

POTSDAMER PLATZ ★★★

Potsdamer Platz

Avant la Seconde Guerre mondiale, cette place était l'un des centres de la Berlin intellectuelle et mondaine, mais les événements et l'histoire l'ont réduite à néant. La division de la ville et la construction du Mur ont entravé son renouveau pendant des dizaines d'années, jusqu'à ce que le frontière tombe. En effet, la place se situait pile sur la ligne de démarcation entre Berlin-Est et Berlin-Ouest, dans un no man's land fait pour décourager les plus téméraires qui auraient voulu s'évader. D'ailleurs, quelques morceaux du Mur, recouverts de chewing-gums, se trouvent toujours sur la place. En 1989, cette bande de terre entre les deux murs fut immédiatement reprise en main, le but étant de faire disparaître cette triste cicatrice. Des architectes de renom comme Renzo Piano, Hans Kohlhoff ou Christoph Kohlbecker participent, entre autres, au grand projet de reconstruction. Subventionnée par Sony et Daimler, c'est une cité surréaliste qui est sortie de ces 68 000 m² de terre, le tout dans un matériau nouveau spécialement conçu pour la place, dans des teintes cuivrées, et les immeubles se succèdent dans des perspectives vertigineuses. On se croirait à Gotham City, tant tout semble sorti directement de l'imaginaire d'un illustrateur. Autour du centre de la place, qui accueille de multiples boutiques dans des galeries marchandes et de nombreux restaurants et bars, se trouvent les constructions les plus impressionnantes de la ville : le Sony Center (qui rappelle le mont Fuji et change de couleurs pendant la nuit), les tours de la Deutsche Bahn et la Kohlhoff Tower depuis laquelle on peut avoir un panorama payant mais époustouflant. Amusez-vous aussi à trouver les quelques vestiges d'avant-guerre (notamment des parties de l'Hôtel Esplanade) qui ont été conservés et intégrés aux édifices modernes.

Ce qui fut le plus grand chantier d'Europe et du monde est désormais fini, et le résultat est à couper le souffle. C'est une place d'une très grande photogénie ; malheureusement, le quartier est complètement aseptisé… Quartier d'affaires et de tourisme, la Postdamer Platz s'est couverte de centres commerciaux sans cachet et il n'est pas facile de trouver des bonnes adresses ici. Sachez tout de même que le quartier prend vie en février avec le festival de films la Berlinale, et que si vous y venez à cette période vous pourriez y voir le tapis rouge et peut-être même quelques stars internationales. Venez aussi de nuit pour apprécier son éclairage, en particulier les couleurs changeantes sous la toiture du Sony Center.

© SIEGFRIED STOLTZFUSS - ICONOTEC

Coupole du Reichstag de nuit.

REICHSTAG ★★★

Platz der Republik
www.bundestag.de
Impératif de réserver en ligne plusieurs semaines en avance. Entrée gratuite.

Dem deutschen Volke (« Au peuple allemand »), peut-on lire sur le fronton de ce symbole de l'histoire allemande des XIXe et XXe siècles. Construit par l'architecte Paul Wallot entre 1884 et 1894, le Reichstag était le siège de l'Assemblée (*Tag* désigne une diète) durant le Second Empire allemand (1871-1918), puis pendant la République de Weimar (1918-1933). En 1933, le bâtiment est incendié et l'événement est instrumentalisé par Hitler. Les nazis installent donc leur pseudo-parlement en face, dans l'Opéra Kroll, aujourd'hui disparu. Durant la Seconde Guerre mondiale, le Reichstag fut sévèrement bombardé et il ne fut complètement restauré qu'en 1970. En 1999, lorsque l'administration allemande se décide à réinvestir la capitale historique de l'Allemagne et ses bâtiments, Christo (qui refit également une beauté au Pont-Neuf à Paris) emballe le Reichstag d'un tissu argenté. Déballé depuis, l'édifice est à nouveau le siège du parlement fédéral (*Bundestag*) et sa coupole tout en verre, signée Sir Norman Foster, est la métaphore même de l'intention de transparence politique. Démocratie oblige, le Reichstag est désormais ouvert au public qui peut allègrement escalader la coupole pour contempler la vue exceptionnelle qu'elle offre sur Berlin. Un audioguide, disponible en français, informe sur les édifices visibles depuis la coupole. Il est également possible (et chaudement recommandé) de réserver une visite guidée en français pour mieux comprendre l'histoire du lieu ou le fonctionnement du système parlementaire allemand.

SIEGESSÄULE - COLONNE DE LA VICTOIRE ★★★

Straße des 17. Juni

Plateforme ouverte d'avril à octobre 9h30-18h30, jusqu'à 19h le week-end. De novembre à mars 10h-17h30. 3 €.

Avec ses 69 m de hauteur et sa Victoire dorée qui lève vers le ciel une couronne de laurier et une croix de fer, la colonne de la Victoire se voit de loin, bien qu'elle siège en plein milieu du Tiergarten. Construite entre 1865 et 1873 par l'architecte Heinrich Strack pour commémorer les victoires des campagnes prussiennes contre le Danemark, l'Autriche et la France, elle fut initialement érigée en face du Reichstag sur l'actuelle Platz der Republik. Côté symbole, sa statue en or (que l'on surnomme aussi *Goldelse*), représente Victoria, déesse grecque de la Victoire. Quant aux mosaïques et fresques, elles donnent un aperçu de la volonté d'unification orchestrée par l'empereur Guillaume Ier et son chancelier à la poigne de fer Otto von Bismarck.

▶ Elle fut déplacée en 1938 par les architectes d'Hitler. Ce déplacement est l'une des opérations du grand projet imaginé par Albert Speer pour bâtir Germania, la nouvelle capitale du Reich rêvée par Hitler. La colonne de la Victoire devait former le centre géométrique des intersections entre les nouveaux axes nord-sud et est-ouest. Elle est devenue l'un des symboles les plus représentatifs de Berlin, non pas en raison de son passé et de sa signification originelle, mais plutôt grâce à de nombreuses apparitions dans le monde des arts, comme dans le film de Wim Wenders, *Les Ailes du désir* (*Der Himmel über Berlin*) ou encore dans de nombreux clips vidéo, comme celui de U2 (*Stay*, en 1993). Barack Obama y tient également un discours en 2008, préférant le lieu à la Porte de Brandebourg.

▶ Le monument est aussi associé à la communauté gay de Berlin et il a donné son nom à l'un de magazines queer distribués gratuitement dans la ville. C'est un lieu de passage obligé de la Gay Pride berlinoise (appelée ici CSD, Christopher Street Day). Il faut dire que le parc du Tiergarten, avec ses bosquets et ses recoins, est un lieu de rencontres apprécié.

▶ Cette colonne tient donc une place importante dans l'histoire de la ville et dans le cœur des Berlinois. Si vous n'avez pas le vertige et êtes en bonne forme, vous pourrez gravir l'escalier à l'intérieur de la colonne pour atteindre une petite plateforme (trajet déconseillé pour les personnes à mobilité réduite). La vue panoramique sur Berlin est probablement plus belle encore (et beaucoup moins chère) que depuis la Fernsehturm (la tour de télé à Alexanderplatz)... A vos pieds, et à 360 degrés, des arbres à perte de vue et, au loin, les tours, les clochers et les coupoles de la ville.

LES STOLPERSTEINE

Les «Stolpersteine" (comprendre « pierres sur lesquelles on trébuche ») sont des petites plaques carrées en laiton de 10 cm sur 10 cm que l'on trouve sur le trottoir au pied de nombreux immeubles. Ces plaques commémoratives indiquent le nom, la date de naissance, ainsi que la date et le lieu de la déportation des victimes du nazisme. Elles rappellent ainsi le dernier domicile des juifs, homosexuels, tziganes, handicapés avant leur déportation et leur assassinat. Ce travail de recherche titanesque est une initiative de l'artiste berlinois Gunter Demnig qui œuvre à sortir de l'anonymat les victimes de l'Holocauste. On en trouve aujourd'hui 80 000 dans toute l'Europe.

ERNST-THÄLMANN-PARK

Greifswalder Straße 52

Ce parc de Prenzlauer Berg a la particularité d'abriter une statue d'Ernst Thälmann dans le plus pur style RDA. Ce président du KPD (parti communiste allemand), figure de la résistance au nazisme et mort dans le camp de Buchenwald en août 1944, a fait l'objet de maints hommages en Allemagne de l'Est. Nombreuses furent les rues, les écoles et les institutions auxquelles il a prêté son nom (les *Ernst-Thälmann Pioniere* sont le mouvement de jeunesse des 6-14 ans). Une île porte même son nom dans la célèbre Baie des Cochons de Cuba.

GETHSEMANEKIRCHE

Stargarder Straße 77
www.ekpn.de

Cette église fut un des premiers lieux de rassemblement lors les révolutions pacifiques qui ont conduit à la chute du Mur en 1989. A l'époque, les réunions politiques étant interdites, les contestataires décidèrent donc de se réunir dans des églises, seuls véritables lieux d'expression possibles à Berlin. C'est là notamment qu'avaient lieu des *Mahnwachen,* veilles pacifiques organisées pour la demande de libération de prisonniers politiques. L'édifice ne manque pas d'élégance avec sa façade de briques et ses éléments romans et gothiques.

KULTURBRAUEREI ★

Knaackstraße 97
✆ +49 30 44352170
www.kulturbrauerei.de

Ouvert tous les jours et tous les soirs en fonction du programme.

Le vaste complexe en briques rouges de la Kulturbrauerei est un véritable dédale pour noctambules. Cette ancienne brasserie Schultheiss, qui servait d'entrepôt pour meubles en RDA et menaçait de s'effondrer après la chute du Mur, s'est depuis reconvertie. Il faut dire qu'il y en a pour tout le monde : cinéma, club, salle de concerts, théâtre, salle de sport, agence de visites guidées (notamment le très bon Berlin on Bike), musée de la RDA. Prenez le temps de jeter un coup d'œil à la cour. Elle accueille en décembre un marché de Noël scandinave.

MAUERPARK ★★★

Bernauer Straße
✆ +49 30 60980018
www.mauerpark.info

Ouvert jour et nuit. Marché aux puces tous les dimanches de 9h à 18h.

Un parc pas comme les autres avec, certes avec peu de verdure, mais ce n'est vraiment pas pour cela qu'on y va. On y vient peut-être d'abord pour le mur. Non, pas le Mur de Berlin (il y passait toutefois à l'époque, d'où le nom *Mauer*), mais le mur intérieur (le Mur était en fait composé de deux murs, séparés par ce qu'on a appelé le *Todesstreifen*, la « bande de la mort »), aujourd'hui mis à disposition des graffeurs et des artistes en herbe, une des rares surfaces d'expression totalement libres à Berlin. Point de rencontre de prédilection de la jeunesse berlinoise, on y vient pour pique-niquer, boire une bière entres amis et admirer les graffeurs réaliser de superbes fresques. Le Mauerpark est aussi connu pour ses dimanches endiablés, avec le plus grand marché aux puces de Berlin (populaire donc plutôt cher ; tous les dimanches de 9h à 18h), sa variété de food-trucks ainsi que les concerts (tous styles de musique confondus) toute la journée, et, l'été, le karaoké géant et gratuit en plein air, à partir de 14h, qui rassemble des centaines de spectateurs dans un amphithéâtre de pierre et dans une ambiance joyeuse et décontractée. Un parc aux multiples facettes où l'histoire de la ville rencontre les tendances et la branchitude d'aujourd'hui. Un passage obligé pour les flâneurs à Prenzlauer Berg, tout particulièrement le dimanche pour son marché et son karaoké emblématique. Pour en savoir plus sur le Mur, vous êtes à dix ou quinze minutes à pied de la Bernauer Straße où se trouve le mémorial du Mur.

UN DIMANCHE À PRENZLAUER BERG

La balade commence au U-Bahn Rosenthaler Platz. Sortez direction Weinbergersweg, que vous allez remonter vers le nord. Une fois passé le parc, les terrasses de café vous feront déjà de l'œil. Prenez la deuxième rue sur votre gauche pour voir la Zionskirchplatz. De cette église et de la Gethsemanekirche sont partis les mouvements de révolte pacifiste à la fin des années 1980, aboutissant à la chute du Mur. Remontez la Kastanienallee. Certains îlots de résistance subsistent comme le centre culturel Dock 11 au numéro 79 de la rue, ou encore le squat à côté du **Café Morgenrot**, au numéro 85. Vous pouvez faire un détour par l'Oderberger Straße, colorée et fort sympathique sur votre gauche, pour rejoindre le **Flohmarkt im Mauerpark** (marché aux puces), rendez-vous dominical du tout-Berlin. Sinon, prenez l'Oderbergerstraße sur votre droite, traversez la Schönhauser Allee pour visiter la **Kulturbrauerei**. Continuez dans la Sredzkistraße. Quand vous croisez la Husemannstraße, tournez à droite, c'est l'une des plus belles rues du quartier et elle vous mène à la Kollwitzplatz où vous pourrez enfin vous asseoir à une terrasse pour profiter de cette belle journée! Si vous avez encore la force d'une dernière visite, un des plus vieux cimetières juifs de Berlin s'étend derrière la Kollwitzplatz.

MÉMORIAL DU MUR DE BERLIN - BERNAUER STRASSE ★★★

Bernauer Straße 111 ✆ +49 30 467986666
www.berliner-mauer-gedenkstaette.de
Centre de documentation ouvert du mardi au dimanche de 10h à 18h. Entrée libre.

La Bernauer Straße est l'un des symboles les plus forts de la division des deux Allemagnes. Dans la nuit du 12 au 13 août 1961, les autorités est-allemandes déroulent des kilomètres de barbelés sur la frontière. Ce qui sera par la suite aménagé en véritable rempart passe ici en plein milieu de la rue, séparant brutalement familles, amis et voisins. Des dizaines de personnes tenteront de sauter des toits ou des fenêtres. Bientôt, ces dernières seront murées… C'est dans cette rue que fut prise la célèbre photo de Conrad Schumann, *Le Saut de la Liberté*, avec un VoPo chargé de surveiller la frontière qui fit le choix de sauter à temps de l'autre côté de la frontière.

Ne manquez pas de monter dans la tour qui surplombe le Mur de Berlin pour obtenir une vue d'ensemble. C'est ici, bien mieux qu'à l'East Side Gallery, que l'on comprend sa structure : un double mur séparé par un « Todesstreifen » (zone de la mort) avec des miradors. Ajoutez-y des chiens, des gardes-frontières, des alarmes, etc.

Après la réunification, la ville de Berlin a donc choisi ce secteur pour le transformer en mémorial du Mur. Le tracé du Mur est matérialisé par de grandes tiges de béton. Des plaques au sol indiquent l'emplacement des tunnels creusés entre les deux parties de la ville. La chapelle de la Réconciliation (détruite en 1985) est reconstruite, et un centre de documentation est aménagé au n° 111. Un mur de photos commémore les 136 personnes tuées alors qu'elles tentaient de passer la frontière.

© STÉPHAN SZEREMETA

MUSEUM IN DER KULTURBRAUEREI ★

Knaackstraße 97
✆ +49 30 467777911
www.hdg.de
Ouvert du mardi au vendredi de 10h à 18h, et le week-end de 10h à 18h. Entrée libre.

L'exposition permanente et gratuite du musée s'intitule « La Vie quotidienne en RDA » et se donne pour objectif de montrer la contradiction entre les ambitions du régime communiste et la vie menée par les citoyens est-allemands. Tout comme au Tränenpalast (géré par la même fondation, Haus der Geschichte der Bundesrepublik, la Maison de l'Histoire de la République fédérale), il existe un audioguide en français sur le site si vous avez un smartphone et des écouteurs.

SCHLOSS SCHÖNHAUSEN

Tschaikowskistraße 1
www.spsg.de
Entrée 6 €. Du mardi au dimanche 10h-17h. Pendant la basse saison, ouvert seulement les week-ends 10h-16h.

Le château de Schönhausen a pour spécificité d'avoir été à la fois la résidence d'été de la reine de Prusse Elisabeth-Christine au XVIIIe siècle et le palais présidentiel dans les premières années de la RDA, entre 1949 et 1960. Ainsi, Schönhausen présente encore aujourd'hui deux visages : un château baroque… avec des salles réaménagées dans les années 1950. Vous pourrez ainsi visiter le bureau de Wilhelm Pieck – le premier et dernier président de la RDA – et découvrir l'appartement destiné à accueillir les invités de marque dans la république est-allemande.

WASSERTURM

Knaackstraße 23

Le Wasserturm (château d'eau) de Prenzlauer Berg date de 1877, ce qui en fait le plus ancien de la ville. Il se trouve au centre d'un petit parc des plus agréables, bordé de beaux immeubles Gründerzeit. Vous y trouverez une belle esplanade en hauteur et, comme partout à Berlin, des aires de jeux pour enfants. Non loin d'ici, au n° 53 de la Rykestraße se trouve l'une des rares synagogues à avoir survécu aux destructions de la Nuit de Cristal (cette dénomination est une trouvaille des nazis eux-mêmes à des fins de propagande), le 9 novembre 1938.

EAST SIDE GALLERY ★

Mühlenstraße
www.eastsidegallery-berlin.com
Mur à ciel ouvert.

C'est peut-être la plus célèbre des galeries berlinoises... car elle est en plein air et a pour support le célébrissime Mur de Berlin ! Long d'1,3 km, ce segment de Mur peint qui longe la Mühlenstraße est un souvenir unique que vous ne retrouverez nulle part ailleurs dans la ville. C'est aussi le plus long segment de Mur encore debout. En 1989, juste après la chute du Mur, des dizaines d'artistes viennent peindre la partie est du Mur, qui était restée inaccessible jusqu'alors. Projet totalement spontané, c'est toute la joie et l'euphorie du moment qui s'expriment sur ce mur. Leurs œuvres sont autant de messages : là un homme qui enjambe le Mur, là des colombes qui soulèvent la Porte de Brandebourg, là une Trabant qui transperce le Mur, etc. Toutes ne sont pas intéressantes mais la seule présence d'œuvres d'art sur un mur qui a divisé la ville pendant 28 ans est un symbole éloquent. Malheureusement, le temps fait son travail et les peintures s'effritent. De nombreux touristes ont, en outre, jugé nécessaire de s'immortaliser par un graffiti aux côtés de Brejnev et de Honecker, ce qui n'arrange pas les choses… La ville restaure régulièrement le Mur, mais l'impulsion narcissique des petits malins qui souhaitent laisser leur nom sur ce monument historique semble parfois plus forte. Par ailleurs, la East-Side-Gallery se trouve proximité d'un quartier-chantier gris et aseptisé, aménagé autour de la salle de spectacle conçue par Mercedes-Benz. On passera voir le Mur et on quittera bien vite ce quartier sans âme.

GÄRTEN DER WELT - JARDINS DU MONDE

Blumberger Damm 44
✆ +49 30 700906720
https://www.gaertenderwelt.de/
Ouvert tous les jours de 9h jusqu'à la tombée de la nuit. Entrée 7 € l'été, réduit 3 €.

Aménagé à partir de 1987 pour célébrer les 750 ans de la ville, ce parc de Berlin-Est n'a cessé d'être enrichi au fil des années pour devenir les Gärten der Welt (les jardins du monde). Aujourd'hui, ce sont 430 000 m² consacrés à différents types de jardins, inspirés par différentes cultures et différentes époques. On verra entre autres un jardin chinois (Jardin de la Lune régénérée), un jardin japonais (Jardin des eaux confluentes), un jardin coréen (Jardin de Séoul), un jardin balinais dans une gigantesque serre (Jardin des Trois harmonies), un *cottage* anglais avec son potager, un jardin Renaissance italienne un peu kitsch, etc. En 2021, l'aménagement du "jardin juif" viendra compléter le tableau des trois religions monothéistes déjà amorcé avec le jardin chrétien (dont la forme rappelle celle d'un cloître) et le jardin oriental (Jardin des quatre fleuves) inspiré par les palais arabo-musulmans.

Ce grand parc a été choisi pour l'exposition horticole de 2017 (IGA, Internationale Garten Austellung), ce qu'il a donné un nouveau souffle. On a installé un téléphérique pour relier la station de métro à l'entrée des Gärten der Welt en passant par le sommet du Kienberg. On a aménagé des espaces de jeux pour enfants, les chemins ont été entièrement refaits. Un vrai coup de neuf. L'exposition a aussi permis d'enrichir le parc de 9 "cabinets" qui, derrière de hautes haies, dissimulent d'étonnants jardins contemporains inspirés par neuf pays du monde.

Mur sur la East Side Gallery.

KARL-MARX-ALLEE ★★

Karl-Marx-Allee

Un petit air de Moscou dans ce boulevard de Friedrichshain. La Karl-Marx-Allee (Stalinallee jusqu'en 1961) est l'avenue de prestige de Berlin-Est : ses immeubles colossaux arborent des façades néoclassiques et des éléments décoratifs célébrant ouvriers et paysans. Très commerçante du temps de la RDA, ses adresses emblématiques (Café Moskau, Café Sibylle, librairie Karl-Marx…) ont depuis dû mettre la clé sous la porte. Il reste encore le Kino International...

Attention à ne pas confondre avec la Karl-Marx-Straße dans le quartier de Neukölln (à Berlin-Ouest).

OBERBAUMBRÜCKE ★★

Oberbaumbrücke

C'est l'un des plus beaux ponts de la ville, d'architecture néogothique en briques rouges. Il permet au métro aérien de traverser la Spree. Reliant les quartiers de Friedrichshain (est) et de Kreuzberg (ouest), le pont est devenu un symbole de l'unité allemande : avant novembre 1989, ces deux quartiers étaient séparés par le Mur. Aujourd'hui, c'est le cadre idéal pour un coucher de soleil avec vue sur la *Fernsehturm*. Le week-end, le flux des oiseaux de nuit se rendant de part et d'autre de la Spree pour écumer les bars et les clubs y est impressionnant.

MÉMORIAL DE HOHENSCHÖNHAUSEN - PRISON DE LA STASI ★★★

Genslerstraße 66 ✆ +49 30 98608230

www.stiftung-hsh.de

Tous les jours 9h-18h. Visite en anglais à 11h30 et 14h30 en semaine ; 10h30, 12h30, 14h30 les week-ends. 6 €/3 €.

Si ce musée est loin, il vaut vraiment le coup si vous voulez plonger dans l'univers du célèbre film *La Vie des autres* de Florian Henckel von Donnersmarck. Avec cette visite de la prison secrète de la Stasi, on pénètre dans l'ancien quartier général de la police politique, « le bouclier et l'épée du Parti ». Cette prison n'apparaissait sur aucune carte de la ville. Les services secrets du SED (le Parti communiste au pouvoir en RDA) y enfermaient les opposants. Dans les années 1980, on estime que 91 000 employés de la Stasi surveillaient la population, aidés de 189 000 « collaborateurs » non officiels. La prison fut en fonction pendant 44 ans, de la fin de la Seconde Guerre mondiale à la chute du Mur de Berlin. Ici ont été retenus, dans des conditions psychologiques abominables, des opposants politiques au régime communiste. Durant la visite, on vous explique notamment comment se passaient les interrogatoires, quels étaient les moyens de pression sur les prisonniers et les méthodes sont glaçantes... La visite est, de plus, parfois commentée par d'anciens prisonniers, ce qui la rend encore plus poignante. En fin de visite, ne manquez pas l'exposition permanente qui propose une chronologie des conditions de vie sous le régime est-allemand avec une pléiade de documents historiques et de portraits de cadres historiques du Parti. Des expositions thématiques sont également proposées de manière ponctuelle. Un lieu qui ne peut pas laisser indifférent.

RAW GELÄNDE ★★

Revaler Straße 99

✆ +49 30 2924695

Le site est ouvert 24h/24.

Ancienne gare de réparation des wagons de la *Reichsbahn*, puis gigantesque squat, c'est aujourd'hui un vaste complexe de bars, restaurants, boîtes de nuit, etc. Fondamentalement alternatif, ce lieu est le paradis des amateurs de street art. Les fresques colorent joyeusement les façades de briques. Vous y trouverez aussi une salle d'escalade, une salle de skateboard et, l'été, un cinéma de plein air. La nuit tombée, c'est le rendez-vous des couche-tard. Malheureusement, le RAW-Gelände est menacé par un nouveau projet immobilier.

STASIMUSEUM - MUSÉE DE LA STASI ★★

Normannenstraße 20

✆ +49 30 5536854

www.stasimuseum.de

Du lundi au vendredi 10h-18h et le week-end 11h-18h. 8 €/6 €, -12 ans 3 €. Exposition en allemand. Paiement en liquide.

Aménagé au sein même de son antenne centrale, ce musée relate l'histoire du ministère de la Sécurité d'Etat (l'impitoyable Ministerium für Staatssicherheit, diminutif : « Stasi »). On peut y voir le bureau de son dernier ministre Erich Mielke, ainsi qu'une exposition en allemand détaillant les méthodes de la Stasi. C'est aussi ici que se trouvent les archives de la Stasi ; à la chute du régime, nombreux furent ceux qui ont découvert qu'ils vivaient sous surveillance.

VOLKSPARK FRIEDRICHSHAIN ★★

Am Friedrichshain

Ce charmant parc est apprécié des résidents du quartier qui viennent y faire de la luge en hiver ou organiser apéros et barbecues en été. Faites un tour à la *Märchenbrunnen* (fontaine des contes de fées) : agrémentée de statues du Loup, du Petit Chaperon rouge, ou encore du Roi-Grenouille, elle date de 1913. Le parc abrite plusieurs mémoriaux, notamment un petit pavillon japonais avec une cloche de bronze (*Weltfriedensglocke*) commémorant les victimes d'Hiroshima. Un *Trümmerberg* (montagne de débris) dissimule un ancien bunker de défense anti-aérienne.

WIM WENDERS

Né à Düsseldorf, Wim Wenders commence des études de médecine et de philosophie, mais les interrompt pour aller passer un an à Paris, où il fréquente assidûment la Cinémathèque française. En 1967, il entre à l'École supérieure du cinéma et de la télévision, à Munich. En 1971, Wim Wenders fait partie des cofondateurs de la maison de production Filmverlag der Autoren et crée en 1975 la société de production Road Movies. Pour son deuxième long-métrage, il adapte un roman de Peter Handke : *L'Angoisse du gardien de but au moment du penalty*. Wenders signe ensuite une « trilogie du voyage », composée des road-movies contemplatifs *Alice dans les villes*, *Faux mouvement* (adaptation de Goethe avec une toute jeune Nastassja Kinski) et *Au fil du temps* (un film en noir et blanc de trois heures qui lui vaut sa première sélection au Festival de Cannes). Acceptant une commande de Francis Ford Coppola, il réalise ensuite *Hammett*, un hommage au célèbre auteur de polars. Mais cet amateur de littérature est aussi un cinéphile averti, comme il le prouve avec *Nick's Movie*, coréalisé par Nicholas Ray au soir de sa vie, *Tokyo-ga*, déclaration d'amour au cinéma d'Ozu, et, plus tard, *Par-delà les nuages*, sur lequel il sera l'assistant de luxe du maître Antonioni. La consécration arrive en 1984 avec *Paris, Texas*, coécrit par Sam Shepard, émouvante traversée de l'Amérique qui décroche la Palme d'or au Festival de Cannes, et trois ans plus tard avec *Les Ailes du désir*, film-poème sur Berlin et succès international, qui est resté l'un des films les plus emblématiques tournés à Berlin. Au milieu des années 1990, Wim Wenders repart aux États-Unis pour y tourner des films désenchantés sur l'évolution de la société américaine : le polémique *The End of Violence* en 1997 avec Gabriel Byrne et Andie McDowell, et *Land of Plenty*, une méditation, tournée en DV, sur les conséquences des attentats du 11 septembre 2001. Dans un autre genre, Wim Wenders connaît également un triomphe inattendu en 1999 avec son documentaire sur la musique cubaine, *Buena Vista Social Club*. Plus récemment, il s'est fait remarquer pour sa très belle biographie de la danseuse et chorégraphe allemande Pina Bausch, *Pina*, sortie en 2011, et pour son documentaire sur le photographe brésilien Sebastiao Salgado : *Le Sel de la Terre* (2014, avec Juliano Ribeiro Salgado). Il fait encore plus récemment parler de lui en 2018 avec un documentaire sur le pape François.

BERLIN STORY BUNKER

Schöneberger Straße 23A ✆ +49 30 26555546
www.berlinstory.de

Ouvert tous les jours de 10h à 19h. Dernière admission à 17h30. Ticket combiné à 13,50 €. Audioguides en français.

Jouxtant l'Anhalter Bahnhof (ancienne gare d'Anhalt) dont on peut contempler un reste de façade d'époque, le Berlin Bunker Story vous propose un voyage dans le temps. Conséquence de campagnes militaires de la Royal Air Force, Hitler décide la construction de bunkers à travers le pays et en particulier à Berlin. Celui-ci, achevé au printemps 1942, pouvait offrir refuge à plus de 5 000 personnes sur 5 niveaux. Aujourd'hui, le bunker accueille sur 3 000 m² deux expositions : « Hitler, How could it happen ? » et « Berlin Story Museum ».

« Hitler, How could it happen ? » reprend d'abord l'histoire du Führer, sa jeunesse en Autriche, le choc de la Première Guerre mondiale, les différentes étapes de son ascension au pouvoir et surtout les massacres dans toute l'Europe dont il est responsable. Si le nom un peu racoleur de l'exposition et la reconstitution d'une pièce du Führerbunker interrogent, la documentation est pour autant exemplaire et le message sans équivoque. Les photos et les textes sont soigneusement élaborés et on ne laisse ici aucune place aux théories fumeuses. Le bunker d'Hitler, qui se trouvait à deux pas de la chancellerie, a été démoli en 1947 pour que le site ne devienne pas un lieu de pèlerinage. Enfin, le bunker présente une autre exposition, plus petite, sur l'histoire de Berlin. Toutes les grandes étapes qui ont façonné la ville vous sont racontées via des audioguides. Le Story Bunker possède dans sa boutique une large collection de livres très imagés sur des domaines très variés de l'histoire berlinoise.

BÖHMISCHES DORF ★★

Richardplatz

Ce charmant quartier, qui s'articule autour de la Richardplatz, porte le nom de "village bohémien". Au XVIIIe siècle, des minorités protestantes de Bohême (actuelle République tchèque) se réfugient dans l'Allemagne luthérienne, répondant à l'invitation de Frédéric-Guillaume Ier. Ils fondent une paroisse dans ce village à la lisière de Berlin. De cette époque, il reste une adorable petite chapelle et quelques jolies maisons. Un endroit fort agréable pour boire un café à l'écart du Berlin touristique. L'hiver, le quartier accueille un petit marché de Noël.

BERLINISCHE GALERIE ★★★

Alte Jakobsstraße 124-128 ✆ +49 30 78902600
www.berlinischegalerie.de
Ouvert tous les jours, sauf le mardi, de 10h à 18h. Entrée 8 €, réduit 5 €, gratuit avec le Museumspass.

Musée d'art moderne et contemporain incontournable du quartier de Kreuzberg, la *Berlinische Galerie* propose avant tout des expositions temporaires de grande qualité dont les thèmes et les formats varient fréquemment avec une part belle donnée à l'architecture et à la photographie. Après avoir changé d'endroit tout au long de son histoire, le musée prend définitivement domicile dans cette ancienne usine de verre. Vous pourrez découvrir les grandes figures de la scène artistique contemporaine à travers leurs peintures, sculptures, photos ou vidéos. Au premier étage, l'exposition permanente constitue une initiation fort intéressante à l'art allemand du XXe siècle et particulièrement en provenance même de Berlin, grâce aux œuvres d'expressionnistes comme Otto Dix et d'artistes comme Max Liebermann. Ce musée possède un caractère réellement unique en comparaison aux grandes institutions berlinoises de par les œuvres qu'il propose mais aussi sa fondation, en 1975, qui fut l'œuvre d'un mouvement citoyen. La collection du musée a été pendant longtemps liée à la situation politique de la ville mais son développement s'est depuis accéléré pour désormais accueillir une riche collection sur près de 4 600 m². A voir également à l'extérieur, un concept de jardin, le Garten Parade, qui est un mélange innovant d'architecture et de botanique. Le jardin se veut également un hommage à Berlin et sa perpétuelle transformation. Un café jouxte le musée et propose une large offre de produits frais et peut même accueillir des événements sur demande.

DEUTSCHES TECHNIKMUSEUM ★★

Trebbiner Straße 9 ✆ +49 30 902540
www.sdtb.de
Ouvert du mardi au vendredi de 9h à 17h30, les week-ends de 10h à 18h. Entrée 8 €, gratuit avec le Museumspass.

Facile à reconnaître de loin avec son avion sur le toit (un de ces avions qui ont ravitaillé Berlin pendant le blocus de 1948-1949), le « Musée allemand de la Technique » offre à ses visiteurs une surface de plus de 50 000 m² consacrée aux belles inventions humaines. Tous les domaines dans lesquels *Homo Sapiens* a fait des prouesses sont présentés : navigation, aviation, chimie, pharmacie, informatique, photographie, chemins de fer, etc. Découvrez des avions entiers, des machines à vapeur, de vieilles locomotives au charme désuet. Suivez l'évolution des ustensiles de cuisine modernisés, puis des ordinateurs, radios-réveils, moteurs diesel, etc. Chaque partie de l'exposition permanente propose des activités ludiques et de nombreux modèles historiques sont remis en activité, pour le plus grand plaisir des visiteurs. Ainsi, les curieux pourront faire leur propre expérience d'imprimerie, leurs premiers pas sur un plateau de télé ou encore s'imaginer au volant d'un avion. Avec plus de 4 000 objets exposés, c'est un musée gigantesque et labyrinthique avec une collection monstrueuse et il faudrait des heures pour lui rendre justice.A ne pas rater non plus, à quelques pas du bâtiment principal, dans la Möckernstraße au n° 26 : le Science Center Spectrum qui, grâce à plus de 150 expériences sur les phénomènes de l'acoustique, de l'optique et de la radioactivité, se propose de répondre à vos questions les plus existentielles, par exemple : pourquoi le ciel est-il bleu ? Dans le musée, audioguide en français.

GÖRLITZER PARK ★★

Görlitzer Straße 1

Pelouses râpées, vendeurs de chichon, ruines taguées : ce parc n'est certainement pas le plus beau de la ville... Et pourtant, c'est là qu'il faut aller pour prendre le pouls du quartier. Toujours plein à craquer en été, le parc fait le plaisir des joueurs de frisbee et des amateurs de barbecue. Particulièrement appréciable au moment du crépuscule, quand le soleil passe derrière l'église de la Lausitzer Platz. Aux alentours, Kreuzberg offre un grand choix de bars et de restaurants. De là, on rejoint facilement le très populaire Landwehrkanal.

KÖRNERPARK ★★

Schierker Straße 8
Ouvert tous les jours de 10h à 20h.

Ce ravissant petit jardin néo-baroque est une véritable surprise à Neukölln. Ce petit havre de paix, hors du temps, tranche avec le quartier de la Karl-Marx-Straße, plutôt gris et bruyant. Les gens du coin aiment y bouquiner et y jouer au frisbee en famille l'été, assis sur la pelouse bien fraîche devant la fontaine en escalier. L'ancienne orangerie est aujourd'hui une galerie d'art contemporain avec des expositions temporaires. Le Zitronencafé, dans la partie sud-ouest du parc, ne manque pas de charme et sert d'excellents croissants.

JÜDISCHES MUSEUM ★★★

Lindenstraße 9-14 ✆ +49 30 25993300
www.jmberlin.de
Tous les jours de 10h à 19h. Entrée 8 €, réduit 3 €, gratuit avec le Museumspass. Fermé durant les fêtes juives.

Le Jüdiches Museum – Musée juif – est un incontournable de la Berlin réunifiée. Tout d'abord, le bâtiment en lui-même est une curiosité architecturale. Beaucoup voient dans cet édifice conçu par l'architecte Daniel Libeskind une étoile de David dont les branches auraient été démembrées, désarticulées. Le nom du projet est « Entre les lignes », et il est vrai que bien peu de bâtiments en disent autant avec si peu de mots.

Une grande partie du musée au sous-sol est un mémorial, une sorte de labyrinthe où les parois sont penchées et le sol est incliné. Le mémorial s'articule autour de trois axes : Exil, Holocauste et Continuité. Les axes mènent à différents lieux qui invitent au recueillement comme la glaçante tour de l'holocauste ou jardin de l'exil, avec ses 49 colonnes dissymétriques marquant la désorientation. La salle la plus perturbante est sans doute celle où se trouve l'installation de l'artiste israélien Menashe Kadishman, *Schalechet* [feuilles tombées], avec ses 10 000 visages en métal qui tapissent le sol. L'ensemble du bâtiment surprend par ses diagonales et parallèles, et par ses espaces vides à travers lesquels transparaissent les cicatrices de l'histoire, la perte, l'absence.

Depuis l'été 2020, une nouvelle exposition permanente, moderne et interactive, a ouvert ses portes dans les étages du *Jüdisches Museum*. Elle est consacrée à l'histoire et à la culture juives-allemandes du IXe siècle à nos jours. La visite commence par ce texte fondateur pour la culture juive qu'est la Bible. Ensuite la visite prend un tour plus chronologique. On en apprendra plus sur « Ashkenas », le nom médiéval donné par les juifs au territoire situé au nord des Alpes, puis sur l'introduction de l'imprimerie et de la Réforme. C'est toute l'histoire de l'Allemagne qui est retracée à travers la perspective juive. Le XVIIIe siècle voit les débuts de la Haskala, un mouvement d'émancipation inspiré par le courant des Lumières où Berlin joue un rôle-clé avec ses salons littéraires. On descend ensuite les escaliers du « Hall of Fame » qui fait la part belle aux personnalités allemandes juives [Hannah Arendt, Heinrich Heine, etc.] pour arriver à la partie de l'exposition consacrée aux tragédies du XXe siècle : les persécutions infligées aux juifs par les nazis, l'exil forcé et l'Holocauste. Viennent ensuite l'après-guerre et l'impossible retour à la normalité. A la fin, une installation vidéo captivante donne la parole à des juifs du monde entier pour en montrer toute la diversité. La nouvelle exposition est traversée ici et là par des œuvres contemporaines.

KUNSTRAUM BETHANIEN ★★

Mariannenplatz 2
✆ +49 30 6169030
www.bethanien.de
Ouvert du mardi au dimanche de 14h à 19h. Entrée libre pour les expositions.

Cet ancien hôpital accueille des expositions d'artistes. Toutefois, c'est après un long combat que ce vieux complexe du XIXe siècle, menacé de destruction dans les années 1980, a survécu. Il fut d'abord squatté dans les années 1970, notamment par le street-artiste français Thierry Noir, qui entreprit de peindre la portion du Mur située juste derrière le bâtiment. L'émulation artistique attire l'attention et le bâtiment est finalement préservé pour accueillir des pièces de théâtre, des expositions d'art alternatif, et des résidences pour les artistes étrangers.

MONUMENT SOVIÉTIQUE DANS LE TREPTOWER PARK ★★

Treptower Park
Entrée libre 24h/24.

Au fond du Treptower Park, après une allée de cyprès, se cache un étrange décor de science-fiction. Une imposante statue de la Mère Patrie pleurant ses enfants. Une double porte de marbre rouge aux contours futuristes donne sur des rangées de stèles à l'effigie de Staline, de Lénine et des soldats de l'armée soviétique. Au centre, une statue monumentale d'un héros foulant la croix nazie. Ce monument, érigé en 1949, est dédié aux combattants de l'Armée rouge tombés pendant la guerre.

RAMONES MUSEUM

Oberbaumstraße 5
✆ +493061285399
www.ramonesmuseum.com
Ouvert tous les jours de 10h à 22h. Entrée 3,50 €.

Musée privé provenant de la collection particulière d'un Allemand, Flo Hayler, qui a consacré beaucoup de son temps et de son argent à collecter à travers le monde ces objets sur le groupe de punk-rock The Ramones. Le musée est surtout destiné aux passionnés de musique et de collections qui découvriront plus de 300 objets, du tee-shirt à la guitare en passant *of course* par les vinyles ! Le musée possède également un bar dans le même lieu, l'occasion pour les plus grands fans de partager des anecdotes sur le groupe autour d'un verre.

SEHITLIK MOSCHEE - MOSQUEE SEHITLIK ★★★

Columbiadamm 128
✆ +49 30 6921118
www.sehitlik-camii.de
Visite sur réservation uniquement.

Sans doute la mosquée la plus intéressante et la plus belle des quartiers de Kreuzberg et Neukölln, la Sehitlik Moschee se visite sur rendez-vous, à travers un tour guidé du bâtiment. Un détour qui vaut vraiment le coup si vous parlez allemand, voire turc, car des fidèles de la mosquée se feront un plaisir de vous recevoir gratuitement autour d'un thé à la menthe, pour disserter sur la religion musulmane et ainsi développer vos connaissances sur la question avant de vous faire visiter ce haut lieu de culte. Cet endroit a véritablement pour vocation la découverte et l'échange, ce qui en fait, en plus d'un sanctuaire religieux, un centre culturel ouvert à tous ayant également des fonctions sociales au sein de la communauté locale. Il s'agit de la deuxième plus grande mosquée du pays et elle est l'œuvre de l'architecte Hilmi Şenalp, également à l'origine d'autres édifices religieux musulmans à travers le monde (Japon, Turkménistan...). Sa construction a été réalisée entre 1999 et 2005. Le style s'inspire naturellement de l'empire ottoman (XVIe-XVIIe siècles) avec entre autres des minarets, des coupoles et des calligraphies islamiques. Derrière l'édifice principal, vous pourrez découvrir le petit cimetière musulman, aménagé au XIXe siècle (le plus ancien du pays) par un ambassadeur ottoman à la cour de Prusse, et qui évoque fortement certains quartiers résidentiels d'Istanbul. C'est également d'ici que le nom de la mosquée provient, *Şehitlik* signifiant cimetière en turc.

LES DEUX KREUZBERG

Kreuzberg a gardé une originalité toute particulière en développant autour de l'Oranienstraße et de la Bergmannstraße deux pôles, deux *kiez* (quartiers) distincts. Autour de l'Oranienstraße, clubs, cinémas, cafés, restos et boutiques excentriques contribuent au caractère bohème du quartier. Le Görlitzer Park, très apprécié des jeunes et... des vendeurs de haschisch, reste le cœur battant de ce Berlin punk et trash. La Wiener Straße n'a pas bougé d'un pouce ces dernières décennies et les punks y sont toujours présents. De là, on peut rejoindre le quartier de Friedrichshain en longeant Mühlenstrasse, réputée pour sa vie nocturne post-industrielle, ou se diriger au sud vers le charmant Landwehrkanal. La Bergmannstraße et ses alentours sont plus chic. Le Viktoria Park est perché sur le Kreuzberg (Montagne de la croix) qui donne son nom au quartier. Il est doté d'une cascade charmante ainsi que de belles pelouses. Du haut de la colline, vous apercevrez la brasserie Schultheiss, mais aussi la Friedrichstraße, la Potsdamer Platz, et l'Europa-Center. Si la vue est meilleure en hiver, lorsque les arbres sont bien dénudés, la cascade ne fonctionne qu'en été : il faudra choisir ! A la sortie du parc, Mehringdamm vous mènera à nouveau à Bergmannstraße et ses multiples magasins, cafés et restos. Autour de l'élégante Chamissoplatz se trouve également l'un des plus beaux quartiers de Berlin, épargné pendant la guerre et prisé pour les tournages de films historiques. C'est un endroit charmant pour un dîner romantique.

TÜRKISCHER MARKT AM MAYBACHUFER ★★

Maybachufer
www.tuerkenmarkt.de
Mardi et vendredi de 11h à 18h30.

Ce marché turc le long du Landwehrkanal est certainement le plus pittoresque, le plus bruyant et le plus visité de Berlin. N'hésitez pas à goûter les diverses crèmes et mousses, mélangeant ail, épinards, fromage de chèvre, elles sont délicieuses. Du fait de sa popularité, on assiste à un phénomène de boboïsation avec des vendeurs d'artisanat, produits issus de l'apiculture, bonbons... mais l'ambiance reste hautement sympathique. L'été, les musiciens de rue se produisent près de l'eau.

VIKTORIAPARK ★★

Viktoriapark
Ouvert 24h/24.

Plus propre que le Görlitzer Park et plus familial, le Viktoriapark est l'un des parcs les plus populaires de Kreuzberg. Placé sur une petite colline, le Viktoriapark est ordonné autour d'une cascade rafraîchissante et ses pelouses attirent les amateurs de foot ou de frisbee. Au sommet se trouve un monument dessiné par K. F. Schinkel (encore lui !). Il célèbre les guerres de libération (contre Napoléon). La vue sur la ville y est très belle : on peut notamment apercevoir l'ancien aéroport de Tempelhof ou la colonne de la Victoire près du Tiergarten.

ALTER ST MATTHÄUS-KIRCHHOF

Großgörschenstraße 12
✆ +49 30 7811297
Ouvert tous les jours à partir de 8h. Fermeture entre 16h (décembre-janvier) et 20h (mai-août) selon la saison.

Ce joli petit cimetière du XIXe siècle est surtout connu pour abriter la sépulture des frères Grimm, de simples stèles posées en haut d'une colline. On y trouve également la tombe de Rudolf Virchow, médecin à l'Hôpital de la Charité et politicien engagé au sein du parti progressiste allemand, ainsi qu'un mémorial à Claus von Stauffenberg, cet officier allemand qui fut l'une des figures centrales de la résistance contre Hitler, fusillé après l'échec de l'opération Walkyrie.

DAVID-BOWIE-HAUS

Hauptstraße 155
Ne se visite pas. Repérable aux gerbes de fleurs déposées devant l'immeuble depuis la mort de l'artiste en 2016.

En 1976, David Bowie loue un appartement deux-pièces au premier étage de ce bâtiment, somme toute très commun. Il a comme voisin un inconnu répondant au nom d'Iggy Pop. Bowie s'enfuit à Berlin pour s'éloigner de la drogue (ce qui paraît un peu paradoxal) et pour enregistrer de nouvelles chansons. Il y restera trois ans. Il produira notamment les albums *Low* et *Heroes*, aux studios Hansa. Les deux musiciens avaient leurs habitudes au 157 de la même rue, un bar nommé Neues Ufer. C'était le premier bar ouvertement homo du quartier.

MARLENE DIETRICH

Celle qui fut l'une des plus grandes figures de l'âge d'or d'Hollywood est née en 1901 à Schöneberg. Également chanteuse, elle débute sa carrière au théâtre et dans les cabarets du Ku'damm. Après quelques rôles mineurs au cinéma, elle devient célèbre en 1930 lorsque le réalisateur J. von Sternberg lui offre un rôle, inoubliable, dans *L'Ange bleu*. Opposée au régime nazi, elle rompt les liens avec son pays et prend la nationalité américaine en 1937. Elle s'engage dans l'armée américaine et chante pour les troupes alliées. Au cinéma, elle tourne pour Lang, Hitchcock, Welles. Marlene Dietrich meurt à Paris, à l'âge de 90 ans. Une place de Berlin porte aujourd'hui son nom.

FLUGHAFEN TEMPELHOF - ANCIEN AÉROPORT DE TEMPELHOF ★★★

Tempelhofer Damm 1-7 ✆ +49 30 200037441
www.thf-berlin.de/flughafengebaeude
2 visites guidées «Mythos Tempelhof» & «Verborgene Orte» à 15 €. 2 heures. Visite en français sur demande.

L'ancien aéroport de Tempelhof et ses bâtiments désaffectés alimentent les légendes urbaines les plus fantaisistes. On lui prête, par exemple, dix étages souterrains, des couloirs secrets menant directement au Reichstag et une gare clandestine. Si la plupart de ces rumeurs sont fausses, cet aérodrome n'en est pas moins un lieu de mémoire fascinant qui recèle encore aujourd'hui bien des secrets de l'histoire de Berlin.

Ouvert en 1923 sous la forme d'une aérogare minuscule, pour satisfaire une clientèle cosmopolite, aisée et bohème (les jet-setteurs d'autrefois) qui se précipite à Berlin pour profiter des mille attractions de la capitale allemande - jazz, cinéma, musique classique - il excita rapidement la convoitise d'Hitler. Celui-ci le transforma en aéroport digne de son nom, dans la lignée de son projet urbain mégalomane, Germania.

En 1941, le nouvel aéroport, dessiné par Ernst Sagebiel, ouvre ses portes. Encore aujourd'hui, c'est le troisième bâtiment du monde en termes de surface au sol. Hitler utilise les hangars pour y enfermer des travailleurs forcés, qui montent, 16 heures par jour, des avions de chasse pour l'armée du IIIe Reich. Après la guerre, ce sont les Alliés qui mettent la main dessus et les Américains y installent une crèche, une école et des tables de ping-pong pour les soldats et leurs familles. La visite des abris anti-bombes et des bunkers est passionnante et permet de comprendre pourquoi ce lieu mythique nourrit tous les fantasmes.

KAMMERGERICHT - CHAMBRE D'APPEL

Elßholzstrasse 30-33
✆ +49 30 90150
www.kammergericht.de

A l'ouest du petit Kleistpark, le Kammergericht (siège du Tribunal régional supérieur de Berlin) est un imposant bâtiment néo-baroque qui fut aussi jusqu'en 1990 le siège du Conseil des Alliés. Sous le IIIe Reich, les nazis y installent un tribunal du peuple, le *Volksgerichtshof*. Il est notamment connu pour avoir abrité le procès des participants à l'attentat manqué contre Hitler en 1944, aussi connu sous le nom d'opération Walkyrie, auquel avait participé Claus von Stauffenberg.

Park Am Gleisdreieck.

PARK AM GLEISDREIECK ★★

Möckernstraße 26

✆ +49 307009060

www.gruen-berlin.de/park-am-gleisdreieck

Ce superbe parc a ouvert en 2013 sur le site d'une ancienne garde de triage. C'est une oasis de verdure de 26 hectares sur lesquels tous les plaisirs de la nature en ville sont permis, ou presque : pique-nique, barbecue, jogging, promenade à pied ou à vélo, aires de jeux pour enfants. Le skate-park est très apprécié des jeunes Berlinois. On y trouve également un bar avec des terrains de beach-volley. La *Schöneberger Wiese* (prairie de Schöneberg) est particulièrement belle avec les deux lignes de métro aériennes qui la traversent.

REGENBOGENSTELE - STÈLE ARC-EN-CIEL

Nollendorfplatz

Inauguré au printemps 2000 dans le cadre du Gay and Lesbian Festival, ce monument de 4,5 mètres de haut qui ressemble à un crayon avec la pointe dressée vers le ciel, illustre deux images marquantes de l'homosexualité au XXe siècle. La partie supérieure symbolise le triangle rose imposé aux homosexuels par les nazis, la partie inférieure évoque le drapeau arc-en-ciel adopté par les LGBTQ du monde entier. Une plaque commémorative a aussi été installée au métro Nollendorfplatz.

RATHAUS SCHÖNEBERG

John-F-Kennedy-Platz

✆ +49 30 902770

www.berlin.de/ba-tempelhof-schoeneberg

La bâtisse est plutôt laide mais c'est pour la valeur symbolique que l'on viendra jeter un coup d'œil. C'est devant l'hôtel de ville (*Rathaus*) de Schöneberg, alors mairie de Berlin-Ouest, que le président américain John F. Kennedy prononça en 1963 son fameux « Ich bin ein Berliner » ! Profitez donc du marché aux puces (*Flohmarkt Rathaus Schöneberg*, de 8h à 16h samedi et dimanche) pour faire un tour à ce lieu hautement symbolique. Continuez la balade dans le Rudolf-Wilde Park, un véritable havre de paix que traverse la ligne de métro U4.

SCHWULES MUSEUM - MUSÉE GAY ★★

Lützowstraße 73

✆ +4930 69599050

www.schwulesmuseum.de

Ouvert tous les jours, sauf le mardi, de 14h à 18h, jusqu'à 19h le samedi. Entrée 9 €, réduit 3 €.

Financé grâce aux dons et tenu par des bénévoles, le Schwules Museum est le premier musée consacré aux mouvements gays. Ses expositions temporaires s'appuient sur une riche documentation : la bibliothèque et les archives comptent plus de 800 livres, 3 000 périodiques, d'innombrables collections de photographies, de posters, de films et de cassettes audio. Depuis quelques années, le musée a renouvelé son concept pour donner plus de place à la diversité des mouvements queers.

TEMPELHOFER FELD ★★★

Tempelhofer Damm
✆ +49 30 700906616
www.tempelhoferfreiheit.de
Ouvert toute l'année, horaires variables selon la saison. Entrée libre.

Construit en 1923 puis réaménagé sous le IIIe Reich par l'architecte Ernst Sagebiel pour soutenir l'effort de guerre à travers l'implantation de camps de prisonniers, l'aéroport de Tempelhof est au moment de sa construction le plus grand du monde avec ses 284 000 m². Il est surtout connu pour avoir été la base aérienne des avions alliés en 1948 et 1949. Le blocus de Berlin par les Soviétiques le rendra célèbre avec le pont aérien instauré par les Américains et les Britanniques. C'est ici que les avions ravitailleurs ont pu déposer les précieuses denrées pour approvisionner Berlin-Ouest. Tempelhof, qui fut l'un des premiers aéroports d'Europe, a cessé tout trafic aérien en 2008, de moins en moins de vols étaient en effet opérés, les compagnies aériennes préférant les autres options que sont Tegel et Schönefeld. Depuis 2010, il a retrouvé une seconde jeunesse en devenant un immense parc urbain où se presse le tout-Berlin dès les premiers rayons de soleil. Ici, on oscille entre pelouses et pistes de décollage dans un espace encore plus vaste que Central Park ! C'est un endroit magique et unique en son genre, typiquement berlinois et apprécié de tous peu importe l'âge ou la classe sociale. Les locaux se sont appropriés tranquillement les lieux. Ici, on croise un potager partagé ; là, c'est un mini-golf imaginé par des artistes fous, ou l'ancien hall des arrivées, transformé en lieu d'expo. On verra même un ancien avion de l'US Air Force ! Pique-nique, barbecue ou partie de frisbee, toutes les occasions sont bonnes pour s'y réunir et partager un moment. Les pistes sont également devenues le terrain de jeu des vélos, rollers ou autres *longboards*. En 2014, les Berlinois ont su défendre leur parc. La mairie avait prévu un projet immobilier visant à construire une bibliothèque et des logements sur le pourtour du parc. Le 25 mai 2014, un référendum local a repoussé cette proposition qui impliquait de privatiser cette grande « prairie urbaine ». Tempelhof restera tel qu'il est. De par son histoire et l'attachement porté par les Berlinois, ce parc devrait vraisemblablement rester un symbole de la ville. Avec la crise migratoire, ce sont aussi des centaines de réfugiés qui ont pu être hébergés dans des centres d'accueil d'urgence situés sur le site de l'aéroport.

Si vous souhaitez voir l'intérieur de l'ancien aéroport, sachez qu'on y organise des visites guidées. Pensez aussi à jeter un coup d'œil au mémorial du pont aérien à l'entrée de l'aéroport. Il symbolise les trois couloirs aériens qui reliaient Berlin à l'Allemagne de l'Ouest.

URBAN NATION ★★

Bülowstraße 7
✆ +4930 32295989
urban-nation.com/
Musée ouvert du mardi au dimanche de 10h à 18h. Entrée gratuite.

Nouvel arrivant dans la grande famille des musées berlinois, Urban Nation voit le jour en tant que collectif d'artistes en 2013 avant d'ouvrir ce beau musée en 2017. Amoureux de street art ou tout simplement curieux, venez découvrir les œuvres exposées ici qui offrent un bel aperçu du patrimoine artistique de la ville. Urban Nation organise des résidences d'artistes ainsi que de nombreux événements, manifestant ainsi sa volonté soutenir de nouveaux projets et de résister à une forme de muséification-momification du street art.

WINTERFELDTPLATZ MARKT ★★

Winterfeldplatz
Le mercredi de 8h à 14h, le samedi de 8h à 16h.

Incontestablement le marché le plus charmant de Berlin, il se tient sur la grande place Winterfeldtplatz, au cœur de Schöneberg et au pied de l'église St Matthias. Etals de poissons frais et fumés, fromagers, snacks turcs et allemands, fruits et légumes, fleuristes et artisans (aiguiseurs de couteaux, tailleurs de pierre) se donnent rendez-vous tous les mercredis et samedis dans une ambiance très bobo et provinciale. Aux beaux jours, il a, d'ailleurs, des airs de marché provençal ! A visiter de préférence le samedi, où l'ambiance est plus pittoresque.

ALLIIERTENMUSEUM - MUSÉE DES ALLIÉS ★★

Clayallee 135
✆ +49 30 8181990
www.alliiertenmuseum.de
Ouvert de 10h à 18h tous les jours, sauf le lundi. Entrée libre.

Les forces alliées américaine, anglaise et française ont déterminé le sort du Berlin-Ouest de l'après-guerre et se sont inscrites dans l'histoire de la ville et du pays de manière indélébile. Durant le pont aérien de 1948, par exemple, elles ont alimenté la ville pendant un an, et déterminé tous les accords concernant le statut de la ville jusqu'à la réunification.

C'est donc avec beaucoup de regrets que les Berlinois de l'Ouest ont vu partir les Alliés en 1994, et cela méritait bien un musée, érigé en mémoire des militaires qui ont dirigé la ville. Il a réinvesti l'ancien cinéma américain, situé dans la cité militaire américaine, et propose surtout de la documentation sur le pont aérien et l'enclavement de la ville. Mais on y retrouve aussi toutes sortes d'engins (une Jeep américaine), des uniformes et des effets personnels qui racontent la rencontre entre Berlinois et Alliés.

Les quatre "objets" les plus impressionnants de la collection du musée se trouvent dans la cour : un avion Hasting T5 de la Royal Air Force qui a servi à ravitailler Berlin pendant le blocus (vous pourrez monter à bord !), un mirador ainsi qu'un pan du Mur de Berlin peint par l'artiste français Noir, un wagon de l'armée française qui reliait Strasbourg à Berlin, et surtout le célébrissime point du contrôle de Check-Point Charlie : il s'agit bien là de l'original qui se trouvait autrefois au milieu de la Friedrichtraße !

Tous les panneaux du musée sont en trois langues : allemand, anglais et français.

BERGGRUEN MUSEUM ★★★

Schloßstraße 1
✆ +49 30 266424242
www.smb.museum
Ouvert du mardi au vendredi de 10h à 18h, et le week-end de 11h à 18h. Entrée 12 ou 6 €. Compris dans le Museumspass.

Né en 1914 à Berlin et émigré en 1936 aux Etats-Unis pour fuir l'Allemagne nazie où il embrassa une carrière de journaliste spécialisé dans l'art avant de travailler au *San Francisco Museum of Arts*, Heinz Berggruen est un des marchands et collectionneurs d'art les plus talentueux de notre temps. Après avoir ouvert une galerie à Paris sur la place Dauphine, après la guerre, il se consacre entièrement à ses collections qu'il n'a de cesse d'enrichir au fil des ans. En 1996, il décide de revenir à Berlin en offrant à la ville l'œuvre de sa vie : sa collection, une des plus conséquentes au monde, avec son impressionnante sélection d'artistes modernes de Picasso à Laurens, en passant par Braque, Klee, Matisse et Giacometti. Sous le titre « Picasso et son temps » (*Picasso und seine Zeit*) la collection de peintures et de sculptures comprend plus de 120 œuvres du peintre andalou, notamment une étude pour le célèbre *Les Demoiselles d'Avignon*. Mais vous trouverez aussi de nombreuses pièces de Paul Klee, dont l'évolution de 1917 à 1940 est illustrée surtout par des œuvres de petit format. Autour de Picasso et de Klee, les toiles de Matisse, de Van Gogh, mais aussi de l'art africain, comme pour montrer l'influence des arts premiers sur les surréalistes, complètent cette exposition qui donne un aperçu à la fois extrêmement varié mais aussi profondément significatif de l'évolution de ces artistes très ancrés dans leur temps. Un très beau musée, tant sur la forme que sur le fond. Un lieu à découvrir pour amateurs et passionnés.

Alliiertenmuseum - Musée des Alliés.

BOTANISCHER GARTEN - JARDIN BOTANIQUE ★★

Königin-Luise-Straße 6-8
✆ +49 30 83850100
www.botanischer-garten-berlin.de

Le jardin est ouvert tous les jours de 9h à 20h, le musée jusqu'à 19h. Entrée : 6 €, réduit : 3 €.

Le jardin botanique de Berlin existe depuis plus de 300 ans. Mais en 1646, c'est dans le Kleistpark (à Schöneberg) que l'on commença à collectionner les plantes du monde entier et c'est seulement à la fin du XIXe siècle que l'on déménagea le jardin vers Dahlem, qui est alors un village au sud-ouest de Berlin. Aujourd'hui, ce sont pas moins de 20 000 espèces florales que l'on peut voir grandir et s'épanouir dans le jardin. Le plus impressionnant, ce sont les énormes serres qui accueillent et mettent en condition des plantes et des fleurs exotiques. Donc, si le climat chaud et humide de l'Amazonie ne vous effraie pas, faites un détour par la Viktoriahaus où vous pourrez admirer les roses d'eau royale d'Amazonie, tandis que les pragmatiques pourront admirer et apprendre l'usage médicinal des plantes. Dans le jardin, ne manquez par les grandes rocailles couvertes de plantes européennes ni le jardin japonais avec son charmant pavillon et ses beaux rhododendrons

Installé dans un édifice en brique, le musée délivre quant à lui les secrets des plantes. Des fossiles indiquent l'évolution des plantes à travers les âges, des sections expliquent l'emploi que l'on peut faire du riz, du tabac, du coton et du chanvre. On peut découvrir également des plantes retrouvées dans des tombes égyptiennes et romaines, et d'autres plantes et curiosités venues du monde entier et de tous les âges. Le musée est actuellement fermé jusqu'à la fin 2022 pour des travaux de rénovation et de modernisation.

© JUTTA ADAM - SHUTTERSTOCK.COM

BRÖHAN-MUSEUM ★★

Schloßstraße 1a
✆ +49 30 32690600
www.broehan-museum.de

Ouvert du mardi au dimanche 10h-18h. Gratuit le premier mercredi du mois. Entrée 8 €/5 €. Compris dans le Museumspass.

Dans les années 1960, l'homme d'affaires Karl H. Bröhan collectionne les pièces d'Art nouveau et d'Art déco qui sont exposées ici, livrant un spectre assez large de ces deux styles du début du siècle dernier. On y découvre des porcelaines, des sculptures, des bronzes et des toiles qui datent d'entre 1890 et 1939. Les amateurs apprécieront tout particulièrement les meubles et les affiches Jugendstil et Art nouveau, notamment une affiche d'Alfons Mucha et un beau buffet que l'on doit à Hector Guimard. Le musée organise également des expositions temporaires.

BRÜCKE-MUSEUM ★★

Bussardsteig 9
✆ +49 30 8312029
www.bruecke-museum.de

Ouvert du mercredi au lundi de 11h à 17h. Fermé le mardi. Entrée 6 €, réduit 4 €. Compris dans le Museumspass.

C'est un musée hors des sentiers battus que nous proposons ici, situé au sud-ouest de Charlottenburg, dans le quartier de Dahlem. Dédié au mouvement artistique *Die Brücke*, un collectif d'artistes formé à Dresde en 1905 et qui a introduit l'expressionnisme en Allemagne, ce petit musée est un lieu pour connaisseurs, documentant grâce à des huiles, des pastels et des sculptures, l'évolution du groupe. Schmidt-Rottluff, Kirchner, Pechstein ne sont que quelques-uns des noms dont les œuvres font partie de cette collection haute en couleur.

C/O BERLIN ★★

Hardenbergstraße 22-24
✆ +49 30 28444160
www.co-berlin.com

Ouvert tous les jours de 11h à 20h. Entrée 10 €, tarif réduit 6 €.

Le c/o Berlin, installé dans la "Amerika-Haus" depuis 2014, tout près de la station Zoologischer Garten, a su s'imposer en moins de vingt ans comme LE lieu d'exposition photos à Berlin (devant même le Museum für Fotografie). Cette jeune institution fondée en 2013 saura plaire aux visiteurs friands de photographie, de pop-culture et d'arts visuels. Le c/o Berlin présente en parallèle entre deux et trois expositions avec des artistes de renommée internationale et jusqu'à 12 expositions par an. Hyper branché vous l'aurez compris.

DAS VERBORGENE MUSEUM - THE HIDDEN MUSEUM ★★

Schlüterstraße 70
✆ +49 30 3133656
www.dasverborgenemuseum.de
Les jeudis et vendredis de 15h à 19h, et les samedis et dimanches de midi à 16h. Prix selon l'exposition.

Ce "Musée caché", comme il se nomme lui-même, est pour le moins exceptionnel et totalement hors des sentiers battus. Il s'attache à ne présenter que des femmes artistes. Sculptures, photographies et peintures sont présentées au cours d'expositions temporaires. La période couvre principalement la seconde moitié du XXe siècle. Une formidable initiative pour mettre en lumière les œuvres et les biographies de femmes artistes jusqu'ici trop peu connues.

NOUVEAU BERLIN-OUEST

A la chute du Mur, c'est Berlin-Est qui a suscité un intérêt grandissant et ses quartiers dynamiques ont quelque peu éclipsé ceux de l'ouest. Charlottenburg, qui était le cœur de Berlin-Ouest, s'est vu déclassé et est devenu un quartier tranquille et bourgeois. Depuis quelques années, la City-West prend sa revanche : inauguration du concept-mall Bikini, rénovation du cinéma Zoopalast, développements urbains autour du jardin zoologique... Sur la Breitscheidplatz ont poussé deux nouveaux gratte-ciel et on annonce de nouvelles constructions. Rendez-vous au Monkey-Bar pour prendre de la hauteur et vous verrez que le quartier s'est considérablement rajeuni.

DOMÄNE DAHLEM - MUSÉE-FERME EN PLEIN AIR ★

Königin-Luise-Straße 49
✆ +49 30 6663000
www.domaene-dahlem.de
Entrée 5 €, réduit 3 €. L'accès aux espaces extérieurs est gratuit.

Musée en plein air vivant au cœur de Dahlem, le Domäne est le premier au hit-parade des visites pour enfants, mais les plus âgés y trouveront également leur bonheur. Vous y découvrirez l'histoire du village de Dahlem, l'histoire de l'agriculture et de la consommation à Berlin, la politique agricole de l'ancienne RDA et de la République fédérale, ainsi que l'avenir de l'agriculture bio ! De plus, le samedi de 8h à 13h, vous pouvez aller faire vos courses au marché bio.

HAUS DER WANNSEE-KONFERENZ ★

Am Großen Wannsee 56-58
✆ +49 30 8050010
www.ghwk.de
Ouvert en semaine de 10h à 16h et les week-ends de 10h à 18h. Fermé les jours fériés. Entrée libre.

Quinze hauts gradés du IIIe Reich se retrouvèrent dans cette villa au bord de l'eau le 20 janvier 1942 pour élaborer les grandes lignes de la "solution finale". Cette conférence de Wannsee, à laquelle participèrent entre autres Heydrich et Eichmann, se donne pour objectif de régler le sort de 11 millions de juifs européens dans les territoires occupés tout comme dans les pays qu'Hitler veut conquérir. Depuis 1992, la villa est un lieu de mémoire avec une exposition moderne et claire.

GEORG KOLBE MUSEUM ★

Sensburger Allee 25
✆ +49 30 3042144
www.georg-kolbe-museum.de
Ouvert tous les jours de 10h à 18h. Entrée 7 € / 5 €, gratuit avec le Museumspass.

Toute sa vie durant, Georg Kolbe, sculpteur naturaliste berlinois, considéré dans les années 1920 comme le meilleur sculpteur d'Allemagne, a travaillé dans l'atelier qui sert aujourd'hui de musée et de lieu d'expositions pour ses œuvres dans le quartier de Westend. On peut y admirer les pièces de ses jeunes années, pleines de grâce, mais aussi sa production datant de l'époque nazie, plus rare, et qui devient du coup nettement plus rigide et sombre. Le musée organise aussi des expositions temporaires à propos d'autres sculpteurs, comme Rodin.

JAGDSCHLOSS GRUNEWALD

Hüttenweg 100
✆ +493319694200
www.spsg.de
Entrée 6 €. Du mardi au dimanche 10h-17h. En basse saison, seulement les week-ends 10h-16h.

Ce château de chasse, situé au bord d'un lac dans la forêt du Grunewald, date du XVIe siècle. Le prince-électeur Joachim II de Brandebourg fait construire cette bâtisse de style Renaissance pour servir de base à ses excursions de chasse dans la forêt. Aujourd'hui, le château abrite une importe collection de tableaux des deux Lucas Cranach (père et fils) qui nous replongent dans une époque où art, religion et pouvoir étaient intimement liés : vous verrez ainsi des scènes de la Passion, de l'Ancien Testament et des portraits officiels de Joachim II et de sa famille.

KAISER-WILHELM-GEDÄCHTNIS-KIRCHE ★★★

Breitscheidplatz ✆ +49 30 2185023
www.gedaechtniskirche.com
Tous les jours 9h-19h. Mémorial : lundi-samedi 10h-18h, dimanche 12h-17h30.

Construite entre 1891 et 1895, cette église néo-romantique a été érigée en mémoire de l'empereur Guillaume Ier. Lors d'un bombardement allié pendant la Seconde Guerre mondiale, en 1943, elle fut presque intégralement détruite, à l'exception du porche d'entrée et de la base du clocher. En 1951, les Anglais décident de la garder en l'état, tout en consolidant ses ruines et en y ajoutant un chœur moderne. Le projet est imaginé par l'architecte allemand Egon Eiermann. Son surnom d' « église cassée » et son allure étrange en font l'une des églises les plus spectaculaires de Berlin. La Kaiser-Wilhelm-Gedächtnis-Kirche est aujourd'hui un symbole des horreurs de la guerre et un monument qui, par son allure architecturale, exhorte au pacifisme. Un lieu d'histoire bouleversant à visiter absolument.

▶ La partie moderne d'Egon Eiermann est assurément la plus intéressante. Les vitraux ont été réalisés par Gabriel Loire et les effets de lumière qu'ils produisent à l'intérieur sont tout simplement fabuleux. Autre détail symbolique, sa croix est faite de clous qui proviennent de la cathédrale de Coventry, détruite par les bombardiers nazis.

▶ Dans le porche qui a survécu aux bombardements, vous découvrirez une maquette et des photos de l'église telle qu'elle existait autrefois. Elles permettent de s'imaginer le quartier de Charlottenburg et sa vie mondaine avant-guerre. Les mosaïques au plafond montrent une frise des plus importants membres de la famille des Hohenzollern.

Kaiser Wilhelm Gedächtniskirche (l'église du Souvenir) à Breitscheidplatz.

KÄTHE-KOLLWITZ-MUSEUM ★★★

Fasanenstraße 24
✆ +49 30 8825210
www.kaethe-kollwitz.de
Ouvert tous les jours de 11h à 18h. Entrée 7 €, réduit 4 €.

Le musée se niche dans un bel immeuble datant de 1871 de la Fasanenstraße, l'une des rues les plus élégantes de Charlottenburg, en attendant un déménagement prévu pour l'été 2022. Célèbre pour ses sculptures et ses gravures qui dénonçaient les conditions sociales misérables du prolétariat et les conséquences de la Première Guerre mondiale, Käthe Kollwitz a été très active entre 1888 et 1945, année de sa mort. Elle dédie notamment une de ses œuvres au leader socialiste Karl Liebknecht, assassiné à Berlin en 1919. Son travail est rendu difficile par les Nazis avec notamment des interdictions d'exposer et elle se voit également retirer certaines de ses distinctions d'artiste. Les Berlinois auront fait preuve de patience avant de voir la création d'un musée dédié à l'artiste puisque c'est seulement en 1986 qu'il voit le jour après des années d'efforts. Le musée qui lui est consacré ne comprend pas moins de 200 estampes, 70 dessins et affiches, et 15 bronzes, retraçant la production artistique de cette femme qui a marqué son époque et continue de le faire. Käthe Kollwitz s'est efforcée pendant toute sa vie d'attirer l'attention sur la classe ouvrière du début du XXe siècle et a laissé un témoignage plus que vivant des deux guerres mondiales et des conditions sociales qu'elles ont entraînées. Des expositions spéciales ont également lieu toute l'année (se renseigner sur les dates) au sein du musée et font souvent référence à l'entourage de Käthe Kollwitz ou à des artistes l'ayant prise comme source d'inspiration.

LIEBERMANN-VILLA AM WANNSEE ★

Colomierstraße 3
✆ +49 30 80583830
www.liebermann-villa.de
Tous les jours, sauf mardi, 10h-18h en été (avril-septembre) et 11h-17h en hiver (octobre-mars). Entrée 10 €/ 6 €.

Dans cette charmante villa au bord du lac de Wannsee, Max Liebermann, l'un des chefs de file de la peinture impressionniste allemande, a peint ses plus beaux tableaux. Vous retrouverez ceux-ci exposés au premier étage, à l'emplacement même de son ancien atelier, tandis que les salles du rez-de-chaussée retracent la vie du peintre et de sa famille, notamment le destin tragique de sa femme Martha, contrainte au suicide pour échapper à la déportation.

LIETZENSEEPARK – PARC DU LAC LIETZEN ★

Wundtstraße 40

Ce parc situé à l'extrémité ouest de Charlottenburg s'articule autour d'un petit lac charmant, entouré d'espaces de jeux et qui invite à se balader tout au long de l'année. En été, les pelouses sont idéales pour faire bronzette et, en hiver, l'étang gelé offre un cadre pittoresque (le phénomène est plus rare ces dernières années). Le nec plus ultra, c'est de se poser au soleil sur la terrasse du Stella am Lietzensee dans la partie nord-est du lac.

MEMORIAL DE PLÖTZENSEE ★

Hüttigpfad
✆ +49 30 3443226
www.gedenkstaette-ploetzensee.de
Gratuit. Tous les jours 9h-17h (16h de novembre à février). Fermé les 24, 26 et 31 décembre et le 1er janvier.

C'est ici, dans la prison de Plötzensee, que furent internés et condamnés à mort les prisonniers politiques du régime nazi. Suite aux peines prononcées par le Tribunal du Peuple (*Volksgerichtshof*), 2 883 personnes de 20 nationalités différentes y ont trouvé la mort. Guillotinés ou pendus, leurs corps étaient ensuite transmis à l'Institut d'anatomie de l'université de Berlin. Depuis 1952, le site est devenu un mémorial.

On peut voir aujourd'hui la salle des exécutions. La guillotine a disparu, mais les crochets témoignent encore des mises à mort par pendaison. Vous découvrirez dans la salle attenante un travail historiographique de qualité, à la fois complet et clair. Les courtes biographies mettent en lumière la diversité des profils des condamnés à mort. Liselotte Hermann, opposante au régime, coupable d'intelligence avec les communistes à l'étranger, Emmy Zehden, témoin de Jéhovah, coupable d'avoir caché son neveu pour le protéger du service militaire, Karlrobert Kreiten, pianiste, coupable de « défaitisme » et de « démoralisation des troupes » après avoir avoué à une amie qu'il pensait la guerre était perdue et qu'Hitler était un fou, Albert Tamboer, coupable d'avoir volé deux conserves de poisson... On est glacé par le cynisme des nazis quand on découvre une facture adressée aux membres de la famille qui détaille les frais d'incarcération et d'exécution.

A l'entrée du camp, une urne remplie de terre en provenance des camps de concentration tient lieu de symbole pour toutes les victimes.

MUSEUM FÜR FOTOGRAFIE & HELMUT NEWTON STIFTUNG ★★

Jebensstraße 2 ✆ +49 30 266424242
www.smb.museum
Ouvert du mardi au dimanche de 11h à 19h et le jeudi jusqu'à 20h. Entrée 10 €, réduit 5 €, gratuit avec le Museumspass.

Le Musée de la Photographie rassemble toutes les œuvres photographiques des Musées nationaux de Berlin, dont les collections sont présentées lors d'expositions temporaires. Mais la plus grande partie du musée (rez-de-chaussée et 1er étage) est occupée par une exposition permanente entièrement consacrée à Helmut Newton : une collection vertigineuse de nus principalement féminins, pour la plupart en noir et blanc. Décédé en 2004, il avait décidé de léguer son œuvre à sa ville natale.

NIKOLAIKIRCHE (SPANDAU)

Reformationsplatz
Ouverte du lundi au vendredi : 12h-16h. Le samedi : 11h-16h. Le dimanche, de la fin de la messe jusqu'à 16h.

Cette petite église Saint-Nicolas, dans le cœur de la vieille ville de Spandau, est le lieu d'un événement décisif pour l'Électorat du Brandebourg. C'est ici que le prince-électeur Joachim II (dont la statue se trouve devant l'église) s'est converti au protestantisme en 1539. Un tableau à droite après l'entrée commémore cette conversion. Profitez-en pour vous balader dans le quartier. S'il a été sévèrement touché par les bombardements de la Seconde Guerre mondiale, il n'en garde pas moins son tracé médiéval et se découvre sans déplaisir.

OLYMPIASTADION - STADE OLYMPIQUE ★★

Olympischer Platz 3
✆ +493030688100
www.olympiastadion-berlin.de
Ouvert tous les jours en dehors des manifestations. Entrée 8 €/5,50 €. Visites guidées à partir de 11 €.

Elaboré par Werner March, pour les Jeux olympiques de 1936, le stade était censé mettre en valeur la propagande aryenne mais c'est l'Afro-Américain Jesse Owens qui repartit avec les honneurs : un échec cuisant pour Hitler ! Le stade a été intégralement rénové pour accueillir la finale de la Coupe du monde 2006. Une visite s'impose pour tout amateur de sport mais aussi d'histoire. Vous pourrez aussi venir y voir un concert ou un match du Hertha BSC.

PFAUENINSEL - L'ÎLE AUX PAONS

Pfaueninsel
Le ferry circule en été entre le deux rives de 10h à 18h du mardi au dimanche et à intervalles de quinze minutes.

Cette île de 67 ha fut acquise par Frédéric-Guillaume II en 1773 pour en faire un terrain de chasse. Le roi fit interdire la coupe des arbres, et ses chênes ont ainsi plus de 400 ans ! Le paysagiste Peter Joseph Lenné réaménagea l'île en jardin à l'anglaise au XIXe siècle. Le château, une fausse ruine selon le goût de l'époque, est plutôt grotesque, mais l'île en elle-même séduit avec ses paons en liberté. Depuis 1990, l'île est, avec les parcs de Potsdam, sur la liste de l'Unesco.

TEGELER SEE - LAC DE TEGEL ★★

Tegeler See

Si le centre de Berlin n'a plus de secret pour vous et que vous avez besoin de prendre l'air, pourquoi ne pas envisager une excursion nature au lac de Tegel ? Le mieux est de se rendre à la station de métro Alt-Tegel, le terminal de la U6 au nord. De là, engagez-vous dans l'allée piétonne qui vous fait traverser le vieux village de Tegel et vous mène jusqu'aux abords du lac : les glaciers, pizzerias, snacks et autres *imbiss* qui jalonnent cette allée vous permettront de prendre des forces avant la balade. Arrivé au lac, vous tomberez sur la Greenwich Promenade. Vous pouvez ensuite emprunter le joli pont en acier peint en rouge pour vous balader sur les bords du lac à votre guise.

Si c'est l'été, sachez qu'il y a de petites plages tout autour du lac si vous avez envie de piquer une tête. Si vous désirez faire un saut sur les autres îles qui jalonnent le lac, c'est-à-dire les îles Valentinswerder, et Maienwerder, rendez-vous à Tegelort tout au sud du Schwarzer Weg. On y prend le ferry (peu fréquent), qui fait une boucle avant de vous ramener au point de départ, à savoir de l'autre côté de la rive, toutefois plus au sud, à Saatwinkel. Là, vous pourrez vous restaurer ou encore prendre un autre ferry qui mène à l'île dénommée Reiswerder, qui offre un bel endroit pour se baigner. Si vous êtes arrivé à ce point, bravo, vous avez fait le tour du lac de Tegel ! Pour rejoindre la station de métro Alt-Tegel, remontez la Bernauer Straße à pied, ou avec le bus 133.

SCHLOSS CHARLOTTENBURG - CHATEAU DE CHARLOTTENBURG ★★★★

Spandauer Damm 10-22 ✆ +49 30 9694202
www.spsg.de

Ouvert du mardi au dimanche de 10h à 17h30 d'avril à octobre, jusqu'à 17h le reste de l'année. Billet combiné 17 €.

Le Prince-Electeur Frédéric III (connu à partir de 1701 comme Frédéric Ier, roi de Prusse) fit bâtir en 1695 cette humble résidence de vacances pour son épouse, la reine Sophie-Charlotte. Le pavillon subit des agrandissements successifs, au gré des désirs des différents monarques, pour devenir la plus grande résidence des Hohenzollern conservée à ce jour. Au-delà de l'aspect historique et de la beauté architecturale du bâtiment, une longue promenade à travers le jardin est également des plus agréables.

▶ **Ancienne aile**. C'est la section centrale du lieu, qui est aussi la plus vieille et la plus authentique (une grande partie du château a été endommagée lors des bombardements en 1945). On y trouve notamment les chambres des premiers résidents du château, Sophie-Charlotte de Hanovre et son mari, le Prince-Electeur. Depuis peu, il y a une nouvelle exposition permanente dans la partie centrale du château, qui s'intitule « Das Preußische Königshaus », la maison royale de Prusse, et qui s'intéresse à l'histoire des Hohenzollern. Vous y trouverez couronnes, sceptres, épées et autres insignes royaux. L'histoire de l'ascension de cette famille, des premiers margraves de Nuremberg aux derniers empereurs d'Allemagne, est racontée à travers de nombreux tableaux et portraits.

▶ **Nouvelle aile**. L'autre attraction du château est l'aile ouest, l'ancien quartier général de Frédéric le Grand, où l'on peut découvrir sa collection de peintures datant du XVIIIe siècle. Découvrez aussi la salle blanche, un joyau du style rococo. Au rez-de-chaussée de cette partie se trouve une autre collection consacrée aux romantiques allemands, comme Caspar David Friedrich et l'inévitable Karl Friedrich Schinkel, qui a également donné son nom à un pavillon du parc dont il fut l'initiateur, le Schinkel Pavillon, une résidence d'été bâtie en 1825. On y découvre tout un éventail de son œuvre : sculptures, peintures, esquisses et porcelaines.

▶ Le pont ***Hohe Brücke***, dans le parc, vous offre un magnifique panorama sur le château, propice aux plus belles photos. Un autre pavillon, le Belvédère, une maison de thé construite en 1788 par Langhans, architecte de la porte de Brandebourg, propose une belle collection de porcelaines des XVIIIe et XIXe siècles (entre autres les fameuses porcelaines KPM, *Königliche Porzellanmanufaktur Berlin*), et ce sur trois étages.

▶ Le **mausolée** du château abrite les tombes de la reine Louise, de Frédéric-Guillaume III, de Guillaume Ier et de l'impératrice Augusta.

© BORISB17

TEUFELSBERG

Teufelsseechaußee 10
✆ +49 176 676 282 50
www.teufelsberg-berlin.de
Ouvert du mercredi au dimanche de midi à 20h. Entrée de 5,50 à 15,50 €, selon la visite (simple ou guidée).

Dans votre aventure berlinoise à la recherche des vestiges de la guerre froide, une visite de l'ancienne station radar de Teufelsberg semble un passage obligatoire. Perché au beau milieu de la forêt de Grunewald, ce lieu est gorgé d'histoire. Après guerre, les Américains y installent une station d'écoute afin de permettre à la NSA de garder une oreille sur la RDA et le bloc de l'Est. Aujourd'hui c'est un paradis pour tous les fans de street art. L'association en charge du site propose également des visites guidées pour vous donner plus de détails historiques.

ZITADELLE SPANDAU

am Juliusturm 64
https://www.zitadelle-berlin.de/
Ouverte tous les jours de 10h à 17h, sauf le jeudi de 13h à 20h. Entrée 4,50 €/2,50 €. Audioguide : 2 €.

La citadelle de Spandau est la seule forteresse de la Renaissance conservée aujourd'hui en Allemagne. A l'intérieur se trouvent même une tour (la Juliusturm) et un édifice (le Palas) qui datent du XIIIe siècle. A la confluence de la Spree et de la Havel, c'est un emplacement stratégique que les princes-électeurs du Brandebourg, Joachim II puis Johann Georg, décident de faire fortifier. Et c'est dans la deuxième moitié du XVIe siècle qu'elle prend sa forme actuelle, avec ses quatre bastions en briques rouges. C'est aujourd'hui un lieu qui n'a plus de fonction militaire et qui est entièrement dédié à la culture. On y trouve plusieurs musées et expositions, surtout à destination des fanas d'histoire.

- Deux musées, dans la Kommandentenhaus et dans le Zeughaus, permettent de retracer l'histoire de Spandau (qui était une commune indépendante jusqu'en 1920) et de sa forteresse.
- L'exposition la plus originale et la plus intéressante se trouve dans le Proviantmagazin, dans la partie est de la citadelle. Elle présente de nombreux mémoriaux et statues qui ont été démontés et retirés de l'espace public berlinois. On y trouve, entre autres, la tête de Lénine (dont la statue trônait autrefois en plein Berlin-Est) et les statues des Hohenzollern qui composaient la Siegesallee (Allée de la Victoire) du Tiergarten. Des cartes interactives permettent de resituer ces anciens monuments dans la ville. Une exposition qui ne manquera pas de nous faire réfléchir sur le rapport entre mémoire collective, espace public et légitimation du pouvoir.

ZOOLOGISCHER GARTEN & AQUARIUM ★★★

Hardenbergplatz 8
✆ +49 30 254010
www.zoo-berlin.de
De 9h à 16h30 ou 18h30 selon la saison. Billet combiné : 22 € (adulte), 16 € (étudiant), 11 € (enfant -15 ans).

Situé dans l'ouest du Tiergarten, et aujourd'hui en plein cœur de a ville, ce parc zoologique est le plus vieux des zoos allemands et compte parmi les plus riches au monde : 1 400 espèces animales y vivent. C'est l'un des endroits les plus visités de la ville. En 2006, Knut, le premier ourson polaire à naître en captivité depuis 30 ans, fait la popularité du jardin zoologique. Depuis sa mort prématurée en 2011, la vedette lui a été volée par les pandas, notamment Bao-Bao, un cadeau de la Chine. Passé la Porte des Eléphants ou la Porte des Lions, vous découvrirez un parc joliment aménagé avec des enclos décorés avec soin. Vous verrez ici entre autres des okapis, des hippopotames nains, des zèbres, des phacochères, des antilopes, des gorilles, des chimpanzés, des girafes, etc. Le jardin possède aussi une immense Maison des Oiseaux. Tant que vous y êtes, rendez-vous à l'aquarium mitoyen qui offre un large panorama de la faune marine à travers une sélection de poissons exotiques, de requins et de crocodiles à longues dents. L'insectarium du troisième étage renferme des mantes religieuses, et le vivarium des serpents venimeux… Les bassins de méduses sont proprement fascinantes et puis il y a aussi les requins-citrons ! Ces derniers ne se laissent pas admirer aussi facilement lors d'une plongée au cœur du Pacifique, alors profitons-en… Amateurs de la faune, ne manquez pas de visiter le zoo et l'aquarium de Berlin. C'est aussi une belle visite pour les familles.

LE ESZETT

La lettre "ß" (Eszett) est propre à la langue allemande. On ne la retrouve dans aucune autre langue. Elle ressemble curieusement à un b majuscule ou à la lettre grecque β (bêta), mais non, elles n'ont rien en commun ! Le « ß » correspond à deux « s » consécutifs. Vous verrez cette lettre à chaque coin de rue en vous baladant à Berlin ! Littéralement à chaque coin de rue, car la lettre ß se retrouve dans le mot allemand pour « rue » : Straße. Si vous cherchez à vous orienter dans votre navigateur et que vous ne savez pas écrire le ß, écrivez simplement Strasse et l'intelligence artificielle fera le reste. Pour les crâneurs, le ß se réalise ainsi sur un clavier : alt+225.

SE RÉGALER

Branchée, moderne et cosmopolite, la capitale allemande regorge d'adresses exquises pour tous les budgets. Du restaurant étoilé au boui-boui vietnamien, du fast-food *vegan* au bistro de plage au look industriel, à Berlin il y en a pour toutes les papilles… Parangon de la branchitude, Mitte est le quartier incontournable des *foodies*. La cuisine est plutôt chic et traditionnelle du côté du Gendarmenmarkt, au sud de la Spree, mais moderne et tendance du côté de l'Auguststraße, au nord de la Spree. Les restaurants de Prenzlauer Berg font la part belle au bio et ses terrasses sont les plus jolies de la ville. Les quartiers de Friedrichshain et de Kreuzberg sont connus et réputés pour leurs clubs et leurs bars, on peut aussi y manger sur le pouce à moindre coût et on y découvrira d'excellentes adresses. La Kantstraße de Charlottenburg est le boulevard où se rendront tous les aficionados de cuisine asiatique.

PRATIQUE

SE RÉGALER

HORAIRES

Les restaurants berlinois sont le plus souvent ouverts toute la journée. Rarement les cuisines ferment l'après-midi. Pour ce qui est des brunchs, ils sont généralement proposés jusqu'en début d'après-midi.

BUDGET / BONS PLANS

La rapport qualité-prix est excellent à Berlin. On peut manger bien sans dépenser des fortunes. Vous trouverez des plats principaux consistants pour moins de 10 €.

EN SUPPLÉMENT

Il est plutôt mal vu de demander un pichet d'eau dans les restaurants et on peut même parfois vous le refuser. Il est coutume en Allemagne d'acheter une bouteille d'eau (souvent pétillante). Vous constaterez aussi que l'eau est parfois plus chère que la bière.

Souvenez-vous que les restaurants refusent souvent les cartes bancaires. Ayez des espèces sur vous et rappelez-vous que l'usage est de laisser un pourboire d'environ 10 % du prix en arrondissant la somme totale. Ne pas donner de pourboire peut être interprété comme une insatisfaction envers le service.

C'EST TRÈS LOCAL

Au mois d'avril, c'est le début de la saison des asperges (*Spargelzeit*) et vous devriez en voir partout, sur les marchés comme dans les plats du jour. Le sol sablonneux du Brandebourg le rend propice à la production de cette plante potagère. La commune de Beelitz, au sud-ouest de Berlin, est particulièrement réputée pour la culture des asperges.
Puis, au mois de mai, vous verrez dans toute la ville des stands de fraises… en forme de fraises !
Pour ce qui est de la célèbre *Currywurst* berlinoise, nous sommes forcés de mentionner ici que sa paternité est disputée en Allemagne.

Asperges de Beelitz.

Entre Hambourg et Berlin, aucun test ADN ne pourra jamais trancher pour déterminer avec certitude l'origine de cette étrange saucisse avec sa sauce au curry. Très prisée par les touristes, elle est devenue un symbole de la ville.

FUMEURS

Les établissements qui servent à manger sont non fumeurs, à moins qu'ils soient des bars qui proposent de quoi grignoter.

LES PHRASES CLÉS

Bonjour, je voudrais réserver une table pour deux personnes pour ce midi ou ce soir.
Hallo, ich würde gerne für heute Mittag oder Abend einen Tisch für zwei reservieren.

Avez-vous un menu en français ou en anglais ?
Haben Sie eine Speisekarte auf Französisch oder Englisch?

Je suis végétarien, y a t-il des plats sans viande ?
Ich bin Vegetarier, gibt es auch Gerichte ohne Fleisch?

Je n'ai vraiment plus faim mais avez-vous une carte des desserts ?
Eigentlich bin ich satt, aber könnten Sie mir trotzdem die Karte mit den Nachspeisen bringen?

Puis-je avoir l'addition s'il vous plait ? Je peux payer par carte ou en espèces ?
Könnte ich bitte zahlen? Kann ich mit Karte bezahlen oder nehmen Sie nur Bargeld?

C'était très bon, nous reviendrons. Merci et à bientôt.
Es hat sehr gut geschmeckt, wir werden wiederkommen. Vielen Dank, bis bald.

ALPENSTUECK €€

Gartenstraße 9
✆ +49 30 21751646
www.alpenstueck.de

Carte du soir à partir de 18h. Entrées à partir de 9 €, plats entre 17 et 29 €.

Posé dans une rue calme, cet établissement, avec sa petite terrasse très agréable l'été, a des airs de restaurants alpins. À l'intérieur, un décor design et minimaliste pour une cuisine traditionnelle. Alpenstueck a réussi à remettre à la mode les spécialités autrichiennes et d'Allemagne du Sud. Le *schnitzel* est surprenant, certainement l'un des meilleurs de Berlin, tout comme les autres spécialités : *kalbstafelspitz*, *schlutzkrapfen* ou encore *spätzle* au fromage. Un bon dîner romantique ou entre amis en perspective pour goûter cette cuisine si souvent délaissée.

ALTES EUROPA €

Gipsstraße 11
✆ +49 30 28093840
www.alteseuropa.com

Ouvert tous les jours de midi à 15h puis à partir de 17h30. Les week-ends à partir de 17h. Plats entre 7 et 20 €.

Merveilleuse cuisine allemande, simple et bien faite, dans un décor de Vieille Europe (c'est le nom du restaurant) qui rappelle les cafés viennois des romans de Stefan Zweig. L'intérieur boisé pourrait presque rappeler les «troquets à la française» avec son parquet et ses chaises en bois. La petite terrasse sous les arbres côté rue est très agréable elle aussi. Le menu du jour est affiché à la craie sur une ardoise. Difficile de prévoir le menu à l'avance, mais vous pouvez être sûr qu'il mettra les spécialités allemandes à l'honneur. Service très sympathique.

BRASSERIE GANYMED €€€

Schiffbauerdamm 5 ✆ +49 30 28599046
www.ganymed-brasserie.de

Ouvert tous les jours de 12h à 1h. Entrées à partir de 9 €, plats de 14 à 45 €. Menus trois plats : 29,50 €/49,50 €.

Dans une salle décorée de boiseries sombres et de stuc élégant aux accents dorés, la brasserie Ganymed a conservé un style Art nouveau et une grande terrasse au bord de la Spree. Le chef combine avec brio les produits allemands et la haute cuisine de l'Hexagone. Festival de fruits de mer dont l'inénarrable Plateau « Royal », composé d'un homard, 6 huîtres, 12 crevettes roses, 6 gambas, 4 pinces de crabes, de poulpe frit et d'un tartare de saumon, ainsi que de moules vertes de Nouvelle Zélande. Service, convivialité, qualité des produits : testé et approuvé !

CAFÉ PFÖRTNER €

Uferstraße 8-11
✆ +49 30 50369854
www.pfoertner.co

Ouvert du lundi au vendredi de 9h à 23h, le samedi de 11h à 23h. Plats à partir de 6 €.

Bio et branchée, cette cantine de Wedding sert une cuisine inventive à base de produits locaux et s'amuse à mélanger les genres : le curry thaïlandais et les *edamame* à la pêche côtoient le tartare de bœuf. Mais le véritable coup de génie de ce resto est d'avoir ouvert une arrière-salle dans un vieux bus redécoré de quelques tables chinées aux puces. Une idée faite de bric et de broc très amusante, qui rappelle le Berlin fantaisiste des années 1990. Une excellente adresse loin – dans l'espace comme dans l'esprit – des restaurants standardisés de Mitte.

CAVALLINO ROSSO €€

Hannoversche Straße 2
✆ +49 30 27908314
www.cavallinorosso.de

Ouvert du lundi au vendredi de midi à 14h30 et de 17h30 à 22h30, le samedi de 17h à 2h. Plats de 14 à 30 €.

Depuis 2005, Giorgio et Roland revisitent la cuisine italienne avec une certaine créativité. Le Piémont et le Tyrol du Sud (Trentin-Haut-Adige) sont particulièrement mis à l'honneur dans les assiettes à travers des innovations culinaires qui attirent une clientèle parfois huppée, notamment les personnalités politiques des environs. Parmi les spécialités que l'on vous recommande, les raviolis à la truffe, le carpaccio ou encore la mousse de grappa, le tout agrémenté d'un vin du Piémont. Nous vous conseillons de réserver à l'avance.

CHIPPERFIELD KANTINE €

Joachimstraße 11
✆ +49 30 33844430

Ouvert du lundi au jeudi de 8h30 à 17h. Le vendredi de 8h30 à 19h. Plats entre 4 et 15 €.

Adresse plutôt branchée, la Chipperfield Kantine propose le petit déjeuner et le déjeuner dans une atmosphère design créée par le célèbre architecte britannique David Chipperfield (à qui l'on doit aussi la James-Simon-Galerie sur l'Ile aux Musées). Le béton et le bois s'y marient à merveille. Le menu change régulièrement en fonction de la saison, vous y trouverez principalement une cuisine allemande et méditerranéenne. La cour pavée et arborée est absolument charmante. Vous l'aurez compris, cette Kantine n'a rien à voir avec une cantine scolaire.

CHUPENGA €

Charlottenstraße 4
✆ +493025935148
www.chupenga.de
Ouvert en semaine de 11h30 à 15h. Entre 8 et 10 €.

Pas facile de bien manger sur le pouce dans le quartier de Check Point Charlie ? Mission difficile mais pas impossible. Essayez Chupenga. Ce petit fast-food de qualité est plébiscité par les cols blancs du quartier qui viennent s'y rassasier le midi. Le concept est simple : vous choisissez une base (salade, burrito, taco ou bowl) puis une source de protéine (poulet, bœuf, veggie, etc.) et enfin les extras et la sauce. Grâce à son succès, il a pu ouvrir d'autres filiales dans la ville : à Friedrichstraße, East-Side-Gallery ou Gendarmenmarkt.

COM VIET €

Münzstraße 3
✆ +49 30 24085251
Ouvert du lundi au vendredi de midi à 23h. Samedi 13h-minuit et dimanche 16h-23h. Plats autour de 5 €.

Seul survivant du Mitte déglingué et désert des années 1990-2000, Com Viet fait figure d'olibrius dans le paysage hipster de ce quartier de la mode, autour de la station de métro Weinmeisterstraße. Authentique restaurant vietnamien, il propose une cuisine simple, fraîche et incroyablement économique pour le coin. Des soupes, des plats à base de riz, de nouilles, avec ou sans coriandre, il y en a pour toutes les papilles. C'est un restaurant idéal pour les petites bourses comme pour les amateurs de vraie cuisine vietnamienne.

DADA FALAFEL €

Linienstraße 132
✆ +49 30 27596927
Ouvert du lundi au vendredi de 10h à minuit, le week-end jusqu'à 2h. Compter environ 5,50 € par assiette.

Située dans la zone la plus touristique du quartier de Mitte, cette petite enseigne est une aubaine pour s'offrir une pause pendant votre visite, dans un cadre assez soigné. On y sert divers sandwichs mais comme son nom l'indique, la spécialité de Dada, c'est le falafel. Et pour beaucoup, ce serait même le meilleur de la ville (faites-vous votre propre opinion). A accompagner d'un yaourt salé à la menthe. On trouvera aussi tout ce dont les Berlinois raffolent : assiettes de haloumi, de shawarma, de houmous, etc. Les prix sont très doux pour le quartier.

DAE MON €€

Monbijouplatz 11
✆ +49 30 26304811
www.dae-mon.com
Déjeuner du lundi au vendredi de midi à 14h30, dîner du lundi au samedi à partir de 18h30. Plats à partir de 24 €.

Mobilier, éclairage, enseigne, police d'écriture : tout ici annonce la modernité. Dans ce très beau restaurant au design épuré en plein cœur de Mitte, on sert une cuisine coréenne créative et contemporaine qui a su se faire très vite un nom dans les magazines *lifestyle* les plus au fait des nouvelles tendances à Berlin. Les plats sont aussi fins que la présentation est soignée. Le prix sont plus que raisonnables pour l'excellente qualité de la cuisine. Quant au service, il est à la fois aimable et efficace. Que demander de plus ?

DOLORES €

Rosa-Luxemburg-Straße 7
✆ +49 30 28099597
www.dolores-online.de
Ouvert du lundi au samedi de 11h30 à 22h et le dimanche de 13h à 22h. Compter 5,50 à 8 € pour un burrito. 3 € la pinte.

Ce fast-food tex-mex propose des burritos frais et délicieux. Son nom, Dolores, est une allusion au Mission District de San Francisco, connu pour sa communauté hispanique. On trouvera aussi des quesadillas, des tacos, des jus de fruits frais et des limonades mexicaines (*aguas frescas*), tous les grands classiques de la Californie. Pratique, rapide, roboratif et très bon marché. Pas d'additifs aromatiques et de nombreuses options végétariennes délicieuses : testez par exemple le burrito à l'avocat ou les quesadillas au fromage.

DREHRESTAURANT SPHERE €€

Panoramastraße 1A ✆ +49 30 2475750
www.tv-turm.de/fr
Mars-octobre 9h-minuit, novembre-février 10h-minuit. La cuisine ferme à 22h30. Plats : 7 à 30 € en moyenne.

Ce restaurant, perché à 207 m, est moins connu que la tour, mais croyez-nous l'expérience mérite pourtant le détour ! Confortablement installé — idéalement au plus près des baies vitrées pour mieux profiter du spectacle —, on effectue en une heure une lente rotation à 360°. Par temps dégagé, le panorama s'étend au loin jusqu'à 60 kilomètres ! Au menu, une bonne cuisine locale, ainsi que des spécialités saisonnières et internationales. Le week-end, on vous sert également un petit déjeuner et le bar propose différent types d'offres comme des *afterworks*.

SE RÉGALER

GRILL ROYAL €€€

Friedrichstraße 105 B
✆ +49 30 28879288
www.grillroyal.com
Ouvert tous les soirs à partir de 18h. Repas autour de 60 €.

Un restaurant au bord de l'eau, où toute l'industrie créative et quelques touristes se retrouvent pour déguster de la bonne viande. Le menu ravit tout carnivore avec ses différentes coupes de viandes allemandes, françaises ou argentines. Le bœuf est excellent, cuit selon vos souhaits. Au dessert, crème brûlée, mousse au chocolat ou, plus original fondant, au chocolat avec glace au beurre de cacahuète. Et, comme partout, d'autres viennent non pas pour la viande mais pour voir et se faire voir dans ce décor huppé, mais là c'est une autre histoire.

KEYSER SOZE €

Tucholskystraße 33
✆ +49 30 28599489
www.keyser-soze.de
Ouvert tous les jours de 8h à 2h, du jeudi au samedi jusqu'à 4h. Plats entre 7 et 15 €.

Ce café-bar ouvert est vaste, aéré, à la mode, cool, privilégie le blues et l'ambiance qui va avec. C'est le rendez-vous privilégié des yuppies du coin, qui viennent déjeuner rapidement le midi. Plutôt calme en semaine, le café se réveille le week-end et participe gaiement à l'animation qui s'empare de la rue. Et le plus, c'est que c'est un des rares cafés du quartier qui propose de la cuisine allemande et sert diverses variétés de *Wurst*, des boulettes de viande et autres merveilleux *Käsespätzle*. Les minuscules tables dehors sont charmantes.

MAXIMILIANS RESTAURANT €€

Friedrichstraße 185-190
✆ +49 30 20 45 05 59
www.maximilians-berlin.de
Tous les jours 11h-23h30. En semaine le midi, plat ≈ 9 €. A la carte, compter ≈ 25 € pour un repas complet sans boisson.

Ce restaurant typiquement bavarois présente l'avantage d'allier l'utile à l'agréable : non seulement on peut y tester les spécialités de Bavière, mais également celles de Berlin. Le lieu est plutôt touristique mais l'ambiance conviviale. Dans un décor qui rappelle les brasseries de Munich, saucisses, rôtis mais également poissons et plats végétariens sont au menu, de quoi régaler les plus tatillons. Pour ce qui est des boissons, on prendra naturellement une *Paulaner*. N'en déplaise aux Berlinois, la bière bavaroise est bien meilleure que la bière d'ici.

SCHNITZELEI €€

Chausseestraße 8 ✆ +493032519422
www.schnitzelei.de
Tous les jours 16h-minuit. Dimanche 12h-22h30. 3 tapas : 10,50 €, 6 tapas 17,50 €, 9 tapas 22,50 €. Schnitzel ≈ 20 €.

Comme son nom l'indique, la Schnitzelei propose toute une série d'escalopes panées : le schnitzel bavarois (avec du porc et une salade de pommes de terre), le schnitzel viennois (avec du veau)... On y trouvera aussi un schnitzel végan et végétarien (avec des champignons) et de plusieurs vins allemands (Grauer Burgunder, Riesling, etc.). La trouvaille originale de ce restaurant est de proposer des « tapas allemandes », une bonne façon de se familiariser avec quelques classiques de la gastronomie d'outre-Rhin (obazda, saucisses de Nuremberg, etc.).

TADSCHIKISCHE TEESTUBE €

Oranienburger Straße 27
✆ +49 30 2041112
www.tadshikische-teestube.de
Ouvert en semaine de 16h à 23h et le week-end de midi à 23h. Repas entre 12 et 18 €.

Le Tadschikische Teestube (salon de thé tadjik) et son décor magique sont un *must*, que les passionnés d'Orient-Express et autres destinations de l'autre bout du monde ne devront pas manquer. Assis sur des coussins voluptueux autour d'une table basse en bois, on déguste un samovar accompagné de ses confiseries russes traditionnelles, ou un plat aux saveurs orientales. L'été, la terrasse de la cour intérieure s'apparente à un petit havre de paix et on oublie que l'on est en pleine ville. Le cadre est enchanteur et la cuisine est délicieuse.

YAROK €

Torstraße 195
✆ +49 176 64734775
www.yarok-restaurant.de
Ouvert tous les jours de 12h à 23h. Le lundi à partir de 14h. Plats entre 5 et 13 €.

Au détour de la Torstraße, tout droit sorti de Damas, se situe le restaurant Yarok. Son nom vient de l'hébreu « vert », couleur sacrée de l'islam. Un beau symbole. Côté menu, Yarok offre une large gamme de salades et de plats typiques. A ne surtout pas rater, les *Mix-teller*, de riches d'assiettes constituées d'un assortiments de ce que la Syrie fait de meilleur : houmous, falafel etc. L'ambiance est chaleureuse et le service agréable. Avant de continuer votre escapade, il faut absolument goûter le thé à la menthe, réchauffant en hiver, désaltérant en été.

5 CINCO BY PACO PÉREZ €€€

Drakestraße 1
✆ +49 30 3117220
www.5-cinco.com
Ouvert du mercredi au samedi de 18h30 à 22h. Entre 60 et 165 € par personne avec le vin.

Avec cette superbe adresse à la lisière du Tiergarten, le chef Paco Pérez exporte à Berlin ses recettes de fruits de mer, testées avec succès dans son restaurant Miramar (deux étoiles) de Llança, en Espagne. Coquilles Saint-Jacques, homards et caviar sont à l'honneur dans ces assiettes à la créativité bouillonnante qui valent une étoile à ce restaurant prestigieux. Décor design de béton, de tentures et de carrelage chic, sans oublier les marmites de cuivre étincelantes pendues toutes ensemble comme une sculpture contemporaine au milieu de la salle à manger.

CAFÉ AM NEUEN SEE €€

Lichtensteinallee 2
✆ +49 30 2544930
www.cafeamneuensee.de
Ouvert tous les jours à partir de 9h.

Au cœur du parc luxuriant de Tiergarten, cette guinguette à l'allemande est l'un de nos coups de cœur à Berlin. Ce Café am Neuen See est un ***biergarten*** dont le charme bucolique parvient à nous faire oublier que les prix sont ici plus élevés qu'ailleurs. En été, on peut se rafraîchir avec une chope de bière au bord de l'eau ou louer une barque et explorer le lac. En hiver, on préférera choisir une table près de la cheminée dans la petite hutte en bois. La cuisine est bonne et simple : flammekueches, grillades, salades bien fraîches et spécialités allemandes.

COA €

Potsdamer Platz 5
✆ +49 30 23005462
www.coa.as
Ouvert du lundi au vendredi de 11h à 23h, le week-end à partir de midi. Plats entre 6,50 et 9 €.

Coa est un vaste restaurant minimaliste aux couleurs vert anis et chocolat qui propose une cuisine fusion inventive en surfant sur la tendance des plats sains, légers et savoureux. On y trouve des saveurs plutôt inspirées des cuisines asiatiques avec une sélection de woks, de nouilles sautées, de dim-sums, de salades mélangeant le salé et le sucré le tout accompagné de lassi ou de jus frais. Les portions sont généreuses, mais la cuisine est plutôt légère. Une bonne adresse pour ce quartier ultra touristique où l'on trouve surtout des chaînes.

JOSEPH-ROTH-DIELE €

Potsdamer Straße 75
✆ +49 30 26369884
www.joseph-roth-diele.de
Ouvert du lundi au vendredi de 10h à 23h, cuisine ouverte de 11h à 22h. Plats de 5 à 13 €. Paiement en espèces.

Le « comptoir » de l'écrivain Joseph Roth semble tout droit sorti de l'un de ses romans sur la Vieille Europe. Toujours plein, ce petit café-bistro, avec ses nappes à carreaux et ses piles de livres le long des murs, est un havre de paix dans ce quartier animé. La cuisine est simple, classique, très correcte et les prix sont plus que raisonnables : laissez-vous tenter par leurs délicieux ***Spätzle***, leurs ***Schupfnudeln***, ou même par un ***Goulash***... Et en dessert, essayez le Kalter Hund (chien froid), une fine tranche de gâteau au chocolat typiquement berlinois.

KI-NOVA €

Potsdamer Straße 2
✆ +493025464860
www.ki-nova.de/
Plats entre 10 et 15 €.

Pas facile de bien manger pour pas cher sur la Potsdamer Platz ? C'est vrai, le quartier est très touristique et on a surtout des restaurants que l'on retrouve ailleurs en Allemagne, mais il y a aussi quelques surprises. Ki-Nova en est une. Situé dans le Sony-Center, ce restaurant mise sur une cuisine simple et éclectique qui emploie les produits du terroir : les épinards ou les betteraves par exemple. On trouvera des plats pour petits et grands : salades, flammekueches, bowls, etc. La décoration est plutôt réussie avec son arbre d'intérieur.

VAPIANO €

Potsdamer Platz 5
✆ +49 30 23005005
www.vapiano.de
Ouvert tous les jours de 10h à 1h, le dimanche jusqu'à minuit. Plats entre 5 € et 10 €.

La chaîne allemande Vapiano propose des plats italiens. Le principe est simple : à votre arrivée vous recevez une carte à puce avec laquelle vous pouvez commander ce que vous voulez. Les pâtes sont fraîches et on les prépare devant vous. Lorsque vous commandez une pizza, vous recevez un buzzer qui commence à sonner lorsqu'elle est prête. A votre sortie vous rendez votre carte à puce à la caisse et vous réglez ce que vous avez consommé. Atmosphère aseptisée, mais la cuisine y est bonne et les tarifs sont très corrects. D'autres adresses existent à travers la ville.

AUSSPANNE €€

Kastanienallee 65
✆ +49 30 44305199
www.deutsches-restaurant.berlin

Ouvert du mardi au samedi dès 16h. Carte snack de 2,50 à 7 € l'après-midi. Le soir, plats traditionnels allemands.

Attenant à l'hôtel familial Kastanienhof, et ouvert à tous, le Ausspanne a ouvert ses portes en avril 2016. Amateurs de cuisine allemande, c'est ici que ça se passe ! Tous les soirs, on y déguste à prix très raisonnables des plats traditionnels bien maîtrisés, concoctés par le chef André Pilz. Au menu, par exemple, foie de veau à la berlinoise mitonné avec oignons, pommes et pommes de terre en purée, etc. L'accueil de la famille Hauptmann et de son équipe est aux petits soins : une excellente adresse à découvrir, que l'on séjourne ou non au Kastanienhof.

I DUE FORNI €€

Schönhauser Allee 12
✆ +49 30 440 17 333

Ouvert tous les jours de midi à minuit. Compter 10 à 15 € par repas.

Une pizzeria-trattoria qui fait fureur chez les Berlinois depuis de longues années. D'ailleurs, c'est une mini-chaîne autrefois ouverte par une bande de punks italiens, qui possèdent deux autres adresses, l'une à Kreuzberg, sur le canal, et l'autre à Friedrichshain. Dans la vaste salle du restaurant, l'ambiance est animée et bruyante, surtout le week-end. Les serveurs italiens, envoient les pizzas avec une rapidité (et une agilité) toute romaine. Et le résultat est fameux ! En plus de la grande salle, une terrasse est ouverte l'été.

GUGELHOF €€

Knaackstraße 37
✆ +49 30 4429229
www.gugelhof.de

Ouvert du lundi au vendredi de 17h à 23h, le week-end de 10h à 23h. Plats aux alentours de 15 €, 30 € pour les menus.

Ce restaurant est réputé pour ses spécialités alsaciennes et allemandes. Si bien qu'en arrivant même à 16h pour dîner, toutes les tables sont déjà réservées. Si vous parvenez à obtenir une place, testez alors le *Bäckehoffe* (morceaux de viande, marinés pendant une journée avec des légumes et des pommes de terre dans un plat spécial en céramique, un régal !). La maison dispose d'une carte de vins rhénans. L'ancien maire de Berlin, Klaus Wowereit, aime y dîner et Gerhard Schröder y a emmené Bill Clinton, mais vous pourriez aussi y croiser Angela Merkel...

KNOFEL €

Wichertstraße 33a
✆ +49 30 4476717
www.knoblauchrestaurant.de

Lundi-jeudi à partir de 18h, le vendredi à partir de 14h et le week-end à partir de 13h. Plats entre 12 et 25 €.

Le concept a le mérite d'être original : le Knofel est un petit restaurant dans lequel on ne sert que des plats à base d'ail ! Le *Hackbraten*, spécialité allemande de viande hachée, est généreusement assaisonné et l'on trouve aussi les fameuses *Bratkartoffeln* dans leur version aillée. A côté de ce louable effort d'adaptation à la cuisine méditerranéenne figurent naturellement la soupe à l'ail, le poulet provençal... Les desserts sont plus saugrenus, comme la glace à la vanille aromatisée à l'ail et, pour digérer le tout, un digestif à l'ail plutôt inoubliable...

HA-AN SUSHI €

Kastanienallee 18
✆ +49 30 60969173
www.ha-an.de

Ouvert tous les jours de midi à minuit. Compter entre 10 et 15 € pour un repas.

Très belle adresse de la Kastanienallee où la concurrence entre les restaurants asiatiques est pourtant des plus rudes. Dans un décor aux allures de jardin japonais, on y trouvera d'appétissantes assiettes de sushis à des prix très abordables (il y a une quinzaine de menus différents). Une soupe miso maison vous sera offerte au début en attendant votre commande. Chez Ha-An Sushu, on propose également quelques spécialités vietnamiennes et de délicieuses soupes japonaises avec des nouilles au froment. C'est bon et c'est bon marché.

KOCHU KARU €€

Eberswalderstraße 35
✆ +49 30 80938191
www.kochukaru.de

Ouvert du mardi au samedi de 18h à 23h30. Tapas de 10 à 16 €.

Nouvelle coqueluche de la scène gastronomique de Prenzlauer Berg, ce restaurant est né de la rencontre d'une chanteuse coréenne et d'un chef espagnol. La carte met au goût du jour les recettes traditionnelles de la Corée du Sud sous forme de tapas : Porc épicé, salade de poulpe et de chorizo, bœuf mariné sauce soja. En dessert, optez pour les pancakes à base de patate douce, spécialité de la maison. Si le service, la carte des vins et la qualité de la cuisine sont irréprochables, on peut regretter que les portions soient si petites.

KONNOPKE IMBISS €

Schönhauser Allee 44B ✆ +49 30 4427765
www.konnopke-imbiss.de

Ouvert du lundi au vendredi 10h-20h et samedi 12h-20h. Fermé dimanche et jours fériés. Plats environ 3 €.

Cet *Imbiss* ouvrit en 1960 sous les rails du métro aérien : c'était alors la première fois que les Allemands pouvaient manger une currywurst à Berlin-Est. Max Konnopke, illustre vendeur de saucisses qui commença sa carrière en 1930, dessina lui-même les plans de cette petite baraque plutôt *design*. Impossible d'échapper à une petite queue, à toute heure de la journée, pour la mythique *currywurst* (saucisse sauce curry). A déguster avec des frites, sur une table haute, coude-à-coude avec un ouvrier couvert de peinture et une *executive* en tailleur bleu marine.

MARIA BONITA €

Danziger Straße 33
✆ +4917636526955
www.mariabonita.de

Ouvert tous les jours de midi à 21h30. Tacos et burritos entre 6,50 et 9,50 €.

Ouvert par trois jeunes restaurateurs, un Mexicain, un Américain et un Australien, le Maria Bonita dit non au Deutsch-Mex au profit d'une véritable *street food* mexicaine : on n'est pas à Oaxaca mais, pour Berlin, on s'en approche. Fréquenté aussi bien par les expatriés anglo-saxons que les locaux, c'est le dépaysement garanti dans ce tout petit resto-comptoir. *Ceviches, tacos carnitas, tacos camarone* et *burritos* nous rappellent bien les saveurs de là-bas. Le tout arrosé d'une Corona bien fraîche. Chaque semaine, on y propose également une spécialité différente.

NOVEMBER CAFE €

Husemannstraße 15
✆ +49 30 4428425
www.cafe-november.de

Ouvert du lundi au vendredi à partir de 14h, samedi et dimanche à partir de 10h. Plats autour de 6 €.

Si vous passez à Berlin en période estivale et que vous logez à Prenzlauer Berg, faites étape au November, un café-brasserie authentique et idéal pour un petit déjeuner, un déjeuner rapide, une pâtisserie ou un verre. Sa grande terrasse, à l'ombre d'un bel immeuble bourgeois du XIXe siècle, attire une clientèle variée, et comme souvent à Berlin toutes générations confondues. Les brunchs du dimanche y sont réputés. En soirée, l'atmosphère est plutôt sage : on ne dansera pas sur les tables mais on pourra refaire le monde autour d'une chope de bière.

PASTERNAK €€

Knaackstraße 22-24 ✆ +49 30 304413399
www.restaurant-pasternak.de

Ouvert tous les jours 9h-18h. Menu à midi pour 9,50 € en semaine (entrée-plat-boisson). Brunch du dimanche à 14,50 €.

Nommé d'après l'écrivain russe et prix Nobel de littérature Boris Pasternak (auteur notamment du *Docteur Jivago*), ce restaurant plein de charme, très apprécié des habitants de Prenzlauer Berg, propose des spécialités russes comme le *bortsch* ou la *soljanka*. Enchaînez avec des blinis ou un bœuf Strogonoff avant de déguster un *jabloko* (pomme au four) ou un *strudel* moscovite. On y propose également quelques plats juifs ashkénazes. Excellentes options végétariennes. En semaine, le menu proposé offre une belle introduction à la cuisine russe à un prix abordable.

PRATER GARTEN €

Kastanienallee 7-9
✆ +49 30 4485688
https://www.prater-biergarten.de/

Biergarten ouvert d'avril à septembre, tous les jours à partir de midi. Restaurant ouvert toute l'année.

Le plus ancien *Biergarten* de Berlin (fondation en 1837 !), sur la très courue Kastanienallee, a toujours ses fidèles. Assis au coude-à-coude autour de longues tables de bois, les étudiants commencent leur soirée quand les jeunes parents avec leur poussette et les ouvriers du quartier boivent la dernière bière de la journée. Le restaurant vous accueille dans un style typiquement germanique avec ses boiseries et son esthétique sobre. On peut également y déguster une cuisine allemande et autrichienne ainsi que des spécialités de saison comme de l'oie rôtie.

SASAYA €€

Lychener Straße 50
✆ +49 30 44717721
https://sasaya-berlin.de

Ouvert du jeudi au lundi de midi à 14h30 et de 18h à 22h30. Environ 2 € le sushi à l'unité.

Le meilleur japonais de Prenzlauer Berg et l'un des meilleurs de Berlin, pour un tarif tout à fait raisonnable. Si la déco est très berlinoise, sobre, *trendy* et moderne, la cuisine, elle, est résolument japonaise. Sasaya propose quelques créations de *sushi rolls* (comme le No Name ou le Spicy Tuna) et une carte de sushis impressionnante ; on voudrait pouvoir tout essayer. Le poisson est d'une fraîcheur irréprochable. On dîne au bar, à table ou bien encore au sol, sur des tatamis. Une expérience totale qui nous ferait presque oublier un instant qu'on est à Berlin.

SKYKITCHEN €€€

Landsberger Allee 106
✆ +4930453053 2620
www.skykitchen.berlin
Mardi-samedi 18h-23h, le dimanche 11h-15h. Menus de 47 à 67 €, boissons non incluses. Menu déjeuner le dimanche 39 €.

Non seulement la vue sur Berlin, depuis ce restaurant haut perché, est extraordinaire, mais on adore l'attitude simple et directe du chef étoilé Alexander Koppe et de son équipe. Ici, le client n'est pas seulement roi, il est un invité de cette « famille » berlinoise qui cuisine simplement, mais avec un talent rare. Tous les ingrédients sont irréprochables et proviennent de la région et Koppe s'applique à adapter ses plats selon les intolérances alimentaires ou les préférences de ses clients. Une élégance simple et sans prétention.

SOUTHERN VITTLES €€

Lychener Straße 6
✆ +49 1522 9420749
Ouvert du mardi au vendredi de 17h à 23h, le week-end de 10h à 15h et de 17h à 23h. Plats entre 5 et 20 €.

Le Southern Vittles est une adresse unique à Berlin. Craig, le gérant, véritablement passionné de cuisine et riche d'une expérience l'ayant conduit de Las Vegas à la Nouvelle-Zélande en passant par le Danemark, vous propose une cuisine authentique du Sud des Etats-Unis. Bien loin des clichés des *fast-foods*, les plats sont très élaborés et absolument savoureux. Parmi les incontournables : le Chicken & Waffles et les Ribs. Quant à Craig, il se fera un plaisir de vous orienter dans vos choix si vous expérimentez cette cuisine pour la première fois.

SURIYA KANTHI €€

Knaackstraße 4
✆ +49 30 4425301
www.suriya-kanthi.de
Ouvert du mardi au samedi de 18h à minuit, le dimanche dès 11h. Plats entre 8 et 18 €.

Le « Rayon de soleil » (c'est ce que signifie *Suriya Kanthi*) propose une cuisine sri-lankaise de grande qualité à des prix imbattables. La plupart des ingrédients sont bio et la viande vient de Nouvelle-Zélande, gage de qualité. Les saveurs sri-lankaises sont proches de la cuisine de l'Inde du Sud. Douce, peu épicée mais très parfumée, elle se distingue par son usage de la noix de coco. Liquide, râpée ou cuite, celle-ci est pratiquement présente dans tous les plats. Vous pourrez au choix manger avec la main ou avec des couverts.

THE BIRD €

Am Falkplatz 5
✆ +49 30 51053283
www.thebirdinberlin.com
Ouvert lundi-jeudi 18h-23h, le vendredi 16h-minuit, le week-end de midi à minuit. Burger entre 10 et 15 €.

Incontestablement les burgers les plus appréciés de Prenzlauer Berg. On leur voue même un certain culte – ou disons qu'ils ont leur fan-club. Niché dans un quartier résidentiel de Prenzlauer Berg, ce bar-resto américain attire bien au-delà du quartier pour ses steaks, ses *chicken wings*, ses club sandwiches, mais surtout la quinzaine de burgers maison qu'ils proposent. Déco de pub du Wisconsin à mi-chemin entre le *diner* et le *sports bar* : ce n'est pas l'endroit le plus romantique pour faire une demande en mariage mais c'est un bon resto pour bien manger.

UMAMI €

Knaackstraße 16-18
✆ +49 30 288 60 626
www.umami-restaurant.de/
Ouvert tous les jours de midi à 23h. Plats entre 8 et 15 €.

Au cœur de Prenzlauer Berg, au pied de la *Wasserturm*, Umami propose une excellente cuisine inspirée des différentes spécialités d'Asie du Sud-Est allant du célèbre Banh Bao Burger et ses frites de patate douce aux Veggie Pots en tout genre. Pour agrémenter tout ça, un large choix de jus frais et de cocktails aux herbes, parfait pour un repas détox ! Côté ambiance, on ne peut qu'apprécier sa large terrasse l'été ou sa grande salle boisée le reste du temps. Il existe également une autre adresse dans Kreuzberg, dans la très animée Bergmannstraße.

W - DER IMBISS €

Kastanienallee 49 ✆ +49 30 4435 2206
www.w-derimbiss.de
Ouvert du dimanche au jeudi de midi à 22h, vendredi et samedi de midi à 23h. Plats entre 5 € et 20 €.

Un *Imbiss* pas comme les autres, comme en témoigne son patron canadien excentrique, Gordon. Ici, point de döner ou de *Currywurst* mais des *naans* (le pain indien), des bols de riz ou la soupe du jour. Le restaurant se revendique d'un mélange de végan, mexicain, indien et italien. Entre les naan pizzas et les burritos, tout est un mélange de saveurs. Tout simplement excellent, simple et différent à la fois. Essayez aussi les boissons un peu alternatives, notamment l'Appel High : un jus de pomme avec des algues hyperprotéinées. Une excellente adresse, très fréquentée.

ANASTASIA €

Samariterstraße 13
✆ +49 30 42025382
www.anastasia-berlin.de
Ouvert tous les jours de 9h à minuit. Plats entre 6 € et 16 €.

Voilà un joli restaurant dans une partie plus résidentielle de Friedrichshain mais qui mérite le détour pour le charme de ses édifices *Gründerzeit* et pour ses bonnes adresses. Tenu par l'ancien chef cuisinier du président du Kazakhstan, Anastasia propose une cuisine russe traditionnelle. Parmi les plats que vous serez susceptible de trouver à la carte : des blinis, des pelmenis (des sortes de raviolis), du bortsch, de la shorpa (soupe ouzbèke). Mais on peut aussi y aller pour impressionner ses convives tant le décor est majestueux.

CURRY FRITZE - WHAT A WURST €

Warschauer Str. 54
Du lundi au mardi de midi à 22h, du mercredi au dimanche jusqu'à 5h du matin. Currywurst 2 €.

Amateurs de *currywurst*, celle-ci est l'une des meilleures de la ville. La chair à saucisse provient d'une petite boucherie locale, la sauce au curry est impeccablement épicée et les frites sont fondantes et croustillantes à la fois. Essayez aussi les pommes Italiano avec sauce à l'avocat et à l'ail (une trouvaille !) et la DDR Kettewurst, l'authentique saucisse de RDA. Accueil sympathique et horaires tardifs bien pratiques pour les fêtards de Friedrichshain...

FABRICS €€€

Stralauer Allee 3
✆ +49 30 2902994107
www.nhow-hotels.com
Ouvert tous les jours de 6h30 à 23h30. Comptez 40 à 60 € à la carte.

La décoration du Fabrics, le restaurant de l'hôtel Nhow, est accordée à l'ensemble pop, rose et vert, de ce bâtiment ultramoderne au bord de la Spree. C'est une palette de couleurs pour le moins surprenante. Dans l'assiette, émulsions et poissons délicats, homard et *Rinderroulade* de bœuf traditionnel revisitent la cuisine allemande classique. Venez plutôt le soir : la carte du déjeuner est assez mince. Et si vous ne venez pas manger, jetez tout de même un coup d'œil à cet édifice vertigineux qui met au défi les lois de la gravité.

IL RITROVO - CUCINA CASALINGA POPOLARE €

Gabriel-Max-Straße 2
✆ +49 3029364130
Ouvert tous les jours de midi à minuit. Plats entre 8 et 15 €.

Décidément, les restaurants italiens ne manquent pas à Friedrichschain. Chez Il Ritrovo, la jeunesse du quartier se donne rendez-vous pour déguster de délicieuses et conséquentes pizzas dans une ambiance de cantine populaire. L'endroit paraîtra bruyant pour certains, il semble plus judicieux de privilégier ce lieu pour partager un moment festif entre amis. Cette pizzeria est tenue par les mêmes gérants que I due Forni et Il Casolare. Une valeur sûre dans trois quartiers de Berlin.

MICHELBERGER HOTEL €€

Warschauer Straße 39-40
✆ +49 30 29778590
www.michelbergerhotel.com
Ouvert le lundi au vendredi midi-14h30, et 18h30-23h du mardi au samedi. Compter 10 à 20 € par repas.

Un restaurant apprécié des gens du coin, qui viennent ici déguster des plats cuisinés à partir de produits bio, cultivés dans les environs de Berlin. Une carte écoresponsable donc, qui change toutes les semaines. A goûter par exemple, le gratin de quinoa ou encore les aubergines farcies. Le cadre est agréable, aéré et lumineux. Le restaurant se situe au rez-de-chaussée de l'hôtel du même nom. On peut aussi aller boire un verre au bar ou dans la cour, très agréable en journée ou en soirée. Des DJ y sont régulièrement invités.

PIZZA VIRA €

Warschauer Straße 66
✆ +49 30 60059059
www.pizza-vira.de
Ouvert tous les jours de 10h à 1h. Plats environ 6 €.

Pâtes, soupes, pizzas cuites au four, salades authentiques, flammkueche et antipasti dans cette *osteria* italienne, le tout servi par une équipe jeune et nonchalante mais fort sympathique. On se sert soi-même son verre de vin – bio – et on s'installe à l'une des grandes tables de bois pour un repas convivial dans ce quartier animé, jeune et festif. C'est une excellente option pour manger sur le pouce avant d'aller arpenter les bars de Friedrichshain. Et comme on est à Friedrichshain, il y des alternatives véganes. Pensez également à consulter le plat du jour.

21 GRAMM €

Hermannstraße 179
✆ +493076795810
http://21gramm.berlin
Ouvert du mardi au dimanche de 10h à 22h. Le vendredi et le samedi juqu'à minuit.

Le 21 Gramm est un petit café lové dans une ancienne chapelle, celle du cimetière jute à côté. C'est un endroit paisible où l'on viendra prendre un repas ou un petit déjeuner entre les arches et les colonnes corinthiennes. Vous pourrez également tenter de déchiffrer les deux citations bibliques – partiellement effacées – en lettres gothiques sur le mur. Le plateau de petit-déjeuner à partager à deux est très original avec son tahiné, sa rémoulade, ses radis et autres racines comestibles. Il y a aussi de délicieux pancakes ou les granolas au curcuma.

3 SCHWESTERN €€

Mariannenplatz 2
✆ +49 30 600 318 600
www.3schwestern-berlin.de
Du lundi au vendredi à partir de midi, le week-end à partir de 11h. Compter 10 à 25 € le soir, ≈ 10 € au déjeuner.

Niché sous les voûtes de ce qui fut le réfectoire des bonnes sœurs du Bethanien – l'ancien hôpital dans lequel vous vous trouvez et qui a des allures de château fort –, le restaurant 3 Schwestern propose depuis 2010 des plats allemands inspirés par les cuisines de la Méditerranée et des Alpes, simples et bien préparés. L'été, dans le jardin attenant, le cinéma Freiluftkino Kreuzberg en plein air propose des projections de films au coucher du soleil. Une jolie adresse, plutôt romantique, où emmener votre âme sœur ou... vos parents.

A.HORN €€

Carl-Herz-Ufer 9
✆ +49 30 60059888
www.kaffee-ahorn.de
Ouvert tous les jours à partir de 10h. Formules petit-déjeuner entre 4 et 10 €, salades ≈ 10 € et plats ≈ 15 €.

Encore une belle adresse le long du canal. Petit havre de paix, ce café vous accueille aussi bien pour un petit-déjeuner que pour un dîner. Ambiance tamisée à l'intérieure et belle terrasse extérieure, parfois animée par un musicien de rue. Au niveau de la carte, une belle liste de focaccia et de bagels pour une pause gourmande ainsi que quelques pâtisseries comme des cheesecakes et *carrot cakes*. La carte des plats chauds offre des variantes selon la saison. On retrouve un mix de spécialités allemandes et italiennes telles que des *spätzle* ou des raviolis.

ATLAS CAFÉ €

Graefestraße 10
Ouvert tous les jours de 9h à 22h. Plats autour de 8 ou 9 €.

La Graefestraße – cette élégante rue de Kreuzberg – ne manque pas de vitrines et d'enseignes aguicheuses. Dans l'Atlas Café, dans la partie nord de la rue, on sert une bonne cuisine allemande, simple et à des prix très doux. Aux beaux jours, la terrasse à l'angle de la Graefestraße et de la Böckhstraße est charmante avec sa petite guirlande de loupiotes colorées. A l'intérieur, la lumière est tamisée et le mobilier tout de bois. On pourra aussi y venir pour le petit-déjeuner ou l'après-midi pour savourer une part de gâteau avec un petit café.

AUSTRIA €€

Bergmannstraße 30
✆ +49 30 6944440
www.austria-berlin.de
Ouvert le lundi de 18h à minuit, du mardi au dimanche de midi à minuit. Plats entre 7 et 22 €.

Cet authentique restaurant autrichien est sans prétention et sert une cuisine impeccable dans un décor alpin de boiseries et de lourdes tables brunes. Situé dans la très dynamique Bergmannstrasse, on se croirait dans dans une auberge au fin fond du Tyrol une fois entré : les murs sont recouverts de trophées de chasse ! Le *Schnitzel* (escalope de porc ou de veau panée) y est exquis. On y retrouve naturellement tous les classiques de la cuisine autrichienne tels que le *tafelspitz* ou l'*apfelstrudel*. Belle sélection de vins blancs.

AZZAM €

Sonnenallee 54
✆ +4930 60977541
Ouvert tous les jours de 11h à minuit. Plats entre 2 et 6 €.

La meilleure adresse de Neukölln pour déguster, à prix incroyablement doux, des spécialités libanaises et arabes. Dans ce restaurant convivial et bruyant, où les cuistots font le pain dans de grands fours de terre cuite sous vos yeux, les portions de houmous nourrissent une famille entière et les soupes roboratives aux haricots blancs sont parfaitement épicées. Les assiettes (Azzam Teller), très généreusement garnies, sont un véritable patchwork de toutes les saveurs de ce que ce restaurant a de meilleur à offrir. Un régal, seul ou à plusieurs !

BAR RAVAL €€

Lübbener Straße 1
✆ +49 30 53167954
www.barraval.de

Ouvert tous les jours à partir de 18h. Tapas entre 4 et 7 €. Assortiment de tapas 15-16 €.

Ce restaurant espagnol très couru est une initiative de Daniel Brühl, le célèbre acteur de *Goodbye Lenin*, un Berlinois aux origines espagnoles. La cuisine ouverte permet d'observer les créations du jour du chef Atilano Gonzales (affichées sur l'ardoise). La décoration est épurée et sans chichis. Belle carte des vins. Mention spéciale aux *patatas bravas* (pommes de terre frites avec sauce mayonnaise à l'ail) et aux *pimientos del padrón*, tous deux délicieux ! Le Bar Raval est un endroit très sympa pour venir prendre l'*aperitivo*.

GÖZLEME €

Karl-Marx Straße 35
✆ +49 30 6134134

Ouvert tous les jours de 11h à 22h30. Gözleme à partir de 3 €. Mantı 6/7 €.

Le snack turc ne saurait se réduire au légendaire *döner kebab*. D'ailleurs, dans ce restaurant, on n'en fait pas. Au cœur du quartier de Neukölln, la spécialité de ce snack, ce sont les *gözleme*, des sortes de petites crêpes fourrées (au fromage, aux épinards, à la viande, aux champignon, aux aubergines...). On pourra goûter ici également une autre spécialité d'Anatolie : les *mantı*, des raviolis turcs servis avec une sauce au yaourt et au beurre épicé. Ce déjeuner sur le pouce, très économique, devrait vous caler jusqu'au prochain repas !

BARAKA €€

Lausitzer Platz 6
✆ +4930 6126330
www.restaurantbaraka.eatbu.com

Ouvert tous les jours de 11h à minuit. Plats entre 10 et 20 €.

Berlin est célèbre pour sa diversité culinaire. Le restaurant égyptien et marocain Baraka vous ouvre les portes des délices du Proche-Orient. Dans un magnifique décor de bazar, on y savoure une délicieuse cuisine d'Afrique du Nord, du couscous (poulet, veau, merguez, côtelettes d'agneau ou végétarien, etc.) au tajine en passant par une rafraîchissante fatouche (salade de crudités). On ne reste pas non plus insensible à l'accueil chaleureux du personnel. Un véritable dépaysement à des prix très abordables au vu de la générosité des plats.

HASIR €

Adalbertstraße 10
✆ +49 30 6142373
hasir.de

Ouvert tous les jours de midi jusqu'à minuit, voire plus tard. Plats entre 6 € et 15 €.

Ouvert en 1984, ce restaurant turc est un classique berlinois. Le succès en entraînant d'autres, l'enseigne Hasir possède aujourd'hui cinq autres adresses, auxquelles il faut ajouter depuis peu l'Hasir HB Burger, l'Hasir Beef Grill Club près de la Postdamer Platz et le Beef Club sur le très chic Ku'damm ! Contrairement à la rumeur, ce n'est pas ici que fut inventé le kebab, mais Hasir n'en reste pas moins l'une des meilleures adresses où déguster ce savoureux sandwich turc. N'hésitez pas à y goûter aussi les brochettes de grillades, absolument renversantes.

CAFÉ RIX €

Karl-Marx-Straße 141
✆ +49 30 6869020
www.caferix.de

Ouvert tous les jours de 10h à minuit. Buffet brunch : 11,90 €. Plats entre 5 et 15 €.

Voici un lieu extraordinaire pour buncher avec style le dimanche. Situé dans une vieille salle de spectacle toujours en fonction (le théâtre *Heimathafen Neukölln*), le restaurant jouit d'un charme sans égal, avec ses moulures défraîchies, sa lumière dorée et ses serveurs en livrée. Pour le brunch, on a accès un grand buffet très varié, couvert de douceurs sucrées et salées. C'est savoureux sans être onéreux. L'été, le jardin est ouvert à la clientèle, qui y profite de l'air berlinois. Une adresse secrète dans le Neukölln branché.

HORVATH €€€

Paul-Lincke-Ufer 44a
✆ +49 30 61289992
www.restaurant-horvath.de

Du mercredi au dimanche 18h30-21h30. Dîner entre 30 et 40 €. Menus dégustation entre 58 (4 plats) et 119 € (10 plats).

Dans un cadre sobre et élégant, la carte revisite les spécialités traditionnelles autrichiennes avec talent et inventivité. C'est le jeune chef autrichien Sebastian Frank qui est aux fourneaux depuis 2010 et qui a obtenu sa deuxième étoile Michelin en 2015. Il a également publié un livre de cuisine intitulé *Kuk* dont le nom joue avec les sonorités – *cook* en anglais – et la tradition – k.u.k. étant une abréviation pour désigner la double monarchie austro-hongroise. L'ambiance est posée. Options végétariennes et émulsions à l'honneur. Le service est impeccable.

IL CASOLARE €

Grimmstraße 30
✆ +49 30 69506610
Ouvert tous les jours de midi à minuit. Repas entre 10 et 20 €.

Le soir, surtout l'été, il vous faudra patienter pour obtenir une table dans ce restaurant italien situé au bord du canal, l'un des coins les plus agréables de Kreuzberg. D'ailleurs, tous les soirs, le petit pont d'en face prend des allures très festives. C'est avant tout pour la pizza, connue dans tout Berlin, que se précipitent les jeunes, les familles et les couples de tous âges. Mais le resto, typiquement italien – les serveurs aussi – propose également de bons plats de viandes ou de pâtes. Belle terrasse l'été. Pas de réservations.

MARKTHALLE NEUN €

Eisenbahnstraße 42
✆ +49 30 577094661
www.markthalleneun.de
Ouvert lundi, mardi, mercredi et vendredi de 12h à 18h, jeudi de 12h à 22h, samedi 10h-18h et dimanche 10h-16h.

Cette belle et grande halle du XIXe siècle accueille un marché tous les jours, sauf le dimanche. Le week-end, on y trouve aussi des producteurs bio, mais ce qui fait la célébrité de ce marché, c'est avant tout son événement hebdomadaire du jeudi de 17h à 22h : Streetfood Thursday, soit des dizaines de stands de nourriture du monde entier qui s'installent sous la halle et attirent des hordes de gourmands. Il y a foule, mais c'est incontournable à Berlin. Nombreux événements et marchés à thèmes, très appréciés des *foodies* (marché mexicain, dégustation de vins...).

KIMCHI PRINCESS €

Skalitzer Straße 36
✆ +49 163 4580203
www.kimchiprincess.com
Ouvert du dimanche au jeudi : 12h-22h. Vendredis et samedis jusqu'à 23h. Compter 15 à 24 € pour un barbecue.

Ce resto ultra-branché fut le premier à lancer la mode des barbecues coréens à Berlin, où la tendance fait maintenant rage aux quatre coins de la ville. Dans un ancien entrepôt, au décor minimaliste (haut de plafond, longues tables en bois et étonnant mur de tôle rouge), ce restaurant propose donc un barbecue coréen qui se donne pour credo de combiner le traditionnel et le contemporain. Le midi, il y a aussi des menus à 12 euros comprenant un plat, une soupe miso et une boisson. La clientèle est jeune, hipster et souvent bruyante. Parfois des DJ le soir.

MAX UND MORITZ €€

Oranienstraße 162
✆ +49 30 69515911
www.maxundmoritzberlin.de
Ouvert tous les jours à partir de 17h. Plats autour de 14 €. Réservation conseillée.

Ce célèbre rendez-vous des habitants de Kreuzberg semble figé dans le temps : derrière l'enseigne en lettres gothiques se trouve une salle qui pourrait être une salle de bal, avec des carreaux de faïence verte, et à la carte on trouvera jarrets de porc et pintes à bière en terre cuite. La maison est spécialisée dans la cuisine berlinoise d'antan. Goûtez à l'*eisbein* (jarret de porc) si vous avez l'appétit solide, les petites faims seront calées avec un *kutscher gulasch* (le goulasch du cocher). Quelques options végétariennes également.

LONG MARCH CANTEEN €€

Wrangelstraße 20
✆ +49 178 8849599
www.longmarchcanteen.com
Ouvert tous les jours de 18h à minuit. Compter 5 à 11 € par dim sum, menu de 25 à 40 €.

Très en vogue, ce grand restaurant chinois de Kreuzberg nous plonge dans l'univers magique et rétro du film hongkongais *In the mood for love* avec ses longues tables de bois sombre, ses lumières basses, son fumoir élégant et sa clientèle discrète et à la mode. Dans ce cadre sobre et raffiné, les menus de dim sum ne dépareillent pas, servis dans leurs paniers en bambou et accompagnés avec bonheur, si on le souhaite, d'un verre de crémant ou de champagne français. Un régal pour les papilles dans une ambiance un peu hors du temps.

PAPPELREIHE €

Kienitzer Straße 109
✆ +49 176 43249671
www.pappelreihe.de
Ouvert du lundi au vendredi de 8h à 21h30, le week-end de 9h à 21h.

Encore un excellent petit café situé dans le quartier de Schillerkiez (autour de la Schillerpromenade) à Neukölln. Le Pappelreihe a une devanture qui ne paie pas de mine, mais une fois rentré, on s'installe confortablement pour y déguster une des formules de petit-déjeuner ou une part d'un des savoureux gâteaux faits maison proposés (*cheesecake, carrot cake*...). Idéal pour une pause lors d'une promenade hivernale dans le coin ou pour se faire un déjeuner façon brunch un samedi ou un dimanche. Très fréquenté par la jeunesse du quartier.

RON TELESKY CANADIAN PIZZA €

Dieffenbachstraße 62 ✆ +49 61621111
https://ron-telesky-canadian-pizza.business.site/

Ouvert à partir de 14h. Parts de pizza à partir de 2,80 €.

On descend quelques marches et on pourrait réellement se croire dans une pizzeria branchée perdue au fin fond du Canada. Avec son décor à part (un trophée-élan au mur !), ce petit établissement prépare d'excellentes pizzas (géantes) aux noms saugrenus (Back to The Future, Jacques Cartier ou Niagara Pesto) et aux ingrédients aussi variés qu'originaux : mangue, patate douce... sans oublier le sirop d'érable en guise de dressing ! Une adresse originale à l'image du quartier.

SAFRAN €€

Oranienstraße 172
✆ +49 30 6156211
www.safran-restaurant.de

Ouvert tous les jours de midi à minuit. Plats entre 8 et 23 €.

Installez-vous dans les grandes chaises en bois de Safran, le restaurant iranien le plus prisé de la ville. Vous y retrouverez toutes les spécialités de la cuisine persane traditionnelle et moderne (riz au beurre, *ghemeh*, brochettes). Le restaurant propose par ailleurs une carte adaptée à vos envies : vous trouverez des plats « sur le pouce », des plats « pour ceux qui ont faim » et des mets pour les « très grosses faims ». Notre conseil : l'assortiment Safran, avec un large choix de spécialités à déguster à deux ou à plusieurs.

LE SAINT AMOUR €€

Maybachufer 2
✆ +493069564600

Ouvert du mardi au samedi de 18h à 23h30. Plats principaux de 12 à 18,50 €.

Des quenelles de brochet, de la tarte Tatin, des ravioles, un mont-d'or au four et des cuisses de grenouilles, le tout agrémenté d'un verre de beaujolais... à Berlin ? ! Oui, c'est possible, dans cet adorable bouchon lyonnais tout ce qu'il y a de plus authentique, logé au bord du Landwehrkanal. Les prix sont raisonnables et le service est souriant. Une excellente adresse pour dîner presque mieux qu'à Lyon ! Au dessert, on retrouvera les grands classiques absolument indémodables : mousse au chocolat, crème brûlée, gâteau fondant au chocolat.

SEEROSE €

Körtestraße 38
✆ +49 30 69815927
www.seerose-berlin.de

Ouvert du lundi au samedi de 10h à minuit, le dimanche de 11h à 23h. Végétarien. Entre 4 € et 12 €.

Grand buffet végétarien de qualité à consommer dans un décor charmant, mélange d'épicerie et de bistro. On s'assoit autour d'une grande table de bois avec les autres clients et on y déguste des salades, des boulettes de légumes, différents plats chauds comme des lasagnes aux légumes, mais également, parfois, du poisson. Dans le tout petit rayon épicerie-traiteur, on peut se procurer ce qu'il faut pour se faire un petit festin bio ! Il y a naturellement tout ce qu'il faut en termes de jus de fruits frais, bio et bons pour la santé.

T'UNAS GEMÜSE KEBAP €

Wrangelstraße 95
✆ +4915212298543

Ouvert tous les jours de 11h à minuit.

Idéalement située à quelques pas du Görlitzer Park dans l'un des quartiers les plus animés et les plus populaires de Berlin, cette toute petite enseigne pourrait presque passer inaperçue. Si la ville regorge de kebabs, cette adresse vous offre une cuisine de qualité pour un temps d'attente dérisoire en comparaison avec d'autres adresses du quartier. Petits légumes grillés, concombre, oignons, un peu de feta, un zeste de citron et un brin de menthe accompagneront votre petite « pause döner » avant d'aller arpenter les rues de Kreuzberg.

TAQUERIA TA CABRON €

Skalitzer Straße 60
✆ +49 30 32662439

Ouvert tous les jours à partir de 13h et jusqu'à 23h ou minuit. Comptez moins de 10 € par personne pour 3 tacos.

Au Mexique et en Californie, une *taqueria* est un petit restaurant qui sert exclusivement des tacos, dont la tortilla est souvent faite à la main. Cette taqueria de Kreuzberg est probablement l'endroit le plus authentique du quartier pour déguster des tacos, une rareté à Berlin (on ne peut pas dire que les Allemands raffolent des épices). Quatre tables seulement – mais davantage l'été en terrasse –, toujours prises d'assaut par la jeunesse américaine et sud-américaine, mais aussi par les gens du quartier, alléchés par l'odeur de ces mini-döners à la mexicaine.

LA COCOTTE €€

Vorbergstraße 10
✆ +49 30 78957658
www.lacocotte.de

Ouvert du mardi au samedi de 17h à 21h. Plats entre 10 et 20 €. Œuf cocotte en entrée : 6 €.

Bien que le cadre fasse la part belle au design et aux œuvres d'art contemporain, ce restaurant français donne dans la cuisine du terroir traditionnelle. Comme son nom l'indique, les spécialités sont servies en cocottes : bœuf bourguignon, navarin de beau, jarret d'agneau. Également du poisson et des moules (à l'ail, à la crème, au roquefort, etc.) et des cocottes de légumes et des salades pour les végétariens. Côté desserts, les classiques indémodables : mousse au chocolat, crème brûlée, crêpe Suzette, etc. Très jolie terrasse pour les beaux jours.

MAULTASCHEN MANUFAKTUR €

Yorckstraße 45 ✆ +49 30 767 24 666
www.maultaschen-manufaktur-berlin.de

Ouvert du lundi au samedi de 17h à 23h. Plats à partir de 10 €.

Une petite merveille dans ce quartier peu touristique. Ici, Uli la cuisinière et Horst le serveur souriant tiennent « la fabrique de *Maultaschen* », avec ses spécialités souabes (Allemagne du Sud-Ouest) : cela ressemble à des raviolis et la légende raconte qu'ils auraient été inventés par des moines qui souhaitaient manger de la viande pendant le carême, viande qu'ils auraient dissimulée dans ces raviolis. Les *Maultaschen* sont servis avec une *Kartoffelsalat* (salade de pommes de terre) faite maison. La bière sera bien évidemment la *Rothaus*, de Souabe.

SAHARA IMBISS €

Ebersstraße 74
✆ +49 30 286 304 24
www.saharaimbiss.de

Ouvert tous les jours de 11h à minuit. Sandwich falafel à partir de 3 €.

Sahara Imbiss est une petite chaîne de restaurants berlinoise proposant une cuisine authentique soudanaise. Au carrefour des influences culinaires africaines et arabes, on y trouve, entre autres, d'excellents sandwiches du type *shawarma* avec de petits légumes grillés et une sauce à l'arachide. Mais aussi : kofta, falafel, halloumi, etc. Les prix y sont très abordables. Sahara est un excellent choix pour un repas sur le pouce, sans se ruiner. On retrouve plusieurs autres Sahara Imbiss dans les quartiers de Neukölln et de Kreuzberg.

SARDINEN BAR €€

Grunewaldstraße 79
✆ +493058844170
www.sardinen.bar

Du mardi au samedi de 17h à 23h. Sardines aux environs de 10 €.

Un superbe restaurant dans un quartier coquet de Schöneberg. Redonner ses lettres de noblesse à la sardine, tel est un peu le but de ce très conceptuel bistrot. Oubliez les bars à tapas traditionnels pour découvrir une diversité de sardines (mais pas que) dont vous ne vous seriez jamais douté. Accompagnées d'un bon vin et de pain, c'est l'endroit idéal pour un apéro de qualité aux airs de Méditerranée. Ce bar à sardines propose aussi de nombreuses conserves au look irrésistiblement vintage, comme les délicieuses Mouettes d'Arvor.

SIRONI - LA PIZZA €

Goltzstraße 36
✆ +493021002402
www.sironiberlin.de/

Tous les jours 10h-23h. Pizzas entre 10 et 15 €.

Une excellente pizzeria qui offre des pizzas savoureuses garnies avec des produits de qualité. La cuisine – entièrement vitrée – se trouve entre la partie restaurant et la partie boulangerie. Ainsi, vous pourrez observer le cuistot-pizzaiolo en train de tourner la pâte, découper les tranches de serrano, garnir les pizzas de fromage, salade et légumes avant de les enfourner puis de les servir. Le design intérieur est moderne et lumineux. Sironi – La Pizza combine ainsi habilement cuisine, concept et design pour faire le régal des gourmands de Schöneberg.

TRATTORIA DEL CORSO €

Hauptstraße 70
✆ +49 30 85401459
www.trattoriadelcorso.de/

Ouvert tous les jours sauf le lundi de midi à 1h. Plats autour de 12 €.

Restaurant italien plein de charme offrant notamment une belle terrasse à l'abri des regards. Les pizzas y sont de qualité et plutôt généreuses. Si vous êtes gourmand et curieux, essayez la spécialité de la maison : la Pizza del Corso, une pizza gigantesque à savourer à deux où chaque part a des ingrédients différents (champignons, artichauts, etc). Au milieu se trouve l'assaisonnement à base d'une charcuterie savoureuse et de roquette. N'oubliez pas votre verre de grappa offert par la maison pour digérer le tout. Une bonne adresse aux prix abordables.

DIE STULLE €€

Carmerstraße 10
✆ +49 30 31179403
www.die-stulle.com/
Ouvert du lundi au vendredi de 9h à 19h, le week-end de 10h à 19h. Plats aux alentours de 14 €.

Dans le dialecte berlinois, une "Stulle" désigne une simple tranche de pain tartinée. Ce restaurant de Charlottenburg en propose une version plus sophistiquée, avec une belle diversité d'assiettes pour le petit déjeuner, toutes plus belles et appétissantes les unes que les autres : avocat, œufs brouillés, saumon, fromage de chèvre, etc. Les tons de bleu et de vert pastel de la salle, le design du mobilier et l'éclairage tamisé créent une ambiance très reposante. En été, on appréciera particulièrement la terrasse qui donne sur une rue calme.

HENO HENO €

Wielandstraße 37
✆ +49 30 66307370
www.henoheno.de
Ouvert du lundi au vendredi de midi à 22h et le samedi de 13h à 22h. Plats autour de 7 €.

N'espérez pas trouver de sushis dans ce restaurant japonais ; ici, la carte est aussi simple que la décoration est sobre : quelques *ramen*, des raviolis (*gyoza*) ou des viandes grillées. Mais la spécialité incontournable de la maison, c'est, le *Gû-Don*, des lamelles de bœuf sur un bol de riz, qu'on vous prépare en trois minutes chrono (ajoutez-y absolument les deux options : gingembre frais et œuf poché). Exquis, modeste et branché à la fois, à un tarif imbattable. Une excellente adresse dans un quartier qui ne manque pas de restaurants asiatiques.

LON MEN'S NOODLE HOUSE €

Kantstraße 33
✆ +49 30 31519678
https://lon-mens-noodle-house.business.site/
Ouvert tous les jours de midi à 22h. Compter 5 à 10 €.

Sur la Kantstraße, qui a tout d'un petit Chinatown berlinois, entre restaurants chinois aux canards laqués et restos thaïs, le Lon Men's est un petit snack taïwanais traditionnel. Les nouilles sont faites maison, tout comme les *dim sum* (raviolis à la vapeur), qui fondent dans la bouche. D'ailleurs, gage de qualité, ils ne collent pas au plat. On est loin des restos asiatiques *mainstream* de Berlin, trop souvent lisses et aseptisés. Lon Men's Noodle House est un boui-boui authentique, sans aucun doute le plus célèbre du quartier.

NENI €€

Budapester Straße 40
✆ +49 30 120 221 200
https://www.neniberlin.de/
Ouvert tous les jours de 8h à 22h.

Tout en haut du 25 Hours Hotel se trouve le Neni. Tout comme le Monkey Bar au même étage, c'est une adresse réputée pour sa vue panoramique sur le quartier de Charlottenburg, sur le Tiergarten et le jardin zoologique. Au centre de la pièce, une sorte de cabane entièrement vitrée et agrémentée de plantes. Au menu, vous trouverez des spécialités du Proche-Orient : mezze, houmous, falafels mais aussi kebab et hamshuka ! Les mises en bouche, comme la patate douce aux feuilles d'épinard et huile de graines de courge, sont également délicieuses.

A NEVER EVER ENDING LOVE STORY €€

Bleibtreustraße 5
aneverevendinglovestory.de
Ouvert tous les jours de 8h à 17h.

Petit café plein de charme qui accueille une clientèle jeune et branchée. On aimera venir y déguster les onctueux œufs brouillés, agrémentés aux choix de fromage, charcuterie ou saumon. Les pancakes sont également très appréciés et viennent couronner un brunch réussi. L'endroit est plutôt calme en semaine, et se prête parfaitement à une petite pause en journée. Attention par contre pendant le week-end, il peut rapidement être bondé et il n'est pas possible de réserver.

WINTERGARTEN, CAFÉ IM LITERATURHAUS €

Fasanenstraße 23
✆ +49 30 8825414
www.literaturhaus-berlin.de
Ouvert tous les jours de 9h à minuit. Compter autour de 15 € pour un plat, antipasti autour de 7 €.

Malgré la présence toute proche du Ku'damm turbulent, ce jardin d'hiver est un havre de paix, dans lequel vous pourrez écrire confortablement vos cartes postales ou inviter votre vieille tante berlinoise à boire un café. Car la clientèle n'étant pas toute jeune et plutôt intello, on n'y vient pas pour y faire des rencontres ou boire un cocktail, mais plutôt pour profiter du cadre, assister à des lectures ou encore feuilleter les livres achetés au rez-de-chaussée.

PASSEPORT

FAIRE UNE PAUSE

Si l'on peut regretter que le café « to go » ait réussi à s'implanter à Berlin, nombreux sont aussi celles et ceux qui prennent le temps de se poser l'après-midi pour reprendre des forces ou papoter autour d'un café. Comme partout on trouve de nombreuses chaînes, mais Berlin ne manque pas de cafés traditionnels ou indépendants, de salons de thé pleins de charme ou de brûleries qui mettent l'accent sur la qualité de leur café. Le brunch du week-end est aussi très populaire à Berlin et en été, rien ne vaut les terrasses de Prenzlauer Berg pour se remplir la panse au soleil. Pour un petit rafraîchissement pendant la période estivale, on pourra aussi aller se mettre à l'ombre des platanes dans les Biergarten et épancher sa soif avec une bière blanche. Berlin regorge bien sûr de bars où l'on viendra commencer sa soirée avant de sortir, à moins que l'on ne finisse par y passer toute la nuit, jusqu'à la fin du service.

PRATIQUE

FAIRE UNE PAUSE

HORAIRES

A moins qu'ils ne soient également des restaurants, les cafés berlinois ferment assez tôt, vers 18h, et sont le plus souvent ouverts le dimanche. Les bars quant à eux ouvrent plutôt aux environs de 19h. Les *Biergärten* (*Biergarten* au singulier), ces jardins-guinguettes où l'on sert essentiellement de la bière, ne sont ouverts qu'aux beaux jours.

BUDGET / BONS PLANS

Un café coûte en moyenne 2,50 €. Pour une part de gâteau, comptez autour de 4 €. Gardez à l'esprit que dans les cafés, comme dans les restaurants, on paye bien souvent en espèces et que l'on remercie le service en donnant un pourboire d'environ 10 % du prix.
Pour une pinte de bière, comptez autour de 4 €.

A PARTIR DE QUEL ÂGE

Pas de restriction d'âge pour les cafés berlinois. Certains cafés disposent même de chaises hautes pour les bambins. Dans les bars en revanche, vous ne croiserez pas d'enfants.

C'EST TRÈS LOCAL

La tradition allemande connaît une pratique assez proche du "Tea-time" britannique. C'est le "Kaffee und Kuchen", littéralement "Café et gâteau". C'est la pause gourmande du milieu de l'après-midi. Il faut reconnaître que le « Kaffee und Kuchen » évoque d'avantage la bourgeoisie des années 1950 que la jeunesse branchée et internationale des années 2020, mais cette pratique est toujours très vivante. Les plus nostalgiques prendront une tasse de café avec une forêt-noire tout en lisant le journal. Les

plus jeunes se tourneront davantage vers le *cheesecake*, le *carrotcake* ou le très populaire *bananabread*. Dans les cafés traditionnels, vous trouverez toujours une vitrine dans laquelle sont exposés les gâteaux du jour.

Côté bars, la bière a toujours le vent en poupe et ce n'est pas près de changer. Certaines bières sont héritées du temps où Berlin possédait des brasseries en pleine ville : la Berliner Pilsner, la Schultheiss, la Kindl, etc. Les cocktails sont aussi très populaires à Berlin. Dans le peloton de tête, on retrouvera le gin tonic et le moscow mule.

FUMEURS

S'il est interdit de fumer dans les restaurants, il en est tout autre dans les bars : ils sont très souvent fumeurs. Parfois, il existe deux espaces distincts : fumeurs et non-fumeurs.

LES PHRASES CLÉS

Bonjour, quelle est la spécialité de la maison ? Nous voulons découvrir.
Hallo, was ist Ihre Spezialität? Wir möchten sie gerne probieren.

Avez-vous de la place en terrasse ?
Haben Sie auf der Terrasse Platz?

Quel est votre nom ? Je m'appelle… Ravi de vous rencontrer !
Wie ist Ihr Name? Ich heiße … Es freut mich, Sie kennenzulernen!

A votre santé ! Zut, j'ai renversé mon verre… pouvez-vous m'aider ?
Zum Wohl! Oh nein, ich habe mein Getränk verschüttet … können Sie mir helfen?

C'était très bon. Nous allons reprendre la même chose s'il vous plait.
Es war lecker. Wir hätten gern noch einmal dasselbe.

BAR TAUSEND

Schiffbauerdamm 11 ✆ +49 30 27582070
www.tausendberlin.com
Ouvert du mardi au samedi à partir de 19h30. Entrée souvent gratuite la semaine et 10 € le week-end.

Caché – sous le métro Friedrichstraße – et discret – pas d'enseigne, mais une porte et une sonnette –, le *Tausend* a pourtant bien fait parler de lui ces dernières années. C'est le rendez-vous des *fashion weeks*, des modeux, de la pub et de quelques *outsiders* bien connectés. Il faut dire que la porte n'est pas toujours facile et que c'est le style qui prime pour rentrer dans ce *speakeasy* qui nous rappelle les années de la prohibition aux US. Un long bar, où l'on passe aussi bien du jazz que du flamenco et une pièce enfumée remplie de ce que Berlin a de plus *hype*.

NEUE ODESSA BAR

Torstraße 89
✆ +49 171 8398991
www.neueodessabar.de
Ouvert tous les jours de 19h à 3h.

Un bar pour un début de soirée. On y retrouve une ambiance intimiste et une liste de cocktails assez riche. La carte propose notamment des boissons comme le gin tonic ou le moscow mule (vodka, concombre, ginger beer), des cocktails qui sont très plébiscités à Berlin. Les prix sont aussi élevés que le lieu est branché, c'est la rançon de l'embourgeoisement de Mitte. Petit à petit, vous verrez le bar se remplir au rythme de la musique du DJ et l'ambiance devenir plus festive. Le lieu est un peu « m'as-tu-vu », à éviter si vous recherchez un bar authentique.

CAFÉ FLEURY

Weinbergsweg 20
✆ +49 30 44034144
Ouvert du lundi au vendredi de 8h à 20h, le samedi et le dimanche de 9h à 19h.

Si vous avez le mal du pays, ce charmant petit café bleu et blanc saura vous plaire avec des croissants et de la confiture de myrtilles. Assis sur des banquettes confortables, entouré photos en noir et blanc de Brigitte Bardot et de Belmondo, on peut bouquiner plaisamment. Clientèle intello-familiale entre poussette supersonique et paire de lunettes à la Woody Allen. Enfin, si vous êtes vraiment en manque de saveurs françaises et rétro, vous pouvez acheter (à prix d'or) une boîte de sel La Baleine ou un paquet de Carambar près du comptoir...

OLD CCCP BAR

Torstraße 58
✆ +49 177 2433653
Ouvert tous les soirs à partir de 20h. Cocktails à partir de 10 €.

CCCP, vous l'aurez peut-être reconnu, c'est URSS en cyrillique. Un bar russe donc. Le Old CCCP est l'un des seuls rescapés de la gentrification massive et aseptisée de Mitte ; c'est l'un de ces bars qui, comme l'Eschschloraque, ont grandi avec le Berlin des années 1990 et 2000 et qui restent, aujourd'hui encore, témoins d'une ambiance qu'on ne retrouve qu'ici. La clientèle est hétéroclite, des habitués aux galeristes, des expats aux branchés, tout le monde est le bienvenu dans ce bar à cocktails qui ne désemplit qu'au lever du jour.

MEIN HAUS AM SEE

Brunnenstraße 197-198
✆ +49 163 5558033
mein-haus-am-see.com
Tous les jours de 16h à 6h. Les week-ends à partir de 12h.

Cette adresse bien connue de Berlin-Mitte a tout ce qu'il faut pour être un bar proprement berlinois : une décoration murale arty, des fauteuils moelleux et du mobilier dépareillé, délicieusement ringard. Au mur, des étagères de livres et au fond de la salle, un ingénieux agencement de tabourets et tables en escalier. Les week-ends, des DJ se produisent en live. Pour connaître la programmation musicale, consultez la page Facebook. Mein Haus am See, littéralement ça signifie "ma maison au bord du lac". Alors on se met à l'aise.

PRINCESS CHEESECAKE

Tucholskystraße 37
✆ +49 30 28092760
Ouvert tous les jours de 10h à 20h.

Berlin ne brille pas par ses créations pâtissières... sauf chez Princess Cheesecake, où les gâteaux sont d'une finesse qui n'a rien à envier à Pierre Hermé ni à Ladurée ! Belle sélection de thés et de cafés dans ce petit salon de thé au mobilier savoureusement ringard qui rappelle les bonbonnières élégantes de Marie-Antoinette. Situé à quelques pas de l'île aux Musées, n'hésitez pas à y faire une petite halte après une visite pour faire le plein de glucides et pourquoi pas goûter un cheesecake ? Belles tables dans la rue en été.

CAFÉ EINSTEIN

Kurfürstenstraße 58
✆ +49 +4930263 91 90
www.cafeeinstein.com
Ouvert tous les jours de 8h à minuit. Cuisine jusqu'à 23h.

Offrez-vous une petite excursion dans le Berlin des années 1920. Situé dans une zone résidentielle en plein milieu de la ville, ce café ressemble beaucoup aux grands établissements européens que l'on peut trouver à Vienne, Prague ou Budapest. L'ambiance est à la fois chic et intellectuelle, délicieusement désuète. Asseyez-vous donc, prenez le temps de feuilleter un des nombreux journaux et n'hésitez pas à commander un *Melange* viennois (café crème) ou un café retourné (*Verkehrter*) et pourquoi pas une part d'un de ces beaux gâteaux exposés en vitrine ?

LEBENSSTERN

Kurfürstenstraße 58
✆ +49 30 26391922
www.lebens-stern.de
Ouvert tous les jours à partir de 19h.

Voyagez dans le Berlin des années 1930 grâce à une visite dans ce bar à cocktails luxueux, du mobilier à la tenue des barmen en passant par la sélection musicale de jazz, sans oublier les cocktails. Plus de 1800 bouteilles différentes sont présentes ici. Un véritable musée du gin, du rhum, du whisky à travers les quatre salles. Attention toutefois, lorsque vous commandez un rhum : il vous faudra choisir parmi 550 bouteilles. Un conseil aux novices : choisissez le cru Lebensstern (littéralement «l'étoile de la vie»). Tenue correcte conseillée.

MONKEY BAR

Budapester Straße 40
✆ +49 30 120221210
www.monkeybarberlin.de
Tous les jours de midi à 23h.

Ce rooftop bar est l'un des lieux les plus courus par la jeunesse charlottenbourgeoise et vous comprendrez pourquoi en découvrant la vue splendide qu'il offre sur le quartier. De jour, c'est le Tiergarten et le jardin zoologique que vous pourrez apprécier, et de nuit les beaux effets de lumière du centre névralgique de Berlin-Ouest avec ses nouveaux gratte-ciel. Il vous faudra peut-être vous armer de patience et faire la queue pour pouvoir accéder à l'ascenseur qui mène au dernier étage de l'hôtel 25 Hours car l'endroit est très populaire.

SCHLEUSENKRUG

Müller-Breslau-Straße 14b
✆ +49 30 3139909
www.schleusenkrug.de
Ouvert tous les jours de 10h à minuit.

Schleuse, en allemand, c'est l'écluse et *Krug* la chope de bière. Tout est dans le nom : le cadre et la boisson. Le Schleusenkrug c'est un grand *Biergarten* très populaire le long de la Spree en face du Tiergarten. Menu typique de l'Allemagne du Nord avec des petits plats qui accompagnent traditionnellement la bière : harengs (*Matjes*), escalope panée (*Schnitzel*), champignons grillés… Des concerts se produisent occasionnellement le soir, mais on vient plutôt pour les longues tables communales et la bière, lors d'une journée ensoleillée.

THE CURTAIN CLUB & FRAGRANCES

Potsdamer Platz 3
✆ +4930 337777
www.ritzcarlton.com/en/hotels/germany/berlin/dining
The Curtain Club : tous les jours de 15h à 1h.
Fragrances : du mardi au samedi de 18h à 1h.

Deux adresses en une, les deux bars du très emblématique hôtel Ritz-Carlton sur la Potsdamer Platz. Design et luxe vous attendent au Curtain Club ainsi qu'une carte de thés impressionnante par son originalité. Pour continuer, il faut absolument tester le nouveau concept Fragrance. L'entrée du bar est jonchée de portraits qui sont accompagnés de parfums, l'idée est de choisir votre cocktail en fonction du visuel et des arômes que vous pouvez sentir.

ZOLLPACKHOF

Elisabeth-Abegg-Straße 1
✆ +49 3033099720
www.zollpackhof.de
Tous les jours de midi à 22h.

Zollpackhof est un *Biergarten* traditionnel qui jouit d'un emplacement et d'un cadre exceptionnels. Idéalement situé à proximité de la gare centrale, il n'en a pas moins un calme olympien, posé paisiblement sur les bords de la Spree, face à la Chancellerie. On viendra se servir au comptoir pour se poser ensuite sur une grande table, à l'ombre ou au soleil. Le restaurant à l'intérieur a beaucoup de charme avec ses boiseries, ses lustres, ses portraits et ses écussons aux murs. Au menu : des spécialités allemandes et des plats selon les saisons.

8MM BAR

Schönhauser Allee 177b
✆ +49 30 40500624
https://www.8mmmusik.com/
Ouvert du lundi au jeudi à partir de 18h, le vendredi et samedi à partir de 20h, le dimanche à partir de 19h.

Un des rares « vrais » bars *indie* rock de Berlin et du quartier a fortiori. De beaux garçons vêtus de cuir noir côtoient des demoiselles aux yeux charbonneux, dans une ambiance sombre (les murs sont intégralement peints en noir) et très, très enfumée. Sur le mur sont projetés des extraits de films obscurs, avec une préférence pour les porno *softs* des années 1970, pendant qu'un DJ passe des disques pointus et rares. Une référence en matière de rock depuis les années 2002. Consultez régulièrement la programmation pour les concerts.

AN EINEM SONNTAG IM AUGUST

Kastanienallee 103
✆ +49 30 44051228
www.an-einem-sonntag-im-august.de
Ouvert tous les jours de 9h jusqu'à 2h, vendredi et samedi jusqu'à 4h.

Au croisement de la Kastanienallee et de la Schönhauser Allee, ce beau bâtiment est recouvert de lierre. « Un Dimanche en août » est le rendez-vous des étudiants venus disserter ou se détendre, engoncés dans de vieux canapés moelleux. La carte propose des formules variées pour le petit déjeuner. Le soir – autre ambiance – des artistes locaux (DJ, guitaristes…) s'emparent des lieux pour vous divertir. En d'autres termes, l'endroit idéal pour commencer la journée… ou la soirée.

BAHAMAS COCKTAILBAR

Pappelallee 11
✆ +49 30 44312088
http://bahamas-berlin.de/
Ouvert tous les jours à partir de 17h.

Un petit peu d'exotisme dans Berlin. Oubliez un temps les bars branchés de Prenzlauer Berg et les DJ snobinards de Mitte et prenez le temps de déguster un cocktail au Bahamas Cocktailbar entre deux palmiers et les pieds dans le sable. Une belle liste de cocktails à des prix très attractifs, une ambiance festive et un accueil chaleureux ont fait de ce lieu un endroit très apprécié, notamment par les habitants du quartier. Le happy hour est presque dingue : entre 17h et 20h, tous les cocktails sont à 4,50 € et ce tous les jours de la semaine.

BONANZA

Oderberger Straße 35
✆ +49 30 208488020
www.bonanzacoffee.de
Ouvert du lundi au vendredi de 8h30 à 18h, le samedi et le dimanche de 10h à 18h.

Pour tous les amoureux de café, ce petit expresso-bar fait partie des adresses incontournables. Les cafés sont soigneusement préparés et torréfiés sur place. Les prix sont certes au-dessus de la moyenne mais la qualité est au rendez-vous et le lieu ne manque pas de charme. Si vous souhaitez revivre l'expérience à la maison, il existe une boutique sur le site Internet où l'on pourra faire l'acquisition des meilleurs cafés du Brésil, du Pérou ou d'Éthiopie. Bonanza dispose également d'un autre café-brûlerie à Kreuzberg, Adalbertstraße 70.

CAFÉ ANNA BLUME

Kollwitzstraße 83
✆ +49 30 44048749
www.cafe-anna-blume.de
Ouvert tous les jours de 8h à 22h.

Le comptoir à gâteaux de cet adorable café, rendez-vous des habitants de Prenzlauer Berg depuis plusieurs décennies, est impressionnant : des gâteaux au chocolat, aux fraises, aux pommes, à la crème, aux amandes, etc. C'est un endroit idéal pour lire son journal avec une bonne part de *Sachertorte* (gâteau au chocolat et confiture d'abricot) ou pour bruncher le week-end. Une large terrasse permet de passer des après-midi estivales très agréables et au calme, à quelques minutes à pied de l'effervescence des bars d'Eberswalder Straße.

CAFÉ MORGENROT

Kastanienallee 85
✆ +49 30 44317844
www.cafe-morgenrot.de
Ouvert du mardi au jeudi de 10h à 1h, le vendredi et le samedi de 11h à 3h et le dimanche de 11h à minuit.

Seul rescapé des anciens punks de la Kastanienallee, le Morgenrot est niché à côté d'un squat verdoyant. Cet endroit est le fruit d'un collectif souhaitant créer un espace alternatif de dialogue à la fois politique, culturel et amical. Dès lors, le service se fait au bar avec des prix plus qu'honnêtes, le lieu offre une connexion Internet sans fil gratuite ainsi que de nombreux journaux et propose expos et concerts. Son célèbre *Frühstücksbuffet* (brunch) végétarien et vegan peut être dégusté jusqu'à 15h du vendredi au dimanche.

KAUF DICH GLÜCKLICH

Oderbergerstrasse 44
✆ +49 30 44352183
www.kaufdichgluecklich.de
Lundi à jeudi 10h-21h30, vendredi et samedi jusqu'à 23h30 et dimanche jusqu'à 22h30. Glaces et gaufres : 2,50 à 4 €.

La terrasse la plus éclectique de la rue. Normal, l'originalité de ce salon de thé repose sur le fait qu'il vende aussi des vêtements et des meubles – ceux, justement, sur lesquels vous êtes assis. Libre à vous de repartir donc avec votre chaise. D'où un mobilier extrêmement dépareillé et en constant renouvellement. Mais vous pouvez aussi simplement venir y déguster les gaufres et les glaces maison et y boire un bon café. Service au bar. C'est l'endroit idéal pour passer son dimanche après-midi, avant ou après une virée shopping au marché aux puces de Mauerpark.

THE BARN ROASTERY

Schönhauser Allee 8
www.thebarn.de
Ouvert du lundi au vendredi 8h30-18h30. Samedi 9h-18h30. Dimanche 10h-18h30.

Cette « grange » [*barn* en anglais] est un temple dédié au café. On se délecte de ses saveurs dans une ambiance presque monacale. A l'inverse de beaucoup d'établissements berlinois, les enfants ne sont pas tellement les bienvenus [trop bruyants], les ordinateurs non plus [trop nocifs]. Ici, on se recueille autour d'un bon café – on fait une véritable pause. La déco, toute en bois principalement, rappelle ce retour aux choses simples, à la nature. Pour les inconditionnels du café. Autres adresses : Auguststraße 58, Kufürstendamm 18, Friedelstraße 27...

WEINEREI FORUM

Fehrbelliner Straße 57
✆ +49 30 4406983
www.weinerei.com
Ouvert tous les jours à partir de 10h.

Ce bar à vin, plein de charme et avec une jolie terrasse au soleil, fonctionne sur le système du « pay what you want ». On paye un verre puis on se rend au bar pour être servi. En partant, vous pourrez payer ce qui vous semble correct par rapport à ce que vous avez consommé. Attention, les Français ont malheureusement acquis une triste réputation de profiteurs, donc veillez à payer avec honnêteté. Le mot *weinerei* désigne en allemand une pleurnicherie enfantine, et le mot joue ici tout naturellement avec le mot qui désigne le vin : *wein*.

WOHNZIMMER

Lettestraße 6
✆ +49 30 4455458
http://www.wohnzimmer-bar.de
Ouvert tous les jours à partir de 14h.

Un des cafés-bars les plus agréables du quartier avec son décor de salon de grand-mère et ses fauteuils dépareillés, une décoration si propre à Berlin. L'été, la terrasse fait l'unanimité chez les promeneurs, idéalement placée en face de la Helmholtzplatz. A l'intérieur, murs argentés, sofas moelleux et ambiance tamisée sont de mise. Le soir, le Wohnzimmer [salon/séjour dans la langue de Goethe] se remplit pour se transformer en antichambre de la nuit festive. C'est aussi un lieu de prédilection pour les premières rencontres amoureuses.

ZU MIR ODER ZU DIR

Lychernerstraße 15
✆ +49 176 24412940
www.zumiroderzudir.com
Ouvert tous les jours à partir de 20h.

Zu mir oder zu dir : « Chez toi ou chez moi ? ». Si vous n'arrivez pas à vous décider ou si vous n'êtes pas encore arrivé à ce stade-là, allez donc dans ce bar. Ici on s'allonge sur les coussins, on se sert au bar directement et l'on prend le temps de répondre à cette question tout en écoutant le DJ set. La décoration du bar évoque les années 1970 dans ce qu'elles ont de plus *destroy*. Et si vous n'avez pas de *« rendez-vous »*, vous pourrez aussi y retrouver vos amis pour prendre une bière et savourer la musique. Bar fumeur et enfumé.

ASTRO BAR

Simon-Dach-Straße 40

✆ +49 176 34113733

Ouvert tous les soirs à partir de 18h.

Sans doute le bar le plus cool et le plus original de la rue, et la Simon-Dach-Straße n'en manque pas comme vous pourrez le constater par vous-même. L'Astro Bar a une âme, il a du caractère, que ce soit sur la terrasse ou dans la salle arrière. On se laisse aller par le mix des DJ (à partir de 22h généralement) ou alors on se prend de passion pour le flipper – prudence, c'est addictif ! Ambiance glamour trash, à l'image de la ville, et déco à la fois rétro et un peu extraterrestre : vieux jouets, robots fatigués et serveurs déjantés.

CSA BAR

Karl-Marx-Allee 96

✆ +49 30 29044741

www.csa-bar.de

Ouvert tous les jours à partir de 20h.

Dans les anciens bureaux de la compagnie aérienne tchèque CSA, ce joli bar à cocktails haut de gamme fut longtemps le repaire des gens de la mode, du cinéma et de la pub. Moins à la mode aujourd'hui, sa fréquentation est plus touristique et l'ambiance un peu guindée... Mais on pourra tout de même apprécier les délicieux cocktails à la carte et le décor couleur crème qui oscille entre le rétro et l'ultramoderne. On est ici un peu hors du temps, quelque part entre les années 1960 et aujourd'hui, entre Berlin, Prague et Varsovie...

KRASS BÖSER WOLF

Markgrafendamm 36

✆ +4915739662585

www.krassboeserwolf.de

Ouvert du lundi au vendredi de 14h à 22h, le week-end de 17h à 22h.

Le nom du bar est à la fois intrigant et génial ; littéralement : le loup vachement méchant. La décoration de cet excellent bar de Friedrichshain joue habilement avec le détournement d'objets : l'éclairage est fait avec des lampes de chantier (des baladeuses), de vieux encadrements de fenêtres font office de parois, et le tout est très réussi ! La spécialité du Krass Böser Wolf, c'est le Giniwi, un shooter à base de gin et de purée de kiwi. Très convivial et à proximité immédiate de grandes boîtes de nuit berlinoises : About Blank ou le Salon zur Wilden Renate.

MINIMAL BAR

Rigaer Straße 31

✆ +49 163 7829166

www.minimal-berlin.de

Ouvert tous les jours à partir de 18h.

Un cocktail, un canapé moelleux et un fond sonore électro-house, le tout dans une ambiance tamisée, vous voici dans les meilleures conditions pour débuter une nuit festive à Friedrichshain. Le Minimal Bar vous ouvre ses portes toute la semaine avec une programmation toujours alléchante. L'endroit convient à la fois aux groupes d'amis venus échanger quelques verres qu'aux couples voulant profiter d'une ambiance intimiste. Une table de ping-pong est également disponible, un bon moyen de faire des rencontres, une bière dans une main, une raquette dans l'autre.

MONSTER RONSON'S ICHIBAN KARAOKE

Warschauer Straße 34

✆ +49 30 89751327

www.karaokemonster.de

Ouvert tous les jours à partir de 18h.

Institution berlinoise, cet énorme karaoké très gay et trans *friendly* se compose d'une salle ouverte, dans laquelle on se produit devant une foule surexcitée, et de cabines que l'on loue avec sa bande de potes pour s'époumoner sur les Jackson Five ou Britney Spears. Ambiance foldingue, pailletée, *too much* et kitsch absolument délicieuse. Tous les mardis, à partir de 22h, c'est *The House of Presents*, une soirée drag où peuvent se produire de nouvelles *Queens* pour la première fois.

PLACE CLICHY

Simon-Dach-Straße 22

✆ +49 30 23138703

www.placeclichyberlin.blogspot.de

Ouvert du mardi au dimanche à partir de 19h.

Petit bar français dans la célébrissime Simon-Dach-Straße, la rue de Friedrichshain où s'alignent bars, pubs et restaurants (et qui est devenue bien trop touristique à notre goût). Repaire d'expats français et d'étudiants à Friedrichshain, le Place Clichy fut un moment la coqueluche du tout-Berlin underground. L'heure de gloire est un peu passée, mais ce bar reste un des lieux agréables pour se donner rendez-vous dans le quartier pour prendre un verre de vin, boire une bière, voire même, de temps à temps, participer à une partie de bingo !

Ä

Weserstraße 40

✆ +49 177 4063837

www.ae-neukoelln.de

Ouvert tous les jours à partir de 17h.

C'est l'un des premiers bars du quartier à avoir ouvert, à l'époque où la Weserstraße n'était qu'une simple rue résidentielle, et Neukölln un quartier de travailleurs. Depuis, la rue s'est gentrifiée et les bars ont ouvert les uns après les autres. Au Ä, on appréciera cette ambiance propre à Berlin avec ses meubles de récupération, ses tables de bois et ses bougies, et surtout sa grande diversité de bières. Rendez-vous intime ou grande tablée d'amis, tout le monde y trouve son compte. Consultez le programme, des *music lives* sont organisés certains soirs.

BRACHVOGEL

Carl-Herz-Ufer 34

✆ +49 30 6930432

www.brachvogel-berlin.de

Ouvert tous les jours à partir de 9h.

Le Brachvogel est un *biergarten*, restaurant, minigolf avec un espace de jeux pour les enfants le long du canal de Kreuzberg, dans une partie très calme du quartier. Rien que ça. La carte est internationale, passant du *currywurst* aux pizzas et aux salades grecques, mais les brunchs du dimanche sont très appréciés. Le *biergarten* est calme et reposant, un lieu idéal pour se détendre et se désaltérer avec une bière au soleil en plein Kreuzberg, en particulier en famille grâce aux différentes activités proposées pour les enfants.

ANKERKLAUSE

Kottbusser Damm 104

✆ +49 30 6935649

www.ankerklause.de

Ouvert tous les jours dès 10h du matin, le lundi dès 16h.

Ce bar perché au-dessus des eaux du Landwehrkanal (là où commence le marché turc) est surtout réputé pour ses *disco clubs partys* le jeudi où il est plein à craquer d'étudiants du quartier. L'ambiance peut également rapidement s'endiabler le samedi soir. Le reste du temps, c'est un bon endroit, calme, pour prendre un verre en début de soirée ou boire un café et grignoter un morceau après une balade au marché turc, les mardis et vendredis après-midi. L'endroit est original et offre un cadre très agréable avec une belle vue sur les cygnes du canal.

DAS GIFT

Donaustraße 119

dasgift.tumblr.com

Ouvert tous les jours à partir 17h.

Quand Barry, du groupe écossais Mogwai, a trouvé ce petit local sans prétention de Neukölln, il en a fait l'un des bars les plus courus du quartier, un authentique pub britannique bruyant et fumeur. C'est le QG des jeunes artistes internationaux du quartier, qui y viennent pour le dernier vernissage dans la galerie à l'arrière ou encore pour déguster des bières d'Ecosse. *Das Gift*, le poison en allemand : ce nom vous surprend ? Dans les pubs écossais, on demande "What's your poison ?" pour se faire conseiller sur le choix des whiskys.

BARBIE DEINHOFF'S

Schlesische Straße 16

✆ +49 176 99678822

Du mardi au samedi à partir de 18h.

Dans le Kiez très branché et punk de la Schlesisches Tor, ce bar est un petit bijou queer. Ambiance Barbie *trash* dans ce bar au décor totalement déjanté avec ses murs roses et ses boules à facettes, ici c'est une Barbie libertine qui est venue pour s'encanailler ! En plus, les prix sont plus que raisonnables, surtout lors des *happy hours* (le mardi jusqu'à minuit par exemple), et la maison propose toutes sortes d'événements comme des soirées spéciales coiffures pour changer de look... Musique électro et DJ viennent donner le ton.

DAS HOTEL

Mariannenstraße 26a

✆ +49 30 84118433

www.dashotel.org

Ouvert tous les jours de 16h à 5h. Entrée payante dans la cave le week-end, autour de 3 €.

Voici un bar/appartement dont Berlin a le secret. On discute au son du jazz et à la lueur des bougies. Le lieu ne désemplit jamais et toute la jeunesse cool de Kreuzberg y débarque pour y faire des rencontres et descendre des *long drinks*. Juste à droite du bar, le week-end, une porte s'ouvre sur une cave où des soirées ont lieu : funk, rockabilly, jazz... Berlin raffole et regorge de ce genre de bars. Celui-ci est particulièrement charmant avec son bar en bois et en faïence et il faut noter que les tenanciers prennent soin de fleurir ce bel espace !

DSCHUNGEL

Friedelstraße 12

Ouvert tous les jours à partir de 18h.

Willkommen im Dschungel ! *Welcome to the Jungle* ! Encore une adresse originale de Neukölln avec une décoration sauvage et florale. Les tapisseries figurent des forêts. Il y a des plantes qui descendent du plafond et qui se reflètent dans les miroirs. Bref il y du végétal partout. L'éclairage est faible, ce qui crée une belle atmosphère intimiste. Sur la carte, vous trouverez de nombreux cocktails. Tranquille en semaine, l'ambiance bat son plein le week-end. Un excellent spot pour un début de soirée ou pour un *pub-crawl* dans le quartier.

KLUNKERKRANICH

Karl-Marx-Straße 66

✆ +49 30 666666

www.klunkerkranich.org

Ouvert tous les jours de midi à 2h. Payant après 16h (prix selon la programmation).

L'un de nos coups de cœur à Neukölln. Ce *rooftop* est tout à fait indécelable depuis la rue, et c'est bien ce qui le rend si attrayant. Pour y accéder ? C'est presque une chasse au trésor ! On entre dans un centre commercial des plus standards, on prend l'ascenseur jusqu'à l'étage P5, on arrive dans un parking et de là, on suit la jeunesse. On découvre alors un lieu étonnant, à la fois plage, jardin potager, bar en plein air et salle de concert ! La vue sur le quartier est magnifique. Idéal pour un *drink* au coucher du soleil, pendant les beaux jours.

GOLGATHA

Katzbachstraße

✆ +49 307852453

www.golgatha-berlin.de

Ouvert tous les jours d'avril à septembre à partir de 9h. Horaires variables pendant l'automne/hiver.

Perché, à l'abri des regards, dans le Viktoria Park, le Golgatha offre aux riverains et aux touristes avertis un très agréable *Biergarten*. Grandes terrasses, événements en tout genre, notamment des concerts, c'est le point de chute idéal après une balade ensoleillée dans Kreuzberg pour venir se désaltérer avec une bière ou un cocktail sur l'une des grandes tables, à l'ombre ou au soleil selon l'envie. On se laisse également tenter par une sélection de grillades, de quoi vivre une l'expérience estivale berlinoise jusqu'au bout.

LUZIA

Oranienstraße 34

✆ +49 30 8179958

Ouvert tous les jours de midi à 5h.

Autrefois l'un des bars les plus en vue de l'Oranienstraße, le Luzia a perdu de sa superbe. Il faut dire que ce café-bar n'a plus grand-chose du Kreuzberg alternatif. Les cocktails coûtent dans les 10 €, la musique peut vite s'avérer trop forte et la présence de videurs à l'entrée peut surprendre. Mais le Luzia continue de nous charmer avec son éclairage à la bougie, son mobilier simple et ses murs aux reflets dorés. Le Luzia reste une bonne adresse où l'on prendra plaisir à venir boire un verre entre amis en début de soirée.

GREENS CAFÉ €

Weserstraße 44

✆ +491777194696

www.greenscafe.de

Lundi, mardi, jeudi, vendredi : 9h-17h. Samedi & dimanche 10h-18h. Fermé le mercredi. Plats entre 7 et 10 €.

Le Greens Café est un joli café de la Weserstraße, aménagé avec soin. Le nom du café reflète sa décoration : beaucoup de plantes et du mobilier de bois qui en font un lieu lumineux et cosy. Sur la carte, on retrouve des plats succulents préparés avec de bons produits : de l'avocat, du bacon, des gâteaux, des assiettes à partager et surtout des œufs sous toutes les formes (pochés, brouillés, etc.). Le café qui y est servi provient d'un torréfacteur de Brême, qui utilise des grains bio et de commerce équitable. Une excellente adresse pour un brunch à Neukölln.

MADAME CLAUDE

Lübbener Straße 19

✆ +49 30 47032236

www.madameclaude.de

Ouvert tous les jours dès 19h.

Connu dans tout le Berlin underground, le bar Madame Claude a investi une ancienne maison close. Le *drinking-dining room* se joue littéralement des lois de la gravité, les meubles sont « scotchés » au plafond et c'est au sol que l'on retrouve moulures et luminaires. Une (très petite) salle est dédiée aux performances scéniques (DJ, formations électro-rock ou acoustiques. Le mercredi soir, c'est soirée Music Blind Test et le dimanche les plus audacieux se lancent sur scène pour un Open Mic. Il y aussi une table de ping-pong et un baby-foot. Bonne ambiance assurée !

MÖBEL OLFE

Reichenberger Straße 177
✆ +49 30 23274690
www.moebel-olfe.de
Ouvert du mardi au dimanche à partir de 18h.

L'institution gay de la Kottbusser Tor, en plein cœur du quartier de Kreuzberg, est toujours pleine à craquer, quel que soit le soir où vous irez. C'est la rançon de son succès. Frayez-vous un chemin dans la foule, commandez une délicieuse bière polonaise à la pression et admirez le décor. Des tableaux de famille, des squelettes de père Noël, des lampes design années 1970 au milieu de chandeliers, les jambes de poupées sortent du plafond. Un cadre proprement insolite pour un bar sympathique. Le mardi, c'est soirées lesbiennes.

SILVERFUTURE

Weserstraße 206
✆ +49 30 75634987
www.silverfuture.net
Ouvert du mardi au dimanche de 17h à 2h, jusqu'à 3h le week-end.

Des murs roses, une boule à facettes et des boas de plumes fluo : bienvenue dans la petite antre *queer* du cœur de Neukölln. La musique est entraînante et chacun se laisse aller à l'extravagance et au flirt dans un esprit d'ouverture et de tolérance sexuelle. Politiquement engagé dans la cause LGBTQ+, le SilverFuture défend une nuit berlinoise libre et décontractée. Ici, on ne prend pas de photos avec son portable pour s'exhiber sur les réseaux sociaux, c'est interdit : préférez vous faire tirer le portrait avec le petit photomaton en carton sur le comptoir.

MYSLIWSKA

Schlesische Straße 35
✆ +49 30 6114860
Ouvert tous les soirs à partir de 19h.

Ce bar de 1900 fait figure de dinosaure dans ce quartier changeant et toutes les échoppes sont en proie à un turn-over incessant. En polonais, *Mysliwska* signifie « bar de chasseur ». On est rapidement plongé dans un autre univers. Les couples s'embrassent à l'arrière, la musique est étrange, une sorte d'électro folk expérimentale, et arrivé 4h du matin, on se rend compte qu'on ne souhaiterait être nulle part ailleurs. Si vous ne supportez plus les bars branchouilles de Berlin et que vous cherchez une adresse authentique, le Myslinska est pour vous.

TIER

Weserstraße 42
✆ +491637009003
www.tier.bar
Ouvert tous les jours à partir de 18h.

Le TiER est un bar auréolé de mystère. Pourquoi ce nom ? Et pourquoi un i minuscule ? Les noms de cocktails sont truffés de références, notamment cinématographiques ou littéraires. A l'intérieur, la décoration évoque un salon des années 1970, intello et fumeur. Fidèle aux bars de Neukölln, à l'ambiance à la fois chaleureuse et underground, le TiER se distingue par la qualité et l'originalité de ses cocktails. Le service, très pro, saura vous conseiller. Les prix sont plutôt abordables, un *must-do* dans votre *pub-crawl* du quartier.

OYA

Mariannenstraße 5
Du lundi au samedi de 9h à 2h. Les jeudis, vendredis et samedis jusqu'à 3h ou 4h.

La rareté des bars qui font la part belle à la visibilité lesbienne rend indispensable de mentionner ce sympathique café-bar de Kreuzberg. A part le jeudi soir qui réservé aux femmes queer, le Oya est ouvert à toutes et à tous. Oya, c'est à la fois un café, bar, lieu de sociabilité et un collectif engagé : ses événements sont queer-féministes, antiracistes et ancrés dans la réalité sociale du quartier. En journée, on y sert aussi une cuisine végétarienne et/ou végane. Le soir c'est plutôt une ambiance de pub. Une excellente adresse.

Ω BAR - OMEGA BAR

Wipperstraße 18
✆ +491515 5925617
www.omegabar.de
Ouvert du mardi au dimanche à partir de 16h.

Ce bar est une petite merveille de Neukölln, une belle surprise dans cette rue des plus calme. Les murs sont nus et la décoration est faite de récup' (palettes, vieux fauteuils et tables en bois, etc.). C'est tout confort et la lumière est tamisée, la recette classique d'un bon bar du quartier à la berlinoise. On y sert des *Espresso Martini* excellents à des prix imbattables et toutes sortes de cocktails. Un babyfoot est également à disposition : en bref, il y a absolument tout ce qu'il faut pour faire de ce lieu un endroit sympa et convivial.

BERLIN HOMEMADE ICECREAM

Elßholzstraße 10
✆ +49 30 33955303
www.leckmich.it
Ouvert du lundi au vendredi de midi à 19h, le samedi et le dimanche de 13h à 19h. 1,50 € la boule de glace.

Si vous venez un jour de grande chaleur, vous risquez de voir une longue file d'attente devant ce glacier très populaire dans le quartier ; car en été, les Allemands raffolent de glaces. Chez Berlin Homemade Icecream (le nom a déjà tout dit), on trouve de délicieuses glaces artisanales faites sur place, sans conservateur, sans colorants chimiques ; du sucre, de la crème, des fruits et de l'eau ! Cette petite boutique a su séduire les familles de Schöneberg. Parmi les parfums originaux : crème de myrtille ou amandes grillées par exemple !

MATTEA €

Frankenstraße 13
✆ +493047399446
www.mattea-berlin.de
Ouvert du lundi au vendredi de 9h à 19h, le week-end de 10h à 19h. Plats entre 8 et 12 €.

Mattea est un café sympa et branché où l'on pourra venir en journée se ressourcer autour d'un café, le week-end pour bruncher ou en fin d'après-midi pour un *aperitivo* à l'italienne. Gaufres, shashukka, et de nombreux plats à base d'œufs. A l'intérieur (joliment décoré par ailleurs), vous pourrez aussi jeter un coup d'œil à la vitrine pour vous faire une idée des gâteaux du jour disponibles. En été, sa grande terrasse sur une rue très calme est des plus agréables. Et pour les latinistes, *mattea, matteae*, ce sont les délices...

BRŁO BRWHOUSE

Schöneberger Straße 16
✆ +493055577606
brlo-brwhouse.de
Ouvert tous les jours de 12h à 22h.

BRŁO Browhouse est à mi-chemin entre le Biergarten branché et la brasserie 2.0. La bâtisse en elle-même est une originalité : conçue à partir de 38 containers, peints en gris avec l'inscription BRŁO en blanc (c'est par ailleurs le vieux nom slave de la ville de Berlin qui a donné son nom à cette brasserie et à sa bière). L'été, on pourra venir se poser à l'extérieur pour savourer une délicieuse bière (blonde, Pale Ale, IPA...) au soleil. Chez BRŁO, on brasse en tout 40 bières différentes. Un must pour les amateurs de *craft beer*.

MISTER HU

Golzstraße 39
✆ +49 30 2172111
www.misterhu.de
Ouvert tous les soirs à partir de 18h.

Monsieur Husen, écrivain trash et figure culte, est le propriétaire de ce bar branché décoré de bleu et de vert, confortable et sombre à souhait. On y vient pour y fumer le cigare, boire un cocktail, ou plus modestement une bière, et s'amuser, mais dignement ! Mister Hu est le genre de bar que l'on conseille aux petits groupes tranquilles et aux couples qui cherchent un nid pour boire un cocktail coloré. Les cocktails sont plutôt chers mais satisferont les amateurs. Le dimanche, au Mister Hu, on écoute de la musique soul et du funk.

GREEN DOOR

Winterfeldstraße 50
✆ +49 30 2152515
www.greendoor.de
Ouvert du dimanche au jeudi de 18h à 2h, le vendredi et le samedi jusqu'à 3h.

Le Green Door est en bonne place sur la liste des bars à cocktail les plus en vue de Berlin, avec un décor rétro 70's proche de celui d'*Alice au pays des merveilles*, peuplé non pas de créatures étranges mais de yuppies. Les cocktails font partie des meilleurs de la ville (et n'ayez crainte, ils ne vous feront pas rapetisser, sauf à vraiment en abuser). Appréciez les mille plaisirs colorés offerts par la carte et appréciez la dextérité des barmen. Le *happy hour*, c'est tous les jours de 18h à 19h, si jamais vous voulez commencer la soirée assez tôt.

STAGGER LEE

Nollendorfstraße 27
✆ +49 30 29036158
www.staggerlee.de
Ouvert tous les jours de 19h à 2h, voire plus tard, selon l'humeur des barmen.

Ce bar, baptisé en hommage à une chanson de Nick Cave, cultive l'atmosphère d'une ville fantôme du Far West avec son style de saloon chic, décoré aux murs d'angoissants portraits en noir et blanc du XIXᵉ siècle et avec ses tables rondes et chaises hautes tout en bois couleur sombre. La musique oscille entre le blues, le rock'n'roll et la soul. En semaine, l'ambiance est agréable, le bar est calme, les cocktails sont excellents, quoiqu'un peu chers. Le week-end, l'endroit est pris d'assaut par une jeunesse dorée un peu agaçante.

CAFÉ HARDENBERG

Hardenbergstraße 10
✆ +49 30 3122644
www.cafe-hardenberg.com
Ouvert tous les jours de 9h à minuit.

Situé en face de l'université des Arts de Berlin, ce café spacieux et relax est le rendez-vous privilégié des étudiants qui sèchent les cours, ou qui ont des projets communs à préparer, et qui n'en finissent plus de refaire le monde ou d'imaginer leur avenir ! Dans une atmosphère détendue et un cadre chaleureux, on y écoute de la musique classique, mais attention, le lieu est toujours très animé et bruyant ! Bref, c'est un café d'étudiants, la grande salle boisée est animée comme un hall de gare et brasse toute la journée toute sorte de gens.

SCHWARZES CAFÉ

Kantstraße 148
✆ +49 30 3138038
www.schwarzescafe-berlin.de
Ouvert 24h/24 sauf le mardi où c'est fermé de 3h à 10h du matin.

Café-culte à Berlin à la fin des années 1960, le Schwarzes Café s'est un peu assagi mais reste un rendez-vous favori des habitants de Charlottenburg. Quelle que soit l'heure du jour ou de la nuit et quelle que soit l'envie (after-party, nuit blanche ou petit creux), vous êtes à la bonne adresse. Le café dispose aussi d'un étage et d'une petite cour. La décoration est sobre avec ici et là des photos délurées et des tableaux étranges. Si la cuisine est sans grandes ambitions, la carte n'en est pas moins riche en petits plats, petits-déjeuners et cocktails.

GAINSBOURG

Jeanne-Mammen-Bogen 576-577
✆ +49 30 3137464
http://gainsbourg.de/
Ouvert tous les jours de 17h à 5h du matin, à partir de 20h le dimanche.

Le nom seul parle de lui-même pour cet endroit lascif, relax et cultivé. Un bar de référence, qui a su fidéliser une clientèle qui y savoure d'excellents cocktails et y drague sans complexes. On y boit beaucoup, on y parle encore plus et parfois on y danse lorsque l'ambiance s'y prête, c'est-à-dire tard dans la nuit. Mieux vaut finir sa nuit au Gainsbourg, plutôt que de l'y commencer, sans quoi vous risquez de ne plus voir grand-chose ! En été, le Gainsbourg dispose d'une petite terrasse très agréable où l'on peut siroter son cocktail tout en bavardant au soleil.

THE HAT BAR

Lotte-Lenya-Bogen 550
✆ +49 170 4889839
www.thehatbar.de
Ouvert tous les soirs de 20h à 2h du matin.

Ce joli bar, ouvert sous les rails du S-Bahn en 2015, est une bonne nouvelle pour Charlottenburg : on peut enfin y écouter du jazz live sans payer de prix d'entrée (contrairement au club A-Trane, par ailleurs hautement recommandable) tout en y buvant d'excellents cocktails et long drinks, assis le long du comptoir. Eric Vaughn, batteur de jazz américain venu de Savannah, assure une programmation de très bonne qualité et présente la soirée avec toute la classe nécessaire... Chaque jour de la semaine, à 21h, c'est jam session.

PARIS BAR

Kantstraße 152
✆ +49 30 313 80 52
www.parisbar.net
Ouvert tous les jours de midi à minuit.

Pendant des années, la question existentielle des VIP de la ville était de savoir où aller après avoir dîné au Paris Bar, sans échouer parmi les simples mortels. Ce dilemme est désormais réglé, puisque les propriétaires de l'établissement ont ouvert un bar, le Bar du Paris Bar (original !). Pour ceux qui peuvent se permettre de mettre au minimum 10 € dans un cocktail, qui ont les sapes qui vont avec et qui n'ont pas peur de tomber nez à nez avec Boris Becker... Reste que le bar demeure un lieu de rencontre incontournable pour les intellectuels de Savignyplatz.

ZEIT FÜR BROT

Konstanzer Straße 1
https://zeitfuerbrot.com/
Ouverte du lundi au vendredi de 7h à 20h, samedi de 8h à 20h, dimanche de 8h à 18h.

Zeit für Brot, c'est un peu la boulangerie 2.0 de Berlin, plutôt chère, branchée, très fréquentée. Non seulement le cadre est lumineux, propre, accueillant, mais les pains et les viennoiseries sont avant tout délicieux. Essayez leur Zimtschnecke (une sorte de brioche à la cannelle) et leur pain au noix. Même leur plus simple Käsedings (un pain croustillant au fromage) est un régal. Il existe à Berlin trois autres boulangeries Zeit für Brot dans les quartier de Mitte et Prenzlauer Berg : Eberswalder Str. 26, Weinsberg 2 et Alte Schönhauser Str. 4.

PASSPORT

[SE] FAIRE PLAISIR

Ces dernières années, les centres commerciaux aseptisés ont poussé en centre-ville comme des champignons : Alexa, Mall of Berlin, East-Side-Mall, etc. Heureusement, ils n'ont pas réussi à tuer les petites boutiques de designers, les magasins de jeunes créateurs et les friperies qui font toute l'originalité et la notoriété de Berlin. Si vous refusez de céder aux sirènes de la *fast fashion*, Berlin vous offre tout ce qu'il faut pour cultiver un style décalé et indépendant. Notamment à Kreuzberg, Friedrichshain et Neukölln où l'on joue la carte alternative à grand renfort de friperies, de disquaires, et de marchés pittoresques. Charlottenburg évoque le luxe et l'opulence de Berlin-Ouest mais on y trouve aussi de nombreuses brocantes et des galeries d'art qui raviront les collectionneurs férus de bibelots. Le quartier de Mitte, toujours à la page, se renouvelle sans cesse avec l'ouverture permanente de nouveaux concept-stores.

(SE) FAIRE PLAISIR

HORAIRES

Les magasins sont le plus souvent fermés le dimanche. Chaque année, le sénat de Berlin fixe 8 dimanches où les magasins sont autorisés à ouvrir leurs portes. Ces ouvertures exceptionnelles suivent le calendrier de la ville : la Berlinale ou la Fête de la Musique par exemple.

BUDGET / BONS PLANS

À Berlin, la mode est décalée, folle, échevelée... et très souvent d'occasion. Les boutiques de seconde main font l'unanimité auprès de la faune artistique désargentée de Kreuzberg, Wedding ou Neukölln, tandis que les fashionistas apprécient les élégantes boutiques vintage de Mitte et Prenzlauer Berg. Dans tous les cas, il est de bon ton de se démarquer en dégottant une pièce unique, et de s'adonner avec bonne conscience au shopping en respectant l'esprit écolo du recyclage à la berlinoise. Vous trouverez aussi de nombreuses friperies qui fonctionnent ici selon le principe du « Pick'n'weight », vous ne payerez pas en fonction du nombre de pièces mais en fonction du poids ! On peut payer par carte dans les boutiques berlinoises. Quant aux prix, ils sont sensiblement les mêmes qu'en France et en Belgique.

SOLDES

La ville de Berlin a assoupli les règles concernant les périodes de soldes, mais la plupart des magasins continuent de pratiquer les soldes à la fin du mois de janvier, comme par le passé. On les appelle « Winterschlussverkauf ».

C'EST TRÈS LOCAL

Les collectionneurs d'antiquités, de breloques et de bibelots sont bien servis à Berlin. Ceux qui s'intéressent aux XVIIIe et XIXe siècles trouveront leur bonheur à Schöneberg, dans la Keithstraße et la Golzstraße, mais aussi à Charlottenburg, dans la Suarezstraße. Les autres qui aiment s'enfoncer dans l'obscurité des brocantes poussiéreuses à la recherche d'objets excentriques se tourneront plutôt vers Prenzlauer Berg autour de la Kollwitzplatz et de la Husemannstraße, ou vers

Marché aux puces.

Neukölln ou Friedrichshain avec leurs multiples *Trödelläden* (magasins de bric-à-brac). Enfin, les marchés aux puces de Berlin sont célèbres pour leurs pépites et leur atmosphère festive.
Si vous souhaitez ramener pour vous ou pour offrir de bons chocolats, pensez aux vieilles chocolateries berlinoises, comme Sawade ou Rausch. Les deux proposent de bons chocolats et Sawade a même des boîtes très élégantes dont le design semble inspiré des années 1920. Ramener des chocolats de Berlin, qui y aurait pensé ?

Parmi les accessoires à la mode, on observe à Berlin le retour du sac banane. Il vous évoque les années 1980 ? C'est vintage mais aussi très pratique !

LES ATTRAPE-TOURISTES

Les boutiques de souvenirs en centre-ville affichent des prix souvent très élevés et ne proposent que des porte-clés et des boules à neige. On peut aussi privilégier les petites boutiques artisanales de Mitte ou Prenzlauer Berg pour ramener un souvenir plus original.

LES PHRASES CLÉS

Bonjour, c'est superbe, mais combien ça coûte ?
Hallo, das ist ja wirklich toll, aber was kostet es?

Vous auriez ma taille ? Où se trouvent les cabines d'essayage ?
Haben Sie es in meiner Größe? Wo ist die Umkleidekabine?

Est ce que je pourrai vous le rapporter et l'échanger si ça ne va pas ?
Kann ich es umtauschen, falls es nicht passt?

J'ai trop dépensé aujourd'hui, pouvez-vous me faire une réduction sympa ?
Ich habe heute schon zu viel ausgegeben, besteht die Möglichkeit, einen Preisnachlass zu bekommen?

Je prendrai celui-ci. Pouvez-vous me faire un paquet cadeau ?
Ich nehme das hier. Können Sie es mir als Geschenk einpacken?

Vous prenez la carte de crédit ? Où puis-je trouver un distributeur de billets ?
Akzeptieren Sie Kreditkarten? Wo kann ich einen Geldautomaten finden?

BIKINI BERLIN

Budapester Straße 38-50
✆ +49 30 55496455
www.bikiniberlin.de
Ouvert tous les jours de 9h à 22h.

Oubliez les centres commerciaux des zones industrielles, le Bikini Berlin est un *concept mall*, une galerie marchande très tendance qui ne vend que des produits de créateurs, souvent allemands, parfois internationaux. Installé dans un ancien bâtiment des années 1950, Bikini a ouvert ses portes en mai 2014 et a donné un coup de jeune au quartier de Charlottenburg. L'intérieur est lumineux et élégant, fait de bois et d'acier peint. On peut s'accorder une pause café au rez-de-chaussée ou sur le toit en observant les singes du jardin zoologique.

KADEWE

Tauentzienstraße 21-24
✆ +49 30 21210
www.kadewe.de
Ouvert du lundi au jeudi 10h-20h, le vendredi jusqu'à 21h et le samedi 9h30-20h. Les restaurants de midi à minuit.

Ouvert en 1907, ce temple de la consommation est le plus grand d'Europe et l'on y trouve absolument tout : vêtements, accessoires, maquillage, sacs, vaisselle, jouets mai aussi viande, gibier, poisson, fromage, huîtres, produits conditionnés... 7 000 m² de surface de vente, 33 000 produits, 400 sortes de pain et 1 200 saucisses différentes, quelques chiffres évocateurs qui montrent l'opulence de ce KAufhaus DEs WEstens... Ne manquez pas l'étage gastronomie (au sixième étage) qui propose chaque jour des plats différents de toute provenance.

MALL OF BERLIN

Leipziger Platz 12
✆ +49 30 20621770
www.mallofberlin.de
Ouvert du lundi au samedi de 10h à 21h.

Ce nouveau centre commercial gigantesque regorge de boutiques *mainstream*. On s'y procure ce qu'on trouve en France dans n'importe quelle galerie marchande et on y trouve les grandes chaînes allemandes. Rien de très original en soi, si ce n'est peut-être les boutiques du Herta Berlin et du Bayern Munich pour les amoureux du ballon rond. Autre idée cadeau, le magasin Eicie avec ses posters et tableaux en tout genre dont un bon nombre représentant Berlin. Depuis la passerelle qui relie les deux parties du bâtiment, on voit le Bundesrat (Conseil fédéral).

Kadewe.

AMPELMANN SHOP

Rosenthaler Straße 40-41
✆ +49 3044726438
ampelmannshop.com
Ouvert du lundi au samedi de 9h30 à 20h, le dimanche de 13h à 18h.

En panne d'inspiration au moment de ramener des souvenirs pour la famille et les amis ? Avez-vous pensé à l'*Ampelmann*, ce petit bonhomme des feux de signalisation de l'ancienne RDA et pour lesquels les anciens Est-Allemands ont lutté ? En effet, il était question d'institutionnaliser dans toute l'Allemagne le modèle ouest-allemand, classique et pas drôle, mais l'attachement sentimental au petit bonhomme affublé d'un chapeau a été plus fort... Et c'est devenu un symbole culte : T-shirts, lampes et toutes sortes d'accessoires se déclinent en rouge et en vert...

BOHEI

Weserstraße 43
www.bohei-shop.com
Ouvert du lundi au samedi, de midi à 19h.

Cette petite boutique, dans la très branchée *Weserstraße*, propose toutes sortes d'objets originaux avec un effort porté sur le design. Les motifs sont jeunes et colorés : des cartes postales-collages de Berlin, des portefeuilles ou des trousses de toilette en papier résistant à l'eau, des savons, des sacs, des bouteilles d'eau, des bijoux et bien sûr quelques bibelots, aussi inutiles que charmants. Une halte idéale si vous êtes dans le quartier, que vous souhaitiez faire un cadeau, vous faire plaisir, ou tout simplement flâner.

HANFHAUS

Oranienstraße 192
✆ +49 30 6148102
www.hanfhaus-kreuzberg.de
Ouvert du lundi au vendredi de 11h à 19h et le samedi de 11h à 17h.

La plupart des boutiques qui vantent le chanvre en profitent pour fourguer pipes à eau et autres bangs aux fumeurs invétérés, et la belle utopie du chanvre, matière première qui pourrait sauver nos forêts de la destruction, passe souvent au second plan. Sauf ici à la maison du chanvre, où l'on ne fait pas de promotion hypocrite mais où l'on vend des vrais produits à base de chanvre : des vêtements tels les pantalons, chemises et sweat-shirts, et aussi des pâtes alimentaires au chanvre, les rasta pasta, des produits nettoyants, du thé, etc.

MODULOR

Prinzenstraße 85
✆ +49 30 690360
www.modulor.de
Ouvert du lundi au vendredi de 9h à 20h, et le samedi de 10h à 18h.

Voici un immense magasin, bien connu des multiples artistes et créatifs de Berlin. On y trouve une librairie d'art (avec notamment de très beaux livres sur Berlin), une librairie généraliste mais surtout sur deux niveaux des étalages par dizaines de matériel pour la peinture, le dessin, la couture et d'autres disciplines dans la famille du bricolage artistique. Vous y trouvez tous les crayons, les pinceaux, les sprays, les tissus, les outils et les accessoires possibles et imaginables. Tout pour l'artiste qui sommeille en vous.

TUKADU

Rosenthaler Straße 46-47
✆ +49 30 2836770
www.tukadu.com
Ouvert du lundi au samedi de 11h à 20h.

Ici, on peut confectionner soi-même des colliers, des bracelets, des bagues, des boucles d'oreilles et tout ce que vous pourrez imaginer porter, grâce aux multitudes de perles et d'accessoires qui sont vendus. Roberta Oehmigen, qui dirige la boutique depuis des années, y vend également ses propres collections qui sont renversantes et toutes plus originales les unes que les autres. On y trouvera aussi bien des bijoux *vintage* que des bijoux excentriques et saugrenus (des boucles d'oreilles avec des dinosaures ou des hippocampes par exemple).

ZALANDO OUTLET

Köpenicker Straße 20
✆ 0800 330 09 96
www.zalando-outlet.de/berlin/
Ouvert du lundi au samedi de 10h à 20h. Réductions jusqu'à 70 %.

Pas besoin de présenter Zalando (dont le siège est par ailleurs à Berlin). Ce point de vente un peu excentré propose de très bonnes affaires pour peu que l'on ait la patience de fouiller. Les réductions vont jusqu'à -70 %. Dans un édifice industriel en brique et sur deux niveaux (les messieurs au 1er, les dames au 2e), on trouve de tout et pour tous les goûts : des t-shirts, des pantalons, des chemises, des accessoires, des sacs et surtout une large sélection de chaussures. Plutôt pratique : les articles sont triés par tailles.

BONBONMACHEREI

Oranienburger Straße 32
✆ +49 30 44055243
www.bonbonmacherei.de
Ouvert du mercredi au samedi de midi à 19h. Fermé entre juillet et août et pendant les fêtes de fin d'année.

Les amateurs de bonbons et autres gourmands se doivent de visiter cette confiserie dans les *Heckmannhöfe*. Ici, vous pouvez admirer la fabrication artisanale de ces petites délices et faire votre choix parmi une offre large et diversifiée. Nous vous conseillons plus particulièrement les *Maiblätten* et les *Feuerhimbeeren*. Le patron vous fera une démonstration de ses talents à 14h et à 16h, expliquant toutes les étapes, vous laissant bien le temps de saliver. Mais prenez votre mal en patience car il y a une dégustation en prime à la fin !

SÜNDE CHOCOLATERIA

Oranienstraße 194
✆ +49 30 63961520
www.chocolateria-suende.de
Ouvert du lundi au vendredi de 9h à 19h, le samedi de 10h à 19h et le dimanche de midi à 18h.

« Le chocolat est la réponse du Seigneur au brocoli » clame cette petite boutique-salon de thé en forme de maison de poupées, napperons en dentelle et tableaux kitsch à l'appui. Entièrement consacrée au chocolat, depuis les dragées jusqu'au brownie en passant par le chocolat chaud, Sünde Chocolateria (« la chocolaterie du péché ») est un vrai bonheur pour les amateurs de cacao. Idéale aussi pour faire une petite pause Kaffee und Kuchen («Café et gâteaux», l'équivalent allemand du tea time britannique) l'après-midi lors de votre visite de Kreuzberg.

MARHEINEKE MARKTHALLE

Marheinekeplatz
✆ +49 30 3989610
www.meine-markthalle.de
Ouvert du lundi au vendredi de 8h à 20h et le samedi de 8h à 18h.

Ce joli marché couvert est à l'image du quartier : bon, bio et bobo. On y trouve de bons produits, parmi les stands de fruits et de légumes, viandes ou poissons frais ou les spécialités du monde (excellent stand de charcuterie espagnole, spécialités grecques... et il y a même un stand breton pour celles et ceux à qui les crêpes et les galettes manqueraient terriblement !). Les prix sont assez élevés, mais la qualité des produits est au rendez-vous. On peut s'y attabler pour un délicieux snack, ou l'été aller se poser en terrasse.

TÜRKISCHER MARKT AM MAYBACHUFER

Maybachufer
www.tuerkenmarkt.de
Le mardi et le vendredi de 11h à 18h30.

Ce marché turc le long du Landwehrkanal est certainement le plus pittoresque, le plus bruyant et le plus visité de Berlin. N'hésitez pas à goûter les diverses crèmes et mousses mélangeant ail, épinards, fromage de chèvre, elles sont délicieuses. Du fait de sa popularité, on assiste à un phénomène de boboïsation avec des vendeurs d'artisanat, de produits issus de l'apiculture, mais l'ambiance reste hautement sympathique. L'été, des musiciens de rue se produisent près de l'eau.

RAUSCH SCHOKOLADENHAUS

Charlottenstraße 60
✆ +49 30 757880
www.rausch.de/schokoladenhaus
Ouvert du lundi au samedi de 10h à 18h, le dimanche à partir de 11h.

Cette Schokoladenhaus (maison du chocolat) est l'adresse obligatoire pour les adorateurs du cacao. Au top du top des chocolatiers, Rausch (confiseur depuis 1918) est connu dans toute l'Allemagne. Au rez-de-chaussée, toutes sortes de chocolats et de pralines vous attendent ainsi que des sculptures en chocolat représentant des monuments de Berlin ! On se croirait dans *Charlie & et la Chocolaterie* ! La maison a aussi un café au deuxième étage d'où l'on a une superbe vue sur le Deutscher Dom du Gendarmenmarkt. Parfait pour une pause gourmande.

WINTERFELDT SCHOKOLADEN

Goltzstraße 23
✆ +49 30 23623256
www.winterfeldt-schokoladen.de
Ouvert du lundi au vendredi de 9h à 20h, le samedi de 9h à 18h et le dimanche de midi à 19h.

Situé dans une ancienne pharmacie (l'inscription « Apotheke » est intacte à l'extérieur), ce salon de café et de chocolat est pour le moins original : les chocolats sont placés dans les anciens tiroirs qui contenaient des médicaments. Les plus gourmands se laisseront vite tenter par les différentes variétés de chocolat que l'on peut déguster à l'unité. Parfait pour accompagner votre café ! On vient surtout pendant le marché de Winterfeldtplatz le samedi, ou à l'heure du brunch le dimanche. L'endroit ne manque pas de charme avec toutes ses boiseries.

EISDIELER

Kastanienallee 12
✆ +49 30 28391291
www.eisdieler.de
Ouvert du lundi au vendredi de 11h à 20h, le samedi jusqu'à 19h.

Un magasin entièrement dédié au *menswear* installé depuis 1999 dans la Kastanienalle, anticipant de quelques années le mouvement de gentrification qui allait frapper toute la rue. On y viendra pour la petite sélection de baskets rarissimes. Et puis aussi pour les T-shirts Eisdieler aux motifs berlinois aussi originaux qu'ils sont intéressants et artistiques. C'est unique. On est loin des T-shirts touristiques *I love Berlin*. Sinon, on y vend aussi des montres, des gants, des porte-monnaie, des lunettes de soleil. Tout pour refaire son look.

HHV STORE

Grünberger Straße 54
✆ +49 30 293 67 377
www.hhv.de
Ouvert du lundi au samedi de midi à 20h.

Le rendez-vous inconditionnel des hipsters, jeunes branchés et amateurs de mode urbaine. Cette boutique qui allie musique (vinyles et CD) et mode vestimentaire a bien choisi son quartier, à deux pas de la Boxhagener Platz. On y retrouve des disques d'occasion, une belle collection de *sneakers,* de quoi vous parer à la mode berlinoise. Parmi les marques privilégiées ici : Patagonia, Pinqponq, The North Face, Carhartt, etc. Les prix sont tout de même assez élevés. Et puisque vous vous posiez la question : HHV sont les initiales pour Hip Hop Vinyl.

HUMANA

Frankfurter Tor 3
✆ +49 30 4222018
www.humana-second-hand.de
Ouvert du lundi au samedi de 10h à 20h.

Ce mégastore de la fripe installe des succursales un peu partout dans la ville, et c'est pour la bonne cause puisque les bénéfices sont reversés à des associations caritatives. Celui de Frankfurter Tor est le plus grand et s'étale sur cinq niveaux. Vous trouverez ici de tout, des tissus d'ameublement aux manteaux en fourrure, des chaussons pour bébé aux vestes en cuir, en passant même par des tenues traditionnelles bavaroises. Au dernier étage se trouve un rayon *vintage* avec des vêtements originaux des années 1960 jusqu'aux années 1990.

LALA BERLIN

Alte Schönhauser Straße 3
✆ +49 30 20095363
www.lalaberlin.com
Ouvert du lundi au samedi de 11h à 19h. Le samedi à partir de 10h30.

Depuis 2014, Lala Berlin conçoit des vêtements pour les Berlinoises et pour les femmes du monde. Des pashminas légers, aux couleurs pastel et fluo, aux pulls de mohair aériens en passant par les tops et les robes de soie. Leyla Piedayesh, le cerveau et les mains derrière Lala Berlin, est la créatrice la plus en vue de la ville depuis plusieurs années. Elle possède également une boutique au Danemark, à Copenhague. Les prix sont élevés. Il est possible de commander en ligne sur le site où vous pourrez aussi consulter le large éventail de vêtements proposés.

O.F.T. VINTAGE [OHNE FRAGE TOLL]

Chausseestraße 131 A-B
✆ +49 171 685 7777
www.ohnefragetoll.de
Ouvert du lundi au vendredi de 13h à 18h30, et le samedi de 13h à 18h.

Styliste et amoureuse du *vintage*, Marita Schwalm propose dans sa boutique un beau panel de vêtements, chaussures, maroquinerie, objets déco et même mobilier des années 1950 aux années 1980 : un joyeux foutras qui régalera les passionnés ! La maison offre aussi la possibilité de louer bijoux, meubles, vêtements, lampes aux professionnels pour des films, des shootings, des publicités, des clips mais aussi aux particuliers pour des soirées costumées ou à thème !

TUKADU

Rosenthaler Straße 46-47
✆ +49 30 2836770
www.tukadu.com
Ouvert du lundi au samedi de 11h à 20h.

Ici, on peut confectionner soi-même des colliers, des bracelets, des bagues, des boucles d'oreilles et tout ce que vous pourrez imaginer porter, grâce aux multitudes de perles et d'accessoires qui sont vendus. Roberta Oehmigen, qui dirige la boutique depuis des années, y vend également ses propres collections qui sont renversantes et toutes plus originales les unes que les autres. On y trouvera aussi bien des bijoux *vintage* que des bijoux excentriques et saugrenus (des boucles d'oreilles avec des dinosaures ou des hippocampes par exemple).

BERLINER TRÖDELMARKT STRASSE DES 17. JUNI

Straße des 17. Juni
✆ +49 30 26550096
www.berlinertroedelmarkt.com
Les samedis et dimanches de 10h à 17h.

C'est l'un des marchés aux puces les plus fréquentés de Berlin (et pourtant la concurrence est rude ici !). Il se divise en deux : d'un côté, un marché aux puces "classique" avec toutes sortes de babioles (*Trödel* c'est le bric-à-brac en allemand) et autres ramasse-poussières, plutôt antiquités que réelle brocante et, de l'autre côté, un marché d'art et d'artisanat où des artistes mais aussi des graphistes ou des bricoleurs vendent leurs œuvres. Il y des toilettes et des food-trucks.

FLOHMARKT AM BOXHAGENER PLATZ

Boxhagener Platz
Le dimanche de 10h à 18h.

L'atmosphère du *Flohmarkt* (marché aux puces) de cette place de Friedrichshain a quelque chose d'idyllique. Beaucoup de familles, des marchands essaimés vendant chaussettes tricotées main, des collections de vinyles ou des livres en tout genre. D'autres auront juste étalé une couverture par terre avec quelques vieux appareils électroménagers. Vous y trouverez un grand nombre de vestiges de la RDA. Flânerie à combiner avec un brunch dans un café du coin.

FLOHMARKT IM MAUERPARK

Bernauer Straße 63
www.flohmarktimmauerpark.de
Le dimanche de 10h à 18h.

Le plus jeune des marchés aux puces berlinois étend ses stands chaque dimanche le long de l'ancien tracé du Mur de Berlin. Les vendeurs sont principalement des étudiants ou des habitants du quartier qui font de bons prix. Ils sont toutefois rejoints depuis quelques temps par des professionnels, qui font monter la cote. Un eldorado pour les fans des fringues et vinyles des années 1980 et 1990. Vous trouverez aussi de quoi vous désaltérer dans les quelques *Imbiss*. Ambiance particulièrement agréable en été où le célèbre karaoké de Mauerpark donne le rythme.

GARAGE

Ahornstraße 2
✆ +49 30 2112760
https://picknweight.de/
Ouvert du lundi au samedi de 12h à 18h.

Dans un cul-de-sac, en face de l'ambassade de Croatie, cachée en sous-sol, se trouve une grande friperie d'une qualité insoupçonnée et qui appartient maintenant à la franchise Picknweight. On y trouve absolument tout ce qui faisait l'accoutrement de Starsky et Hutch : chemises hawaïennes, jeans usés, blousons, mais aussi des redingotes, des robes, des costumes, des chaussures, des cravates, des sacs banane. Le meilleur : on paie au kilo ! L'idéal pour trouver à la dernière minute de quoi s'habiller pour une fête funky ou pour se refaire un look vintage.

HUMANA

Frankfurter Tor 3
✆ +49 30 4222018
www.humana-second-hand.de
Ouvert du lundi au samedi de 10h à 20h.

Ce mégastore de la fripe installe des succursales un peu partout dans la ville, et c'est pour la bonne cause puisque les bénéfices sont reversés à des associations caritatives. Celui de Frankfurter Tor est le plus grand et s'étale sur cinq niveaux. Vous trouverez ici de tout, des tissus d'ameublement aux manteaux en fourrure, des chaussons pour bébé aux vestes en cuir, en passant même par des tenues traditionnelles bavaroises. Au dernier étage se trouve un rayon *vintage* avec des vêtements originaux des années 1960 jusqu'aux années 1990.

MADE IN BERLIN - PICKNWEIGHT

Neue Schönhauserstraße 19
✆ +49 30 21230601
www.picknweight.de
Ouvert du lundi au samedi de midi à 19h. Le mardi, happy hour de midi à 15h (réduction de 20 % sur tout le magasin).

Un des grands magasins de fripes où l'on trouve de la sape sympa et habillée : sweat-shirts, robes de bal et costumes, vestes en bon état et à petits prix, datant des années 1970-1980… Le sous-sol est consacré aux jeunes hommes qui feront leur choix entre bombers roses et vestes plus chic. Il existe d'autres adresses de la chaîne *Picknweight* (on paye au poids) dans Mitte (Münzstraße 19 & Alte Schönhauser Straße 30), Kreuzberg (Bergmannstraße 102) et Schöneberg (Ahornstraße 2).

BÜCHERBOGEN

Stadtbahnbogen 593
✆ +40 30 31869511
www.buecherbogen.com
Ouvert du lundi au vendredi de 10h à 20h, le samedi de 10h à 19h.

Cette somptueuse librairie, qui se déploie sous plusieurs des arches qui soutiennent les voies du S-Bahn, est une véritable caverne d'Ali Baba en matière de livres d'art et de littérature spécialisée (cinéma, danse, théâtre, design, mode, architecture...). Elle possède de nombreux livres en anglais et une bonne sélection en français. On y trouve même les *Cahiers du Cinéma*, c'est dire ! Si vous flânez à Savignyplatz ou sur le Ku'damm, prenez le temps d'y passer, vous repartirez peut-être avec un livre sur Berlin ou sur Charlottenburg.

SPACE HALL

Zossener Straße 33
✆ +49 30 69040696
www.spacehall.de
Ouvert du mercredi au samedi de 11h30 à 17h.

Sans doute le plus célèbre magasin de disques de Kreuzberg et de toute la ville. Space Hall est une vaste boutique qui offre une sélection incomparable de raretés musicales et de bon son de groupes actuels. Tous les types de musiques sont présents : rock indé, house, musique électronique. Il y a même une bonne sélection d'artistes berlinois histoire de se plonger dans la culture locale. Enfin, vaste choix de T-shirts, badges et autres gadgets. Tout ce qu'il faut pour les mélomanes, les aficionados du vinyle et les curieux de passage.

CORE TEX

Oranienstraße 3
✆ +49 30 61280050
www.coretexrecords.com
Ouvert du lundi au samedi de 11h à 20h.

Hardcore dans toutes les directions musicales, Core Tex est le paradis (ou l'enfer) de tous les fans de punk, hard rock et rock alternatif. On y trouve tous les labels alternatifs et indépendants. Beaucoup d'imports contribuent au grand choix de la boutique qui essaie de se procurer aussi bien les CD que les vinyles récents : pas moins de 10 000 CD sont en vente ici, ainsi qu'un peu moins de vinyles, et bien sûr tout un lot de fanzines, de vidéos et de bouquins et une très large collection de tee-shirts pour se refaire un look.

TASCHEN STORE BERLIN

Schlüterstraße 39
✆ +46 30 88720929
Ouvert du lundi au samedi de 11h à 19h.

A deux pas de la ravissante Georg-Grosz Platz se trouve la librairie Taschen, du nom de la maison d'édition indépendante. Dans cette superbe boutique toute en profondeur, vous trouverez de lourds et volumineux livres d'art renfermant mille trésors et images. Architecture, design, peinture : il y en a pour tous les goûts ! Qu'on y vienne pour flâner ou pour acheter, on visite la librairie comme on visite un musée. Pour consulter certains livres rares exposés sur des pupitres, il vous faudra prendre des gants (littéralement prendre des gants !).

DO YOU READ ME

Auguststraße 28
✆ +49 30 695 49 695
www.doyoureadme.de
Ouvert tous les jours sauf le dimanche de 10h à 19h30.

Pour continuer l'aventure culturelle à la sortie de l'île aux Musées ou au détour d'une flânerie dans le quartier de Mitte, cette très charmante librairie, petite en taille mais jeune et lumineuse, vous accueille et vous propose un bel assortiment d'ouvrages et de magazines du monde entier. On y retrouve en particulier les thèmes de l'architecture, de la photographie ou du design, ce qui en fait une institution dans ce quartier riche en galeries d'art. Dans la même rue, juste en face, se trouve par exemple la très remarquable Galerie Deschler.

ZADIG - LIBRAIRIE FRANÇAISE

Gipsstraße, 12
✆ +49 30 280 999 05
www.zadigbuchhandlung.de
Ouvert le lundi de 14h à 19h, du mardi au vendredi de 11h à 19h et le samedi de 11h à 18h.

Cette petite librairie française engagée se situe au cœur de l'ancien quartier des squats devenu touristique et bourgeois, et tente vaillamment de résister aux assauts de la gentrification. Vous y trouverez les grands classiques littéraires, mais vous pourrez aussi y dénicher des ouvrages plus pointus sur Berlin. Un large éventail de romans, bandes dessinées, et livres pour enfants. La librairie est lumineuse, et les libraires sont de bon conseil.

PASSPORT

BOUGER & BULLER

L'Allemagne vibre avec les victoires de sa *Mannschaft* nationale; mais peut-on en dire autant de Berlin ? La ville ne voue pas à ses clubs de foot le culte que Munich voue à son FC Bayern. Il faut dire que Berlin a deux équipes héritées de la division de la ville : les supporteurs sont ainsi partagés entre Hertha et Union. Ce sont aussi d'autres sports qui semblent faire bouger les Berlinois, comme la natation, le jogging ou l'escalade. La capitale allemande regorge d'espaces verts qui se prêtent parfaitement aux parties de frisbee, au badminton, au ping-pong et bien sûr à la course à pied. Les quartiers périphériques de Berlin, très verts eux aussi, se prêtent aussi parfaitement à la randonnée ou à la balade à vélo. Si vous êtes plutôt adepte du *farniente*, vous serez comblé par les nombreux lacs, spas et saunas de la ville, qui invitent à la relaxation et permettent de recharger les batteries.

BOUGER & BULLER

BUDGET / BONS PLANS

Pour les baignades dans les lacs, vous aurez deux options : ou bien chercher un petit coin tranquille au bord d'un des nombreux lacs, ou bien vous rendre sur une plage aménagée (et à l'accès payant, environ 5 €). Là, le sable est fin, la baignade est surveillée et on trouve de tout pour se restaurer.
Pour les spas et les saunas, les prix sont très variables en fonction du standing et du temps que l'on y passe. Il y autant de grands complexes que de petits saunas de quartier.

C'EST TRÈS LOCAL

A la belle saison, les lacs de Berlin et du Brandebourg sont pris d'assaut par les baigneurs. Ils offrent un cadre idéal et souvent de petites plages ont été aménagées. Autrefois, il était possible de faire du patinage sur les lacs gelés l'hiver. Mais depuis plusieurs années, les hivers ne sont pas assez froids…
L'escalade en salle est très populaire à Berlin. C'est un sport que l'on peut pratiquer seul mais il est d'autant plus intéressant en groupe que l'on peut se donner des conseils.
Pour les sports en plein air, rien de vaut le cadre du Tempelhofer Feld. Sur les pistes de l'ancien aéroport de Tempelhof, vous pourrez faire du vélo, du roller ou accorder une petite échappée belle à votre cerf-volant.

A RÉSERVER

Les matchs amicaux du Hertha BSC (l'équipe de football de Berlin qui joue dans l'Olympiastadion) font rarement stade comble. Vous pouvez réserver mais il y a fort à parier que vous trouverez des billets le jour même.

LES ÉVÉNEMENTS

Le marathon de Berlin est sans doute l'événement sportif le plus célèbre de la ville, notam-

© TOMML - ISTOCKPHOTO.COM

ment pour ses nombreux records du monde. Tous les ans, la finale de la Coupe d'Allemagne de football (DFB-Pokal) a lieu à Berlin dans le stade olympique. Ce sont alors des hordes de supporteurs, tour à tour de Munich, Dortmund, Francfort ou Leipzig qui envahissent les rues et les métros de la ligne U2 qui mène au stade.

LES PHRASES CLÉS

Bonjour, comment puis-je me rendre à… ? Est-ce loin ?
Hallo, wie komme ich nach …? - Ist es weit?

J'aimerais aller courir. Il y a un coin sympa pour cela dans la ville ?
Ich würde gerne joggen. Gibt es irgendwo in der Stadt einen guten Platz zum Laufen?

J'adore cuisiner. Savez-vous où je peux trouver des cours de cuisine ?
Ich koche gerne. Wissen Sie, wo ich einen Kochkurs besuchen kann?

Vous pourriez m'indiquer une salle de sport pas très loin ?
Können Sie mir sagen, wo das nächstgelegene öffentliche Fitnesscenter ist?

Quel est le sport national ?
Was ist Ihr Nationalsport?

Pensez-vous que nous pourrions voir cela ou même participer ?
Meinen Sie, wir könnten ihn uns irgendwo ansehen oder vielleicht ausprobieren?

BERTHA BLOCK

Mühlenstraße 62

✆ +49 30 91424730

www.bertablock.de

Tous les jours 9h-23h. Les week-ends et jours fériés à partir de 10h. 10 € l'entrée et 3 € la location de chaussures.

L'escalade en salle compte parmi les sports les plus populaires de Berlin. Avec ses quatre salles, Bertha Block est le complexe d'escalade le plus grand de la ville. C'est un sport que l'on peut pratiquer seul ou à plusieurs pour s'aider à résoudre les parcours. Bertha Block présente l'avantage d'offrir des niveaux de difficulté très variés et conviendra aux débutants comme aux pros. Vous pourrez louer des chaussures directement sur place. En fin de journée, le lieu est bondé et il faut être prêt à attendre pour récupérer une clef de casier.

BOULDERGARTEN

Thiemannstraße 1

✆ +493022479815

www.bouldergarten.de

Entrée 10 €. Location de chaussures 2,50 €.

C'est l'une des salles d'escalade les plus populaires de la ville. On y vient surtout pour faire du bloc, c'est-à-dire de l'escalade sans protection jusqu'à environ 3 mètres de hauteur. Le Bouldergarten s'étend sur deux niveaux. On pourra s'échauffer à l'étage avant de s'essayer aux différents parcours plus bas. Parfois, le soir, un DJ assure la programmation musicale. La spécificité du Bouldergarten par rapport aux autres salles d'escalade de la ville tient à la présence d'un sauna au sous-sol : absolument idéal pour se délasser après l'effort.

JIVAMUKTI YOGA BERLIN

Oranienstraße 25

✆ +493044047451

www.jivamuktiberlin.de/

Séance de yoga entre 14,50 et 19 €.

Vous voulez continuer votre pratique du yoga pendant votre séjour à Berlin mais vous ne savez pas dire « chien tête en bas » dans la langue de Goethe ? Jivamukti propose des cours de yoga en allemand mais aussi en anglais. Cette adresse au cœur du quartier de Kreuzberg est un peu cachée, dans une cour et au dernier étage. Mais la recherche sera récompensée : le site a un véritable cachet avec son allure de loft. Jivamukti dispose d'une autre succursale dans la Brunnenstraße (Mitte) entre les stations Rosenthaler Platz et Bernauer Straße.

MOUNT MITTE

Caroline-Michaelis-Straße 8

✆ +49 30 555 7789 22

www.beachberlin.de/mountmitte

En été : lundi-vendredi à partir de 14h, le week-end dès 10h. 23 €/20 € par adulte, 17 € par enfant. Minimum 130 cm.

Un parcours aventure en plein cœur de Berlin ? Vous ne rêvez pas, c'est ici que ça se passe ! Répartis sur trois niveaux différents, les 90 obstacles qui vous attendent ne ressemblent pas franchement à ce que l'on a l'habitude de voir dans les parcours d'accrobranche traditionnels. Ici, les pneus ont remplacé les troncs d'arbre, tandis que les ponts de singe ont fait place à de véritables voitures suspendues ! Quelques tonneaux par-ci, un vélo par-là... L'ensemble est farfelu et ludique : un challenge des plus sympas à se lancer entre amis, ou en famille !

SOMMERBAD OLYMPIASTADION - PISCINE OLYMPIQUE

Olympischer Platz 3

✆ +49 30 22 19 00 11

www.berlinerbaeder.de

Ouverture de mai à septembre de 7h à 20h.

Cette piscine de 50 mètres de longueur et de 2 mètres de profondeur est un héritage des Jeux olympiques de 1936. Si les gradins rappellent encore l'architecture fasciste, le bassin a été modernisé en 2015-2016 et se prête parfaitement à la natation pour les plus sportifs. On trouvera ici également un bassin pour les plongeons (tour jusqu'à 10 mètres de hauteur) ainsi que deux petits bassins pour les enfants. À côté, une petite prairie invite à la bronzette.

STANDUPCLUB BERLIN

Eichenstraße 4 ✆ +49 30 54031123

http://standupclub.de/

Location 1 heure : 14 €. Cours pour débutants : 38 €. Attention : il faut aussi payer l'entrée du Badeschiff !

Le stand-up paddle nous vient de Polynésie et ce sport connaît depuis quelques années un grand succès en Europe. Sur ce qui ressemble à une planche de surf, on se tient debout avec une grande pagaie (*paddle*) dans la main. Et c'est plus compliqué qu'il n'y paraît. Il faut tout d'abord trouver l'équilibre et ensuite trouver les techniques pour orienter sa direction. Si vous maîtrisez déjà, vous pourrez louer votre planche au Badeschiff. Des cours sont proposés par le StandUpClub pour les débutants. On parle d'en faire une discipline olympique. Alors préparez-vous !

BALADE

COURIR DANS LE TIERGARTEN

Le **Tiergarten** est un lieu de flânerie idéal qui se prête aussi parfaitement à une balade à vélo ou à un petit jogging. Il est possible de commencer le trajet depuis le Bundestag/**Reichstag**. En suivant la Scheidemannsstraße, vous passerez devant l'étonnante Haus der Kulturen der Welt, un cadeau des Etats-Unis à l'occasion de l'exposition d'architecture INTERBAU en 1957. En continuant tout droit ou en s'enfonçant plus dans la forêt, on tombe sur le Schloss Bellevue. Quintessence de l'élégance et de la sobriété prussiennes, ce palais est le lieu de résidence et de travail du président fédéral. De là, il est simple de rejoindre la colonne de la victoire (**Siegessäule**). La montée des 285 marches est récompensée par une superbe vue panoramique. La balade se termine tranquillement au **Café am Neuen See**, un *Biergarten*-guinguette au charme bucolique. Pour une visite-éclair du parc sans s'essouffler, il est aussi possible de le traverser en prenant le bus 100.

LE AUFGUSS

Dans les saunas allemands, il y a un rituel que l'on appelle le Aufguss. Littéralement, le mot désigne le fait de verser de l'eau sur les pierres afin de rehausser les températures et l'humidité de l'air dans la cabine. L'employé entre dans le sauna, annonce le parfum qu'il va infuser (c'est l'occasion d'apprendre le nom des huiles essentielles en allemand), ensuite il se saisit d'une serviette et la tourne au-dessus de pierres pour répandre la chaleur. Puis il « claque » la serviette (ou un grand éventail) au nez de chacun, ce qui fait l'effet d'un vent brûlant. Parfois on distribue des glaçons. Le Aufguss s'accompagne quelquefois d'un peeling (au sel par exemple).

BADESCHIFF

Eichenstraße 4
✆ +49 30 533 203 0
www.arena.berlin/veranstaltungsort/badeschiff/
Ouvert de mai à septembre tous les jours de 8h à minuit. Entrée 6,50 €. Réduit 3,50 €. Moins de 12 ans : 2 €.

Indéniablement l'un des lieux les plus cools de Berlin ! Au milieu des entrepôts de l'Arena se niche un petit coin de paradis : une ancienne gare ferroviaire transformée en lieu de fête et en piscine insolite : le Badeschiff. C'est une sorte de péniche-bassin dont l'eau bleue et claire répond aux eaux plus sombres de la Spree. En résumé : une piscine… qui a les pieds dans l'eau ! On y fait trempette en été, avant de se prélasser sur un transat sur la petite plage de sable en buvant des cocktails, les yeux perdus dans la contemplation de ce beau paysage urbain.

LIQUIDROM

Möckernstraße 10
✆ +49 30 258007820
www.liquidrom-berlin.de
Ouvert du dimanche au jeudi 10h-minuit, le vendredi et le samedi 10h-1h. Forfait 2 heures 19,50 €, journée 29,50 €.

Le Liquidrom est l'un des spas les plus modernes de Berlin. On appréciera son architecture en béton et ses lignes pures. L'équipement le plus exceptionnel du Liquidrom est sa piscine d'eau salée dans laquelle on viendra flotter, les yeux rivés sur la voûte de béton traversée d'une lumière zénithale, et les oreilles bercées par la musique diffusée sous l'eau. Détente garantie ! Ne manquez pas le traditionnel "Aufguss" : toutes les heures, un employé vient reverser de l'eau sur les pierres du sauna. Ce rituel s'accompagne parfois d'un peeling au sel ou au miel.

STADTBAD NEUKÖLLN

Ganghoferstraße 3 ✆ +49 30 6824980
www.berlinerbaeder.de/baeder/stadtbad-neukoelln/
Entrée piscine 5,50 €. Sauna 3 heures : 16 €. Consulter les horaires en ligne. Lundi, l'accès est réservé aux femmes.

Le Stadtbad Neukölln est l'une des piscines les plus anciennes et les plus belles de la ville. Si sa façade extérieure est tout à fait quelconque, on ne peut pas en dire autant de ses deux bassins. Flanqués de colonnes doriques, ils nous rappellent la majesté des temples antiques. Et il est délicieux de patauger dans l'eau tout en admirant les effets de lumière. Le Stadtbad Neukölln dispose également d'un espace sauna. Là aussi, on appréciera l'architecture antiquisante et on bullera dans le bassin d'eau chaude de la petite rotonde sous la coupole.

STRANDBAD WANNSEE

Wannseebadweg 25
✆ +49 30 22 19 00 11
https://www.berlinerbaeder.de/baeder/strandbad-wannsee/
Entrée 5,50 €. Réduit 3,50 €. En haute saison la plage est ouverte entre 9h et 19h ou 20h.

Le Wannsee est un lac formé par une boucle de la Havel dans le sud-ouest huppé de Berlin. C'est depuis le début du XXe siècle un lieu de baignade très apprécié des citadins. Depuis 1907, c'est une belle plage aménagée, marquée par la présence de nombreux Strandkörber, ces fauteuils de plage en osier qui servent aussi d'abri contre le vent et les rafales de sable. Ils ont un charme certain avec leur joli tissu rayé bleu et blanc. Le Strandbad Wannsee est souvent bondé le week-end aux beaux jours mais ça n'enlève rien à la magie des lieux.

VABALI

Seydlitzstraße 6 ✆ +49 30 9114860
www.vabali.de
Pass à la journée 39,50 € et 42,50 € le week-end. Pass 2 heures : 22,50 €/24,50 €. 4 heures : 30,50 €/33,50 €.

Vabali est devenu le complexe de spas et saunas le plus populaire du Tout-Berlin. C'est un temple de 20 000 m^2 entièrement consacré à la relaxation dans une ambiance qui évoque davantage Bali et Lombok que Berlin. Le cadre est magique et harmonieux. Quand vous serez dans le bassin extérieur, sur une chaise longue au soleil ou dans l'un des saunas panoramiques, vous aurez complètement oublié que vous êtes ici à 10 minutes à pied de Hauptbahnhof. En plus des saunas et des bains bouillonnants, Vabali dispose de dizaines de coins propices à l'assoupissement.

SORTIR

Berlin, capitale des noctambules et de la musique techno. Peu de villes en Europe peuvent prétendre concurrencer Berlin quand il s'agit de faire la fête. Son ébullition nocturne, ses DJ, ses boîtes de nuit sont légendaires. La preuve en images avec des films comme *Berlin Calling* ou *Symphony of Now*. Entre les milliers de petits bars-cafés-bistros, les cocktails-bars, les clubs, les karaokés, les opéras, les théâtres, vous aurez vraiment l'embarras du choix. Les clubs *undergound*, qui font la réputation de la ville, se concentrent essentiellement à Friedrichshain, Kreuzberg et Neukölln. Mais victimes de la pression immobilière, les clubs sont de plus en plus poussés vers la périphérie et ouvrent à l'extérieur du Ring, notamment à Wedding ou Lichtenberg dont on annonce la popularité future. Pour faire du *bar-hopping,* rien ne vaut la Simon-Dach-Straße (Friedrichshain) ou la Weserstraße (Neukölln).

SORTIR

HORAIRES

Pour une sortie à l'opéra, préparez-vous à manger tôt, car bien souvent les spectacles commencent aux alentours de 19h.
Les discothèques berlinoises ouvrent rarement avant minuit, à moins qu'elles ne soient ouvertes non-stop tout le week-end. A partir d'1h du matin, l'affluence dans les boîtes de nuit augmente et entre 1h et 3h du matin, il faut se préparer à faire longuement la queue.
Il existe en Allemagne un étrange reliquat historique. Deux jours dans l'année, le Vendredi saint et le jour de la fête des morts, il y a « interdiction de danser » (*Tanzverbot*). Mais à Berlin, vous vous en doutez, la réglementation n'est pas appliquée strictement.
Avertissement : les adresses nocturnes de Berlin apparaissent et disparaissent parfois en quelques mois, les bars déménagent, les clubs ferment avant de rouvrir sous forme de soirée itinérante, etc. Pour explorer au mieux la nuit dans la capitale allemande, n'hésitez pas à consulter les programmations que vous trouverez sur Internet.

BUDGET / BONS PLANS

Le prix des boissons est moins élevé qu'ailleurs en Europe, ce qui explique sans doute aussi le succès de Berlin comme destination festive. Une pinte de bière coûte rarement plus de 4 €.
Pour les petits budgets, rien ne vaut le « Späti », la petite boutique du coin, ouverte toute la nuit, où l'on trouvera tout ce qu'il faut pour étancher sa soif.
Pour entrer en boîte de nuit en revanche, il faudra mettre la main à la poche car l'entrée est rarement inférieure à 10 €.

A RÉSERVER

Si vous êtes en groupe, il peut être judicieux de réserver une table pour être sûr d'avoir de la place dans un bar.

TRANSPORTS NOCTURNES

Berlin présente l'avantage d'avoir un réseau de métro qui, les week-ends, fonctionne toute la nuit. Pas de problème pour rentrer chez soi si l'on sort un vendredi ou un samedi soir. En semaine, passé une heure du matin, il faudra s'en remettre aux bus de nuit. Ces derniers sont indiqués par la lettre N. Ainsi, le bus N7 par exemple suit un trajet plus ou moins similaire à la ligne de métro U7 entre 1h et 4h du matin. Le mieux, c'est de disposer de l'application de la *BVG* pour calculer son itinéraire la nuit.

A PARTIR DE QUEL ÂGE

La vente d'alcool est interdite aux mineurs et l'entrée dans les boîtes de nuit leur est bien souvent interdite.

C'EST TRÈS LOCAL

Vous entendrez sans doute parler du dress-code « idéal » pour entrer en boîte de nuit à Berlin : le full black. C'est peut-être vrai pour le Berghain, mais à Berlin en réalité, soyez comme vous êtes. La meilleure tenue pour sortir, c'est celle dans laquelle on se sent bien. Permettez-vous une fantaisie et laissez le mainstream au vestiaire. Pour augmenter vos chances de rentrer dans une boîte de nuit, voici quelques conseils en vrac : évitez d'arriver en groupe, et dispersez-vous dans la queue. Les groupes, notamment les groupes de touristes, ne sont pas les bienvenus. Ne parlez pas français à tue-tête dans la queue, certains videurs ne sont pas fans… Être au courant de la programmation est essentiel car les videurs se prêtent parfois à un test en vous demandant quels DJ se produisent. Sortir le dimanche après-midi/soir a aussi ses avantages : les clubs sont généralement moins pris d'assaut et les physionomistes plus souples.

Il existe plusieurs magazines indispensables pour découvrir la programmation de Berlin la nuit et surtout la centaine de lieux qui existent. *Tip Berlin*, en allemand, est de loin le plus complet. *Exberliner*, en anglais, offre une sélection branchée. *Siegessäule* est le mensuel gratuit essentiel pour les événements LGBTQ. Le site *Resident Advisor* vous donne une liste complète des clubs et de leur programmation. Enfin, pour connaître les dates de concerts sur Berlin, consultez le site www.popfrontal.de. Sachez aussi que Berlin, en véritable ville *underground*, possède une multitude de lieux qui ne font pas de publicité dans les journaux. Le meilleur moyen pour se tenir au courant reste alors de regarder les affiches sur les poteaux dans les rues de Kreuzberg, Neukölln et Friedrichshain, qui annoncent les prochains évènements. Une manière pour les Berlinois de sélectionner une clientèle locale et pointue…

FUMEURS

La plupart des bars et des boîtes de nuit berlinois sont fumeurs et disposent parfois – mais rarement – d'un espace non-fumeurs.

LES PHRASES CLÉS

Bonsoir, comment puis-je me rendre à…
Guten Abend, wie komme ich nach…

Est ce que cet endroit est tranquille ? Il n'y a pas de problème de sécurité ?
Ist es ein ruhiger Ort? Ist es dort ungefährlich?

J'aimerais voir un spectacle typique ! Qu'est-ce qu'il y a en ce moment ?
Ich würde gerne eine traditionelle Show sehen! - Was steht im Moment auf dem Programm?

Je ne comprends pas… pouvez-vous répéter s'il vous plait ? Merci.
Ich verstehe nicht, können Sie das bitte wiederholen? Danke schön.

Est-ce que je peux vous offrir un verre ? Quel est le meilleur cocktail de la maison ?
Darf ich Ihnen einen Drink ausgeben? Was ist der beste Cocktail des Hauses?

J'ai la gueule de bois, auriez-vous quelque chose pour que j'aille mieux ?
Ich bin verkatert, haben Sie etwas, das helfen könnte?

: //ABOUT BLANK

Markgrafendamm 24c
aboutparty.net
Ouvert du jeudi au samedi, à partir de 23h. Entrée autour de 15 €.

: //about blank, c'est un club réputé à Berlin et c'est également un collectif, passionné de musique bien sûr, mais aussi très engagé, anticapitaliste, féministe, queer. Abonnez-vous à la newsletter si vous en avez la curiosité ! Situé dans un ancien entrepôt, le club propose essentiellement des soirées électro et techno. L'été, le jardin accueille une scène, tandis qu'en hiver on s'y retrouve autour d'un grand feu. Pour augmenter vos chances d'entrer, pensez à checker en ligne les DJ qui mixent le soir pour répondre à la question du sphinx à l'entrée.

ANITA BERBER

Pankstraße 17 / Pankeweg
✆ +49 1511 1578769
Ouvert le vendredi et le samedi dès 23h.

Cette adresse très pointue et underground de Wedding est, comme beaucoup de lieux nocturnes à Berlin, à la fois un bar et un club où mixent des DJ locaux très au fait. Mais c'est aussi un espace de création pour des artistes visuels et des *performers*. L'endroit est baptisé Anita Berber en l'honneur d'une danseuse cocaïnomane berlinoise des années 1920 ; en effet, son atmosphère décadente et sombre évoque bien la folie des années *Cabaret*. Le lieu est un peu caché. Si vous venez de la Gerichtstraße, il faudra suivre le cours de la Panke.

BERGHAIN

Am Wriezener Bahnhof
✆ +49 30 29 36 02 10
www.berghain.de
Entrée à partir de 23h. Tarif autour de 15 €, en fonction des soirées (consulter la programmation à l'avance).

Le Berghain – souvent élevé au rang de meilleur club techno du monde – est devenu le Graal de tous les jeunes touristes à Berlin, une obsession, une lubie internationale. A l'intérieur, pas de retenue, tout le monde se lâche, sur la piste de danse bien sûr, mais aussi dans les *backrooms*, des pièces sombres où il vaut mieux ne pas voir de trop près ce qui s'y passe, à moins de vouloir y participer. Sa *door-policy* est l'une des plus dures de la ville. Et si on ne vous laisse pas rentrer, pas de négociation possible : *No means No.*

BOHNENGOLD

Reichenbergerstaße 153
✆ +4930 78958410
Ouvert lundi et mardi de 18h à 2h, mercredi et jeudi de 18h à 5h, le week-end de 18h à 7h.

Un bar-club qui oscille entre soirée fiévreuse sur le *dancefloor* et papotage incessant avec les copains. On y écoute du disco (parfois) et de l'électro, on boit des cocktails (tout le temps) et comme souvent à Berlin, on a l'impression d'être dans l'appartement d'un ami, entre vieilles breloques et lampes *old school*. On peut très facilement être tenté par une partie de babyfoot entre le bar et le *dancefloor*. Pour faire simple, le Bohnengold, c'est la mise en bouche idéale pour une nuit berlinoise endiablée et l'on restera sans doute plus longtemps que prévu.

CLUB DER VISIONÄRE

Am Flutgraben
www.clubdervisionaere.de
Ouvert du lundi au vendredi à partir de 15h et dès midi le week-end. Horaires à consulter selon la programmation.

Presque aussi incontournable que le Berghain ou le Watergate, ce petit club situé le long du canal de Kreuzberg est à privilégier aux beaux jours, en *before* ou en *after*, puisque l'on peut profiter d'une terrasse flottante en plein air sur la rivière. L'ambiance et la musique invitent plutôt à une atmosphère *chill out*, pas forcément l'idéal pour danser. Mais on viendra en début ou en fin de soirée profiter de son incroyable cadre qui offre une formidable symbiose entre l'eau, le bois, la lumière et bien sûr la musique électronique.

GOLDEN GATE

Dircksenstraße 78 ✆ +49 30 57704278
Ouvert du jeudi au samedi à partir de 23h, jusqu'à environ midi.

S'il est un lieu alternatif berlinois, entre squat et club, qui résiste aux pressions politiques et foncières de la ville, c'est bien le Golden Gate. Ici, depuis toujours (du moins avant les grands clubs qui ont fait la réputation de Berlin), le Golden Gate est un lieu alternatif incontournable de Mitte. Terrasse extérieure, à l'intérieur c'est un bon *sound system* pour une minimale pointue. Une petite piste de danse, une salle *chilling* à côté, des boissons pas chères. Bref, un concentré de vrai Berlin. Le lieu est insolite, on est sous le S-Bahn.

HOUSE OF WEEKEND

Alexanderstraße 7
www.houseofweekend.berlin
Ouvert tous les jours de 19h à 6h du matin. Consulter la programmation sur le site.

Anciens locaux de la Haus des Reisens, c'est-à-dire l'endroit où l'on attribuait les visas aux citoyens est-allemands, on vient y danser le week-end et profiter du beau panorama. En effet, le club se situe au 12e étage d'un immeuble près d'Alexanderplatz. A vous de détailler les monuments de Berlin, la vue plongeante sur la Museumsinsel et Unter den Linden. Pour jouir de cette vue, il faudra supporter l'ambiance un peu snob des lieux et les vigiles à l'entrée parfois très pointilleux. Côté playlist, c'est une électro *mainstream* plutôt fadasse qui vous attend.

KATER BLAU

Holzmarktstraße 25
www.katerblau.de/
Ouvert du vendredi au dimanche à partir de 23h/ minuit. Consultez la programmation.

Construit sur la Spree, c'est une véritable démarche politique que le Kater Blau propose, en réponse aux projets de Mediaspree (un grand complexe immobilier qui modernise le quartier et déloge tous les clubs mythiques). Le Kater Blau s'est imposé comme une institution de la vie nocturne berlinoise. Avec une programmation toujours à la pointe de ce qui se fait de mieux sur la scène électro, le club en lui-même dispose d'un espace extérieur éblouissant, au bord de l'eau ! Victime de son succès, la file d'attente est souvent longue, il faut s'armer de patience.

KITKATCLUB

Köpenickerstraße 76
www.kitkatclub.org
Attention : le KitKat doit prochainement changer d'adresse !

Le KitKat est le club fétichiste le plus *in* de Berlin, le lieu de tous les fantasmes ! Ici personne ne vous regardera de travers, mais si vous n'êtes pas assez habillé (ou trop), on vous refusera l'entrée. Mais une fois à l'intérieur, on ne se refuse plus rien… Niveau musique, les soirées oscillent entre l'électro-techno et la NuTrance, en passant par la progressive. Décor extraordinaire avec plusieurs pistes de danse et une piscine, dans laquelle les clubbers évoluent dans le plus simple appareil ou suivent un *dress code* des plus loufoques.

LIDO

Cuvrystraße 7
✆ +49 30 69566840
www.lido-berlin.de
Concerts tous les soirs. Consultez le site Internet.

Cette salle de concert – qui n'a absolument rien à avoir avec le Lido des Champs-Elysées – offre une programmation à la fois diverse et qualitative. Concerts de rap, de rock, *slam sessions* ou encore soirées *Soul Train*, il y en a pour tous les goûts ! Probablement l'une des plus belles salles de concert de Berlin, c'est l'endroit à fréquenter pour être au fait des dernières tendances de ce que peut offrir la scène locale mais pas seulement, des groupes venus d'un peu partout dans le monde s'arrêtent au Lido, le temps d'une soirée haute en couleur.

SVEN MARQUARDT

Sven Marquardt est sans doute aucun le plus célèbre des videurs du monde. Son «Nein» catégorique à l'entrée du Berghain est devenu légendaire et lui a permis de rejoindre le panthéon des héros mythiques de la nuit berlinoise. Né en 1962 à Berlin-Est, il grandit dans le quartier de Pankow. Sa formation en photographie lui permet de travailler comme photographe de mode dans les années 1980 pour *Sibylle*, un magazine de mode féminin très populaire en RDA. Dès son ouverture en 1998, il rejoint l'équipe du Berghain, qui allait devenir le club techno le plus extravagant et le plus fascinant de Berlin. Le Friedrichstadt-Palast lui a consacré une exposition en 2020.

MATRIX

Warschauer Platz 18
✆ +49 30 29369990
www.matrix-berlin.de
Ouvert tous les jours de 22h à 7h.

Le Matrix attire un public très jeune et essentiellement constitué de touristes, en partie dû aux nombreuses auberges de jeunesse aux alentours. Sa popularité auprès du jeune public est sans doute aussi à mettre sur le compte d'une série de télé-réalité connue en Allemagne et tournée en partie au Matrix : *Berlin Tag & Nacht* (Berlin jour & nuit). Vous n'y trouverez pas une ambiance typiquement berlinoise. En revanche, l'endroit est assez grand – sept salles – et propose une programmation musicale hétéroclite quoique principalement commerciale.

SCHWUZ

Rollbergstraße 26
✆ +49 30 629 0880
www.schwuz.de
Soirées les jeudis, vendredis et samedis. Consulter la programmation des soirées en ligne.

Le SchwuZ est LA boîte gay, ou plutôt le club *queer* de Berlin car c'est un lieu ouvert à tous sans discriminations. Sa popularité n'a cessé de croître ! Il a trouvé ses nouveaux quartiers dans l'ancienne brasserie Kindl de Neukölln. Dans ce vaste bâtiment, trois *dancefloors* et tout autant d'ambiances : pop, techno, rétro... Voguing, soirées à thème : jamais on ne s'ennuie dans ce temple de la nuit. Le soir de la Gay Pride, le lieu est carrément pris d'assaut. Le SchwuZ, c'est aussi une association militante créée en 1977, et toujours aussi active et engagée.

PRINCE CHARLES

Prinzenstraße 85f
www.princecharlesberlin.com
Ouvert du jeudi au samedi à partir de 19h ou 23h selon les soirées. Programme en ligne.

Un night-club de Kreuzberg plutôt hip-hop (chose plutôt rare à Berlin). On y passe aussi de l'électro ainsi que de la musique commerciale. C'est un club original – quelque part entre le bar et la boîte de nuit – qui se trouve dans une ancienne piscine. D'ailleurs, le bar se trouve dans un bassin carrelé si vous regardez bien. La clientèle est jeune, aisée et infatigable, et l'ambiance est détendue. La cour intérieure permet de prendre l'air un instant et sert aussi de *Biergarten* où l'on organise même des soirées barbecue l'été.

SISYPHOS

Hauptstraße 15
www.sisyphos-berlin.net
Ouvert le vendredi à partir de minuit puis tout le week-end. Parfois fermé pendant l'hiver. Consulter la programmation.

Le Sisy fait partie de ces quelques clubs qui restent ouverts non-stop et où l'on se verrait bien passer tout le week-end ! Le lieu dispose d'un espace extérieur immense avec une plage, un petit cours d'eau longeant des petites structures en bois, plusieurs bars et même un camion à pizza ! Côté musique, on commence à s'ambiancer dans le *Wintergarten*, petit chalet où les DJ enchaînent des sets de qualité, avant de rejoindre une ambiance plus *dark* dans la Hammahalle où le *sound system* incroyable fournit une expérience époustouflante.

SALON ZUR WILDEN RENATE

Alt-Stralau 70
✆ +49 30 25 04 14 26
www.renate.cc
Pas d'horaires officiels. En général, ouvert le week-end à partir de 23h, voire le jeudi selon la programmation.

C'est l'un des fleurons de la nuit berlinoise : le Renate (de son petit nom). Dans cet ancien immeuble de 3 étages, vous entrez dans un décor aux allures de salon de grand-mère déjantée. De grands DJ viennent régulièrement y jouer, ce qui peut rendre l'entrée parfois difficile. La multitude de salles voit se côtoyer populations bohèmes et branchées et ne vous étonnez pas d'y croiser des gens aux accoutrements burlesques, ce club est un spécialiste des soirées à thèmes. L'extérieur est également un lieu de rencontre inattendu les nuits d'été.

SO36

Oranienstraße 190
✆ +49 30 61401306
www.so36.de
Ouvert tous les jours. Horaires variables selon la programmation.

Le nom de l'entrée SO36 rappelle l'ancien code postal de la partie Est de Kreuzberg au moment de la division de la ville, que vous retrouverez souvent tagué le long des murs de l'Oranienstraße. Depuis les années 1980, le SO36 est une institution et offre des soirées très diversifiées. Entre le Bingo (loto) le deuxième mardi du mois, les cours de danse le jeudi soir, les soirées Roller Skate Disco du lundi avant de passer au concert punk. Diversité des thèmes et des publics qui ont fait la renommée de ce QG de la culture *underground*.

SUICIDE CIRCUS

Revaler Straße 99

www.suicide-berlin.com

Ouvert le mercredi et le jeudi dès 23h, le samedi et le dimanche à partir de minuit.

Le dernier-né au sein des anciens entrepôts ferroviaires de la Revaler Straße (le populaire et alternatif RAW-Gelände). Au Suicide Circus, c'est ambiance *rave*, souvent autour du *drum and bass* ou de la techno. Le public, un peu plus jeune et berlinois que dans les autres clubs électro de la ville, vient pour danser bien au-delà du petit matin. Pour vous faire une idée, consultez la liste des DJ ayant joué dans ce club ! Espérons que ce genre de lieux survivra à la menace que représente la gentrification galopante dans le quartier...

SÜSS WAR GESTERN

Wühlischstraße 43

✆ +49 176 24412940

Ouvert du lundi au samedi à partir de 19h. Entrée payante le week-end après 22h (entre 3 € et 5 €).

Difficile de définir ce lieu, à la fois bar et club, mêlant les styles et les ambiances. Tout commence par un verre entre amis en début de soirée, confortablement installés sur un canapé avec un fond de musique house et sans que vous vous en rendiez compte, voilà que les videurs enlèvent les canapés pendant que vous vous adonnez à une partie de Super Nintendo. Place au *dancefloor* et petit à petit, ce sont d'autres salles qui ouvrent avec au programme musique électro, hits des années 1990, karaoké etc. Il y en a pour tout le monde.

TRESOR

Köpenickerstraße 70

✆ +49 30 69537720

www.tresorberlin.com

Ouvert lundi, mercredi, vendredi et samedi à partir de minuit.

Le Tresor est un survivant qui a déménagé bien des fois au cours de sa longue carrière, commencée dans les années 1990. L'ancien temple mythique de la techno réside maintenant dans une ancienne centrale thermique de la Köpenicker Straße et accueille aujourd'hui essentiellement des étudiants de Berlin et de sa banlieue pour des nuits 100 % techno, *minimal* ou *house*. S'il est moins *hype* que le Berghain, ses DJ sont bons et son espace est absolument impressionnant, notamment la très grande salle au style industriel, et son tunnel mythique.

URBAN SPREE

Revaler Straße 99

✆ +49 30 74078597

www.urbanspree.com

Ouvert du mardi au dimanche de midi à 19h. Fermé le dimanche.

Bar, club, salle de concerts réputée, galerie d'art, Biergarten et atelier d'artistes : Urban Spree symbolise l'esprit festif et artistique de Friedrichshain. Monté par l'équipe française de l'ancien HBC qui, à la fin des années 2000, organisait déjà de nombreuses performances courues de toute la scène underground berlinoise, cet établissement est le lieu des soirées les plus folles. Excellents DJs, lectures et performances, marchés d'art (urbain) et, l'été, un jardin idéal pour prendre un drink et goûter à la cuisine des *food trucks* installés sur le terrain.

WATERGATE

Falckensteinstraße 49

✆ +49 30 61280394

water-gate.de

Ouvert à partir du mercredi et tout le week-end. Entrée payante.

Une des adresses phares du quartier, le Watergate est un des rendez-vous de la jeunesse branchée berlinoise mais les touristes sont aussi les bienvenus. Une vue magique sur le fleuve, deux étages joliment vitrés où les DJ – techno, electro et house – sont toujours bons et le *sound-system* absolument excellent. Un peu moins prisé qu'autrefois, on y passe tout de même de très bonnes soirées et l'entrée est sensiblement plus facile que dans d'autres clubs. Sa terrasse flottante sur la Spree avec vue sur l'Oberbaumbrücke est unique.

YAAM

An der Schillingbrücke 3

✆ +49 176 10051189

www.yaam.de

Ouvert tous les jours. Consulter la programmation pour connaître les horaires des différents événements.

Après de multiples déménagements, le Yaam s'est établi en mai 2014 à Friedrichshain, en face de la gare de l'Est (Ostbahnhof), au bord de l'eau, dans un décor surprenant. Le concept du Yaam est simple : offrir un terrain de jeu et de détente pour tous les habitants de Berlin en manque de *roots* et de *sunshine*. On y retrouve les habitués : rastas, petites familles, jeunes venus en *after-party* pour *chiller* sur des airs de ragga et de hip-hop. La palette de distractions est grande et la *soul-food* délicieuse, l'ambiance est à la ganja et au *sound-system* jamaïcain.

ADMIRALSPALAST

Friedrichstraße 101
✆ +49 30 2250 7000
www.admiralspalast.de
Ouverture de la billetterie tous les jours de 11h à 18h et/ou jusqu'à la représentation. Places à partir de 20 €.

Ce lieu mythique berlinois abritait, dans les années 1920, revues, opérettes, bains thermaux, spectacles de variété, etc. Aujourd'hui, ce splendide bâtiment a renoué avec sa tradition de divertissement et accueille un théâtre où des spectacles variés sont programmés toute l'année. C'est aussi le théâtre d'un événement fondateur pour la (future) RDA. C'est ici qu'en avril 1946 eut lieu la fameuse poignée de main entre Wilhelm Pieck et Otto Grotewohl scellant la fusion du KPD et de l'aile gauche du SPD pour créer le SED (parti socialiste unifié d'Allemagne).

B-FLAT

Dircksenstraße 40
✆ +49 30 2833123
www.b-flat-berlin.de
Ouvert tous les soirs à partir de 20h. Compter entre 8 et 12 €. Les jam sessions du mercredi sont gratuites.

Installé en plein centre de Berlin, à deux pas du S-Bahn, cet endroit est la preuve qu'un club de jazz ne doit pas forcément s'installer dans une cave enfumée. Au contraire, au B-Flat, la scène est en vitrine, côté rue, et elle swingue tous les soirs de la semaine. Sa programmation éclectique est rarement décevante, alternant harmonieusement noms prestigieux et stars locales. Le B-Flat accueille aussi des soirées tango le dimanche. Une excellente adresse pour les amateurs de jazz ou ceux qui voudraient se familiariser avec le genre.

BABYLON MITTE

Rosa-Luxemburg-Straße 30
✆ +49 30 24727804
www.babylonberlin.de
Prix d'une entrée cinéma à partir de 7 €.

Babylone ! Le nom fait rêver et il faisait déjà rêver les Berlinois dans les années 1920 quand ce cinéma de films muets a ouvert. Babylone, c'est la grande ville, la métropole grouillante d'échanges, d'idées et de vices ! Dans les années folles, on ne compare plus Berlin avec Sparte ou Athènes mais avec Chicago… et Babylone. C'est aujourd'hui un très beau cinéma indépendant qui accueille des festivals pointus, des films en version originale, des lectures, des concerts. On y projette des films muets avec orchestre live. Une adresse chargée d'histoire.

BAR JEDER VERNUNFT

Schaperstraße 24 ✆ +49 30 8831582
www.bar-jeder-vernunft.de
Billetterie ouverte du lundi au vendredi de midi à 18h30, le week-end de 15h à 17h30.

L'endroit est féerique : un chapiteau dont les murs intérieurs sont couverts de miroirs et qui accueille les meilleurs *entertainers* de la ville. Le lieu a quelque chose du glamour des années 1920, de quoi vous faire oublier l'inconfort des tables. Au programme : cabarets, cirque, chansons, etc. Le jeu de mots dans le nom vous aura sans doute échappé : *bar* est un aussi ancien mot pour "sans" et *vernunft* c'est la raison. On pourrait donc traduire par "sans aucun sérieux".

▸ Des mêmes gérants : le Tipi am Kanzleramt, comme son nom l'indique, à côté de la chancellerie.

BERLINER ENSEMBLE

Bertold-Brecht-Platz 1
✆ +49 30 28408155
www.berliner-ensemble.de
Billetterie ouverte du lundi au samedi de 10h à 18h30. Entre 8 et 53 € selon les places.

Fondé par le célèbre dramaturge Bertold Brecht en 1949 après son retour d'exil et rénové récemment, le Berliner Ensemble faisait partie de l'avant-garde en matière de théâtre du temps de son créateur. Après sa disparition en 1956, les metteurs en scène, comme Heiner Müller, ont continué de célébrer l'esprit brechtien. Pour les amateurs de théâtre qui comprennent l'allemand, un spectacle au Berliner Ensemble s'impose. Peut-être y joue-t-on l'*Opéra de quat'sous* ou *Galileo Galilei* pendant votre séjour ? Et puis la salle est belle.

CHAMÄLEON THEATER

Rosenthaler Straße 40-41
✆ +49 30 4000590
chamaeleonberlin.de
Spectacles tournants. Consulter le programme en ligne.

Dans les étages d'un immeuble des *Hackesche Höfe*, le Chamäleon Theater programme des spectacles de qualité, bien souvent des compagnies de cirque contemporain venues de toute la planète. Dans une ambiance feutrée, digne d'un cabaret des années 1920, on peut ici boire et manger à sa table (la carte est excellente !) tout en admirant les artistes. Les spectacles sont un peu fous, originaux, profondément contemporains : acrobaties, pyramides humaines, trapèze, breakdance… On viendra pour la virtuosité des productions, mais aussi pour le charme du lieu.

COLUMBIAHALLE

Columbiadamm 13-21
✆ +49 3069 81 75 86
www.columbiahalle.berlin
Tarif des billets selon soirée. Réservations en ligne.

Ancien gymnase des troupes alliées, l'acoustique et la taille de la salle en ont fait la deuxième plus grande salle de concerts de rock, pop et rap après l'Arena et elle peut recevoir jusqu'à 3 500 personnes (plus 1 400 places assises). La salle peut aussi accueillir toutes sortes d'événements (rencontres sportives, défilés de mode, etc.). Juste à côté, le Columbia Theater a remplacé le Columbia Club en 2015 et accueille lui aussi des concerts, mais la salle ne peut contenir que 800 personnes. C'était autrefois le cinéma de l'US Air Force.

DEUTSCHE OPER

Bismarckstraße 35
✆ +49 30 3438401
www.deutscheoperberlin.de
Billetterie ouverte du lundi au samedi de 12h à 19h jusqu'au début de la représentation.

Détruit par les bombardements, le Deutsche Oper a été reconstruit par l'architecte berlinois Fritz Bornemann dans un style résolument moderne et fonctionnel. La façade sur la rue est sévère mais le foyer et les fenêtres sont gigantesques. Avec 1 865 places assises, c'est l'un des plus grands théâtres de la ville. La programmation fait la part belle aux grands classiques : Verdi, Mozart, Wagner, etc. Le Staatsballett Berlin présente également ici quelques-unes de ses productions. Une grande maison dans le paysage lyrique européen.

DEUTSCHES THEATER

Schumannstraße 13a
✆ +49 30 28441225
www.deutschestheater.de
Billetterie du lundi au samedi de 11h jusqu'à la représentation, le dimanche à partir de 15h. Places 5-48 €.

Créé en 1883, le théâtre s'était donné pour mission de présenter des œuvres classiques accessibles à tous. Dirigé entre 1905 et 1930 par Max Reinhardt, ce dernier en révolutionne la mise en scène, donnant un nouvel engouement au théâtre allemand. Depuis, le Deutsches Theater est resté un lieu de référence pour les fans de Gœthe, Schiller, Shakespeare et autres piliers du théâtre classique. À côté des classiques, on trouvera aussi des pièces de dramaturges contemporains comme Dürrenmatt ou Dario Fo. Certaines pièces sont sous-titrées en anglais.

FRIEDRICHSTADT-PALAST

Friedrichstraße 107
✆ +49 30 2326 2327
www.palast.berlin
Billetterie ouverte de 10h à 19h30 les soirs de représentation, de 10h à 18h30 les autres soirs.

C'est l'une des plus grandes scènes de Berlin et d'Allemagne ! On y adapte avec succès les thèmes traditionnels des années 1920, à la sauce moderne, façon Las Vegas, et on y voit surtout beaucoup de plumes, de chair et d'effets spéciaux dans des spectacles qui attirent en grand nombre touristes allemands et internationaux. La langue ne présente absolument aucun obstacle au Friedrichstadt-Palast, les spectacles sont avant tout visuels : de la danse, du cirque, de l'acrobatie, etc. Tous les deux-trois ans, le Friedrichstadt-Palast présente une nouvelle production.

KINO ARSENAL - INSTITUT DU CINEMA ET DE LA VIDEO

Potsdamer Straße 2
✆ +49 30 26955100
www.arsenal-berlin.de

Le Kino Arsenal est le cinéma de la Deutsche Kinemathek (le musée du film et de la télévision) dans le sous-sol d'un immeuble du Sony Center. On n'y passe pas ou peu de films actuels mais on y propose des cycles et des rétrospectives assez pointues avec des films de tous les pays. C'est un lieu de la Berlinale bien sûr et on y montre aussi des films pendant la Semaine du film français (*Französische Filmwoche*) entre fin novembre et début décembre.

KOMISCHE OPER

Behrenstraße 55-57
✆ +49 30 47997400
www.komische-oper-berlin.de
Places à partir de 12 €. Billetterie une heure avant la représentation. Réservations par téléphone ou en ligne.

La façade moderne du Komische Oper (Opéra comique) dissimule une superbe salle de style néo-baroque, élégante et richement décorée. Depuis 2012, le metteur en scène germano-australien Barrie Kosky en est l'intendant et le succès de ses productions ne se dément pas : opéras comme opérettes. Le Komische Oper célèbre la diversité dans ses productions comme dans sa communication. Il met aussi un point d'honneur à renforcer son accessibilité : les fauteuils sont équipés d'écrans qui affichent des sous-titres en anglais, français, turc, etc.

KONZERTHAUS BERLIN

Gendarmenmarkt ✆ +49 30203092101
www.konzerthaus.de

Ouvert du lundi au vendredi de 12h à 19h, dimanche et jours fériés de 12h à 16h.

C'est le pendant classique de la Philharmonie et le deuxième temple de la musique classique à Berlin. En 1821, une construction de Schinkel remplace le théâtre de Langhans (Porte de Brandebourg) qui a été détruit par les flammes. Les bombardements de 1943 en viendront à bout, mais le bâtiment sera reconstruit à l'identique en 1979. Dans l'ambiance rétro de la petite et de la grande salle, on assiste religieusement aux prestations des musiciens. Le Musikclub programme des rencontres musico-littéraires et des représentations pour enfants.

Konzerthaus.

LIBER

Veteranenstraße 21

www.liber-impro.com/

Les matchs ont lieu le 3ème dimanche du mois à 19h de septembre à juin à l'ACUD.

LIBER, c'est un acronyme pour LIGUE D'IMPRO de BERLIN. Cette troupe de théâtre berlinoise s'inscrit dans la tradition des matchs d'improvisation franco-allemands. Elle a été lancée en 2010 pour improviser en français, en allemand, en gromelot ou en schtroumpf. Une fois par mois (le troisième dimanche du mois), des matchs d'improvisation sont organisés à l'ACUD Theater, près de Rosenthaler Platz. Les spectacles, créatifs, multilingues et très visuels sont ouverts à tous. Pour les Berlinois tout comme pour les amateurs de théâtre de passage.

MAXIM GORKI THEATER

Am Festungsgraben 2

✆ +49 30 20221115

www.gorki.de

Places à partir de 10 €.

Cette petite scène compte parmi les théâtres qui connaissent le plus grand succès à Berlin, notamment auprès d'un public jeune, international, engagé. Les pièces, qui sont souvent conçues avec les comédiens, abordent avec intelligence des sujets d'actualité. Sa troupe se veut le reflet de la diversité de la société allemande : genres, origines, orientation sexuelle, etc. Les pièces sont en allemand le plus souvent, mais on y entendra aussi l'arabe, le turc, l'espagnol... En plus, tous les spectacles sont sur-titrés en anglais !

NEUKÖLLNER OPER

Karl-Marx-Straße 131-133

✆ +49 30 6889070

www.neukoellneroper.de

Billetterie ouverte du mardi au vendredi et les jours de représentations de 15h à 19h.

A côté des grands opéras de la ville, celui-ci fait figure d'ovni : situé dans le quartier autrefois populaire et ouvrier de Neukölln, ce théâtre a su s'imposer comme le "quatrième opéra de Berlin" aux moyens de créations moins connues. La fourchette des genres est très large : musiques de chambre expérimentales, grands opéras romantiques, comédies musicales, music-hall, opérettes ; il y en a pour tous les goûts, histoire d'ouvrir les portes de l'opéra à tout le monde. Installée dans une ancienne salle de bal, la grande salle dispose de 120 places.

PHILHARMONIE- BERLINER PHILHARMONIKER

Herbert-von-Karajan-Straße 1

✆ +49 30 25488999

www.berliner-philharmoniker.de/en

Billetterie ouverte du lundi au vendredi 15h-18h et le week-end 11h-14h. Billets de 9 à 290 €. Visite guidée 5 €.

Fondée en 1882, la Philharmonie de Berlin a vu se succéder les dirigeants les plus illustres, mais c'est en 1955 qu'elle acquiert un statut mondial, avec la nomination d'Herbert von Karajan à sa direction. Dans ce magnifique bâtiment de couleur jaune que l'on doit à l'architecte Hans Scharoun, l'aménagement acoustique est tout simplement exceptionnel. On peut également visiter les lieux presque tous les jours lors de tours guidés, en allemand ou en anglais.

QUASIMODO

Kantstraße 12

✆ +49 30 31804560

www.quasimodo.de

Ouvert du jeudi au samedi à partir de 21h.

Depuis 1975, le Quasimodo est une véritable institution. Très ensoleillée, sa terrasse attire tout le quartier jusque tard dans la nuit et, lorsque le temps ne s'y prête pas, la grande salle vitrée prend le relais. Bref, ce n'est pas un simple café, c'est un lieu de rendez-vous et de transit vers le club de jazz ou le cinéma attenant. Dans une atmosphère cinéphile et imprégnée de blues, entre les affiches de Keith Haring, les Berlinois s'adonnent à leur occupation favorite : boire de la bière ou des *Weinschorle*, tout en refaisant le monde !

SCHAUBÜHNE

Kurfürstendamm 153

✆ +49 30 890023

www.schaubuehne.de

Sous la direction de Thomas Ostermeier depuis 2004, cette grande institution berlinoise a évolué vers une scène de théâtre contemporain. On y joue des textes classiques (Shakespeare, Ibsen, Strindberg, Horvath) ou des auteurs contemporains (Milo Rau, Lars Norén), et toujours des thèmes dont la résonance est très actuelle. La programmation est très francophile, on y joue des textes adaptés d'Edouard Louis, de Virginie Despentes, de Didier Eribon et de nombreux spectacles sont surtitrés en français. Sans doute le meilleur théâtre de la ville.

SILENT GREEN

Gerichtstraße 35
✆ +49 30 46067324
www.silent-green.net
Ouvert selon le programme (consulter le site Internet).

Depuis 2013, le complexe Silent Green est installé dans un ancien crematorium. Si le concept peut paraître étrange, c'est toutefois une excellente reconversion d'un espace désaffecté qui s'est produite ici. Car Silent Green est le nouveau moteur d'une scène artistique à la recherche de nouvelles expressions. Projections de films, théâtre, danse, concerts, ce qui se passe chez Silent Green est toujours pointu, toujours intéressant, dans une atmosphère complètement dépourvue de snobisme - chose rare dans ce genre de lieux branchés.

STAATSOPER

Unter den Linden 7
✆ +49 30 20354555
www.staatsoper-berlin.de
Information visiteurs du lundi au vendredi 10h-18h.

C'est l'opéra le plus vieux de Berlin : Frédéric le Grand en confia la construction à Georg Wenzeslaus von Knobelsdorf avec l'intention d'en faire son Opéra de cour. Depuis 1743, les génies de la musique, ont foulé sans interruption les marches de cette institution : Felix Mendelssohn-Bartholdy, Meserbeer, Richard Strauss, Otto Klemperer et bien d'autres. Cette grande maison jouit aujourd'hui encore d'une formidable popularité que l'on doit aussi à la renommée de son directeur : Daniel Barenboim. Depuis sa restauration, l'opéra est sublime.

THEATER DES WESTENS

Kantstraße 12
✆ +49 30 319030
www.stage-entertainment.de
Tarif des billets selon la comédie musicale représentée.

Le Théâtre de l'Ouest (*Theater des Westens*) est un bel exemple d'architecture wilhelmienne, imposant et opulent. Erigé en 1896 par l'architecte Bernhard Sehring pour accueillir les spectacles d'opérettes, il a aussi accueilli Joséphine Baker dans les années 1920 et Maria Callas dans les années 1950. Restauré avec soin la veille du 750e anniversaire de Berlin, le Theater des Westens est à présent réputé pour ses grandes comédies musicales (*Le Roi Lion*, *Mamma mia*...). Mais sachez les comédies musicales y sont présentées en allemand.

VOLKSBÜHNE

Linienstraße 227
✆ +49 30 24065777
www.volksbuehne-berlin.de
Billetterie ouverte tous les jours de midi à 18h. Billets de 10 à 30 €.

Fondé en 1890, ce haut lieu du théâtre allemand se construisit grâce à la participation financière des ouvriers du quartier. L'aménagement des lieux portait en lui cet esprit socialiste : aucune loge dans la salle, pour rompre avec l'esprit des privilèges. Depuis, la Volksbühne joue un rôle sans cesse grandissant dans le paysage culturel allemand et son édifice un peu intimidant siège toujours fièrement au même endroit, sur la Rosa-Luxemburg-Platz. Sa programmation est très variée, et conserve – suivant son histoire et sa tradition – le cœur à gauche.

ZUKUNFT AM OSTKREUZ

Laskerstraße 5
✆ +49 176 57861079
www.zukunft-ostkreuz.de
Ouvert du lundi au vendredi à partir de 18h, le week-end à partir de 16h.

Une fois à Ostkreuz, on a tendance à suivre la foule pour se diriger dans les rues pleines de bars du quartier. Et si vous nagiez à contre-courant pour changer ? Direction le Markgrafendamm où se trouve le Zukunkt («avenir» en allemand), concept intéressant mêlant bar, cinéma, théâtre et concert, rien que ça ! On peut y apprécier un verre entre amis les pieds dans le sable ou assister à l'une des nombreuses représentations artistiques. A l'arrivée des beaux jours, il y aussi le cinéma en plein air Pompeji et des petits festivals.

ESCAPADES

Berlin est une capitale tentaculaire, une sorte d'île urbaine au milieu du « désert ». C'est le jour et la nuit entre la gigantesque métropole et sa région, une vaste étendue de forêts et de lacs parsemée de petites bourgades endormies. Pourtant, les deux sont indissociables, et visiter ses environs est sans doute le meilleur moyen de saisir l'essence de la grande cité… par contraste. Tout d'abord, il y a Potsdam, la capitale du Brandebourg, riche de ses jardins et de ses palais. Ensuite, il y a la nature. Les nombreux lacs de la région – le Liepnitzsee par exemple – attirent les Berlinois aux beaux jours et il y a le Spreewald au sud, connu pour ses canaux et ses cornichons. Les monastères du Brandebourg (Lehnin, Zinna, Chorin) rappellent la christianisation tardive de cette région. Enfin, il y a de plaisantes villes comme Brandebourg-sur-la-Havel et ici et là des châteaux hérités de la dynastie des Hohenzollern.

Pritzwalk
Wittstock/Dosse
RHEINSBERG
Zehdenick
Kyritz
NEURUPPIN
Löwenberg
Wusterhausen/Dosse
Havelberg
Fehrbellin
Kremmen
ORANIENBURG
Leegebruch
Eichstädt
Hohen
Mühler
Neuendorf
Hennigsdorf
Glie
Nor
Rathenow
Nauen
Schönwalde
Brieselang
Falkensee
Wustermark
Premnitz
Dallgow-
Döberitz
Ketzin/
Havel
BERLIN
BRANDENBURG AN DER HAVEL
POTSDAM
Groß Kreutz
(Havel)
Kleinmachno
Genthin
Teltow
Bergholz-
Rehbrücke
Blankenfeld
LEHNIN
Michendorf
Ludwigsfelde
Mittenwalde
Rangsd
BEELITZ
Trebbin
Bad Belzig
Klausdorf
Treuenbrietzen
Luckenwalde
KLOSTER ZINNA
Niedergörsdorf
JÜTERBOG
Zerbst/Anhalt
Zahna
Coswig (Anhalt)
Aken (Elbe)
Wittenberg, Lutherstadt
Oranienbaum
Dessau
Kemberg
Jessen (Elster)
Annaburg

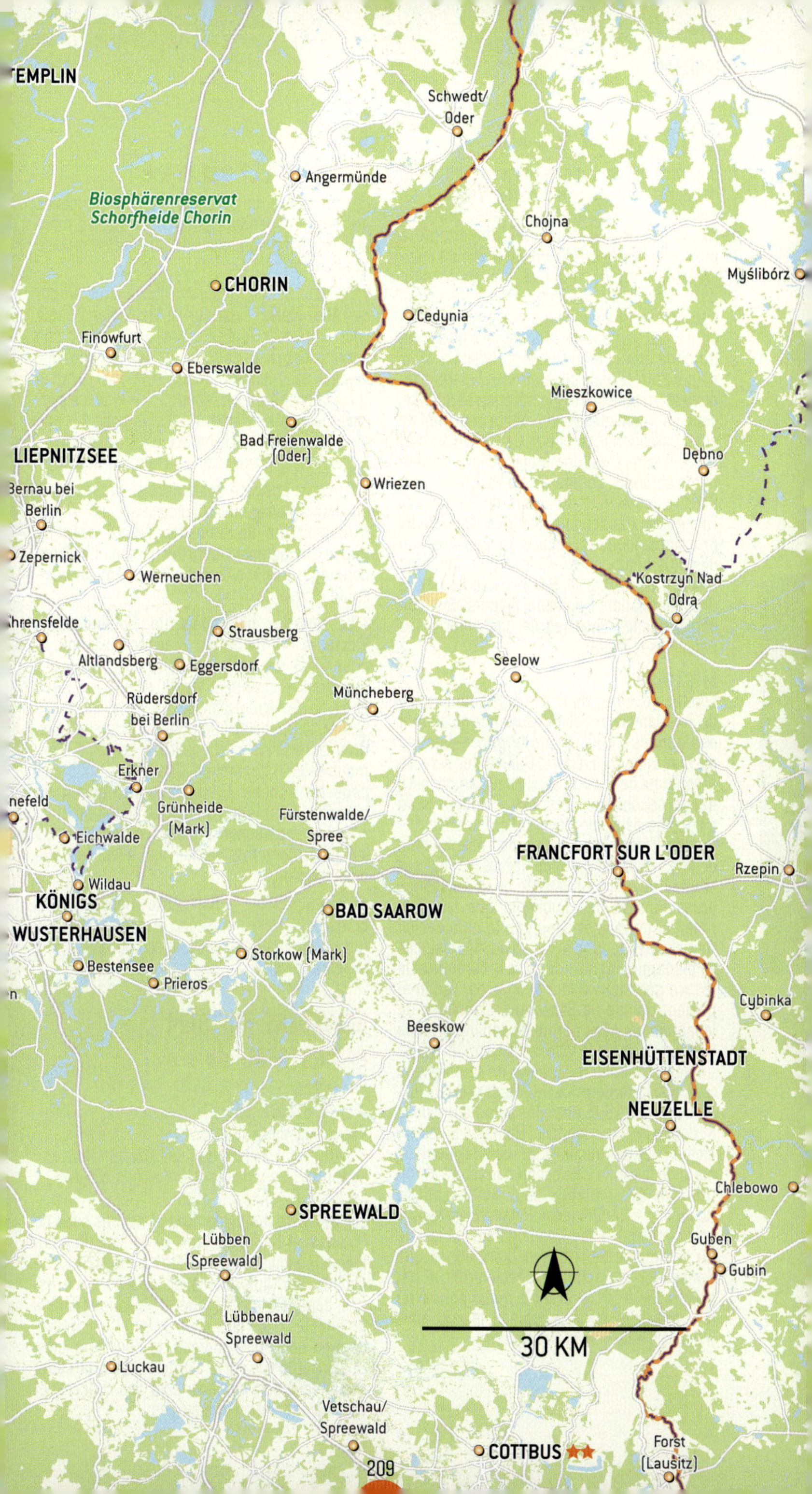
TEMPLIN
Schwedt/
Oder
Angermünde
Biosphärenreservat
Schorfheide Chorin
Chojna
Myślibórz
CHORIN
Cedynia
Finowfurt
Eberswalde
Mieszkowice
Bad Freienwalde
(Oder)
LIEPNITZSEE
Dębno
Wriezen
Bernau bei
Berlin
Zepernick
Werneuchen
Kostrzyn Nad
Odrą
hrensfelde
Strausberg
Seelow
Altlandsberg
Eggersdorf
Müncheberg
Rüdersdorf
bei Berlin
Erkner
Grünheide
(Mark)
nefeld
Fürstenwalde/
Spree
Eichwalde
FRANCFORT SUR L'ODER
Rzepin
Wildau
KÖNIGS
WUSTERHAUSEN
BAD SAAROW
Storkow (Mark)
Bestensee
Prieros
Cybinka
Beeskow
EISENHÜTTENSTADT
NEUZELLE
Chlebowo
SPREEWALD
Lübben
(Spreewald)
Guben
Gubin
Lübbenau/
Spreewald
30 KM
Luckau
Vetschau/
Spreewald
COTTBUS
Forst
(Lausitz)

POTSDAM ★★★★

Potsdam est la capitale du Land de Brandebourg, admirablement construite sur un méandre de la Havel. Avec ses 180 000 habitants, c'est la seule ville importante à proximité de Berlin. Elle en est d'ailleurs inséparable, intégrée dans le fonctionnement de la métropole. Autrefois, Berlin s'étendait naturellement au sud vers les « îles de Potsdam ». La séparation allemande a tracé une frontière entre Berlin-Ouest et Potsdam. Mais aujourd'hui, la plaie se referme et Potsdam redevient un pôle de l'agglomération berlinoise, voire sa «banlieue riche ». Verte et truffée de sites passionnants, elle est aussi vivante et universitaire. C'est une étape obligée du tourisme berlinois. Comparable à Versailles pour Paris, c'est la ville du palais de Sanssouci, l'ancienne résidence d'été des souverains prussiens, joyau du rococo qui possède l'un des plus beaux parcs d'Allemagne. Très bien reliée à Berlin par le S-Bahn, elle constitue une destination week-end favorite des Berlinois, par les charmes de son centre, ses parcs et ses lacs.

Histoire

Fondée au milieu du XIIIe siècle, la bourgade de Potsdam ne prit de l'importance qu'à partir des années 1660, quand le prince-électeur de Brandebourg Frédéric-Guillaume, père du premier roi de Prusse, élut le lieu comme résidence secondaire. Dès lors, Potsdam allait aux côtés de Berlin devenir la résidence des rois de Prusse, une vitrine de l'absolutisme éclairé. Château, jardins, parcs et églises allaient devenir le symbole de la puissance prussienne et des Lumières que les despotes patronnaient. Le règne le plus décisif fut celui de Frédéric le Grand au XVIIIe siècle. A Potsdam, le monarque porta le baroque et le rococo prussiens à leur apogée par l'aménagement du site de Sanssouci. L'abolition de la monarchie a fait perdre de son importance à Potsdam, mais la ville restait au XXe siècle un lieu symbolique, comme en témoigne la tenue de la conférence de Potsdam du 17 juillet au 2 août 1945 entre les vainqueurs de la Seconde Guerre mondiale. Bien que Potsdam ait subi des destructions pendant la guerre, le cœur de la vieille ville est bien restauré et l'on trouvera de nombreux lieux emblématique du rococo « frédéricien ». Potsdam est le plus grand ensemble allemand figurant sur la liste du patrimoine de l'Unesco. Étant donné que Sanssouci est riche en découvertes, il est préférable de se lever tôt le matin pour avoir le temps de tout voir, le château, le parc, mais aussi la vieille ville et Babelsberg.

ALTSTADT - VIEILLE VILLE ★★★

Le centre-ville de Potsdam a subi de tragiques destructions pendant la Seconde Guerre mondiale mais il a su conserver un charme propice à la flânerie.

- Le cœur historique de la ville se situe autour de l'**Alter Markt**. C'est sur ce Vieux Marché que vous trouverez l'église Saint-Nicolas avec son impressionnante coupole et le château qui, depuis sa reconstruction, sert de Landtag (parlement) au Brandebourg. Sur la place également, le Palais Barberini s'est imposé dès son ouverture comme LE musée d'art de Potsdam. Le reste de la place attend sa reconstruction.
- Potsdam possède également sa propre **Porte de Brandebourg** sur la Luisenplatz, qui a tout d'un petit arc de triomphe. Autour d'elle se trouve un agréable quartier piéton. La Brandenburger Straße est particulièrement commerçante et vivante.
- **Le quartier hollandais, le Holländisches Viertel**, a été fondé par Frédéric-Guillaume Ier pour loger les artisans hollandais employés aux grands chantiers de la ville. Il se situe entre la Gutenbergstraße, la Friedrich-Ebert-Straße, la Hebbelstraße et la Kurfürstenstraße. On y construisit à l'époque une centaine d'immeubles en brique rouge. Quartier de squatters dans les années 1990, c'est maintenant un paradis du tourisme, un lieu de shopping et de « Kaffee und Kuchen ». C'est l'un des quartiers les plus étonnants de la ville, avec des airs d'Amsterdam.
- Un peu plus loin, le **Hans-Otto-Theater**, sur les bords de la Havel, surprend et séduit avec ses formes contemporaines tout en courbes, et ses façades en verre.

BELVEDERE AUF DEM PFINGSTBERG ★★

Pfingstberg
✆ +4933120057930
www.pfingstberg.de/
D'avril à octobre : tous les jours 10h-18h. Mars et novembre : les samedis et dimanches 10h-16h. Entrée : 6 €/4,50 €.

Ce belvédère fait également partie des sites de Potsdam et Berlin qui sont sur la liste du patrimoine mondial de l'humanité de l'Unesco. Cette construction aux allures de villa italienne est une commande de Frédéric-Guillaume IV aux architectes L. Persius, L. A. Stüler et L. F. Hesse. Comme son nom l'indique, le belvédère offre une superbe vue sur le alentours. L'été, ce cadre romantique sert de décor pour des concerts et des représentations théâtrales.

FILMMUSEUM POTSDAM ★★

Breite Straße 1A
✆ +49 331 271 8112
www.filmmuseum-potsdam.de
Ouvert du mardi au dimanche de 10h à 18h.
Entrée : 5 €. Réduit : 4 €.

Voici l'un des musées les plus intéressants de Potsdam, indissociable du Parc cinématographique de Babelsberg. Il contient une documentation inégalable sur le cinéma allemand de 1895 à nos jours et se trouve en plein centre de Potsdam, dans les magnifiques anciennes écuries des rois de Prusse. Le matériel fourni vient directement des studios de l'UFA de Babelsberg, et l'on peut y découvrir des costumes, des plateaux de cinéma, des écrans de projection ainsi qu'un café et une salle qui organise des événements et des rencontres sans équivalent à Berlin.

FLATOWTURM

Park Babelsberg 12
✆ +493319694200
www.spsg.de/
Entrée 4 €. Réduit : 3 €.

Pour qui est déjà allé à Francfort-sur-le-Main, cette tour aura quelque chose d'étrangement familier. La Flatowturm, dans le parc de Babelberg, est directement inspirée de la Porte d'Eschenheim dans le centre-ville de la métropole financière. Cette dernière est un vestige du XVe siècle. Quant à notre tour de Flatow, elle a été érigée, malgré sa silhouette médiévale, au milieu du XIXe siècle selon les plans de Johann Heinrich Strack (Siegessäule à Berlin). De là-haut, vue imprenable sur Potsdam, ses parcs et le cours de la Havel.

UN PEU D'HISTOIRE

Hérité des marches, territoires colonisés par les princes allemands aux XIIe et XIIIe siècles, fortement empreint des grandes propriétés rurales des « Junkers » prussiens, le Brandebourg est devenu le noyau de l'État prussien, puisqu'à partir de 1618 les Hohenzollern, princes-électeurs de Brandebourg (territoire membre du Saint-Empire) héritaient du duché de Prusse (extérieur au Saint-Empire et pays vassal du roi de Pologne). Frédéric-Guillaume Ier de Brandebourg, dit « le Grand Electeur » (*der Große Kurfürst*), bâtit de cette union un État puissant, si bien que son fils Frédéric III put se faire reconnaître roi en Prusse (sous le nom de Frédéric Ier) en 1701. Ses descendants devaient prendre l'ascendant sur les autres États allemands, jusqu'à devenir les empereurs du IIe Reich (commencé en 1871). En 1806, la dissolution du Saint-Empire fait disparaître le Brandebourg comme Électorat, mais il reste une province administrative du royaume de Prusse. En 1945, la région devient une frontière, puisqu'elle jouxte la Pologne, dont elle est séparée à l'est par l'Oder et la Neisse. Avec la chute de la RDA et la réunification, le Brandebourg devient un Bundesland de la République fédérale et se donne Potsdam comme capitale. La Marche du Brandebourg, ainsi qu'elle est encore appelée (*Mark Brandenburg*), est constituée d'une multitude de petits terroirs qui ont conservé leurs caractéristiques (le Barnim, le Fläming, la Prignitz, etc.), avec des petites villes, de gigantesques forêts et des milliers de lacs.

ESCAPADES

Belvedere Auf Dem Pfingstberg.

HISTORISCHE MÜHLE ★

Maulbeerallee 5
✆ +49 331 55 06 851
www.historische-muehle-potsdam.de
Tous les jours de 10h à 18h. Fermeture en décembre.

Dernier rescapé de la quarantaine de moulins à vent que comptait la cité au temps de Frédéric II, ce moulin de technique hollandaise fut construit entre 1787 et 1791 et a servi jusqu'en 1858. Endommagé par un incendie en 1945, il fut restauré en 1993 pour les 1000 ans de la ville et équipé d'un nouveau broyeur. En plus de l'agréable vue, les visiteurs pourront également découvrir une exposition qui explore l'histoire du moulin et le voir en action ! Des pains réalisés avec la farine de Sanssouci sont en vente à la boutique du musée.

POTSDAM & LE CINÉMA

Depuis les tout débuts du 7e art, la petite ville de Potsdam a contribué à son développement. Situé de la rive est du fleuve Havel, le quartier de Babelsberg est réputé pour avoir été le centre de l'industrie cinématographique allemande d'avant-guerre. Le premier studio vit le jour en 1912 et, en 1917, l'Universal Film AG fut créé. Dans les années 1920, les studios étaient devenus les plus riches au monde, et des films de légende en sortirent comme *Le Cabinet du Docteur Caligari* de Robert Wiene, *Metropolis* du grand Fritz Lang ou encore *L'Ange bleu* avec Marlene Dietrich. Avec l'arrivée au pouvoir des nazis, les grandes figures du cinéma quittèrent l'Allemagne pour les Etats-Unis, furent persécutées ou enrôlées, et les studios de Babelsberg servirent d'instrument de propagande antijuive et pro-germanique. Avec l'avènement de l'ère communiste à Potsdam, les studios furent rebaptisés Deutsche Film AG. Le musée du Film (Filmmuseum), installé dans les anciennes écuries impériales au centre-ville, retrace cette dernière époque allant de 1949 à 1990. Un peu plus excentrée, une grande partie du parc cinématographique de Babelsberg est ouverte au public. Privatisés après la chute du Mur, les studios de Babelsberg connaissent un nouvel essor aujourd'hui. On y tourne notamment la série à succès *Babylon Berlin*. Pour faire revivre le Berlin des années 1920, on a fait construire de gigantesques décors qui doivent servir de coulisses aux différents quartiers de Berlin où le commissaire Gereon Rath mène ses enquêtes.

MARMORPALAIS - PALAIS DE MARBRE ★

Neuer Garten
✆ +49 331 969 4246
www.spsg.de
Ouvert du mardi au dimanche 10h-16h/17h. Prix unitaire : 6 €/5 €. En hiver, seulement les week-ends.

Romantiquement situé sur une terrasse au bord du lac, le Palais de Marbre est l'édifice le plus remarquable du Neuer Garten. Il fut construit entre 1787 et 1793 pour servir de petite résidence d'été au roi Frédéric-Guillaume II. Celui-ci cherchait, par ce style néoclassique, à se distinguer de son oncle et prédécesseur le roi Frédéric II, friand de rococo. L'intérieur renferme de nombreuses cheminées en marbre et d'anciennes sculptures. On se croirait en Italie !

MUSEUM BARBERINI ★★★

Humboldtstraße 5-6
✆ +49 331 236014499
www.museum-barberini.com
Du mercredi au lundi 10h-19h (dernière admission 18h30). Entrée entre 10 €/12 € et 14 €/18 € selon l'exposition.

Détruit pendant la Seconde Guerre mondiale, le Palais Barberini a été récemment reconstruit à l'identique pour abriter désormais un superbe musée d'art en plein cœur de Potsdam et, depuis son inauguration en 2016, sa popularité ne se dément pas. Sur 2 200 m², il présente des expositions temporaires de grande qualité avec des artistes de renommée internationale (par le passé : Van Gogh, Gerhard Richter, Max Beckman, Pablo Picasso, etc.). Consultez le programme en ligne. La collection permanente met les artistes de RDA à l'honneur.

NEUE KAMMERN ★★

✆ +49 331 969 4200
www.spsg.de
Ouvert du mardi au dimanche de mai à octobre de 10h à 17h30. Entrée 6 €, réduit 5 €.

Frédéric le Grand fit transformer cette ancienne orangerie située à côté de son château de Sanssouci en une somptueuse résidence pour ses invités de marque. Les sept suites privées (Kavalierszimmer) sont parées de pierres et d'or et constituent une magnifique illustration du style rococo. Dans la salle Ovide (du nom du poète romain), les reliefs en or aux murs montrent des scènes des *Métamorphoses*. La Jaspissaal, comme son nom l'indique décorée de jaspe rouge, est la plus grande des Neue Kammern et accueillait des concerts et des fêtes.

Marmorpalais - Palais de Marbre.

PARK SACROW

Krampnitzer Straße 34
www.spsg.de
Parc ouvert toute l'année.

Le Park Sacrow fait partie intégrante des parcs de Potsdam et Berlin classés depuis les années 1990 sur la liste du patrimoine mondial de l'Unesco. On y trouve un petit château très modeste. Le clou du parc, c'est la Heilandskirche conçue par l'architecte prussien Ludwig Persius. Posée sur les bords de la Havel, elle a des airs d'église byzantine à laquelle on aurait flanqué un campanile florentin. Particulièrement joli à l'automne, le parc offre une très agréable balade, que l'on pourra poursuivre au lac de Sacrow (Sacrower See) à deux pas de là.

RÖMISCHE BÄDER - BAINS ROMAINS ★★

✆ +49 331 96 94 225
www.spsg.de
Ouvert de mai à octobre, du mardi au dimanche de 10h à 17h30. Entrée 8 €/6 €.

Issu de la collaboration fructueuse à Potsdam des architectes Karl Friedrich Schinkel et Ludwig Persius, cet ensemble asymétrique du début du XIXe siècle mêle le style des maisons de campagne italiennes au style des villas antiques. En plus des bains, on y trouve la maison du jardinier, le pavillon de thé et une jolie galerie d'arcades, le tout au bord d'un étang. Ces bains romains ont d'autant plus de charme que l'on y voit clairement le passage du temps.

RUSSISCHE KOLONIE ALEXANDROWKA ★★★

Russische Kolonie
www.alexandrowka.de
Ouvert tous les jours sauf mercredi de 10h à 18h. Entrée du musée : 3,50 €, réduit : 3 €.

La colonie russe *Alexandrowka* est une autre curiosité de Potsdam. Entre la Puschkinallee et Am Schragen s'étend ce qui fut un village russe construit en 1826 sous l'impulsion de Friedrich-Guillaume III et nommée ainsi en souvenir de son ami le tsar Alexandre Ier. Cette colonie accueillait des artistes et des musiciens russes, dont on peut encore lire les noms sur ces maisons russes en bois traditionnelles. On peut gravir la colline jusqu'à l'église orthodoxe Alexandre Nevski.

SCHLOSS BABELSBERG ★★

Park Babelsberg 10
✆ +49 33 19 69 42 50
www.spsg.de
En ce moment, le château est fermé pour raison de travaux de rénovation.

Cet impressionnant château néogothique, qui a quelque chose d'un gigantesque manoir anglais, a été conçu à partir de 1833 pour servir de résidence d'été au futur empereur Guillaume Ier et à son épouse Augusta de Saxe-Weimar. Plusieurs stars de l'architecture prussienne ont contribué à sa réalisation. Les plans sont de Karl F. Schinkel (auteur entre autres de l'Altes Museum à Berlin). A sa mort, c'est Ludwig Persius (Orangerie à Potsdam) qui reprend le chantier. Enfin, entre 1845 et 1849, J. H. Strack (Siegessäule à Berlin) lui donne sa forme actuelle.

SCHLOSS CECILIENHOF ★★

Am Neuen Garten
✆ +49 331 969 4244
www.spsg.de
Ouvert du mardi au dimanche de 10h-17h30 (été) ou jusqu'à 16h30 (hiver). Visite guidée uniquement. Entrée 8€/6€.

Ce fut la résidence d'été du dernier prince héritier des Hohenzollern et de son épouse Cécilie de Mecklembourg-Schwerin avant l'abdication de l'empereur Guillaume II en 1918. Mais le château de Cecilienhof est surtout connu pour la conférence de Potsdam qui eut lieu ici le 17 juillet 1945 et où Staline, Truman et Attlee signèrent la division de l'Allemagne et la répartition des terres vaincues. La salle de conférence est restée en l'état et peut être visitée. Avec ses allures de cottage anglais, le château de Cecilienhof ne manquera pas de vous séduire.

SCHLOSS CHARLOTTENHOF ★★

Geschwister-Scholl-Straße 34a
✆ +49 331 969 42 00
www.spsg.de
Ouvert de mai à octobre du mardi au dimanche de 10h à 17h30. Entrée 6 €, réduit 5 €.

Au sud-ouest de Sanssouci, ce petit palais néo-classique fut commandé en 1826 par le prince héritier, le futur Frédéric-Guillaume IV, pour lui servir de petite résidence d'été sur un terrain offert par son père. Pour le concevoir, l'architecte Karl Friedrich Schinkel s'est inspiré du style antique et l'idée des peintures murales lui vient des villas découvertes lors des fouilles effectuées à Pompéi et à Herculanum. Il y a dans le palais une pièce étonnante qui reproduit l'intérieur d'une tente avec des tissus aux rayures bleues et blanches.

SCHLOSS SANSSOUCI ★★★★

✆ +49 331 969 4200
www.spsg.de
Fermé le lundi. Ouvert du mardi au dimanche de 10h à 17h30 en été, de 10h à 16h30 en hiver. Entrée 14 €, réduit 10 €.

Ce tout petit château, placé en haut du beau jardin en terrasse, est un un prototype du rococo "frédéricien". Intimiste, pré-romantique, Sanssouci exprime toute une conception du monde. Il fut bâti entre 1745 et 1747 par l'architecte Georg Wenseslaus von Knobelsdorff. Le nom du château reflète la francophilie du roi (le français était la langue officielle de la cour prussienne au XVIIIe siècle) comme son état d'esprit (vivre avec insouciance). Voltaire, parmi quantité d'autres hôtes prestigieux, prit en charge la bibliothèque et écrivit des pages importantes de son œuvre, avant que son mécène et lui ne se brouillent à jamais. L'intérieur - dont une visite vaut vraiment la peine - comprend des incontournables : la salle de concert, la salle de marbre où avaient lieu les rondes philosophiques, la bibliothèque, la salle de travail…

▸ A côté du château, vous découvrirez la tombe du roi Frédéric II, d'une simplicité déconcertante : une dalle avec pour seule inscription « Friedrich der Große ». Contrairement à son souhait, il avait été enterré dans la *Garnisonskirche*, une église du centre de Potsdam actuellement en reconstruction. Ce n'est qu'en 1991 que ses restes ont été redéposés auprès de sa demeure favorite. A la gauche du Vieux Fritz, les tombes de ses chiens. Vous verrez peut-être des patates sur sa tombe : c'est une amusante tradition d'en déposer ici pour remercier le roi philosophe d'avoir avoir introduit la culture de la pomme de terre en Prusse, permettant ainsi d'éviter de nombreuses famines.

Château de Sanssouci à Potsdam.

BILDERGALERIE - GALERIE DE TABLEAUX ★★★

Im Park Sanssouci 4
✆ +49 331 969 4181
www.spsg.de
Ouvert du 1er mai au 31 octobre, de mardi à dimanche et de 10h à 17h30. Entrée 6 €, réduit 5 €.

Frédéric II, grand amateur d'art, fit édifier, par Johann Bühring, la Bildergalerie. Dans une longue galerie richement décorée, ce sont 180 œuvres de maîtres italiens, flamands et hollandais qui sont exposées. On foule avec délice ce magnifique sol de marbre blanc et jaune en admirant de nombreuses copies d'œuvres célèbres. On y trouve aussi quelques tableaux de maîtres : Van Dyck, Rubens et le plus fameux d'entre eux : *L'Incrédulité de saint Thomas* du Caravage.

CHINESISCHES TEEHAUS - PAVILLON CHINOIS ★★★

Am Grünen Gitter
✆ +49 33 196 94 225
www.spsg.de
Ouvert du 1er mai au 30 octobre, du mardi au dimanche de 10h à 17h30. 4 € l'entrée.

Pendant ses séjours à Sanssouci, Frédéric II appréciait l'intimité de ce pavillon chinois. Il faut dire qu'au XVIIIe siècle, l'Extrême-Orient et son raffinement nourrissaient les fantasmes de l'aristocratie européenne, ce qui a engendré un engouement pour ce qu'on a appelé les «chinoiseries». Ce pavillon en est un exemple plutôt réussi : colonnes harmonieuses, intérieur décoré par des bibelots en porcelaine et une fresque représentant une scène de vie chinoise peinte en trompe-l'œil.

ORANGERIESCHLOSS ★★

An der Orangerie 3–5
✆ +49 331 969 42 00
www.spsg.de
Ouvert de mai à octobre 10h-17h30. Fermé les lundis. Entrée 6 €, réduit 3 €.

Construit de 1851 à 1864 à la demande de Frédéric-Guillaume IV (sa statue se trouve devant l'entrée), c'est le dernier des châteaux édifiés dans le parc. Cette superbe orangerie est à voir absolument pour son architecture inspirée de la Renaissance italienne, ses jardins en terrasses, ses statues en marbre et sa salle Raphaël, pourvue de copies des œuvres du peintre. Depuis la plateforme en haut, on bénéficie d'une vue magnifique sur le parc. De là, on peut aussi facilement rejoindre le petit Drachenhaus (maison du dragon) et le belvédère sur le Klausberg.

NEUES PALAIS ★★★

Am Neuen Palais
www.spsg.de
Ouvert de 10h à 16h30 en hiver et de 10h à 17h30 en été. Fermé les mardis. 10 € / 7 €.

Situé à l'ouest du parc à 1 km du château de Sanssouci, le «Nouveau Palais» se dresse au bout de l'allée, imposant et majestueux. Construit entre 1763 et 1769 pour célébrer la puissance victorieuse de la Prusse après le guerre de Sept Ans (1756-1763), c'est le dernier et le plus grand palais baroque de Potsdam. Il fut réalisé selon les plans des architectes Büring, Manger et Gontard. Le palais ne fut jamais résidence principale, sa fonction étant davantage représentative : il servait au roi de résidence secondaire pour organiser de grandes réceptions et recevoir des hôtes. Frédéric II occupait occasionnellement dans le château ses appartements se situant dans l'aile sud-est (que vous ne pourrez voir que dans le cadre d'une visite guidée). A ne pas louper, le salon rocaille avec ses décors en coquillage ou la galerie de Marbre.

Laissé à l'abandon à la mort du roi, le palais ne fut réutilisé qu'au XIXe siècle par Frédéric III et la princesse Victoria. C'est ici qu'est né et mort cet empereur qui n'aura régné que 99 jours entre mars (après la mort de son père Guillaume Ier) et juin 1888 ; une année que l'on appellera ainsi « l'année des trois Empereurs » (*Dreikaiserjahr*). Le palais est habité par son fils l'empereur Guillaume II et la princesse Augusta. Les innovations telles qu'ascenseurs et salles de bains datent de cette époque ! En face du palais se trouvent deux bâtiments du même style, ce sont les communs, autrement dit les cuisines, chambres des servants et des gardes, aujourd'hui appartenant à l'université de Potsdam.

ESCAPADES

SANSSOUCI HOLIDAYS €

Hegelallee 17

✆ +49 33 129 5492

www.sanssouci-holidays.de

Chambre simple 50 €, chambre double 65 €, chambre pour 3 ou 4 personnes 80 €. Petit déjeuner 6 €.

Agréable petite pension située en plein centre de la ville, à deux pas du château et du parc de Sanssouci. Les chambres sont équipées de douche et W.-C., de la télévision, d'un minibar et d'une petite kitchenette. Il y a des plaques de cuisson et des machines à café : tout ce qu'il faut pour se sentir la maison. Très bon rapport qualité-prix et bonne capacité d'accueil pour petits groupes ou familles. En bref, une bonne adresse pour tous ceux qui veulent se poser et prendre leur temps pour visiter les nombreux monuments de la ville.

HOTEL AM GROSSEN WAISENHAUS €€

Lindenstraße 28-29

✆ +49 33 160 107 80

www.hotelwaisenhaus.de

Chambre simple à partir de 72 €, double dès 82 €, suite à partir de 107 €, petit déjeuner inclus.

Calme et néanmoins très central, ce bel hôtel moderne installé dans un bâtiment du XIXe siècle (1820 pour être précis), qui fut jadis un orphelinat et un hôpital pour enfants, a ouvert ses portes en mars 2011. Simple et confortable, il bénéficie de parquet dans les chambres, d'une connexion wifi gratuite et d'un superbe buffet de petit déjeuner. De l'hôtel, on peut rejoindre à pied les différentes curiosités de la ville de Potsdam : le parc Sans-souci, le quartier hollandais, etc.

RESTAURANT ALTER STADTWÄCHTER €

Schopenhauerstraße 31

✆ +49 33 190 3741

www.alter-stadtwaechter.de

Ouvert du mardi au samedi de 11h à 23h, le dimanche jusqu'à 23h. Compter de 9,50 à 13,90 € par plat.

L'Alter Stadtwächter (littéralement : le Vieux Gardien de la ville) est un restaurant de tradition situé juste derrière la porte de Brandebourg de Potsdam, en plein centre et à proximité du parc de Sanssouci. Les plats proposés sont typiques, à la fois simples et roboratifs : beaucoup de viandes avec néanmoins une sélection de plats végétariens. Menu à midi très bon marché. Le cadre a tout d'un restaurant authentique et confortable, lumineux et agréable.

DRACHENHAUS €€

Maulbeerallee 4

✆ +39 33 150 538 08

www.drachenhaus.de

Ouvert tous les jours de 11h à 19h en été et du mardi au dimanche de midi à 18h en hiver. Menus de 42 à 75 €.

Ce restaurant jouit d'un cadre exceptionnel dans un édifice historique du parc Sanssouci inspiré d'une pagode chinoise, le Drachenhaus signifie la Maison du Dragon. Prisé des groupes au déjeuner, il se prête surtout à un dîner romantique, que ce soit en terrasse, si le temps le permet, ou dans l'une des salles élégantes. La carte propose des formules déclinant des plats allemands et internationaux raffinés préparés avec des produits frais. Les pâtisseries sont faites maison et pour le vin vous bénéficiez des conseils d'un sommelier.

11-LINE

Charlottenstraße 119

✆ +4915209470803

www.11-line.de/

Ouvert tous les jours de 11h à 1h du matin.

Potsdam est une ville étudiante, malheureusement trop proche de Berlin. Une grande partie de ses étudiants fait le choix de vivre à Berlin et de faire le trajet tous les jours. Il n'y donc pas l'ambiance estudiantine que l'on peut connaître dans d'autres petites villes allemandes. Le café-bar 11-Line fait figure d'exception. C'est un petit bar sympathique comme on peut en trouver à Berlin, avec son mobilier dépareillé. On pourra y venir l'après-midi prendre un café et une part de gâteau, grignoter un bout, boire une bière le soir ou faire un jeu de société.

EINSTEINTURM

Albert-Einstein-Straße

✆ 33174990

www.aip.de

La tour Einstein fait partie de la zone Telegrafenberg. Il s'agit d'une tour solaire intégrant un système optique permettant de projeter l'image du Soleil à grande distance. Elle porte le nom du célèbre scientifique car elle fut construite initialement pour vérifier quelques-unes de ses théories de la relativité. Son architecture, de type expressionniste, conçue à partir de briques, de ciment et de béton armé, est l'œuvre de l'architecte allemand Erich Mendelsohn (1887-1953) vers 1920. Il est vrai qu'elle tranche vraiment avec le reste du complexe scientifique.

ESCAPADES

BEELITZ

Beelitz et une commune au sud-ouest de Berlin, accessible par un train direct et en une trentaine de minutes. Elle est connue de tous les Berlinois et Brandebourgeois pour ses asperges, très appréciées à l'arrivée du printemps. En mai-juin, vous verrez d'ailleurs la mention « Beelitzer Spargel » un peu partout dans les restaurants de Berlin. Mais Beelitz attire surtout les visiteurs grâce à un site absolument exceptionnel : les Beelitz-Heilstätten, une ancienne clinique thérapeutique du début du XXe siècle, laissée en partie à l'abandon et où la forêt a repris ses droits. Un endroit qui ravira randonneurs, photographes et amateurs de lieux insolites.

BEELITZ-HEILSTÄTTEN & BAUMKRONENPFAD ★★

✆ 033204634723

www.baumundzeit.de

Entrée 12,50 €. Ouverture 10h, jusqu'à 19h en été, 16h en hiver.

© RYSZARD FILIPOWICZ - SHUTTERSTOCK.COM

Cet immense sanatorium, bâti au milieu de la forêt entre 1898 et 1930, a accueilli des dizaines de milliers de malades de la tuberculose et d'autres maladies pulmonaires. Partiellement endommagé par les combats de la bataille de Berlin, le site a vu les arbres se faufiler entre les vestiges et atteindre jusqu'aux toits des différents bâtiments. Un parcours à 23 mètres de hauteur permet de déambuler entre les cimes des arbres et d'apprécier les édifices en ruine.

LEHNIN

Cette petite bourgade brandebourgeoise abrite un site historique majeur : le monastère Kloster Lehnin, représentatif du gothique du nord en brique rouge, qui mérite un détour. La légende de sa fondation veut que le Margrave du Brandebourg Otto Ier (de la dynastie des Ascaniens) se soit endormi au pied d'un arbre pendant la chasse. Dans son rêve, il est dérangé par une biche, qu'il interprète comme un symbole païen, ce qui le pousse à construire un édifice pour évangéliser les Slaves qui n'auraient pas encore adopté le christianisme. Cette légende explique aussi pourquoi Kloster Lehnin est devenue le lieu de sépulture des Margraves de la Maison d'Ascanie.

ABBAYE DE LEHNIN - KLOSTER LEHNIN ✣

Klosterkirchplatz 20

✆ +49 3382 768 841

www.klosterlehnin.de

L'entrée au monastère est gratuite. Horaires variables selon la saison. Musée : 3 €.

Disons le tout de suite : Lehnin n'a aucun rapport avec Lénine, si ce n'est leur prononciation. Le Brandebourg est connu pour les monastères cisterciens qui, durant l'Ostkolonisation dès la fin du XIIe siècle, se sont implantés pour évangéliser la Marche dont ils sont devenus l'une des forces politiques majeures. Parti de France, l'ordre cistercien avait rayonné dans toute l'Europe au XIIe siècle, sous l'impulsion du charismatique Bernard de Clairvaux. Cette idéologie chrétienne neuve et intrépide a servi de prétexte aux seigneurs allemands du Moyen Âge pour la colonisation de nouvelles terres vers l'est, principalement peuplées de Slaves païens.

Kloster Lehnin, au cœur de la Zaucha, est le plus ancien des monastères cisterciens de la Marche de Brandebourg, fondé en 1180 par le margrave Otto Ier. Il est aujourd'hui occupé par une fondation luthérienne. Même si ce n'est pas le plus beau des monastères, une halte s'impose, tant pour l'atmosphère austère que pour les bâtiments à admirer. En première ligne, la sobre église Sainte-Marie, en brique rouge, considérée comme l'un des joyaux du genre. De nombreuses dépendances ont conservé une apparence médiévale (l'entrepôt à grain, la Maison des fauconniers, la Maison Sainte-Elisabeth) et un musée, situé dans l'ancien bâtiment administratif baroque (Amtshaus) retrace l'histoire de Kloster Lehnin. L'ancienne abbaye, avec celle de Zinna, accueille chaque année le Festival de musique médiévale *Musica Mediaevalis*.

ESCAPADES

BRANDEBOURG-SUR-LA-HAVEL ★★

La ville de Brandebourg-sur-la-Havel fut le cœur historique de la marche de Brandebourg lors de sa colonisation par les margraves de la dynastie des Ascaniens, Albrecht l'Ours et ses descendants, à partir du XIIe siècle. La ville, comme la majorité des localités de la région, a été fondée à l'emplacement d'un site slave. Brandebourg donna son nom à la région, car elle en fut l'évêché principal et sa cathédrale Saints-Pierre-et-Paul en témoigne encore aujourd'hui. Elle a bien vite été surpassée par Berlin et Potsdam pour tomber dans une tranquille léthargie (pour ne pas dire une évidente dépression depuis la fin de la RDA). Mais elle surprendra le visiteur par la beauté de ses reliques médiévales, tout particulièrement grâce ses très nombreuses églises. Si vous voulez vous lancer sur les traces du Moyen Age nordique et de ses superbes bâtisses en brique rouge, n'allez pas plus loin. Le site, très lacustre, étalé sur plusieurs îles et berges de la sinueuse Havel, est pittoresque. En dehors de ses précieux vestiges et de son bel emplacement, Brandenburg an der Havel n'est toutefois pas une ville idéale pour séjourner. Aussi mérite-t-elle davantage une excursion journalière depuis Berlin.

Quartiers

On peut distinguer trois quartiers : la vieille ville (Altstadt) au nord-ouest sur les bords de la Havel, la Neustadt avec son grand marché et l'église Sainte-Catherine, et la Dominsel au nord (île de la cathédrale). La gare se situe tout au sud.

DOM ST. PETER UND PAUL ✝

Burghof 7

www.brandenburg-altstadt.de

La cathédrale s'élève, imposante et élégante, sur le site le plus anciennement habité de la ville, une île de la Havel. Dédiée aux saints Pierre et Paul, c'est un joyau du gothique en brique rouge nord-allemand. Entamée au XIIe siècle, elle a été fortement remodelée en style gothique à la fin du XIVe siècle. Au XIXe siècle, Schinkel ajoute une rosace sur le portail ouest. A l'intérieur, attardez-vous sur l'ancien autel, « de Bohême », richement peint ; ou encore sur la statue de la Vierge criant. Le Dommuseum expose des œuvres d'art religieux médiéval.

ALTSTADT - VIEILLE VILLE

Altstädtischer Markt

www.brandenburg-altstadt.de

Ce qui était le cœur de la ville médiévale a bien conservé son caractère historique. Lorsqu'on arrive de la Neustadt, on découvre dans la Ritterstraße, côté gauche, la *Frey Haus*, belle maison baroque dans laquelle est installé le musée de la ville. A deux pas se trouve le *Markt* (marché). En son centre, l'un des principaux monuments de Brandenburg : l'*Altstädtisches Rathaus*, magnifique Hôtel de Ville en brique rouge. Cette ancienne mairie date des années 1470-1480 et sa tour fut rajoutée en 1826. Le célèbre Roland de Brandenburg date au moins du XVe siècle. (Un Roland est dans l'Allemagne médiévale une statue de chevalier symbolisant les droits et privilèges des villes). Il trônait devant la mairie de la *Neustadt*, puis fut installé ici en 1946 après la destruction de cette dernière. Un peu plus au nord-est, face à la *Dominsel*, s'élève l'église Saint Gotthard, dont la partie la plus ancienne est romane (la tour date de 1166). La structure principale de l'église est en gothique tardif (milieu du XVe siècle). Le clou de l'église est le « groupe de la croix triomphant », en gothique tardif (1463), qui représente Jésus sur la croix avec la Vierge et Marie-Madeleine. Entre l'église Saint-Gotthard et l'ancienne mairie, se trouve sur la Rathenower Straße une maison à colombages qui est sans doute la plus vieille école de la ville (1552). Ce centre historique de Brandenburg est largement pavé, ce qui le rend agréable à la promenade et vous découvrirez ici et là d'autres vestiges médiévaux comme les tours des anciennes fortifications.

NEUSTADT

Neustadt

La *Neustadt* (Ville Nouvelle) a beaucoup souffert des bombardements de 1944 et 1945 ; son hôtel de ville a été anéanti. Mais il reste un monument important : la *Katharinenkirche*, une réalisation en brique rouge, finement décorée à l'extérieur comme à l'intérieur. Face à la *Dominsel*, vous ne pouvez manquer la « tour de la porte des moulins », *Mühlentorturm*, seule rescapée de celles qui ponctuaient autrefois le mur d'enceinte de la *Neustadt* (la ville aristocratique au Moyen Age, planifiée par les Margraves), détruit au XIXe siècle.

NEURUPPIN

La ville natale de l'écrivain Theodor Fontane et de l'architecte Karl Friedrich Schinkel a été complètement détruite par un incendie en 1787, et reconstruite autour de places carrées et de rues larges, ce qui fait d'elle un très bon exemple de ville préclassique planifiée en Allemagne. Ses habitations, sobres, fonctionnelles, d'en moyenne deux étages lui ont façonné un nouveau visage qui lui vaut la réputation d'être « la plus prussienne des villes prussiennes ». Neuruppin a été préservée des destructions de 1939-1945 et compte aujourd'hui 31 000 habitants. On découvrira ainsi aujourd'hui une jolie ville de garnison typique du XVIIIe siècle.

CENTRE-VILLE

Schulplatz

Il y a un certain nombre de choses à voir dans le cœur de la ville : le mur d'enceinte, presque entièrement conservé ; la Klosterkirche Sankt Trinitatis, église-couvent du XIIIe siècle réaménagée par K. F. Schinkel ; le Tempelgarten, jardin du XIXe siècle avec quelque édifices néoclassiques et orientalistes ; ou encore la petite chapelle gothique Siechenhauskapelle. C'est dans la Löwenapotheke que T. Fontane a vu le jour. Ne manquez pas la Marienkirche avec le mémorial à Schinkel ou la Schulpatz avec l'élégant Altes Gymnasium.

RESORT MARK BRANDENBURG €€

An der Seepromenade 20 ✆ +49 3391 40 350
www.resort-mark-brandenburg.de

130 chambres. De la double (à partir de 180 €) à la suite (à partir de 420 €).

Cet hôtel 4-étoiles propose des chambres confortables et tout équipées (écran plat, réfrigérateur...), avec bien souvent vue sur le lac de Neuruppin ou sur les toits de la ville de l'autre côté. Les Fontane Therme font partie intégrante du Resort Mark Brandenburg pour ceux qui souhaiteraient s'accorder un week-end entier de détente loin du brouhaha de la ville. Ainsi, le prix de la chambre comprend l'accès au complexe thermal, les peignoirs et les serviettes de bain. Le prix comprend aussi le petit-déjeuner sous forme de buffet.

FONTANE THERME

An der Seepromenade 21
✆ +49339140350
www.resort-mark-brandenburg.de/fontane-therme/

Tous les jours 10h-22h. Ticket à la journée : 85 €. 30 € le billet du soir : de 18h à 22h.

Ce complexe de spas, saunas est hammams jouit d'une situation géographique idéale. Posés sur les bords du lac, ces "thermes de Fontane" offrent de nombreux points de vue sur le Neuruppiner See. Après votre passage au sauna, vous pourrez aussi aller vous rafraîchir en plongeant votre corps directement dans les eaux glacées du lac. Sinon, vous pourrez profiter des différents bassins bouillonnants, intérieurs et extérieurs, ou du bassin d'eau salée pour flotter tout en admirant le ciel. Le clou du spectacle : contempler le coucher de soleil depuis le sauna.

RHEINSBERG

La ville de Rheinsberg, au nord de Berlin, est essentiellement connue pour son château, paisiblement posé sur les bords du lac (le Grienericksee). De 1736 à jusqu'à la mort de son père en 1740, le prince-hériter et futur roi de Prusse Frédéric II y vécut ses plus belles années. Rheinsberg, c'est aussi un étonnant village portuaire de vacances au nord de la ville, fait de maisons récentes inspirées de l'architecture traditionnelle et disposées en série. La région, le Ruppiner Land, vaut le détour, c'est un pays très rural de lacs et de forêts. Assez éloignée de Berlin et plutôt mal desservie, Rheinsberg peut tout de même faire l'objet d'une excursion à la journée.

SCHLOSS UND PARK RHEINSBERG

Schloss Rheinsberg ✆ +49 33931 72 60
www.spsg.de

Ouvert d'avril à octobre : 10h-17h30, fermé le lundi. Tarifs : 10 €, 7 € réduit. Audioguides en allemand et anglais.

Superbement situé sur le lac de Rheinsberg, le château du jeune Frédéric II a été en partie l'œuvre du grand architecte Georg von Knobelsdorff, l'auteur de Sanssouci. Résidence secondaire royale en 1740, il est l'un des beaux exemplaires du rococo frédéricien. Le jardin rococo est jonché de ruines, d'obélisques, de grottes et de fontaines. Certaines pièces du château sont ouvertes toute l'année, ainsi que le mémorial à l'écrivain satiriste Tucholsky, persécuté par les nazis.

ORANIENBURG

Oranienburg est une ville de la banlieue berlinoise, à son extrême périphérie nord. Détruite pendant la guerre et économiquement déprimée, la ville elle-même ne présente que peu d'intérêt. Mais elle présente deux sites importants : son château baroque et le camp de concentration de Sachsenhausen.

Pratique

Pour s'y rendre, il suffit de prendre le S1 qui passe à Friedrichstraße ou à Potsdamer Platz et de remonter au nord jusqu'au terminus, la station *Oranienburg*. De là, on peut facilement marcher jusqu'au château ou prendre un bus pour se rapprocher du camp de concentration. L'office du tourisme se trouve en face du château.

SCHLOSSPARK ORANIENBURG

Schloßplatz 1
✆ +49 3301 600 85 31
www.oranienburg-erleben.de/schlosspark
Entrée 4 € en été, 2 € réduit. Réduction également sur présentation du billet du château.

Ce "parc du château" est le poumon vert d'Oranienburg. Vous découvrirez un parc aménagé de façon plutôt moderne avec des petit canaux, quelques sculptures contemporaines, une orangerie, un café-serre. Au nord du parc, plusieurs petits jardins décorés selon différents concepts (la solitude, l'illusion, le rêve...), rien de spectaculaire ici. Les jeux pour enfants du parc attirent un public familial : toboggans, bacs à sable, cabanes, balançoires, blocs d'escalade... Une pause agréable si vous êtes en famille, même si l'on regrettera toutefois que l'accès soit payant.

CAFÉHAUS PLENTZ - BOULANGERIE ET PÂTISSERIE

Breite Straße 10
✆ +4933055790154
Ouverte du lundi au samedi de 6h à 18h.

Si la visite du château vous a creusé l'estomac, vous pourrez venir faire une petite pause dans cette boulangerie-pâtisserie à cinq minutes à pied, qui dispose, aux beaux jours, d'une petite terrasse. Il y a à peu près tout ce dont on a besoin pour un en-cas ou pour se rassasier sans se ruiner : cafés, glaces, pains, boissons fraîches et gâteaux à gogo. Si vous êtes plutôt d'humeur salée, essayez leurs focaccias : elles sont savoureuses et très abordables.

SCHLOSSMUSEUM ORANIENBURG ★★

Schloßplatz 1 ✆ +49 33 01 537 437
www.spsg.de
Fermé le lundi. Ouvert de 10h à 17h30 en été, de 10h à 16h30 en hiver. Visite : 6 €, réduit : 5 €.

Le château d'Oranienburg fait partie de ces prestigieuses constructions de l'aristocratie prussienne ; il s'agit du plus ancien château baroque du Brandebourg. Avec ses élégantes façades blanches, ses proportions harmonieuses, son emplacement sur la Havel et son parc charmant, c'est une excursion agréable pour la journée.

Un château de chasse existait sur ces lieux depuis le XIIIe siècle, mais Oranienburg est l'œuvre de la femme du Prince-Électeur de Brandebourg Frédéric-Guillaume Ier (dit « le Grand Électeur »), Louise-Henriette d'Orange (Oranien en allemand, d'où le nom du château et de la ville). Amoureuse des arts et du faste, la princesse fait transformer le bâtiment en 1652 un château de style hollandais (la princesse était originaire de La Haye). C'est l'architecte Johann Gregor Memhardt qui en est le père. En 1688, sous Frédéric III, le fils de Louise-Henriette, Oranienburg atteint son apogée : le roi fait encore transformer le château en une bâtisse baroque, qui devait être une pionnière du genre en Prusse. Au gré de son histoire mouvementée, Oranienburg a encore été une manufacture de coton, une école, une caserne SS... Le château a subi de lourdes pertes lors des bombardements de 1944-1945 ; mais son extérieur a été entièrement restauré en 1954, et l'intérieur rénové en 1997.

Aujourd'hui, ce sont surtout des portraits de la famille (du Grand-Électeur et de Louise-Henriette d'Orange) qui sont présentés dans l'aile ouest du château. Tous les panneaux sont en allemand.

© VILLOREJO - SHUTTERSTOCK.COM

MÉMORIAL ET CAMP DE CONCENTRATION DE SACHSENHAUSEN ★★★★

Straße der Nationen 22 ✆ +49 33 01 20 02 00
www.sachsenhausen-sbg.de/

Accès libre tous les jours. Horaires d'ouverture des musées variables selon les saisons. Audioguide en français : 3 €.

Le camp de concentration de Sachsenhausen fut aménagé dès 1936 – année des Jeux olympiques de Berlin – pour interner les opposants au régime de Hitler que l'on appelait alors les *Schutzhäftlinge*, ceux que l'on enfermait par « mesure de sécurité ». Les premiers d'entre eux furent surtout des communistes ou des démocrates auxquels s'ajoutèrent avec le temps les "asociaux", les homosexuels et les juifs. À l'automne 1941, des dizaines de milliers de prisonniers de guerre soviétiques – environ 13 000 – furent assassinés dans la station Z (dont le nom cynique indique qu'il s'agit là de la dernière station) et de nombreuses expériences inhumaines furent menées sur les détenus : on peut ainsi découvrir avec horreur des abat-jour en chair humaine. En octobre 1942, les détenus juifs du camp sont déportés à Auschwitz. Lorsque l'imminence de la chute du régime fut évidente, les SS évacuèrent le camp avec 33 000 détenus en direction de la mer Baltique où ils devaient être embarqués et noyés. Près de 1 000 d'entre eux moururent dans cette « marche de la mort » tandis que les autres furent sauvés *in extremis* par les Alliés. Dans le camp lui-même, 3 000 prisonniers assistèrent à la libération. Mais 300 d'entre eux ne survivent pas à la libération et meurent des conséquences de leur internement. L'horreur ne s'arrêta pas en si bon chemin : dès la capitulation allemande, la police secrète russe réinvestit le camp pour y emprisonner les détenus de guerre et les opposants au régime communiste. À la suite de fouilles, on découvrit 10 000 cadavres de prisonniers. Dès 1961, le camp en partie restauré fut ouvert au public comme mémorial aux victimes du régime nazi avec à son entrée l'inscription « *Arbeit macht frei* » (Le travail rend libre), le *leitmotiv* macabre que l'on retrouve dans tous les camps de concentration. La grande place qui se trouve directement après l'entrée servait à l'appel du matin et à l'exécution des prisonniers. Au sol, de grands rectangles remplis de pierres signalent l'emplacement des différents baraquements. Deux d'entre eux sont aujourd'hui ouverts au public : l'un a été transformé en musée et l'autre en salle de cinéma dans lequel on projette un film sur l'histoire du camp à chaque heure. Entre 1936 et 1945, ce sont plus de 200 000 personnes qui ont été détenues dans le camp de Sachsenhausen.

L'audioguide proposé à l'entrée du mémorial offre de précieuses informations sur les lieux que vous visiterez à l'intérieur du camp.

LIEPNITZSEE

Le Liepnitzsee est sans nul doute le plus beau lac du Brandebourg. Sa formation date de la dernière période glacière. Son eau clair et ses paysages vallonnés laissent rêveur. À l'automne, les couleurs et la lumière sont particulièrement splendides.
Si vous comptez y passer la journée, n'oubliez pas vos chaussures de randonnée, une grande bouteille d'eau et un bon pick-nick. Le site a été préservé des appétits humains et vous ne trouverez pas grand-chose à vous mettre sous la dent.
Le lac se trouve sur la commune de Wandlitz (23 000 habitants) au nord de Berlin, connue pour avoir été un lieu de villégiature privilégié par les élites en RDA.

TEMPLIN

Cette charmante petite ville de l'Uckermark (qui a vu grandir la chancelière Angela Merkel) a subi des bombardements pendant la Seconde Guerre mondiale, mais a conservé de beaux monuments anciens, notamment le mur d'enceinte en entier avec ses tours, portes et maisons de garde. Il fait 1 750 m de long et 7 m de haut. Il y a aussi l'hôtel de ville baroque, et de nombreuses maisons à colombages. En outre, pas de tours en béton ou d'usines délabrées, la ville garde un charme campagnard. Templin est en plein cœur d'une région de lacs (Templiner See, Fährsee, Lubbesee, Roddelinsee) et semble un peu perdue au milieu de nulle part. Un lieu agréable pour une randonnée.

CHORIN

Le village de Chorin, dans l'Uckermark, est connu pour sa superbe abbaye cistercienne. L'Uckermark est peut-être la région la plus sauvage d'Allemagne, elle possède les communes les plus étendues et les moins densément peuplées du pays, couvrant d'immenses espaces de lacs et de forêts.

À proximité de Chorin, il n'est pas inintéressant d'aller faire un tour dans la petite ville d'Angermünde, agréable et riche en bâtiments de brique rouge. Plusieurs églises, la place du marché Renaissance et les petites ruelles médiévales agrémentent cette tranquille bourgade. On peut aller directement à Angermünde en train depuis Berlin.

KLOSTER CHORIN - ABBAYE DE CHORIN ✝

Klosterruine Chorin
✆ +49 33366 703 77
www.kloster-chorin.org
Horaires : d'avril à octobre 9h-18h ; de novembre à mars de 10h à 16h. Tarif : 6 €.

Voici le fleuron de l'architecture cistercienne en brique rouge du Brandebourg, l'excursion à entreprendre pour une abbaye majestueuse perdue au milieu des lacs et forêts. Le complexe monastique étant désaffecté et partiellement en ruine, l'atmosphère des lieux, dans son superbe cadre, n'en est que plus romantique. L'abbaye se trouve au milieu d'une réserve naturelle, au bord de l'Amtssee où l'on peut faire de bonnes balades. Transformée en musée, on y retrace méticuleusement la vie et les techniques de construction des cisterciens. Le début de la construction remonte à 1273. A la fin du Moyen-Age, c'était l'une des abbayes cisterciennes les plus puissantes d'Allemagne. Après la conversion du Prince-Electeur du Brandebourg – Joachim II – au protestantisme en 1539, elle fut sécularisée trois ans plus tard. Lors de la Guerre de Trente ans, elle fut pillée à plusieurs reprises puis incendiée. C'est seulement au XIXe siècle, sous la conduite du célèbre architecte berlinois Karl Friedrich Schinkel, que furent prises les premières mesures de conservation. L'église principale est élancée, spacieuse et finement décorée à l'extérieur. Lors de la visite (on peut quasiment accéder à toutes les parties des monuments, même aux greniers), on découvrira les techniques de fabrication des briques utilisées par les moines, dans des fours situés au sous-sol, directement sous les bâtisses. L'été, on y organise désormais le festival musical de Chorin qui donne lieu à d'excellents concerts.

EISENHÜTTENSTADT

La « ville des aciéries » est un pur produit de l'industrialisation des années 1950 en RDA. Ville planifiée, elle est un témoin unique en Allemagne de la conception urbaniste socialiste. Eisenhüttenstadt porta même un temps le nom de Stalinstadt. *Nomen est omen*. A l'époque communiste, l'industrie fonctionnant, le niveau de vie de la ville était plutôt élevé. Mais la chute du régime a provoqué la montée du chômage, et le nombre d'habitants est passé de 53 000 à 32 000. C'est aujourd'hui une ville fantôme… A l'ouest du canal, autour de la Straße der Republik, se trouve la ville planifiée. A l'est, la partie la plus ancienne est de moindre intérêt.

FRANCFORT-SUR-L'ODER

Frankfurt-an-der-Oder – comme on l'appelle en Allemand– est à ne pas confondre avec sa grande sœur de l'Ouest, Francfort-sur-le-Main. Autrefois centre marchand important sur la route de ce qui fut naguère l'Est de l'Allemagne, elle s'est pendant un demi-siècle retrouvée dans un cul-de-sac, séparée de son ancienne banlieue par la frontière polonaise qui passe désormais sur la rivière Oder. Ses anciens faubourgs rive droite sont devenus une ville polonaise, Słubice. Depuis la chute du communisme, plus encore depuis l'entrée de la Pologne dans l'UE, cette bizarrerie a permis à ces deux villes d'être, comme quelques autres de la frontière, un modèle de future « eurocity », ville européenne transnationale. Le couple Francfort/Słubice a mis en place un grand nombre de politiques communes qui ont un franc succès. La fondation de l'université européenne Viadrina à Francfort contribue, dans la même logique, à « désenclaver » la ville et à revivifier cette zone transfrontalière. Détruite à 90 % par un bombardement d'avril 1945, Francfort n'a pas les traits d'une ville historique. Mais on aura une pensée pour son passé prestigieux : son université fondée par Joachim Ier en 1506 – la première dans l'Électorat du Brandebourg – compta parmi ses illustres étudiants Thomas Müntzer, Alexander et Wilhelm von Humboldt, le romantique Heinrich von Kleist. Environ 6200 étudiants sont aujourd'hui inscrits à la « Europa-Universität Viadrina », dont un quart d'étudiants étrangers.

STADTZENTRUM - CENTRE-VILLE

Marktplatz

A la fin de la guerre, le centre de Francfort est un champ de ruines. Son hôtel de ville gothique a été reconstruit et témoigne du passé prestigieux de la cité comme ville hanséatique. La reconstruction de la Marienkirche n'a été terminée qu'en 1998. Le Kleistmuseum, dans une belle bâtisse baroque, nous rappelle que le poète romantique Heinrich von Kleist est un enfant de la ville. La majeure partie de la ville est marquée par l'architecture d'après-guerre.

NEUZELLE

Neuzelle est une tranquille petite ville de la vallée de l'Oder, qui abrite l'une des plus belles abbayes du Brandebourg. L'abbaye de Neuzelle affiche des lignes, des formes et des couleurs baroques, qui évoquent davantage la Bavière catholique que le Brandebourg protestant. Mais Neuzelle, appartenant historiquement à la Basse-Lusace et non au Brandebourg, était depuis sa fondation saxonne et est donc restée catholique après la réforme protestante. Elle ne devient prussienne qu'après le Congrès de Vienne en 1815 et fut la dernière paroisse cistercienne sécularisée sur le sol allemand. Le petit jardin attenant à l'abbaye est plein de charme.

KLOSTER NEUZELLE - ABBAYE DE NEUZELLE ★

Stiftplatz 7

✆ +49 3365 28 140

Visites guidées de l'église baroque : 7,50 €. Tarif cloître et église : 10 €. Tarif d'entrée sans visite guidée : 5 €.

© UGIS RIBA - SHUTTERSTOCK.COM

Voici une abbaye cistercienne fondée au XIIIe siècle. Mais tout a brûlé durant la guerre de Trente Ans. Ce fut alors l'occasion de reconstruire l'abbaye dans un flamboyant style baroque sud-allemand, unique dans la région. La construction eut lieu de 1655 à 1658. On s'étonnera de ce fastueux style contre-réforme dans un Land réputé haut lieu du luthéranisme. L'église Sainte-Marie est un festival baroque : ornements, colonnes tourbillonnantes, soleils dorés, angelots de marbre…

BAD SAAROW

Bad Saarow est une petite ville thermale à 70 km au sud-est de Berlin, installée paisiblement au nord-est du lac de Scharmützel. Elle a la chance de disposer à la fois d'une source naturelle (Catharinen-Quelle) et d'un marais riche en minéraux. Au début du XXe siècle ouvrent les premiers bains à des fins thérapeutiques et la ville de Sarrow obtient en 1923 le préfixe de « Bad » (Saarow-les-Bains si l'on voulait trouver un équivalent en français), ce qui consacre son statut de station thermale. C'est aujourd'hui une petite commune de villégiature qui ne présente un intérêt touristique que pour son complexe de spas, très moderne, ouvert en 1998.

SAAROW THERME

Am Kurpark 1
✆ +49336318680
https://therme.bad-saarow.de/
Du dimanche du jeudi 10h-21h. Vendredi et samedi jusqu'à 23h. Carte à la journée : 35 €.

Les thermes de Bad Saarow ont ouvert en 1998. On peut y distinguer deux espaces : une partie piscines (une intérieure et une extérieure) qui attire de nombreuses familles avec enfants et une partie sauna (à laquelle les plus jeunes n'ont pas accès). Depuis le sauna, on a une vue très apaisante sur le parc qui donne sur le lac. Parmi les curiosités des thermes de Bad Saarow : le "Kinosauna", un sauna à 50 °C avec écran (diffusant essentiellement des documentaires animaliers), et le sauna-boulangerie avec un four dans lequel on fait des petits pains.

COTTBUS ★★

Cottbus (*Chosebuz* en sorabe) est la capitale de la Basse-Lusace. Avec ses 110 000 habitants, Cottbus est la plus grande ville du Brandebourg après Potsdam. La vieille ville a souffert de la guerre, mais elle possède encore des bâtiments médiévaux, baroques et classiques, plutôt bien mis en valeur. Cottbus est aussi le centre culturel des Sorabes de Basse-Lusace ; avant la guerre, la majorité de la population était slave. Au cours de son histoire, Cottbus, mentionnée pour la première fois au XIIe siècle, a souvent changé d'influence (saxonne, bohémienne, brandebourgeoise, saxonne de nouveau, puis prussienne) et garde ce parfum de ville-carrefour.

ALTSTADT - VIEILLE VILLE

Altmarkt

La place du vieux marché (*Altmarkt*) de Cottbus possède des accents silésiens et saxons, de par sa structure et ses maisons bariolées à la façade arrondie. C'est un ensemble baroque fort coloré, avec de jolies constructions bourgeoises des XVIIe et XIXe siècles. Non loin se trouve l'église Saint-Nicolas, toute de briques rouges. La Schlossturm, à l'est, est le seul vestige d'une forteresse médiévale, détruite par les flammes en 1857. Au nord, la Klosterkirche remonte au XIIIe siècle. Au sud, la Spremberger Turm est un emblème de la ville.

Cottbus.

BRANDENBURGISCHES LANDESMUSEUM FÜR MODERNE KUNST

Am Amtsteich 15 ✆ +49 355 49494040
www.museum-dkw.de

Entrée 4 €. 6 € pour toutes les expos. Ouvert du mardi au dimanche de 10h à 18h.

Le BLMK est né en 2017 de la fusion du dkw. Kunstmuseum Dieselkraftwerk Cottbus et du Museum Junge Kunst Frankfurt (Oder). Cette fusion a permis de réunir deux collections muséales indépendantes et complémentaires pour former la ressource muséale la plus complète en matière d'art de la RDA. Étonnamment situé dans une ancienne centrale thermique d'architecture expressionniste, cet excellent musée est résolument investi dans l'art du XXe siècle et l'art contemporain.

IKMZ

Nordstraße 14
✆ +49355692372
www.b-tu.de/ikmz/

Les amateurs d'architecture contemporaine ne manqueront pas de jeter un coup d'œil à cet étonnant bâtiment tout en courbes que l'on doit aux architectes-stars de Bâle : Jacques Herzog et Pierre de Meuron. Il abrite la bibliothèque (IKMZ pour *Informations, Kommunikations und Medienzentrum*) de la BTU (*Brandenburgische Technische Univerität*). A l'intérieur, pas de coins ni d'angles : que des courbes également. Sa façade de verre est couverte de lettres blanches. Inauguré en 2005, l'IKMZ est rapidement devenu un des symboles de la ville.

PARK BRANITZ

Robinienweg 5
✆ +4935575150
www.pueckler-museum.de/

Visite du château : 8 €. Réduit : 6 €. Tous les jours de 10h à 18h. L'hiver : du mardi au dimanche, 11h-16h.

Le Branitzer Park, dans le sud-est de Cottbus, est un joli parc à l'anglaise, fait de forêts, de clairières et de lacs. Il doit son nom au château baroque (Branitzer Schloss) qui s'y trouve. Le plus étonnant dans le parc, c'est la présence – inédite en Allemagne – de pyramides de terre. On doit ce fantaisiste aménagement paysager du parc à l'imagination débordante du Prince Hermann von Pückler-Muskau, à qui l'on doit également le superbe Park Babelsberg à Potsdam. Le musée à l'intérieur du château retrace sa vie dans des salles magnifiquement conservées.

STAATSTHEATER

Schillerplatz 1
www.staatstheater-cottbus.de/

Ce grand théâtre, en plein milieu de la Schillerplatz, est une curiosité architecturale en soi. Son apparence est imposante et un peu intimidante. Le Staatheater de Cottbus présente de nombreux éléments Jugendtil (Art nouveau) mais pas seulement : vous verrez aussi des éléments antiques et baroques. Après seulement 16 mois de travaux, il est inauguré en 1908. Par chance, il est sorti presque indemne des bombardements qui ont détruit la moitié de Cottbus. Son architecte, Bernhardt Sehring, est aussi l'auteur du Theater des Westens à Berlin.

KÖNIGS WUSTERHAUSEN

Juste à la porte sud de Berlin se trouve Königs Wusterhausen, très facilement accessible en S-Bahn (S46). Forêts et lacs marquent les paysages de cette région traversée par les eaux de la Dahme. Dans la ville elle-même de Königs Wuterhausen ("KW" comme disent le habitants), qui n'a pas été épargnée par les destructions de la Seconde Guerre mondiale, il n'y a pas grand-chose à voir si ce n'est le château du prince-électeur et "roi-sergent" Frédéric-Guillaume Ier, dans lequel il se rendait pour chasser. La ville appartient désormais à la banlieue de Berlin. On pourra éventuellement voir la tour des télécommunications sur le Funkerberg.

SCHLOSS KÖNIGS WUSTERHAUSEN

Schloßplatz 1
✆ +493319694222
www.spsg.de

Ouvert du mardi au dimanche de 10h à 17h (16h en hiver). Entrée 6 €. Réduit 5 €.

Contrairement à son père le roi Frédéric Ier qui affectionnait l'architecture d'apparat, Frédéric-Guillaume avait de goûts plus ordinaires. Sa résidence d'automne de Wusterhausen est à son image : simple, sobre, rudimentaire. Ce roi économe rentrera dans l'histoire sous le sobriquet de « Roi-Soldat » tant il prenait soin de son armée (qu'il n'envoya jamais au combat). Pendant la guerre, le château servit d'hôpital militaire. Après sa restauration, il a rouvert au public en 2000.

ESCAPADES

SPREEWALD

Située à une centaine de kilomètres au sud de Berlin, la forêt de la Spree (*Spreewald*) est divisée en deux par le passage du fleuve qui lui donne son nom. D'un côté se trouve la *Unterspreewald* et de l'autre la *Oberspreewald*, et chacune d'elle est ramifiée de multiples rivières et canaux. Sur ses ramifications fluviales (Fließe), on peut se balader en kayak, en pédalo ou dans les gondoles locales. Nombreux sont les habitants du Spreewald à appartenir à la minorité sorabe. Les Sorabes sont une communauté slave d'environ 60 000 locuteurs, vivant majoritairement entre le Brandebourg et la Saxe.Vous connaissez peut-être également le Spreewald si vous avez vu le film Goodbye Lenin. Pour entretenir le souvenir de la RDA auprès de sa mère, Alex réutilise des bocaux de cornichons du Spreewald. Ces cornichons sont la mascotte de la région.

- **Lübbenau** : C'est le centre touristique du Spreewald. C'est aussi une adorable bourgade. L'offre hôtelière est très large, tout comme l'ensemble de l'infrastructure touristique. On loue aisément des barques pour explorer les canaux rejoignant la Spree. Le château de Lübbenau abrite un hôtel.
- **Lübben** : C'est un autre centre du Spreewald, un peu moins charmant que Lübbenau, aussi un peu moins envahi, surtout les week-ends.
- **Burg** : Plus petite ville encore, Burg est un village charmant du Spreewald, connu aussi pour ses thermes.
- **Schlepzig** : Schlepzig est une charmante petite bourgade avec quelques façades à colombage et beaucoup de bâtisses en brique rouge.

SCHLOSS LÜBBENAU

Schloßbezirk 6
LÜBBENAU
✆ +4935428730
www.schloss-luebbenau.de
Chambre à partir de 80 € la nuit.

Le château de Lübbenau est un édifice néoclassique qui a appartenu à la famille des comtes de Lynar, à qui l'on doit aussi la citadelle de Spandau. Si les fondations datent du XVIe siècle, le château doit son apparence actuelle à un remaniement du XIXe siècle. Le parc, aménagé à l'anglaise, est l'œuvre du paysagiste Peter Lenné (créateur du Park Babelsberg, et de la Pfaueninsel, etc.). Autour du château, il y a également une orangerie, néoclassique elle aussi, et une belle écurie à colombages. Aujourd'hui le château de Lübbenau abrite un hôtel.

SPREEWALD THERME

Ringchaussee 152
BURG
✆ +493560318850
https://spreewald-therme.de
Entrée à la journée : 35 €.

Ce complexe dédié au bien-être est situé au beau-milieu du Spreewald dans la commune de Burg, reconnue pour sa source d'eau thermale. La source se trouve d'ailleurs à 1 350 mètres sous les Spreewald-Thermen. Dans des espaces très lumineux et colorés, on trouvera des saunas, des hammams, toutes sortes de lieux de relaxation, un bassin d'eau saline, un restaurant, un bar, une salle de fitness, etc. Sachez que les Spreewald-Thermen sont aussi un hôtel, si vous souhaitez vous délasser plusieurs jours et recharger complètement les batteries.

JÜTERBOG ★★

Cette ville, au cœur de la région du "Fläming", bourgade prospère du Moyen Age qui appartenait aux archevêques de Magdebourg, possède une vieille-ville de caractère, notamment grâce à son église Saint-Nicolas, un fleuron du gothique tardif en brique, datant principalement du XVe siècle et le magnifique hôtel de ville, également gothique et en brique rouge. Les ornements de sa façade sont superbes. Le mur d'enceinte, avec ses trois tours en lice, est remarquable. Pour l'anecdote, l'étrange nom Jüterbog vient du slave et est dérivé de « Jutro », matin, et « Bog », dieu. La ville, à l'époque des Slaves, aurait été un centre de culte païen.

NIKOLAIKIRCHE ★

Nikolaikirchstraße

L'église Saint-Nicolas, véritable symbole de la ville, est un fleuron du gothique tardif. Sur une base de trois nefs, elle fut construite entre les XIIIe et XVIe siècles. Les escaliers des tours peuvent être montés mais il faudra alors gravir les 217 marches ! De là haut, vous pourrez profiter d'une indescriptible vue panoramique sur la ville. Se trouvent également dans l'église, dans le beau baptistère, un ancien retable gothique et un orgue majestueux. Dans cette église, Thomas Müntzer fit ses débuts comme prédicateur avant d'initier la révolte des Paysans.

RATHAUS - HÔTEL DE VILLE

Marktplatz

Le magnifique hôtel de ville sur la place du marché de Jüterbog – de style gothique tardif – date principalement des XVe et XVIe siècles. C'est l'un des plus beaux hôtels de ville médiévaux du Brandebourg et d'Allemagne du Nord. Ses superbes ornements, sa brique rouge sombre, son toit en pente et son pignon à gradins lui confèrent une véritable prestance. La bâtisse précédente, victime d'un incendie en 1478, a fait place à l'édifice actuel, inauguré en 1507. Il trône en plein cœur de la ville sur une jolie place pavée et arborée.

STADTMAUER - MURS D'ENCEINTE ★

Peu après la fondation de Neubrandenbourg, en 1248, s'est fait jour la nécessité de construire un mur d'enceinte pour protéger la ville des invasions. Cette muraille de 7 m de haut en brique rouge a été restaurée fidèlement, si bien qu'aujourd'hui encore, de belles balades sont à entreprendre à ses pieds. Point d'orgue de la découverte : les trois portes de la ville (Zinnaer Tor, Neumarkttor, Dammtor). Le centre dissimule d'autres vestiges du Moyen Âge : tours, maisons, etc.

KLOSTER ZINNA ★★

En 1170, l'archevêque de Magdebourg envoie à Zinna des moines de l'ordre des cisterciens pour fonder un monastère. En 1226, l'église abbatiale est consacrée. Au fil des années, le lieu gagne en prospérité. Ainsi, les édifices que vous pourrez y voir datent pour leur grande majorité des XIVe et XVe siècles. Ils sont caractéristiques des constructions en briques du nord de l'Allemagne avec leurs pignons à gradins. Au XVIIIe siècle, Frédéric II fonde la ville de Kloster Zinna autour de l'abbaye. Malheureusement, le roi fit détruire une partie des bâtiments de l'abbaye pour utiliser le matériau de construction afin de bâtir un nouveau village de tisserands.

KLOSTER ZINNA - ABBAYE DE ZINNA ★★

Kloster Zinna

✆ +49 33 72 439 505

www.kloster-zinna.net

Visite extérieure et de l'église gratuite. Musée ouvert du mardi au dimanche de 10h à 17h. Entrée : 5 €.

Une autre grande des abbayes cisterciennes du Brandebourg ! A 8 km de Jüterbog, sur la B101 et joignable en bus depuis Jüterbog. L'abbaye de Zinna a été fondée en 1170, l'année de mort d'Albrecht l'Ours, le conquérant de la Marche. Elle a prospéré dans les siècles suivants, avant d'être sécularisée en 1553. Zinna témoigne d'une transition architecturale : l'église est en pierre (Allemagne moyenne), tandis que les bâtiments abbatiaux sont une perle d'architecture gothique en brique rouge (nord).

ESCAPADES

Kloster Zinna - Abbaye de Zinna.

PASSPORT

ORGANISER SON SÉJOUR

Organiser son séjour à Berlin ne posera pas de problème aux citoyens de l'Union européenne, l'Allemagne faisant partie de l'Espace Schengen depuis la signature des accords en 1995. Du fait de son statut de capitale, Berlin est bien connectée aux aéroports d'Europe et du monde et l'ouverture du nouvel aéroport BER devrait voir se multiplier les destinations. En 2020, les prix des trains ont baissé grâce à la réduction de la TVA sur les billets de train et il y a souvent des offres pour les trajets européens chez la Deutsche Bahn, la compagnie nationale ferroviaire. Si vous n'êtes pas germanophone, sachez qu'il n'y a aucun problème à se faire comprendre en anglais à Berlin et l'on plaisante souvent sur le fait que de nombreux Berlinois parlent mieux l' anglais que l'allemand. Côté logement, mieux vaut réserver à l'avance, car en période de foires ou d'événements, les hôtels de la ville sont pris d'assaut.

ARGENT

Depuis 2002, l'Allemagne a abandonné le Deutsche Mark pour utiliser la monnaie unique: l'euro. Et c'est très pratique pour les touristes belges et français. Les touristes suisses échangeront 1 € pour 1,06 CHF et les Canadiens 1 € pour 1, 52 CAD. Pensez à retirer de l'argent quand vous verrez un distributeur, car on privilégie les paiements en espèce en Allemagne. Dans les restaurants et les cafés, bien souvent les cartes sont refusées, sans parler des chèques, qui sont absolument inconnus outre-Rhin. Renseignez-vous auprès de votre banque sur la banque allemande partenaire pour savoir où vous pourrez retirer de l'argent sans frais. Les distributeurs ATM que vous verrez partout en ville pratiquent des frais de retrait exorbitants (entre 4 et 5 €).

BUDGET / BONS PLANS

Si les prix ont explosé depuis la réunification de la ville, le coût de la ville à Berlin reste bien inférieur à celui des autres capitales européennes. Le secteur de la restauration est de loin le plus abordable. On peut facilement manger pour une dizaine d'euros. On peut même manger sur le pouce pour 3-4 €. Pour une chambre en auberge de jeunesse, comptez un peu plus de 10€, pour un petit hôtel 50€ la nuit et pour une belle chambre, plus de 120€. Les transports en commun sont plutôt chers, mais indispensables pour gagner un temps précieux (8,60€ pour un billet journalier).

Partout, les taxes sont comprises dans le prix qui vous sera affiché. En revanche, dans les cafés, les bars et les restaurants, on laisse presque systématiquement un pourboire d'environ 10% du prix pour remercier le service. Lorsque le serveur viendra vous porter l'addition, vous pourrez arrondir la somme et annoncer un prix supérieur. Ainsi, si la note s'élève à 11,80€, on dira « auf 13 » au moment de payer, signifiant que le serveur doit vous rendre la monnaie sur 13€ et garder la différence pour lui. Si vous avez 13€, vous pourrez annoncer « stimmt so ».

Il n'est pas de mise de marchander dans les boutiques mais bien entendu il est toujours possible de faire baisser le prix sur les marchés aux puces.

PASSEPORT ET VISAS

Pas de formalités particulières à faire avant leur séjour pour les citoyens européens.

PERMIS DE CONDUIRE

Les permis de conduire européens sont également valables sur le sol allemand, comme dans toute l'Europe.

SANTÉ

La carte européenne d'assurance maladie vous garantit la prise en charge dans les mêmes conditions que les Allemands et le remboursement de frais médicaux sur place ou très rapidement après votre retour. Il vous faut la demander au moins deux semaines avant votre départ à votre Caisse d'assurance maladie. Si les délais sont trop courts, il vous sera délivré un certificat provisoire de remplacement. Vous n'avez aucun document spécifique à fournir et cette carte sera valable un an. Elle est personnelle, chaque enfant doit donc aussi avoir la sienne.

Une fois sur place, présentez votre carte chez le médecin, le pharmacien et dans les hôpitaux du service public. Soit vous serez dispensé de l'avance des frais médicaux, soit vous serez remboursé sur place par l'organisme de sécurité sociale allemand, souvent l'AOK.

SÉCURITÉ

Pour connaître les dernières informations sur la sécurité sur place, consultez la rubrique « Conseils aux voyageurs » du site du ministère des Affaires étrangères : www.diplomatie.gouv.fr/voyageurs. Sachez cependant que le site dresse une liste exhaustive des dangers potentiels et que cela donne parfois une image un peu alarmiste de la situation réelle du pays, mais l'Allemagne et Berlin sont très sûrs de manière générale.

DÉCALAGE HORAIRE

C'est très simple : la France, la Suisse, la Belgique et l'Allemagne sont dans la même zone horaire. En revanche, si vous venez de Brest ou de Biarritz, vous observerez – du fait de l'éloignement –une grande différence entre l'heure du lever et du coucher du soleil.

LANGUES PARLÉES

Avec 130 millions de locuteurs entre l'Allemagne, la Suisse, l'Autriche, le Luxembourg, la Belgique, le Liechstenstein et le Tyrol du Sud, l'allemand est la langue maternelle la plus parlée en Europe.

INTERVIEW

L'ASSURANCE VOYAGE, LE BON RÉFLEXE POUR PARTIR L'ESPRIT TRANQUILLE

avec CATHERINE DIBOUES, responsable du marché voyage, loisir et mobilités chez Allianz TraveL

En cas d'annulation de voyage, peut-on bénéficier d'un remboursement des frais engagés ?

L'assurance voyage propose une indemnisation lorsque l'on doit abandonner son projet de séjour pour une raison indépendante de sa volonté. Contrairement aux idées reçues, les assurances liées aux cartes bancaires ne proposent pas toutes une assurance annulation.

Que se passe-t-il en cas de retard de vol ?

Avec l'assurance voyage Allianz Travel, les frais supplémentaires liés à l'attente sont pris en charge, à partir de 2h de retard. Il peut s'agir des frais de restauration, de transport lors d'un changement d'aéroport ou d'une éventuelle nuit d'hôtel.

L'assurance voyage couvre-t-elle la perte ou le dommage des bagages ?

Allianz Travel indemnise les voyageurs en cas de bagages endommagés ou perdus par la compagnie aérienne. Cela comprend l'indemnisation du bagage et son contenu.

Quelles sont les destinations couvertes par votre zoning Europe svp ? Est-ce uniquement l'UE ou l'ensemble du continent européen ?

Les pays européens ont des accords avec l'administration française. Avant de partir, il faut demander la carte européenne d'assurance maladie. La sécurité sociale et la mutuelle prennent alors en charge les frais médicaux, selon leurs barèmes. Les frais médicaux étant majoritairement plus élevés qu'en France, l'assurance voyage permet de se voir remboursé du reste à charge.

En cas de souci de santé sur place, que faut-il faire ?

En cas de doute ou pour des symptômes légers, nous proposons un service de téléconsultation médicale, par téléphone et en visio, qui permet d'être conseillé et orienté par un professionnel ainsi que d'obtenir une ordonnance si besoin. Pour une situation plus grave, il est nécessaire d'appeler les urgences locales, dont les numéros sont disponibles sur notre application mobile. Une fois à l'hôpital et dans un état stable, on appelle Allianz Travel pour déclencher les procédures de prises en charge. Notre centre d'assistance fonctionne 24h/24, 7j/7.

© ELIZAVETA - STOCK.ADOBE.COM

Elle se décline en de nombreux dialectes et les différences sont grandes entre le bavarois, le saxon et le souabe. Peu nombreux sont les Berlinois qui parlent le dialecte local, le « Berlinerisch », lui préférant l'allemand standard, le « Hochdeutsch ».

Quelques signes ne trompent pas. Si votre interlocuteur remplace les « g » par des « j », le « s » par des « t » et les « ei » par des « e », c'est que c'est un Berlinois. Et bien-sûr « ick » pour dire « ich ».

L'allemand possède une lettre que l'on ne retrouve dans aucune autre langue. c'est le ß. Il ressemble à s'y méprendre à un b majuscule, mais le son du ß (pononcer ɛs'tsɛt) correspond à deux « s ». Cette lettre, vous la verrez à chaque coin de rue. Littéralement à chaque coin de rue. En effet, on la trouve dans le mot allemand pour rue : Straße.

Berlin est une ville cosmopolite où l'on parle de très nombreuses langues autre que l'allemand. Vous y entendrez les langues turque, russe, polonaise etc. Berlin a su attirer des gens du monde entier, et l'anglais s'est imposé comme une langue véhiculaire. Vous n'aurez donc aucun problème à vous faire comprendre en anglais si vous n'êtes pas familier de la langue de Goethe.

COMMUNIQUER

Depuis le 15 juin 2017, adieu les surcoûts lors de vos voyages en Europe. En effet, les frais d'itinérances n'ont plus cours dans les 28 pays membres de l'Union européenne. Rendez-vous auprès de votre opérateur.

Le wi-fi est souvent gratuit dans la plupart des bars, cafés, restaurants et même dans le métro.

ELECTRICITÉ ET MESURES

Identique en tout point à la France, l'Allemagne possède les mêmes prises électriques et côté unité de mesures, on parle également en kilogrammes et en kilomètres !

BAGAGES

Il n'y a rien de particulier à prévoir pour un séjour à Berlin qu'on ne prendrait pour un séjour en France, des habits bien chauds et de bonnes chaussures fourrées si vous décidez d'y aller en hiver, notamment à l'époque du nouvel an, car les températures descendent facilement en dessous de zéro. Au printemps, on pourrait avoir besoin de se garde-robe hivernale… comme estivale.

LES PHRASES CLÉS

Bonjour, je voudrais réserver un billet aller/retour pour…
Ich möchte ein Einzel-/Rückflugticket nach... buchen

J'ai raté mon avion. Je voudrais échanger mon billet s'il vous plaît.
Ich habe mein Flugzeug verpasst. Ich möchte mein Ticket umtauschen

Mon vol est très en retard. Ma correspondance sera bien assurée ?
Mein Flug hat sich sehr verspätet. Werde ich meinen Anschluss(flug) erreichen?

Mes bagages ont été égarés, à qui dois-je m'adresser ?
Mein Gepäck ist verloren gegangen, an wen kann ich mich wenden?

Louez-vous des voitures avec chauffeur ?
Vermieten Sie Autos mit Chauffeur?

Je n'ai presque plus d'essence. Où se trouve la station-service la plus proche ?
Ich habe fast kein Benzin mehr. Wo ist die nächste Tankstelle?

S'Y RENDRE

Pour se rendre à Berlin depuis la France, la Belgique ou la Suisse, trois options sont possibles : l'avion, le bus et le train. L'avion est de loin l'option la plus rapide : une heure et demie depuis Bruxelles et un peu moins de deux heures de vol depuis Paris. Il faudra compter entre 50 et 300 €. La variation de prix dépend de la compagnie empruntée mais, surtout, du délai de réservation. Pour obtenir des tarifs intéressants, il est indispensable de vous y prendre très en avance. Depuis les pays voisins, il est facile et confortable de se rendre à Berlin en train. Depuis Paris, il faut compter au moins 8 heures de trajet. Quant aux bus, ils connaissent un nouvel essor depuis ces dix dernières années. Le trajet est long et il peut être épuisant, mais les prix sont bien souvent les plus bas. Sachez qu'il existe des liaisons de nuit entre Berlin et Paris, Bruxelles ou Zurich. En voiture depuis Paris, il faut compter 10 heures de voyage.

AIR INDEMNITE

25 bis, avenue Pierre Grenier
BOULOGNE-BILLANCOURT
✆ 01 85 32 16 28
www.air-indemnite.com

Des problèmes d'avion (retard de vol, annulation ou surbooking) gâchent le séjour de millions de voyageurs chaque année. Selon la réglementation, ceux-ci ont droit jusqu'à 600 € d'indemnité par passager ! Mais devant la complexité juridique et les lourdeurs administratives, très peu parviennent en réalité à faire valoir leurs droits. Pionnier français depuis 2007, ce service en ligne simplifie les démarches en prenant en charge l'intégralité de la procédure : analyse et construction du dossier, échanges avec la compagnie, suivi jusqu'au versement des sommes dues.

AIR FRANCE

✆ 36 54

Réservations en ligne ou par téléphone, tous les jours de 6h30 à 22h.

Toute l'année, la compagnie nationale Air France propose de nombreux vols tous les jours au départ des aéroports de Paris : plusieurs destinations en France, en Europe et à l'international. La compagnie, qui existe depuis 1933, est synonyme de qualité, de service et de confort. Sa flotte est majoritairement constituée d'Airbus âgés d'une dizaine d'années. En 2004, Air France et la compagnie néerlandaise « KLM » ont fusionné, multipliant ainsi les vols. Air France propose 5 vols directs et quotidiens de Paris CDG à Berlin (1 heure 40 de vol).

BLUE AIR

✆ 08 92 70 15 22
www.blueairweb.com

Call center : premier numéro (surtaxé) tous les jours 7h-21h, second numéro lundi-vendredi 9h30-18h et samedi 10h-14h.

Blue Air est une compagnie *low cost* roumaine, dont le siège est à Bucarest, et qui dessert plus de cent destinations en Europe (Angleterre, France, Allemagne, Belgique, Italie, Espagne, Portugal, Grèce, Suède...). Créée en 2004, la compagnie est présente dans quatre aéroports français (Paris, Bordeaux, Lyon et Bordeaux). Blue Air ne dessert pas encore le nouvel aéroport de Berlin (BER) à l'heure actuelle, mais en Allemagne, la compagnie dessert les aéroports de Francfort (FRA), Munich (MUC), Stuttgart (STR), Hambourg (HAM), Cologne (CGR).

EASYJET

✆ 08 20 42 03 15

La compagnie low cost britannique EasyJet propose trois liaisons directes et quotidiennes depuis Paris-Orly. De façon saisonnière, également des vols directs pour Berlin au départ de Paris-Charles-de-Gaulle, Lyon, Nice, Bordeaux, Nantes, Marseille, Bastia, Toulouse, Bâle, Genève, Luxembourg et Montpellier. Probablement de nouvelles destinations avec l'ouverture du BER. Comptez de 80 à 150 € l'aller-retour, mais sachez que les prix sont toujours très variables. Nombreuses promotions. Le vol comprend un bagage cabine, et tout bagage en soute est en supplément.

EUROWINGS

✆ +49 180 6 320 320

www.eurowings.com

Eurowings est une compagnie allemande low cost, dont le siège est à Düsseldorf. C'est une filiale de la société mère Lufthansa. Eurowings propose des vols quotidiens au départ du nouvel aéroport de Berlin-Brandenburg (BER), *via* un stop au hub de Düsseldorf (DUS) dans l'ouest du pays, desservant plusieurs villes en France : Paris (CDG), Lyon (LYS), Nice (NCE) et quelques destinations saisonnières (Bastia ou Calvi par exemple). Pour Marseille (MRS), deux vols par semaine. Ce n'est pas la solution la plus rapide, mais les billets sont très abordables.

LUFTHANSA

✆ 08 92 23 16 90

www.lufthansa.fr

La compagnie aérienne allemande Lufthansa propose plusieurs liaisons quotidiennes entre Paris et Berlin, mais sans proposer de trajet direct, il faudra compter avec une correspondance à Francfort (FRA) ou Munich MUC). Au départ de Paris, la Lufthansa propose une douzaine de vols quotidiens directs vers plusieurs villes allemandes, principalement Francfort, Düsseldorf, Dresde, Munich, Brême, Hambourg, Stuttgart et Cologne. D'autres liaisons existent : par exemple le Lyon-Düsseldorf, le Marseille-Francfort ou le Bordeaux-Francfort.

TRANSAVIA

✆ 08 92 05 88 88

www.transavia.com

Transavia est une filiale low cost de la compagnie Air France/KLM. La compagnie assure, au départ de Paris Orly et de l'aéroport de Nantes-Atlantique, des liaisons à bas prix vers de nombreuses destinations en Europe et dans le monde. La liaison Berlin-Nantes (BER - NTE) en vol direct est proposée deux fois par semaine. Le trajet dure entre 1h et 1h30. Le prix du billet ne comprend qu'un bagage à main/bagage cabine n'excédant pas les 10 kg. Pour le bagage en soute de 20 kg, comptez un supplément d'environ 30 € par vol, environ 50 € pour un bagage de 30 kg.

EASY VOLS

✆ 08 99 19 98 79

www.easyvols.fr

Pour voyager malin, il faut faire ses recherches en toute efficacité, sans perdre trop de temps à jongler d'un site à un autre. Pour trouver le bon vol au bon prix, l'idéal est la plateforme comparatrice de vols. Easyvols permet de comparer en temps réel les prix des billets d'avion chez plus de 700 compagnies aériennes et pas seulement des compagnies low-cost. Vous pouvez économiser jusqu'à 70 % du prix si vous êtes prêts à saisir au vol les meilleures offres. Des avis avisés de clients sont aussi consultables sur le site Internet.

MISTERFLY

PARIS

✆ 08 92 23 24 25

www.misterfly.com

Ouvert du lundi au vendredi de 9h à 21h. Le samedi de 10h à 20h.

MisterFly.com est le nouveau-né de la toile pour la réservation de billets d'avion. Son concept innovant repose sur un credo : transparence tarifaire ! Cela se concrétise par un prix affiché dès la première page de la recherche, c'est-à-dire qu'aucun frais de dossier ou frais bancaire ne viendront alourdir la facture finale. Idem pour le prix des bagages ! L'accès à cette information se fait dès l'affichage des vols correspondant à la recherche. La possibilité d'ajouter des bagages en supplément à l'aller, au retour ou aux deux... tout est flexible !

OPTION WAY

Avenue Maurice Donat

✆ 04 22 46 05 23

www.optionway.com

Option Way est l'agence de voyages en ligne au service des voyageurs. L'objectif est de rendre la réservation de billets d'avion facile en vous faisant économiser. 3 bonnes raisons de choisir Option Way :

- la transparence comme mot d'ordre. Finies les mauvaises surprises, les prix sont tout compris, sans frais cachés ;
- des solutions exclusives qui vous permettent d'acheter vos vols au meilleur prix ;
- le service client, basé en France, joignable gratuitement, composé de véritables experts de l'aérien. Ils sont là pour vous, n'hésitez pas à les contacter.

DEUTSCHE BAHN

✆ +49 180 6 10 11 11
www.bahn.de

C'est la compagnie ferroviaire publique. Bien que le réseau ferroviaire allemand soit ouvert à la concurrence, la DB (Deutsche Bahn) reste l'entreprise ferroviaire la plus importante d'Europe après celle de Russie, sur le plan du chiffre d'affaires comme des prestations. Elle gère notamment les trains internationaux, les trains régionaux et les trains de banlieue berlinois (S-Bahn). Des points de vente et d'information existent un peu partout dans Berlin, en particulier dans les grandes gares (Hauptbahnhof, Alexanderplatz, Zoologischer Garten...).

TROC DES TRAINS

31, rue des abondances
www.trocdestrains.com

Voici un site malin, gratuit et facile d'utilisation, consacré aux annonces de reventes de billets de train à petits prix, ni échangeables ni remboursables. Vous pouvez soit y rechercher un billet, soit en déposer un et ainsi le proposer à d'autres utilisateurs. Toute transaction est garantie sans enchères, sans frais et sans commission ! Bon à savoir également, le site Troc de Trains contrôle la validité des billets de train proposés à la vente et indique la fiabilité du billet. Enfin, bien pratique, il existe un service d'alerte.

KELBILLET

www.kelbillet.com

Kelbillet est un site comparateur regroupant les principales compagnies desservant les meilleures destinations européennes : SNCF, BlaBlaCar, Thalys, OuiBus, Air France, EasyJet, Flixbus, Air France, Thalys, etc. Vous souhaitez trouver un billet de train pas cher, mais aussi un billet de bus, avion, ou du covoiturage ? Ou bien acheter un billet de train à un autre voyageur ? Revendre un billet que vous ne pouvez utiliser ou vous faire rembourser ? KelBillet.com est un très bon plan. Ce site propose de nombreux billets pour voyager en France et en Europe.

FLIXBUS

MUNICH
www.flixbus.fr

Implanté en Allemagne depuis 2013, Flixbus, l'opérateur de transport longue-distance, est désormais bien ancré en Europe. FlixBus propose une offre de mobilité alternative plus écologique, à la portée de tous les budgets. Présents partout en France, Bourgogne, Nord, Auvergne, Alsace, Paris, etc., les usagers sont séduits par les petits prix de l'opérateur, plus attractifs que ceux du train. Autre avantage : Flixbus offre aux passagers un service wifi et des prises électriques à côté de chaque siège. Confort assuré ! Depuis peu, il existe aussi des Filxtrains.

TRAINLINE

www.trainline.fr

Un vrai bon plan qui permet d'acheter un billet de train en moins d'une minute. Il suffit de créer une première fois son profil de voyageur (nom, prénom, âge, carte SNCF) qui sera enregistré pour les recherches suivantes. La recherche/réservation du billet se fait ensuite très rapidement et regroupe toutes les offres de la SNCF et d'autres compagnies européennes (Thalys, Eurostar, Deutsche Bahn, Renfe, Trenitalia...). Devenir le premier guichet du monde libre est le but affiché de ce site pratique et malin, de quoi vous mettre en confiance, non ?

BLABLACAR

www.blablacar.de
Environ 10 € pour un trajet Berlin-Dresde par exemple.

Un bon plan, pas cher et sympathique pour voyager en Allemagne (pour aller à Berlin ou rejoindre d'autres villes). Très répandu dans le pays, le covoiturage permet de voyager pour une somme modique, tout en rencontrant des gens. En 2015, le groupe français Blablacar a racheté les célèbres plateformes de covoiturage allemandes mitfahrgelengenheit.de et mitfahrzentrale.de et est à ce jour la plus grande plateforme au monde pour les trajets en covoiturage. Le site de Blablacar est clair et intuitif, facile d'utilisation pour tous.

SÉJOURS ET CIRCUITS

Plusieurs agences de voyages organisés proposent des séjours à Berlin. Entre les voyages en autocar ou en bateau de croisière, tout est possible. Les tour-opérateurs généralistes présentés ci-dessous proposent toutes sortes de circuits ou d'offres à la carte. Quant aux spécialistes, ils connaissent leur destination sur le bout des doigts et si leurs prix sont sensiblement plus élevés, ils sont d'excellent conseil. Ils proposent ainsi de découvrir les plus beaux sites clefs en main. Souvent, les circuits incluent d'autres villes historiques d'Allemagne de l'Est ou d'Europe centrale, comme Dresde ou Prague et comprennent presque systématiquement Potsdam. A Berlin, on trouve une grande quantité de visites guidées en anglais et en espagnol et les visites en français ont une communication plus discrète mais vous trouverez dans cette partie des bons plans pour des visites en français, à pied ou à vélo.

ARTS ET VIE

251, rue de Vaugirard - **PARIS**
✆ 01 40 43 20 21
www.artsetvie.com
Autres agences : Grenoble, Lyon, Marseille et Nice. Du lundi au vendredi 9h-12h et 13h-17h, non-stop à Paris et à Lyon.

Depuis 50 ans, Arts et Vie, association culturelle de voyages et de loisirs, développe un tourisme axé sur le savoir et la découverte. L'esprit des voyages culturels Arts et Vie s'inscrit dans une tradition associative. Tous les voyages sont animés et conduits par des accompagnateurs passionnés et formés par l'association. Optez par exemple pour le circuit « Berlin l'effervescente », en 7 jours, pour faire le tour des musées remarquables de la capitale, tout en admirant l'architecture et en faisant un détour à Potsdam, au sud-ouest de la ville.

ATHENAEUM VIKING RIVER CRUISES

39, rue Marbeuf
PARIS
✆ 01 58 36 08 36
www.vikingrivercruises.com

Ce spécialiste des croisières vous propose de naviguer – le long du fleuve à la manière des Vikings – pendant dix jours sur l'Elbe pour rejoindre Prague depuis Berlin, en prenant le temps de visiter d'autres villes (Wittenberg, la ville de Luther et de la réforme protestante, Dresde, la capitale baroque de la Saxe, etc.). C'est une belle façon de voir les sites historiques les plus importants de l'ancienne Allemagne de l'Est pour finir en beauté dans la capitale tchèque.

CLIO

34, rue du Hameau
PARIS
✆ 01 53 68 82 82
www.clio.fr
Agence ouverte du lundi au vendredi de 10h à 18h, le samedi de 10h à 13h et de 14h à 16h.

En choisissant Clio, vous optez pour une conception du voyage originale et enrichissante. Le succès des voyages Clio est basé sur trois principes. On vous propose un itinéraire pour vous faire découvrir les différentes facettes d'un pays, d'une ville ou d'une région. On vous apporte l'éclairage nécessaire pour mieux apprécier son histoire et son patrimoine lors d'une escapade à l'occasion d'une exposition ou d'un festival musical. L'agence propose un séjour de cinq séjours à Berlin, intitulé « Berlin d'Est en Ouest », avec une excursion à Dresde.

EURIDICE OPÉRA

5, rue du 4 Septembre
AIX-EN-PROVENCE
✆ 04 42 91 33 91
www.euridice-opera.fr
Ouvert du lundi au vendredi de 9h à 12h et de 14h à 19h.

Euridice Opéra – Voyages Culturels est un tour-opérateur spécialisé dans la création de voyages lyriques, individuels et haut de gamme. Au départ de la France ou de l'étranger, un grand nombre de voyages vers les scènes les plus célèbres et les festivals lyriques les plus réputés sont sélectionnés. A Berlin, des voyages à l'occasion de concerts et/ou festivals sont programmés tout au long de l'année, à la Philharmonie, au Deutsche Oper, au Konzerthaus... Tous les programmes des concerts sont disponibles sur le site Internet.

INTERMÈDES

10, rue de Mézières - **PARIS**
✆ 01 45 61 90 90
www.intermedes.com
Du lundi au jeudi de 9h à 19h et le vendredi de 9h à 18h. Le samedi de 9h30 à 16h.

Intermèdes, c'est une autre façon de voir le monde. Avec son équipe de spécialistes passionnés par le voyage culturel au service de particuliers ou de groupes, cette agence vous conseillera un voyage accompagné d'un conférencier ou une croisière de qualité à dimension humaine ou encore un circuit original, mais aussi l'accompagnement sur les chemins de pèlerinage. L'agence propose 7 voyages culturels à Berlin, optez par exemple pour « Berlin avec une soirée musicale à l'opéra ou à la Philharmonie », ou encore pour « Un siècle de Bauhaus » de Weimar à Berlin.

MONDORAMAS

375, avenue du Mistral
LA CIOTAT
✆ 04 42 36 03 60
www.mondoramas.com

Depuis 25 ans, cette agence méridionale travaille avec des autocaristes, tour-opérateurs et prestataires de services spécialisés dans les voyages de groupes. Avec sa devise « à chaque groupe sa thématique », l'équipe cherche à créer une bonne alchimie sur la destination. Des voyages organisés, privilégiant les arts & la culture, l'écologie, la gastronomie et le terroir, les fêtes folkloriques. Ce tour-opérateur propose plusieurs séjours à Berlin, du Berlin nature au Berlin en famille, en passant par le marathon de Berlin ou les marchés de Noël.

TRANSEUROPE - CITYTRIPS

5-7, place de la Gare
LILLE
✆ 03 28 36 54 80
www.transeurope.com

Spécialiste des séjours citadins « city trips », Transeurope propose une sélection d'hôtels et de logements de charme à Berlin et s'occupe des réservations pour le transport à des prix intéressants. Le tour-opérateur offre des propositions qui peuvent être attractives pour tous ceux qui souhaitent explorer la capitale, par exemple ce séjour de 3 nuits avec surclassement en suite accompagné d'une soirée-concert... Transeurope offre aussi des forfaits escapade tandis que des promotions sont régulièrement proposées sur le site.

TSELANA TRAVEL

15, rue Monsigny - **PARIS**
✆ 01 55 35 00 30
www.tselana.com
Du lundi au jeudi de 10h à 19h, le vendredi de 10h à 18h et le week-end sur rendez-vous.

Créée en 2003 par trois passionnés des paysages désertiques de l'Afrique australe, Tselana Travel propose un très large choix de destinations sur tous les continents pour des voyages à l'écart des circuits touristiques habituels. Cette agence de voyages haut de gamme associe vos envies (aventure, insolite, romantique, famille, désert, voyage de noces, plongée, zen, safari...) à sa connaissance approfondie des destinations pour vous proposer un voyage sur mesure incomparable. À Berlin, l'agence propose notamment de visiter la prison secrète Hohenschönhausen.

VIA NOSTRA

36, route de Narbonne
TOULOUSE
✆ 05 61 55 24 80
www.vianostra.fr
Ouvert du lundi au vendredi de 9h30 à 12h et de 14h à 18h30.

La culture par le voyage : le programme est donné. Via Nostra vous embarque pour des voyages culturels au départ de Toulouse ou de Paris, accompagnés par des conférenciers. Ces passionnés d'art et d'histoire vous proposent des itinéraires uniques, à la rencontre des civilisations anciennes et de la diversité culturelle. De richesses patrimoniales bien connues en découvertes plus secrètes, le dépaysement est total. A Berlin, Via Nostra propose un séjour «Berlin réunifiée et ses musées», d'une durée de 4 jours et 3 nuits, au départ de Toulouse.

VOYAGES MUGLER

13, rue de la Gare
INGWILLER
✆ 03 88 89 40 53
www.voyagesmugler.com
Consultez le site pour contacter une des différentes agences.

Tour-opérateur et agence de voyages, Voyages Mugler vous permet de partir pour Berlin en autocar. Vous pourrez arpenter les rues de la capitale pour un circuit organisé de 4 jours où vous serez logé dans un hôtel 4-étoiles. Le forfait comprend la pension complète, ainsi que toutes les visites. Ce séjour « condensé d'histoire » comprend la visite guidée de Berlin, la visite du château de Charlottenburg, de la cité du modernisme et du château de Sanssouci à Potsdam. A Berlin, le séjour comprend le Neues Museum et ses collections égyptiennes.

GO VOYAGES

www.govoyages.com

Go Voyages propose le plus grand choix de vols secs, charters et réguliers au meilleur prix au départ et à destination des plus grandes villes. On y trouve de tout et surtout, facilement. On a la possibilité également d'acheter des packages sur mesure « vol + hôtel » et des coffrets cadeaux. En plus, on y trouve un grand choix de promotions sur tous les produits sans oublier la location de voitures et les navettes aéroport par exemple. La réservation est simple et rapide, le choix multiple et les prix peuvent être très compétitifs.

PROMOVACANCES

✆ 08 99 65 48 50

www.promovacances.com

Ouvert du lundi au vendredi de 8h à minuit. Le samedi de 9h à 23h. Dimanche de 10h à 23h.

Promovacances est une agence de voyage en ligne qui propose de nombreux séjours touristiques, des week-ends, ainsi qu'un très large choix de billets d'avion à tarifs négociés sur vols charters et réguliers, des locations, des hôtels à prix réduits. En plus de cette importante offre, n'hésitez pas à guetter en ligne des promotions de dernière minute et les bons plans du jour. Enfin, des informations pratiques sont à consulter en ligne pour préparer votre voyage : santé, formalités, aéroports, voyagistes, compagnies aériennes.

HAVAS VOYAGES

✆ 08 26 08 10 20

www.havas-voyages.fr

Avec un réseau de centaines d'agences, le numéro un des clubs de vacances français propose des formules tout compris avec un bon rapport qualité-prix. Désormais, Havas Voyages cherche à renouveler l'offre des séjours *all incluse* dans des clubs formatés pour aller vers plus de personnalisation du pack vacances. L'agence propose des idées thématiques, du sur-mesure à la demande du client, ce qui correspond à la tendance actuelle. En Croatie, nombreux séjours sont assurés sur la côte dalmate et en Istrie. Des promotions toute l'année et en dernière minute également.

REISE SERVICE INTERNATIONAL

Droysenstraße 6

✆ +49 30 264 0451

www.reise-service-international.de

Agence réceptive existant depuis 1991.

Une équipe professionnelle et sympathique prête à répondre à vos attentes. De l'organisation complète d'un voyage, du vol jusqu'à la réservation de visites, cette agence s'occupe vraiment de tout (vols, transferts de l'aéroport, hôtels, visites, location de voiture de vélo, etc.). Que ce soit à Berlin en Allemagne en Europe, ou de par le monde, grâce à l'expérience ainsi que la fiabilité des partenariats, cette agence vous offre le meilleur du « sur-mesure ».

OPODO

✆ 01 70 91 75 75

www.opodo.fr

Centre d'appel ouvert du lundi au vendredi de 9h à 18h et le samedi et dimanche de 9h à 14h.

Pour préparer votre voyage, cette agence vous permet de réserver au meilleur prix des vols de plus de 600 compagnies aériennes, des chambres d'hôtels parmi plus de 1,7 millions d'établissements et des locations de voitures partout dans le monde. Vous pouvez également y trouver des locations saisonnières ou des milliers de séjours tout prêts ou sur mesure. De nombreuses offres de dernière minute sont proposées sur le site, de l'Amérique latine à l'Asie, en passant par l'Afrique et l'Océan Indien. Opodo dispose également de différentes options d'assistance.

EASY ALIBA BUY

www.alibabuy.com

Easy Aliba Buy est un site comparateur de prix de voyages permettant aux internautes d'avoir une vue d'ensemble sur les diverses offres de séjours proposées par des partenaires selon plusieurs critères (comme le nombre de nuits, les catégories d'hôtel, l'ordre de prix...). Les internautes souhaitant avoir plus d'informations ou réserver un produit sont ensuite mis en relation avec le site du partenaire commercialisant la prestation. Sur ce site, vous trouverez un choix de billets d'avion, d'hôtels et de circuits et séjours variés.

EASYVOYAGE

✆ 08 99 19 98 79

www.easyvoyage.com

Le concept peut se résumer en trois mots : s'informer, comparer et réserver. Des infos pratiques sur plusieurs destinations en ligne (saisonnalité, visa, agenda...) vous permettent de penser plus efficacement votre voyage. Après avoir choisi votre destination selon votre profil (famille, budget...), le site vous offre la possibilité d'interroger plusieurs sites à la fois concernant les vols, les séjours ou les circuits. Grâce à ce moteur performant, vous pouvez réserver directement sur plusieurs bases de réservation (Lastminute, Go Voyages et bien d'autres).

JETCOST

www.jetcost.com

Jetcost compare les prix des billets d'avion et trouve le vol le moins cher parmi les offres et les promotions des compagnies aériennes régulières et *low cost*. Le site est également un comparateur d'hébergements, de loueurs d'automobiles et de séjours, circuits et croisières. L'interface du site Internet est très simple d'utilisation. Après avoir lancé la recherche, on peut affiner les résultats en fonction de ses choix afin de trouver le vol le plus intéressant, la durée du trajet, les éventuelles escales ou encore l'aéroport d'arrivée.

EXPEDIA FRANCE

✆ 01 57 32 49 77

www.expedia.fr

Expedia est le site français n° 1 mondial du voyage en ligne. Un large choix de 300 compagnies aériennes, 240 000 hôtels, plus de 5 000 stations de prise en charge pour la location de voitures et la possibilité de réserver parmi 5 000 activités sur votre lieu de vacances. Cette approche sur mesure du voyage est enrichie par une offre très complète comprenant prix réduits, séjours tout compris, départs à la dernière minute… Son algorithme et sa base de données permettent en effet de proposer des formules vol et hôtel à peu près n'importe quand.

QUOTATRIP

www.quotatrip.com

QuotaTrip est une nouvelle plateforme de réservation de voyage en ligne qui met en relation des voyageurs à la recherche d'expériences authentiques et uniques et des agences de voyages locales sélectionnées pour leurs compétences et leur sérieux. Le réseau de QuotaTrip couvre près de 200 destinations du monde entier. Le but de ce rapprochement est simple : proposer un séjour entièrement personnalisé aux utilisateurs. QuotaTrip promet ainsi l'assurance d'un voyage serein, sur mesure, sans intermédiaires et sans frais supplémentaires.

ILLICOTRAVEL

www.illicotravel.com

Illicotravel permet de trouver le meilleur prix pour organiser vos voyages autour du monde. Vous y comparerez billets d'avion, hôtels, locations de voitures et séjours grâce à un métamoteur de recherche en temps réel. Ce site offre des fonctionnalités très utiles comme le baromètre des prix pour connaître les prix les plus compétitifs sur les vols à plus ou moins 8 jours. Le site propose également des filtres permettant de trouver facilement le produit qui répond à tous vos souhaits (escales, aéroport de départ, circuit, voyagiste…).

VIVANODA.FR

www.vivanoda.fr

Vivanoda.fr est un site français indépendant permettant en un clic de comparer et combiner plusieurs modes de transport (avion, train, autocar, ferry et covoiturage) entre deux villes. Vivanoda est né d'un constat simple : quel voyageur arrive à s'y retrouver dans les différents moyens de transports qui s'offrent à lui pour rejoindre la destination de son choix ? La recherche sur Internet de ces informations se révèle en effet souvent très fastidieuse... Grâce à ce site, fini les nuits blanches et bonjour les voyages à moindre coût.

INTERVIEW

LE VOYAGE-SUR-MESURE

AVEC STEVEN LE CHEVALIER ET MATHIEU VALLY DE QUOTATRIP

Quel est le concept de l'agence QuotaTrip ?

Quotatrip est la première plateforme de mise en relation entre voyageurs et agences locales. Grâce à elle, les voyageurs peuvent enfin échanger en direct avec des agences qui sont sur place et concevoir un voyage unique, au meilleur prix et 100% personnalisé.

Pourquoi voyager avec des agences locales ?

À l'inverse des agences traditionnelles, les agences locales sont des expertes de la destination choisie. Ce sont aussi les mieux placées pour concevoir des séjours qui sortent des sentiers battus. Elles sont ainsi en mesure de répondre à l'ensemble des envies, le voyageur rentre dans l'univers de l'équi-tourisme = le tourisme sans intermédiaire.

Quels sont les autres avantages pour les voyageurs ?

Il y a une multitude d'avantages. Cela permet notamment de ne pas voyager comme tout le monde, d'organiser de manière simple et rapide un séjour sur mesure et au meilleur prix. Fini les mauvaises surprises, les voyageurs posent toutes les questions qu'ils souhaitent et bénéficient d'un accompagnement sur mesure, de la conception du projet jusqu'à sa réalisation en toute sécurité car les agences référencées sont sélectionnées et recommandées par les journalistes des guides du Petitfute en toute impartialité.

Les démarches sont-elle simples à effectuer ?

Les sites de voyage en ligne font perdre beaucoup de temps aux internautes sans pour autant répondre entièrement à leurs désirs. QuotaTrip propose un formulaire simple et rapide qui permet de décrire les souhaits, les envies et les besoins. L'internaute reçoit aussitôt gratuitement et sans engagement les offres de trois ou quatre agences locales avec qui il peut ensuite échanger afin de personnaliser son projet grâce à la messagerie mise en place.

Quelles sont les destinations proposées ?

Notre plateforme propose plus de 21 000 projets de voyage sur plus de 100 destinations à travers le monde. De l'Amérique latine en passant par l'Asie et l'Afrique, nos mille agences partenaires sont là pour répondre à vos projets de voyage.

Décrivez votre projet de voyage. Échangez en direct avec les agences locales et partez au meilleur prix.

***Plus d'informations** : quotatrip.com*

©D.R

©D.R

©D.R

SE LOGER

BUDGET / BONS PLANS

Même si différentes catégories d'hôtels cohabitent à Berlin, du luxueux classique au moderne artistique et design, beaucoup de chaînes hôtelières sont aussi présentes. Il est difficile de trouver des hôtels bon marché. Les prix varient de plus d'un quartier à l'autre, les plus chers étant souvent à Mitte et à Charlottenburg. Le confort fait aussi varier les prix, pensez à vérifier si le petit déjeuner est inclus. Il s'agira alors souvent d'un buffet à volonté.

Quant aux pensions, on en trouve beaucoup dans la ville. C'est une solution plus économique que l'hôtel et qui laisse au locataire toute son indépendance. Elles sont généralement proches du centre-ville et tenues par une famille ou des particuliers, et les prix varient selon les quartiers et le confort proposés. Les auberges de jeunesse sont aussi une bonne alternative, la plupart d'entre elles proposent également des chambres privatives. Petit conseil : les sites des hôtels proposent souvent des réductions quand vous réservez en direct, voire si vous prévoyez de séjourner plusieurs nuits. Enfin, sachez que les chambres répertoriées dans les rubriques « Bien et pas cher » se monnaient moins de 70 €, dans « Confort ou charme » moins de 100 € et dans « Luxe » plus de 100 €.

Les auberges les moins chères sont souvent les moins centrales et proposent des nuits dès 10 € en dortoir ; les plus chères et les plus centrales proposent des nuits jusqu'à 40 € en dortoir. On y trouve aussi assez souvent des chambres simples et doubles, voire triples ou quadruples. Le petit déjeuner n'est pas systématiquement compris dans le prix. L'avantage des auberges de jeunesse est aussi qu'elles proposent souvent de nombreux services comme des tours guidés ou la location de vélos par exemple. Il est aussi à noter que certaines auberges n'acceptent pas les paiements par carte bancaire.

Enfin, comme pour les hôtels, il existe des chaînes d'auberges de jeunesse privées (*hostels*) comme A&O Backpackers, Baxpax, etc. Nous les citons dans ce guide, car, bien que l'on puisse regretter leur côté standardisé, les *hostels* proposent souvent des tarifs très intéressants, sont bien situés et possèdent des locaux plus agréables. Ils sont souvent fréquentés par une clientèle jeune et cosmopolite.

A RÉSERVER

Réservez votre logement dès que possible. Les établissements les plus abordables sont toujours les premiers partis. Pendant les périodes de congrès, de foires, de salons, les hôtels sont pris d'assaut et les prix sont sensiblement plus chers.

C'EST TRÈS LOCAL

Si vous envisagez de rester plus longtemps à Berlin, pour un séjour d'études par exemple, sachez que la colocation (WG, pour *Wohngemeinschaft*) est très répandue à Berlin. Mais il est encore plus facile de trouver une chambre pendant les vacances universitaires (février/

© FRANK_PETERS-SHUTTERSTOCK.COM

mars et août/septembre), quand les étudiants vaquent à d'autres occupations et proposent leur chambre en sous-location (*Untermiete*). Voici une liste de sites Internet qui centralisent les petites annonces en ce qui concerne les colocations : www.wg-gesucht.de (le plus lisible et le plus célèbre) – www.studenten-wg.de – www.easywg.de

LES ATTRAPE-TOURISTES

De nombreux hôtels jouent sur l'ambiguïté des noms de quartiers de Berlin, notamment avec celui de Mitte. Rappelons-nous que *Mitte* désigne à la fois le quartier (Stadtteil) historique de Berlin mais aussi le gigantesque arrondissement (Bezirk) qui comprend aussi d'autres quartiers comme Moabit ou Wedding. Ainsi un hôtel qui arbore « Mitte » dans son nom ne vous assure en rien un emplacement central. Il en va de même pour les hôtels qui portent des noms de stations de métro. Ce n'est pas systématiquement l'arrêt le plus proche qui donne son nom à l'hôtel, mais l'arrêt *connu* le plus proche (Potsdamer Platz, Check Point Charlie etc.). Veillez à toujours vérifier l'emplacement exact de l'hôtel.

LES PHRASES CLÉS

Bonjour, avez-vous de la disponibilité pour une chambre double pour ce soir ou demain soir ?
Hallo, haben Sie für heute oder morgen Nacht ein Doppelzimmer frei?

Avez-vous un code wifi… les enfants ne tiendront pas sans !
Haben Sie einen WLAN-Code ... sonst drehen meine Kinder durch!

C'est bruyant, est ce que je peux changer de chambre ?
Es ist laut, kann ich in ein anderes Zimmer umziehen?

Jusqu'à quelle heure est-ce que nous pouvons aller à la salle de sport et à la piscine ?
Wann schließen das Schwimmbad und das Fitnesscenter?

Est-ce que je peux laisser mon bagage et revenir plus tard le récupérer ?
Kann ich mein Gepäck hier lassen und später wiederkommen, um es abzuholen?

Est-ce que vous pouvez nous appeler un taxi ? Merci beaucoup.
Könnten Sie uns ein Taxi rufen? Vielen Dank!

SE LOGER

Le boom hôtelier berlinois est dû à l'engouement extraordinaire des voyageurs pour la capitale allemande, qui connaît depuis 2014 un pic de fréquentation touristique inégalé en Europe. AirBnB est régulièrement la cible des critiques ; on lui reproche de confisquer à l'année des logements libres que les Berlinois ne peuvent plus habiter. Il faut dire que les appartements berlinois ont de quoi séduire. Souvent spacieux, hauts de plafond et lumineux, ils offrent un cadre de vie agréable. Mais de nouveaux hôtels voient le jour chaque année, des chaînes tout comme des établissements indépendants. L'infrastructure hôtelière de Berlin est donc très bien développée ; il existe une large palette de types d'hébergements possibles et le standard est de bonne qualité. En revanche, il arrive que l'offre soit saturée à certaines périodes, semaines de foires ou week-ends prolongés. Mieux vaut donc réserver votre hébergement bien à l'avance.

COUCHSURFING €€

www.couchsurfing.com

Tarif d'adhésion autour de 20 €.

Couchsurfing est le service d'hébergement gratuit en ligne regroupant le plus d'adhérents. Il suffit de s'inscrire pour accéder aux profils des locaux ou faire sa demande d'hébergement pour quelques jours voire quelques mois. En échange, vous pouvez par exemple inviter votre hôte à manger, lui offrir quelque chose de votre pays ou bien l'accueillir chez vous. Le site Internet met en place des systèmes de contrôle : notation des membres, numéro de passeport exigé à l'inscription, etc. Les participants ont accès à des hébergements volontaires dans plus de 200 pays.

HOME EXCHANGE €€

www.homeexchange.fr

Désormais affilié à HomeExchange, le leader mondial de l'échange hébergement, Troc Maison avait ce slogan : « Échangez… ça change tout ». L'idée reste la même : un site Internet pour échanger son logement (studio, appartement, villa…) moyennant un abonnement annuel (130 €) à l'agence en ligne, qui se charge de la présentation du bien et de la mise en contact des intéressés. Quand 50 % du budget vacances des Français passent dans le logement, le principe ne peut que fonctionner. Le choix est large avec plus de 400 000 offres dans 187 pays.

HELPX €€

www.helpx.net

Des fermes biologiques, des B&B, des hôtels où l'étranger aide tout en bénéficiant, selon les hôtes, d'un hébergement, de repas ou de cours de langues selon le travail fourni. Un panel de lieux, partout dans le monde, où vivre durant une année ou moins, afin d'améliorer une langue ou vivre une expérience hors du commun pendant une année de césure. Lors de notre dernière visite sur le site, des propriétaires de *guesthouse* proposaient lit + déjeuner en échange de quelques heures de travail au sein de la *guesthouse*. Peut être une bonne affaire pour les plus jeunes.

HOSTELBOOKERS €

www.hostelbookers.com

Depuis 2005, cette centrale de réservation en ligne permet de planifier son séjour à prix corrects dans le monde entier. Afrique, Asie, Europe, Amérique… HostelBookers est spécialisé dans les logements peu onéreux (auberges de jeunesse ou *hostels*…) mais proposant des services et un cadre plutôt soignés. Pour chaque grande ville, le site propose une sélection pointue d'enseignes partenaires et vous n'aurez plus qu'à choisir l'adresse la plus pratique, la mieux située, ou tout simplement la moins chère. Une plate-forme bien pratique pour les baroudeurs.

HOTELS INSOLITES €€

www.hotels-insolites.com

Sur ce site, des endroits jamais imaginés, comme un phare, un train décoré dans le style Années folles, un campement de mineurs, une forteresse militaire, un aquarium, un ballon dirigeable, un tonneau (si si !), un nid dans un arbre. Les prix varient de pas cher à très cher ! Le site délivre toutes les infos nécessaires pour les lieux qui sont dispersés à travers le monde, avec numéros de téléphone, adresses. Imaginez une péniche à Vienne sur le Danube... Un rêve peut-être envisageable avec ce site Internet fort de 700 adresses.

LOVE HOME SWAP €€

www.lovehomeswap.com

Partir en vacances seul, en famille ou avec un groupe d'amis sans payer le logement, c'est possible si vous avez vous-même un hébergement à proposer. Échanger votre studio, votre appartement à Paris ou Marseille contre une villa en Croatie, un château en Espagne (très rare !), une villa à Sydney, une immense maison avec piscine à Miami ou un superbe appart à Tokyo, c'est l'idée. Tout est permis, mais il faut que cela convienne aux deux parties. Pour bénéficier de tous les avantages, il faut aller sur le site Internet anglais et s'abonner.

WORKAWAY €€

www.workaway.info

Ici, le système est simple : être nourri et logé en échange d'un travail. Des fermes, des maisons à retaper, ou plus simplement des vendanges ou cueillettes… Une expérience unique en son genre où l'on ne paye pas son hébergement avec de l'argent mais en rendant des services. Ce mode de logement alternatif, s'il n'est pas de tout repos, est de plus en plus populaire. Lors de notre dernière visite, des hôtes proposaient le gîte et parfois le couvert, majoritairement en échange de la pratique de l'anglais avec eux... Un bon deal !

DEUTSCHES JUGENDHERBERGERGSWERK LANDERVERBAND €€

Tempelhofer Ufer 32

✆ +49 30 264 9520

www.jugendherberge.de/en

Ce site, disponible en anglais comme en allemand, regroupe les différentes auberges de jeunesse allemandes de l'enseigne DJH (Deutsches Jugendherbergerwerk). On peut y faire des recherches d'auberges pour voyageurs seuls, pour familles, pour groupes et pour classes et ce dans toute l'Allemagne (le DJH gère 442 auberges dans tout le pays). A Berlin, ce sont quatre auberges de jeunesse (Wannsee, Ostkreuz, Tiergarten et Hermsdorf) que l'on pourra trouver.

O.F.T. APARTMENTS €€

✆ +49 171 685 7777

www.ohnefragetoll.de

Appartements pour 1 à 6 personnes pour moyens et longs séjours.

Marita Schwalm est depuis toujours une passionnée de vintage. En plus de sa formidable boutique dans la Chausseestraße, elle loue une sélection de plusieurs appartements à Mitte et dans les plus chouettes coins de Friedrichshain et de Prenzlauer Berg. Du studio de 40 m² au 3 pièces de 140 m², tous sont décorés dans un style unique avec des objets vintage choisis (les lampes par exemple). Certains ont même servi pour des tournages de clips et des séances photos ! Une bonne adresse pour poser ses valises et vivre Berlin comme si on y habitait.

OH-BERLIN.COM €

✆ +33 1 76 542 573

www.oh-berlin.com

Ce site Internet, simple d'utilisation, vous permet de réserver un logement à Berlin très facilement. L'agence dispose d'un grand choix de plus de 600 appartements, d'hôtels et de chambres d'hôtes. Il donne des informations précises sur chaque propriété. Pensez au système de filtre qui permet de paramétrer vos choix en fonction des besoins : endroit où vous voulez vous loger, budget, équipements et aménagements souhaités... Les réservations peuvent aussi être faites en ligne (*via* Booking.com), ou par téléphone et toutes sont sécurisées à 100 %.

A&O BERLIN MITTE €

Köpenicker Straße 127-129
✆ +49 30 809475200
www.aohostels.com/fr

Lit en dortoir à partir de 9 € par personne, chambre double classique aux environs de 50 €, en fonction de la période.

Bonne auberge bien située. Proche de quelques clubs de renom : pour les fêtards, c'est l'idéal pour rejoindre son lit à l'aube. Selon le budget et la situation de chacun, on optera soit pour un lit en dortoir, soit pour une chambre privative. Sur place en tout cas, tout est mis à disposition pour faciliter le séjour (bar, accès à Internet, location de vélos...). A noter enfin que la chaîne A&O dispose d'établissements un peu partout, en Allemagne et ailleurs : rien qu'à Berlin, on en compte trois autres à Friedrichshain, Hauptbahnhof et Lichtenberg.

ARCOTEL VELVET €€€

Oranienburgerstraße 52 ✆ +49 30 27 87 530
https://velvet.arcotel.com/en/

Chambre double de 105 € dans les premiers étages à plus de 340 € pour les suites au dernier étage.

Cet agréable hôtel design de 85 chambres a l'avantage est d'être au cœur des sites incontournables de Mitte. Petit inconvénient : malgré le double vitrage, on entend légèrement les bruits du quartier dans certaines chambres. Celles-ci sont cependant toutes sobres et élégantes et les grandes fenêtres laissent entrer généreusement la lumière. Préférez les chambres au-dessus du 4e étage, où la vue sur Mitte est incroyable. Le quartier est en mutation permanente depuis trente ans et il vous séduira avec son large éventail de restaurants, cafés et boutiques.

CITYHOSTEL €

Glinkastraße 5-7
✆ +49 30 238 866 850
www.cityhostel-berlin.com

Dortoir de 17 à 30 € par personne. Chambre simple à partir de 42 €, double à partir de 55 €.

Une auberge centrale à l'accueil dynamique, profitant de tous les équipements nécessaires : coffre-fort, parking, wifi gratuit, bar, et même location de vélos pour seulement 10 euros les 24h. Le petit-déjeuner ne coûte que 6 euros. Vous ne pourrez pas trouver moins cher dans le quartier. Les chambres et dortoirs sont simples mais toujours très propres. Depuis le City-Hostel, il est très facile de rejoindre à pied les attractions les plus connues de la ville comme la Porte de Brandebourg ou la Potsdamer Platz. Une excellente option pour les petits budgets.

CITYSTAY €

Rosenstraße 16
✆ +49 30 236 240 31
www.citystay.de

Dortoir à partir de 24 €, chambre simple de 40 à 55 €, double de 50 à 64 € (salle de bains commune ou privative).

Le rendez-vous de tous ceux qui souhaitent bien boire, bien manger, bien dormir et cela à un prix très abordable. L'hôtel est installé dans une usine datant de 1896. Certaines chambres disposent d'une salle de bains privée et les autres ont une salle de bains située au milieu de chaque étage. La réception est ouverte 24h/24, le personnel parle est toujours prêt à vous donner des infos ou vous aider à faire des réservations. Wifi, presse internationale, consigne. Un petit déjeuner assez varié pour une auberge de jeunesse et une belle sélection de bières.

HONIGMOND €€

Tieckstraße 11 ✆ +49 30 28 44 55 0
www.honigmond.de

Chambre simple/double aux alentours de 115 €, studio à partir de 145 €, appartement de 160 €. Petit-déjeuner à 12 €.

Nomen est omen : Honigmond signifie « lune de miel » dans la langue de Goethe. Cet hôtel romantique se trouve dans un bel immeuble de la fin du XIXe restauré, dans un quartier très central mais aussi très calme. Les chambres sont claires, confortables et possèdent un puissant cachet. Allez faire un tour au restaurant du même nom au rez-de-chaussée pour découvrir la cuisine berlinoise. Le Borsig-Eck, l'ancêtre de l'hôtel Honigmond, était le lieu de rencontres des intellectuels et artistes ainsi que des prêtres (deux églises sont à proximité) à l'époque de la RDA.

MINILOFT MITTE €€

Hessische Straße 5
✆ +49 30 8471090 - www.miniloft.com

Plusieurs tailles : Compact, 30 m² ; Classic, 42 m² ; Introverted, 40 m² et Extroverted, 45 à 49 m². De 95 à 240 €.

Coup de cœur ! Une adresse idéale pour ceux qui veulent se sentir chez eux à Berlin. Répartis dans deux bâtiments, à cinq minutes de la gare centrale, ces 14 minilofts à la décoration très épurée ont de grandes baies vitrées et sont parfaitement équipés (cuisine, salon, TV, wifi). Préférez les Introverted et Extroverted pour leur style industriel, les Compact et Classic pour leur calme. Le bâtiment a reçu plusieurs prix d'architecture ! L'originalité du parking mérite aussi un coup d'œil. A noter qu'une nouvelle adresse a ouvert ses portes en 2018 à Kreuzberg.

miniloft.com
Mitte & Kreuzberg
L'unique appart hôtel
au centre de Berlin

HOTEL ADLON €€€

Unter den Linden 77
✆ +49 30 22 610
www.kempinski.com
Chambre double à partir de 250 €. Petit déjeuner à 45 €, restaurant, bar, parking, wifi.

Hôtel mythique de Berlin, où descendaient Marlene Dietrich ou encore Charlie Chaplin, l'Adlon est un lieu chargé d'histoire. Rendez-vous à la mode des années 1920-1930, nid d'amour où les diplomates emmenaient leurs maîtresses, l'Adlon raconte en filigrane l'histoire de Berlin. Une série télé allemande en a même fait le cadre d'une saga familiale qui traverse tout le XXe siècle. L'hôtel fut reconstruit après la chute du Mur, puis repris par Kempinski. Chambres luxueuses et traditionnelles, magnifique spa et piano-bar où il fait bon siroter une coupe de champagne.

HOTEL AMANO €€

Auguststraße 43
✆ +49 30 80 94 150
www.amanogroup.de
Chambre double de 70 à 170 €, appartement de 90 à 190 €. Tarifs dégressifs en fonction de la durée du séjour.

Hôtel design, l'hôtel Amano dispose de 117 chambres et 50 appartements de 70 à 100 m². Si les appartements sont grands et spacieux, les chambres, bien que très bien équipées, paraissent un peu petites. Mais on ne peut pas se plaindre avec des prestations dignes d'un 4-étoiles pour le prix d'un 3-étoiles. La terrasse offre une vue sur tout Mitte et, avec son espace pétanque et sa balançoire, c'est un excellent *playground* pour tous. Le bar de l'hôtel est rapidement devenu un bar de quartier apprécié. Location de DVD, Playstation, vélo. Wi-fi.

HOTEL GAT POINT CHARLIE €€

Mauerstraße 81-82 ✆ +49 30 20 67 17 47
www.hotelgatpointcharlie.com/fr
Chambre double de 90 à 130 €, réductions si réservation sur le site internet. Accès wifi gratuit.

Derrière une étonnante façade grise et toute plate, cet hôtel abrite ses visiteurs dans 140 chambres inscrites dans la modernité, avec leurs couleurs acidulées et leur minimalisme propret, mais ancrées en plein dans l'histoire berlinoise par une situation géographique privilégiée, à quelques pas du Mur et du célèbre Check Point Charlie. Location de vélos possible pour visiter les environs facilement. Côté restauration, l'hôtel met en avant des produits locaux au petit déjeuner et propose un restaurant de spécialités asiatiques.

HOTEL MANI €€

Torstraße 136
✆ +49 30 530 280 80
www.amanogroup.de
Chambre double à partir de 75 €. Petit déjeuner.

Petit frère de l'hôtel Amano, du groupe du même nom, l'hôtel Mani avec ses 63 chambres bénéficie lui aussi d'un emplacement de choix, au cœur du Mitte branché et créatif et tout proche de la station de métro Rosenthaler Platz. La décoration moderne dans des tons bruns est très élégante. Les chambres, toutes climatisées, sont équipées de petits frigobars et d'écrans plats. Le restaurant Mani dispose d'une belle terrasse très verte avec ses pousses de bambou et il propose une cuisine méditerranéenne. Un bon rapport qualité-prix.

MEININGER HOTEL BERLIN MITTE HUMBOLDTHAUS €€

Oranienburger Straße 67-68 ✆ +49 30 31879816
www.meininger-hotels.com/fr/hotels/berlin/humboldthaus/
Dortoir à partir de 12 €, chambre simple de 46 €, double à partir de 27 € par personne. Petit déjeuner 6,90 €.

Une excellente auberge, grande mais calme, en plein centre de Berlin. Les salles communes sont décorées de fresques représentant l'histoire du scientifique Humboldt, qui a vécu dans cette rue. On profite avec plaisir des vastes chambres, aux couleurs acidulées. Les salles de bains sont neuves, et la propreté irréprochable. Et pour couronner le tout, les prix sont très abordables ! Le personnel, très chaleureux, pourra vous aider dans votre visite de la ville.

NH COLLECTION BERLIN FRIEDRICHSTRASSE €€€

Friedrichstraße 96
✆ +49 30 2062660
www.nh-collection.com/hotel/nh-collection-berlin-mitte-friedrichstrasse
Chambre double de 88 € à 200 €, petit déjeuner non inclus.

Hôtel 4-étoiles de 268 chambres situé dans le cœur de la ville à proximité de la Porte de Brandenbourg et surtout à deux pas de la station Friedrichstraße. Toutes les chambres disposent de l'air conditionné, d'Internet et de tout le confort moderne. Elles sont décorées dans des tons harmonieux. Pour vos repas, vous trouverez un restaurant et un café avec une belle véranda ou encore au bar pour un verre ou un en-cas. Enfin, n'hésitez pas à faire un tour au spa.

PARK INN BY RADISSON BERLIN ALEXANDERPLATZ €€

Alexanderplatz 7
✆ +49 30 23890

Plusieurs catégories de chambres. Les prix commencent à partir de 70 € pour une chambre simple, selon les périodes.

Plus qu'un hôtel, cet établissement fait partie des symboles de Berlin. Idéalement situé directement sur Alexanderplatz, centre névralgique de Berlin, vous disposez de tous les moyens de transport pour vous déplacer aux quatre coins de la ville. L'hôtel en lui-même offre des chambres très confortables en adéquation avec les standards de la marque. On y retrouve également trois restaurants où vous aurez le choix entre cuisine traditionnelle et internationale.

RADISSON BLU HOTEL €€€

Karl-Liebnecht Straße 3 ✆ +49 30 238280
www.radissonblu.com/hotel-berlin

Chambre double à partir de 105 € ou 157 € en standard. Restaurant et bar. Wifi. Spa et aquarium.

Amoureux des fonds marins, et passionnés de plongée, cet établissement est pour vous ! Ce bel hôtel moderne, est idéalement placé et avec vue sur la Spree. Ici, on pénètre dans un univers aussi luxueux que futuriste, doté d'un gigantesque aquarium que l'on aperçoit dans le hall d'entrée, surplombant la réception. Près de 2 500 poissons tropicaux que l'on peut apprécier assis dans son fauteuil dans le lounge ou même depuis sa chambre puisque quelques-unes donnent sur l'aquarium. Les chambres sont d'un design très sobre, et les services sont nombreux : piscine, spa…

THE CIRCUS HOSTEL & HOTEL €

Weinbergsweg 1A ✆ +49 30 20003939
www.circus-berlin.de

Lit en dortoir à partir de 23 €. Chambres simples à partir de 75 €. Appartements à louer également, à partir de 150 €.

Une rénovation complète de l'établissement a eu lieu début 2010. Il propose trois types d'hébergements, un hôtel, une auberge de jeunesse et des appartements. La couleur est de mise, les chambres sont épurées et très agréables. On compte quatre endroits pour se restaurer ou boire un verre. Les services proposés sont nombreux : dépose bagages, coffre, accès Internet, réservations en tout genre, vente de tickets, visites guidées, portes ouvertes 24h/24, location de vélos.

THREE LITTLE PIGS HOSTEL BERLIN €

Stresemannstraße 66 ✆ +49 30 263 958 80
www.three-little-pigs.de

Lits en dortoirs à partir de 13 €, chambre simple à partir de 34 € et chambre double à partir de 22 €/personne.

Dans un bel édifice en briques se trouve cette auberge de jeunesse. Idéalement située à 700 mètres de la Potsdamer Platz, l'auberge est entourée de sites touristiques célèbres, et toute proche de Kreuzberg. La cour intérieure de cet hôtel garantit des nuits au calme ; dans cet ancien couvent, on entend même le chant des oiseaux ! Une bonne adresse pour les petits budgets. Plusieurs services proposés dont location de vélo, le wifi et des salles de réunion pour les groupes.

TITANIC COMFORT MITTE €€

Elisabeth-Mara-Straße 4
✆ +49 30 76771870
www.titanic.com.tr/titaniccomfortmitte/

Hôtel composé de 226 chambres : standard à partir de 69 €, business à partir de 79 € et superior à partir de 89 €.

Dès la réception on se sent bien, l'accueil est sympathique. L'équipe est jeune et souriante. Les chambres à la décoration raffinée sont spacieuses et équipées de tout le confort que l'on peut souhaiter (TV-led, clim, minibar, douche à l'italienne, sèche-cheveux, wifi, etc). Le restaurant offre un large éventail de plats tels que sushis, kebab, pâtes, pizza ou encore des tapas qui régaleront les plus gourmands. Pour se détendre en fin de journée un bar à cocktail à l'ambiance feutrée est ouvert 24h/24. Un très bel hôtel avec un bon rapport qualité-prix.

TITANIC GENDARMENMARKT €€€

Französische Straße 30 ✆ +49 030 20143700
www.titanic.com.tr/titanicgendarmenmarkt-berlin/

Hôtel composé de 208 chambres. Tarifs à partir de 140 € pour une chambre classique à 840 € pour une suite.

Ce magnifique hôtel a ouvert ses portes en février 2015 après de long travaux de restauration. Le résultat est magnifique : façade, accueil, salle de restaurant, bar, tout ici n'est que luxe et volupté. Chaque chambre propose une décoration unique inspirée de l'histoire de ce bâtiment, ancien entrepôt des costumes de l'opéra. Le restaurant sert entre autres des spécialités turques. Un bar à cocktail ainsi qu'un café accueillent le voyageur affamé avec raffinement et sourire. Un espace bien être de 1 800 m² propose un véritable hammam turc, un spa et un sauna.

ALPER HOTEL AM POTSDAMER PLATZ €

Potsdamer Straße 82-84
© +49 30 2626355
www.alperhotel-am-potsdamerplatz.de
Selon la saison, entre 45 et 95 € pour la chambre simple, 50 et 115 € la double. Petit déjeuner à 7 €.

Très bien situé, à proximité de Potsdamer Platz, du Tiergarten et des nombreux musées du Kulturforum, cet établissement offre des chambres sobres et propres, sans charme particulier, toutes équipées de douche, W.-C. et TV. L'hôtel dispose également de chambres jusqu'à 5 personnes. Vous pourrez, en outre, profiter d'un parking pour seulement 9 € par jour. Les animaux aussi sont acceptés pour un supplément de 10 €. Le wifi, quant à lui, est gratuit.

ARTE LUISE KUNSTHOTEL €€

Luisenstraße 19 © +49 30 284480
www.luise-berlin.com
Chambre simple de 59 à 103 €, double de 116 à 159 €, selon la saison et selon si la salle de bains est privative ou pas.

Au cœur de Berlin, près du Reichstag et de la nouvelle gare centrale, cet hôtel extravagant mérite le détour. Les bâtiments existants sont déjà intéressants en eux-mêmes. L'annexe en verre donnant sur le quartier gouvernemental contraste harmonieusement avec le bâtiment principal, monument historique datant de 1825. Le principe du Luise Kunsthotel est simple mais innovant : chacune des 50 chambres est décorée par un artiste différent, de préférence reconnu. C'est dès lors à chaque fois une pièce unique dont vous aurez l'entière jouissance durant votre séjour.

BERLIN BERLIN €€€

Lützowplatz 17
© +49 30 26050
www.hotel-berlin.de
Chambre double à partir de 115 €. Petit déjeuner non inclus (15 €).

Si le nom de l'hôtel manque cruellement d'originalité, ce n'est le cas de son esthétique, à la fois classique, confortable et avec quelques belles idées d'accessoires de décoration comme des portes de couleur accrochées aux murs. Plébiscité par les groupes et les hommes d'affaires, cet hôtel au lobby hyper design est situé à deux pas du Landwehrkanal, non loin du Tiergarten, et à proximité de toutes les attractions de Berlin-Ouest. Superbe terrasse pour les beaux jours. L'hôtel dispose d'une salle de sport et d'un sauna. Wifi gratuit.

HOTEL HANSABLICK €€

Flotowstraße 6
© +49 30 3904800
www.hansablick.de
Chambre simple de 60 à 95 €, double de 75 à 145 € selon le type et la saison.

Un hôtel de charme situé au bord de la Spree, qui offre, depuis certaines chambres, une vue exceptionnelle sur le fleuve. Les autres chambres vous consoleront avec un balcon. Le Tiergarten n'est pas loin non plus. Cette situation en fait un endroit idéal pour les citadins amoureux de la nature. Un copieux petit déjeuner (buffet) est inclus. Réception 24h/24. Le parking est gratuit et une salle de fitness est à votre disposition. Les chambres sont spacieuses et aménagées avec goût ; des œuvres d'art sont disséminées dans tout l'hôtel.

MARRIOTT BERLIN €€€

Inge-Beisheim-Platz 1
© +49 30 22 00 00
www.marriott.com
Environ 200 € la chambre double.

D'un style contemporain chic allié à une élégance classique à l'américaine, le confort sera au rendez-vous après une journée de visites ou de travail. Les chambres sont spacieuses et offrent pour la plupart une vue magnifique sur Berlin. L'espace Fitness Gym est ouvert 24h/24 et 7j/7, piscine et sauna pour une détente maximale. Un espace Executive dédié aux voyageurs d'affaires vous proposera un service petit déjeuner, snacks, *open bar* et wifi gratuit tout au long de la journée. Le restaurant Midtown Grill vous ravira aussi par ses compositions culinaires.

THE MANDALA HOTEL €€€

Potsdamer Straße 3 © +49 30 590050000
www.themandala.de
Chambre double à partir de 153 €, Suites à partir de 178 €. Petit déjeuner à 30 €. Spa, bar, restaurant.

Un emplacement de choix juste en face du Sony Center pour cet hôtel élégant et raffiné qui, comme son nom l'indique, vous accueille dans une ambiance très zen. Les 157 chambres disposent de tout le confort digne d'un 5 étoiles avec un coin salon tout équipé avec écran plat et une petite cuisine. La décoration des chambres est design, moderne et épurée. Le centre de bien-être ONO dispose d'un spa, d'un sauna et d'une salle de sport. Il propose aussi une gamme de soins très complète et le restaurant Facil est gratifié de deux étoiles par le *Guide Michelin*.

ACKSELHAUS & BLUE HOME €€€

Belforter Straße 21 ✆ +49 30 44337633
www.ackselhaus.de
Chambre/studio de 110 à 340 €. Frigo dans les chambres. Accès wifi.

Ces luxueux apparts-hôtels regroupés sur deux immeubles qui se jouxtent, en plein centre de Prenzlauer Berg, invitent à la détente et au repos : les chambres, toutes personnalisées et regroupées autour d'un thème (le cinéma, la mer, la Chine…) sont parfaitement équipées et d'une rare élégance. La décoration est soignée jusque dans le jardin patio de la cour. Le tout à proximité des nombreux bars et restaurants du quartier mais dans une rue très tranquille. Un petit restaurant, le Club del Mar, propose un petit-déjeuner. La *dolce vita* à Berlin !

EAST SEVEN €

Schwedter Straße 7
✆ +49 30 93622240
www.eastseven.de
A partir de 17 € (29 € en haute saison) en dortoir. Chambre double autour de 60 €.

L'auberge propose des prix compétitifs pour le quartier. On pourra explorer tout Prenzlauer Berg et Mitte à pied. De plus, comme le personnel se plaira à vous le répéter, l'auberge est classée dans les meilleurs hostels du pays depuis son ouverture en 2006. D'autres arguments : elle est très bien desservie avec la ligne de métro U2, accès Internet, parking à vélos, jardin vraiment agréable en été (barbecue et hamacs à disposition), *latte macchiato* à l'italienne. En revanche le petit déjeuner n'est pas inclus dans le prix et les chambres sont plutôt petites.

GENERATOR HOSTEL PRENZLAUER BERG €

Storkower Straße 160 ✆ +49 30 4172400
www.generatorhostels.com
10-20 € la nuit en dortoir. 38-59 € la chambre privative. Attention les prix peuvent décupler en période d'affluence.

Très économique, cet hostel est situé au nord-est de la ville, le long du Ring. Un peu excentré tout de même, mais placé au pied du S-Bahn Landsberger Allee, vous vous rendrez facilement dans les endroits qui bougent tels que Schönhauser Allee, Ostkreuz ou Neukölln. Les plus de cet hostel sont : sûreté (casiers individuels et sécurité dans l'hostel), propreté (récent et très bien entretenu), convivialité (bar & *happy hour*, soirées DJ, à thème) et culture (tours de la ville).

HOTEL KASTANIENHOF €€

Kastanienallee 65 ✆ +49 30 443 050
www.kastanienhof.berlin
Chambre simple à partir de 50 €, double dès 70 ou 98 €, suite 4 personnes à partir de 90 €. Petit-déjeuner buffet 11 €.

Depuis trois générations maintenant, la famille Hauptmann veille au bien-être de ses convives. Les chambres sont douillettes, l'accueil bienveillant et l'atmosphère familiale. Entre les murs de l'établissement, les souvenirs d'antan raisonnent au gré de peintures, de cartes et de photographies du Berlin d'autrefois. Mais n'imaginez pas pour autant que l'ensemble est vieillot ! Les chambres sont bien retapées, la salle du petit déjeuner a été intégralement rénovée début 2016, et l'hôtel accueille même le chaleureux restaurant de spécialités allemandes Ausspanne !

MEININGER HOTEL BERLIN ALEXANDERPLATZ €€

Schönhauser Allee 19 ✆ +49 30 98321074
www.meininger-hotels.com/de/hotels/berlin/hotel-berlin-alexanderplatz/
Lit en dortoir à partir de 10 €, chambre simple à partir de 42 €. Petit déjeuner 6,90 €, location de vélos 12 €.

Cette chaîne d'hôtels joue une carte citadine et sympa. L'hôtel de Prenzlauer Berg est idéalement situé à la sortie du métro, à quelques centaines de mètres de la Kulturbrauerei, et de l'incontournable Mauerpark. Les chambres, dans des tons acidulés, ont une décoration épurée. Tous les équipements sont récents, le petit déjeuner est inclus, ainsi que le wifi. Cuisine partagée et personnel très accueillant. Une adresse idéale qui concilie confort, modernité et petits prix.

MYER'S HOTEL €€€

Metzer Straße 26
✆ +49 30 97 808888
www.myershotel.de
Simple à partir de 91 €, double à partir de 110 €, sans le petit déjeuner. Restaurant, bar et sauna.

Paisible, dans un immeuble du XIXe siècle rénové en 2000, cet hôtel propose des chambres, de la simple à la suite, dans un cadre romantique. Difficile d'être mieux situé : d'ici vous pourrez explorer Mitte et Prenzlauer Berg à pied. La décoration des chambres ose habilement le mélange des motifs entre les rideaux, la moquette et la tapisserie. Le petit déjeuner, excellent, se prend dans le salon, sur la terrasse ou le jardin, à rajouter au prix de la chambre. Vous pouvez également profiter de son espace bien-être, doté d'un sauna.

AGA'S HOTEL & RESTAURANT €€

Rhinstraße 42
✆ +49 30 54980288
www.agashotel.de

Chambres individuelles à partir de 41 €, doubles à partir de 52 €. Wifi gratuit.

En persan, « Agas », signifie « seigneur » et désigne souvent l'homme respecté d'un village. Cet hôtel se targue donc de recevoir ses voyageurs en grand seigneur ! Les chambres sont spacieuses, lumineuses, avec salle de bains. Partenariat avec un salon de massage à deux pas. Le buffet copieux pour le petit déjeuner permet de prendre des forces pour une belle journée de découverte. Le soir, un restaurant propose une carte variée avec des plats perso-allemands. Très excentré dans un quartier sans intérêt mais bon rapport qualité-prix pour cet hôtel 3-étoiles.

HOTEL 26 €€

Grünberger Straße 26
✆ +49 30 2977780
www.hotel26.de

Chambre simple entre 69 et 99 €, pour une chambre double 79-109 €. Possibilité de louer des appartements.

Cette ancienne manufacture est le fruit du travail de deux architectes, qui en ont fait un hôtel très agréable. Les chambres sont simples mais grandes et lumineuses. Le café, ouvrant sur le jardin privatif, est un lieu convivial. L'ensemble est flambant neuf et rempli de petites intentions : les chambres sont non fumeurs et traitées contre les allergies, l'eau des robinets est filtrée, la viande du buffet du petit déjeuner est une viande biologique, les produits de beauté dans la salle de bains sont sans produits chimiques, etc.

MICHELBERGER HOTEL €€

Warschauer Straße 39-40
✆ +49 30 29778590
www.michelbergerhotel.com

Plusieurs types de chambres, de la simple à la suite. Prix allant de 100 à 230 €, selon la saison.

L'industrie créative de passage à Berlin raffole de cet hôtel peu commun, au style néo-industriel, qui répond aux tendances du DIY. Des chambres au décor avant-gardiste, de la simple au dortoir pour 10 (appelé la *Band room*, pour accueillir les groupes de musique de passage). Dans quelques-unes, le vidéoprojecteur remplace la TV, d'autres sont décorées d'un mur de livres et certaines possèdent une baignoire accolée au lit. Et les nombreux événements qui se tiennent dans le bar et dans la cour de l'hôtel participent à sa popularité.

NHOW €€€

Stralauer Allee 3 ✆ +49 30 2902990
www.nhow-hotels.com/berlin

Chambre double à partir de 100 €, junior suite à partir de 150 €. Réduction en réservant sur le site de l'hôtel.

Surplombant la Spree, dans une architecture à couper le souffle, cet hôtel dernier cri propose des chambres tout confort, avec écran plat et une belle literie avec vue imprenable ! Ce que les 304 chambres au mobilier et aux lignes futuristes ont en commun, ce sont la couleur rose (omniprésente) et un *room service* plutôt original : vous pouvez commander un repas bien sûr… mais aussi une guitare ! Les amateurs de musique apprécieront les deux studios professionnels mis à la disposition des clients. Vernissages réguliers dans la galerie d'art et spa ultramoderne.

PEGASUS HOSTEL €

Straße der Pariser Kommune 35
✆ +49 30 2977360
www.pegasushostel.de

A partir de 11 € par personne en dortoir, 35 € pour une chambre simple et 40 € pour une double.

Avis aux amateurs, c'est l'une des auberges de jeunesse les plus proches du célèbre club Berghain ! Elle se trouve dans une jolie et paisible cour intérieure, qui contraste étonnamment avec la rue grise dans laquelle elle se situe. Le jardin, doté d'une table de ping-pong, et la cuisine commune sont des endroits stratégiques pour faire connaissance avec d'autres voyageurs. La réception est ouverte 24h/24. Le wifi est gratuit et l'établissement dispose de casiers de consigne à 2 €. Le petit-déjeuner est à 7 € et on peut louer des vélos pour 12 € par jour.

PLUS BERLIN €

Warschauer Platz 6
✆ +49 30 311698820
www.plushostels.com/de/plusberlin

Lit en dortoir à partir de 8 €, chambres privatives à partir de 32 €.

Non loin de la Spree, entre Kreuzberg et Friedrichshain, cette auberge de jeunesse très moderne est le pied-à-terre parfait pour profiter de la vie nocturne du quartier. La fameuse East-Side-Gallery se trouve à deux minutes à pied. Dans un bel édifice en briques rouges, l'établissement propose des chambres en dortoir et des chambres privatives de différentes tailles. Chose rare, il dispose d'une piscine intérieure et d'un sauna. Étant donné l'effervescence des alentours, cette auberge ne convient pas forcément aux familles accompagnées d'enfants.

36 ROOMS €

Spreewaldplatz 8
✆ +49 30 53086398
www.36rooms.com
A partir de 22 € par personne en dortoir, 39 € pour une chambre simple et 65 € pour une double.

Ouverte en juin 2009 et située dans un ancien hôtel de style plutôt baroque, 36 Rooms est l'une des auberges de jeunesse les plus agréables du quartier. Les dortoirs sont tous spacieux et hauts de plafond, tout comme les salles de bains. Situé juste en face du Görlizter Park, au centre du Kreuzberg festif, la vue depuis la terrasse est splendide. Tous les équipements d'une auberge de jeunesse sont proposés (cuisine, wifi), avec le baby-foot et un *biergarten* en plus. Une excellente auberge de jeunesse pour petits budgets. Location de vélos.

HOTEL TRANSIT €

Hagelberger Straße 53-54
✆ +49 30 7890470
www.hotel-transit.de
Chambre simple à partir de 49 €, double à partir de 59 €, triple 79 €, quadruple 128 € et quintuple 155 €.

Cet hôtel, au sein d'une ancienne usine, présente l'avantage d'être à proximité du Viktoriapark et de la Bergmannstraße, le «Kreuzberg bobo». Comme chez ses confrères de Prenzlauer Berg, le style de cet hôtel est industriel avec de longs couloirs décorés de photos de la rénovation de l'usine. Les chambres simples sont plutôt petites, mais les groupes de 4 ou 5 personnes ont l'avantage de pouvoir réserver un dortoir privatif. Les matelas sont fermes et neufs. Le *lounge* est souvent calme, mais jamais à l'abri d'une fête improvisée la nuit.

HÜTTENPALAST €€

Hobrechtstraße 66
✆ +49 30 37305806
www.huettenpalast.de
Compter entre 70 et 100 € pour la nuit en cabane ou en caravane. Petit déjeuner à 10,50 €. Location de vélos, wifi.

Dans le quartier tendance de Neukölln, le Hüttenpalast propose de passer la nuit dans un camping-hôtel pour le moins original. Dans deux grandes salles couvertes au rez-de-chaussée, vous pourrez dormir dans une cabane ou dans une adorable caravane relookée. L'espace à l'intérieur de ces modules amusants est plutôt restreint, mais on adore leur côté insolite ! Les sanitaires communs sont bien entretenus. Sinon, l'établissement propose aussi des chambres d'hôtel classiques, ainsi qu'un café-restaurant végétarien. Jardin aménagé pour l'été.

MINILOFT KREUZBERG €€

Friedrichstraße 23
✆ +49 30 847 109 0
Entre 100 et 270 € la nuit, appartements pouvant accueillir jusqu'à 6 personnes.

Surfant sur le succès de leur première adresse de Mitte, les architectes et propriétaires Britta et Matthew ont finalement lancé un Miniloft dans le quartier de Kreuzberg, idéalement situé à proximité des sites touristiques les plus populaires. La philosophie reste la même, se sentir chez soi pendant son séjour avec un sentiment d'indépendance, le tout dans un décor design hautement travaillé. Le confort est au rendez-vous et les appartements peuvent accueillir jusqu'à 6 personnes, l'idéal pour les familles ou pour les groupes.

MÖVENPICK HOTEL BERLIN €€€

Schöneberger Straße 3
✆ +49 30 230060
www.moevenpick-hotels.com
99 € la chambre simple et 249 € la double. Air conditionné, minibar et coffre-fort. Petit-déjeuner buffet 24 €.

Installé dans un bel édifice du XIXe siècle, l'hôtel surprend par son aménagement audacieux d'un goût sûr. Epuré et gai, son design intérieur est chaleureux et fonctionnel. Ce palace résolument moderne offre une alternative excellente au formalisme pompeux et ennuyeux des vieilles institutions. Il promet à sa clientèle un accueil irréprochable et une gamme de service inventive, plus étendue que l'on ne pourrait l'imaginer ! Si vous souhaitez casser votre tirelire, les chambres Deluxe, sous les toits, sont particulièrement romantiques et design.

ROCK'N'ROLL HERBERGE €

Muskauer Straße 11
✆ +49 30 616 236 00
www.rnrherberge.de
Chambre simple de 34 à 49 €, quintuple à 89 €. Petit déjeuner vegan ou carnivore, non inclus dans le prix. Bar.

Adresse punk-rock tenue par des punks. Véritable pépite, ce petit hôtel-auberge de jeunesse est parfaitement situé au cœur du Kreuzberg qui bouge. L'attitude du personnel est couleur locale : il ne tolère « ni les nazis, ni les racistes, ni les homophobes, ni les sexistes ! ». Ici, on peut se lever tard (*check-out* jusqu'à 14h !), la réception est un bar bien garni en alcools forts et on dort dans des chambres décorées de posters des Beastie Boys et autres groupes qui ne mâchent pas leurs mots. Chaque jeudi c'est *currywurst* maison (végane ou carnivore).

EASY LODGES €€

Columbiadamm 160
✆ +49 30 68050341
www.easy-lodges.com
Chambre simple à partir de 39 €, double à partir de 49 €. Chambres familiales à partir de 59 €. Petit déjeuner 6 €.

Dormir dans le parc de Tempelhof, sur le site de l'ancien aéroport mythique, c'est possible ! Entre camping et hôtel, ces petits bungalows sont une idée très originale pour voir la facette la plus fantaisiste de Berlin. Parfait au printemps et en été, surtout muni d'un vélo qui vous mènera dans les coins les plus charmants et les plus fous de Neukölln. Attention : le confort est réduit au strict nécessaire, on est plus proche du village de vacances que de l'hôtel de charme. L'établissement convient particulièrement aux familles avec la capacité de ses chambres.

BOWIE À SCHÖNEBERG

David Bowie fut sans doute le plus célèbre des résidents du quartier de Schöneberg. Dans les années 1970, le chanteur et musicien britannique s'enfuit à Berlin pour s'éloigner de la drogue (ce qui paraît un peu paradoxal) et pour enregistrer de nouvelles chansons. Il y restera pendant trois ans. Il produira notamment les albums *Low* et *Heroes*, aux studios Hansa. A Berlin, c'est encore et toujours une icône. Depuis sa disparition en janvier 2016, la porte de l'immeuble où il vécut à Schöneberg est fleurie quotidiennement par des fans inconsolables. Bowie a aussi composé un morceau intitulé *Neuköln* qui rend hommage à ce quartier de Berlin-Ouest.

ELLINGTON HOTEL BERLIN €€

Nürnberger Straße 50-55
✆ +49 30 683150
www.ellington-hotel.com
Chambres à partir de 85 €, selon la saison et le type (simple, double et suite). Petit déjeuner à 20 € par personne.

Ce bâtiment classé, conçu par l'architecte berlinois Erich Mendelssohn entre 1929 et 1931, est un vaste hôtel *design* idéalement placé à proximité du Ku'damm et du zoo. Parmi les 285 chambres proposées, un large éventail de possibilités s'offre à vous, la plus petite catégorie mesurant tout de même 16 m² et la plus grande suite faisant 75 m². Partout, le judicieux alliage de bois et de blanc apporte douceur et luminosité. Côté cuisine, le restaurant Duke a une fois encore été chaudement recommandé par le guide *Gault & Millau* en 2016.

GAIJIN HOTEL €€

Nollendorfplatz 2
✆ +4930285071300
www.gaijinhotel.com/
A partir de 64 € la chambre double.

Dans un immeuble flambant neuf, au pied de la station de métro Nollendorfplatz, se trouve l'hôtel Gaijin, avec des chambres ultra modernes dont les formes et les lignes sont inspirées par le design contemporain japonais. Les chambres sont spacieuses et les lits sont très grands. Dans chaque chambre, une machine Nespresso, un écran plat, la climatisation, le wifi gratuit et le nec plus ultra : une tablette à disposition. On trouve aussi des suites et des appartements avec cuisine. Pour les plus sportifs, il y un « bike studio ».

HÔTEL PENSION DELTA €

Belziger Straße 1
✆ +49 30 78 09 64 80
www.hotel-pension-delta.de
Chambre simple de 39 à 85 € et double de 59 à 95 €, selon la saison. Petit-déjeuner à 9 €.

Installée dans un bâtiment typique Art nouveau berlinois, cette pension familiale fait bon accueil. Elle est idéalement située dans une rue calme près du parc Kleistpark, non loin des lieux sympas de Schöneberg. L'hôtel dispose de vingt chambres. Ces chambres, même si elles manquent quelque peu d'extravagance dans leur déco, n'en sont pas moins lumineuses et spacieuses et, somme toute, très confortables. Toutes les chambres disposent d'une TV, d'un téléphone et de fenêtres insonorisées. L'établissement sert un petit-déjeuner buffet.

SAFESTAY BERLIN €€

Bayreuther Straße 10
✆ +49 30 235 0020
www.safestay.com/berlin
Chambre à partir de 57 €, les prix varient selon les périodes. Petit déjeuner sous forme de buffet à 9 €.

Parfaitement situé à proximité de la Wittenbergplatz – pas moins de trois lignes de métro à cette station –, cet hôtel est aussi proche du grand magasin KaDeWe et du zoo, dans un quartier commerçant mais calme. Dans cet hôtel de charme, les chambres sont spacieuses, lumineuses et confortables, toutes équipées de TV câblée, douche, WC et de coffre-fort. La diversité des catégories de chambres ont font une bonne alternative pour les familles. Le site Internet de l'hôtel propose jusqu'à 10 % de réduction pour les réservations !

25 HOURS BIKINI HOTEL €€€

Budapester Straße 40
✆ +49 30 1202210
www.25hours-hotels.com

Chambre double à partir de 115 €. Wi-fi gratuit. Restaurant, bar, sauna.

Perché au-dessus du concept mall ultrabranché Bikini Berlin, cet hôtel dernier cri est décidément une réussite. La vue plongeante sur le zoo voisin et sur le Tiergarten est à couper le souffle. La décoration de l'hôtel et des chambres joue la carte de la modernité et de l'humour, entre épure et cabane dans la jungle. Accueil souriant, petit déjeuner exquis que l'on prend suspendu au-dessus de la forêt de Tiergarten, étourdi par les cris des singes et le chant des oiseaux. Un endroit idéal pour voir le soleil se lever sur une facette de Berlin plutôt inattendue.

ABBA BERLIN HOTEL €€

Lietzenburger Straße 89
✆ +49 30 8871860
www.abbaberlinhotel.com/fr

Chambre simple à partir de 93 €, double à partir de 107 €. Petit déjeuner inclus.

Un établissement que l'on affectionne à Charlottenburg. Et s'il n'a rien à voir avec le groupe suédois, force est de constater qu'il cultive le doute jusque dans le nom de son restaurant (Abba Mia !). Dès le hall, le ton est donné : charme, quiétude et modernité avec des chaises design rouge carmin. Dans les 214 chambres, tout est impeccable, le lit, vaste et confortable, la pièce accueillante et lumineuse, la salle de bains toute équipée et étincelante : tout ce qu'il faut pour vous faire passer un très agréable séjour. Équipe fort sympathique.

ART HOTEL CHARLOTTENBURGER HOF €€

Stuttgarter Platz 14
✆ +49 30 329070
www.charlottenburger-hof.de

Chambre simple de 49 à 99 €, double de 59 à 112 €. Petit déjeuner 10 €. Promotions ponctuelles sur le site Internet.

Coloré, gai et chaleureux, cet Art Hotel cultive un petit côté ludique, inspiré par Mondrian, mélangeant le rouge, le jaune et le blanc, les trois couleurs dominantes. Beaucoup d'ingéniosité et de fantaisie dans la déco ! L'hôtel est en outre très bien situé et le confort y est assuré : chaque chambre dispose notamment d'Internet en haut débit et illimité. Au Café Voltaire (restaurant de l'hôtel) vous trouverez une gamme variée de petits déjeuners.

H10 BERLIN KU'DAMM €€€

Joachimstaler Straße 31-32
✆ +49 30 322922300
www.hotelh10berlinkudamm.com

Chambres doubles de 122 € à 167 €, suites de 157 € à 246 €. Selon la saison et le choix du petit déjeuner. Wi-fi inclus.

Le H10 Berlin est un bel hôtel récent 4-étoiles situé à 200 mètres à pied du Kufürstendamm, et à proximité de la station de U-Bahn du même nom. A l'origine, une école occupait ces murs, donnant à l'établissement un charme qui a été conservé dans le design, moderne. Le hall d'entrée notamment, avec sa grande verrière, est très impressionnant. Les chambres sont spacieuses et modernes, égayées par des tapisseries aux jolis motifs *arty*, géométriques ou fleuris. Le buffet du petit-déjeuner, en option, est gargantuesque. La cour-terrasse est un plus.

HECKER'S HOTEL €€

Grolmanstraße 35 ✆ +49 30 88900
www.heckers-hotel.com

Chambre simple à partir de 89 €, chambre double à partir de 99 €. Offres 3 nuits au prix de deux sur le site.

Un hôtel 4-étoiles installé idéalement situé à Charlottenburg. Les 69 chambres et suites, modernes, confortables et très bien insonorisées, disposent de tout l'équipement nécessaire pour un séjour agréable. Au petit déjeuner vous attend un beau buffet avec salade de fruits frais, viennoiseries et autres charcuteries. Pour les repas, le restaurant Cassambalis, adjacent à l'hôtel, propose de nombreuses spécialités méditerranéennes. L'hôtel dispose aussi d'une terrasse qui permet aux beaux jours de prendre un verre au soleil. Personnel souriant et aux petits soins.

HOTEL AUGUSTA €€€

Fasanenstraße 22
✆ +49 30 8835028
www.hotel-augusta.de

Chambre simple à partir de 45 €, double à partir de 65 €, suites à partir de 135 € selon la saison.

Cossu et dans un style plus traditionnel, cet hôtel fait figure d'exception parmi les dizaines d'hôtels design du quartier. La décoration cultive une certaine nostalgique des hôtels d'avant-guerre : fauteuils moelleux, lustre dans le restaurant, etc. L'ambiance est posée dès l'entrée avec son bel escalier et son tapis rouge. Ce style élégant conviendra aux amoureux qui souhaitent passer un séjour romantique à l'ouest de Berlin, agrémenté de belles balades dans le quartier de Ku'damm. L'hôtel se trouve aussi à deux pas de l'Institut français et du cinéma Paris.

HOTEL HENRI €€

Meinekestraße 9
✆ +49 30 884430
www.henri-hotels.com/de/berlin/

Entre 88 et 128 € pour une chambre simple, entre 108 et 148 € pour une chambre double. Réception ouverte 24h/24.

Derrière l'élégante façade d'un immeuble Gründerzeit, l'Hotel Henri propose des chambres confortables, décorées avec un charme britannique : les murs sont parés de tableaux et les meubles semblent sortis d'un film de la Belle Époque. Les couleurs et l'éclairage sont tout à fait apaisants. Pour son caractère et son charme rétro tout en délicatesse, cet hôtel est notre coup de cœur dans le quartier. De plus, l'Hotel Henri est idéalement situé pour partir à la découverte des quartiers chics de Berlin-Ouest : Charlottenburg, Tiergarten et Schöneberg.

HÔTEL PALACE BERLIN €€€

Budapester Straße 45
✆ +49 30 25020
www.palace.de

Comptez de 165 à 250 € (chambre standard, supérieure et deluxe) la nuit ; à partir de 300 € pour une suite junior.

Un bel hôtel spacieux et luxueux, recommandable pour la qualité de ses services et très bien situé. Ses 238 chambres et ses 40 suites sont formidablement équipées. A l'heure du dîner, le restaurant gastronomique Bon Dia propose un large choix à la carte et un menu raffiné. Le bar House of Gin séduit avec ses 150 variétés de gin et ses menus dégustation. Vous pourrez profiter gratuitement de la piscine et du bain à bulles. Un sauna est également accessible avec un supplément. Pour les plus sportifs, une salle de fitness est à disposition.

LINDNER HOTEL AM KU'DAMM €€€

Kurfürstendamm 24 ✆ +49 30 818250
www.lindner.de

Chambre double à partir de 129 €, sans le petit déjeuner. Wi-fi gratuit dans les chambres.

Un hôtel 4 étoiles très bien situé sur le Ku'damm, dans un quartier qui ne manque pas de boutiques, de cafés, de restaurants et de théâtres. De l'extérieur, l'hôtel est un vaste cube vitré qui renferme des chambres modernes et bien décorées, aux contours épurés et aux couleurs pastel. Les chambres sont douillettes et confortables, les salles de bains modernes et le tout invite à la détente. Le matin, le petit déjeuner est servi sous forme de buffet. L'hôtel offre à ses pensionnaires un accès gratuit à un studio de fitness situé à deux pas.

PENSION PETERS €€

Kantstraße 146
✆ +49 30 312 2278
www.pension-peters-berlin.de

A partir de 60 € pour la chambre simple, 79 € pour la chambre double, et 86 € la chambre familiale. Petit déjeuner 8 €.

Cette petite pension de 34 chambres offre une ambiance familiale et amicale. Elle est idéalement située, à deux pas du Ku'damm. Les chambres, très lumineuses pour certaines, sont décorées avec goût et une chambre charmante de 30 m² est proposée aux familles. La décoration, justement, est en partie réalisée avec des œuvres de jeunes artistes locaux. Des petites expositions sont d'ailleurs parfois organisées dans l'établissement. Le patron, Christopher, parle parfaitement français et sa compagne suédoise parle anglais couramment.

SCHLOSSHOTEL BY PATRICK HELLMANN €€€

Brahmsstraße 10
✆ +49 30 8958430
www.schlosshotelberlin.com

Chambres à partir de 180 €, suites à partir de 260 €. Restaurant, bar, fitness centre et spa.

Adresse très luxueuse un peu excentrée dans le quartier huppé de Grunewald mais bien connecté à Schöneberg et Charlottenburg. Privilégiez cet établissement si vous cherchez un peu de tranquillité et un service sur mesure après vos longues journées de visite. Le jardin est un havre de paix et le centre de bien-être possède tout ce qu'il faut pour vous offrir un moment de détente parfait. Les chambres sont d'un grand confort et d'une décoration grandiose, digne d'un château.

SMART STAY €€

Wilmersdorfer Straße 148
✆ +49 30 36411120
www.smart-stay.de

Dortoir 8 personnes : à partir de 17 € ; Chambre simple : 48 €, double : 55 €. Petit-déjeuner (+6,90 €). Bar, wifi.

Un hôtel-auberge qui allie confort et prix raisonnables, au cœur de Charlottenburg. C'est assez rare pour être noté. Et quand l'établissement est d'une telle qualité, on applaudit. Les chambres sont très propres, et sobrement décorées ; les lits sont confortables, et les salles de bains ont été refaites à neuf. Le petit déjeuner est un plaisir, avec charcuterie, pâtisseries et fruits. L'hôtel dispose aussi d'un bar-lounge et d'une table de billard. Quant à l'accueil, il est plutôt jeune et chaleureux. Une très bonne adresse !

RESTER

On découvre Berlin un week-end, on la déteste puis on l'adore (ou l'inverse), et enfin on veut s'y installer. Si vous faites partie de celles et ceux qui se sont laissés prendre au piège, vous trouverez ici quelques adresses qui pourront vous aider dans votre installation dans la capitale allemande : pour trouver un appartement ou une colocation, pour trouver un réseau, un travail, un cours de langue, etc. Plus de 28 000 Français vivent à Berlin. C'est la dixième communauté étrangère à Berlin en nombre absolu. La présence française à Berlin est ancienne : au XVIIe siècle, la révocation de l'Edit de Nantes avait poussé les protestants à chercher une terre d'accueil et Berlin en fut une. Après la réunification, Berlin a aussi connu une popularité auprès des étrangers en raison de sa vie culturelle et de ses bas loyers. Aujourd'hui, nombreux sont ceux qui viennent y chercher un autre mode de vie, un autre rythme, d'autres perspectives.

ACTION CONTRE LA FAIM

14/16, boulevard Douaumont
PARIS
✆ 01 70 84 70 84
www.actioncontrelafaim.org
Par téléphone de 9h à 13h et de 14h à 18h.

ONG internationale spécialisée dans la lutte contre la faim dans le monde, active dans les domaines de la nutrition, santé, sécurité alimentaire, de l'eau, de l'assainissement. L'association intervient dans des situations de crise. Le but étant de rendre les populations autonomes d'un point de vue de la nutrition, en apportant une aide concrète et en formant les intervenants locaux qui prendront le relais. Ses missions de volontariat durent de trois mois à un an en Afrique, Asie, Amérique, Europe centrale, dans le Caucase, au Moyen-Orient et dans les Caraïbes.

ADFE - ASSOCIATION DES FRANÇAIS À L'ÉTRANGER

✆ +49 30 444 2492
www.francais-du-monde-berlin.org

Cette Association Démocratique des Français à l'Étranger est une association apolitique et progressiste, le cœur à gauche, qui promeut la France à l'étranger et ouvre les Français sur le monde. Fondée en 1980, elle a pour ambition de rassembler les concitoyens désireux non seulement de rester informés de la vie culturelle, politique, économique et sociale de la France, mais aussi d'approfondir leurs liens avec leurs pays d'accueil. Elle jouit d'un grand réseau de partenaires.

FREIE UNIVERSITÄT (FU)

Kaiserwerther Straße 16-18
✆ +49 30 838 700 00
www.fu-berlin.de

Fondée en 1948 à Berlin-Ouest, la « Freie Universität » (Université Libre de Berlin) appartient aux vingt plus grandes et plus prestigieuses universités d'Allemagne. Ses 38 000 étudiants peuvent notamment y étudier les sciences humaines et les sciences politiques (Otto-Suhr-Institut). Plus excentré, le campus de la FU se trouve dans le quartier cossu de Dahlem, entre le jardin botanique et le Grunewald. L'université est très bien desservie par la ligne de métro U3 et elle dispose de très nombreux programmes internationaux. On doit sa bibliothèque à Norman Foster.

HUMBOLDT-UNIVERSITÄT (HU)

Unter den Linden 6
✆ +49 30 209370333
www.hu-berlin.de

La Humboldt-Universität est la plus ancienne université de la ville et pourtant elle ne date que de 1810. Elle est nommée d'après les frères Humboldt : Alexander, l'explorateur et naturaliste, et Wilhelm, le linguiste. Avec plus de 43 000 étudiants, c'est aussi l'une des plus grandes universités d'Allemagne. Elle compte 9 facultés. Ainsi, on peut y étudier entre autres le droit, les mathématiques, les sciences naturelles, l'économie, les langues, l'archéologie, l'histoire, etc.

UNIVERSITÄT DER KÜNSTE [UDK]

Hardenbergstraße 33
✆ +49 30 3185 1480
www.udk-berlin.de

Cette « Université des Arts » – UdK pour les intimes – est, avec plus de 3 500 étudiants, l'une des plus grandes écoles des Beaux-Arts d'Europe. On peut y étudier toutes les disciplines artistiques : le théâtre, le cinéma, la musique, le design, l'architecture, etc. Les bâtiments de l'Université se répartissent dans les quartiers de Berlin-Ouest. Tous les ans en juillet, les étudiants de la UdK organisent les portes ouvertes où ils présentent leur travail.

CONNEXION FRANÇAISE

www.connexion-francaise.com

Ce site s'adresse aux Français expatriés en Allemagne avec des informations plus spécifiques sur chacun des 16 *Länder*. Vous y trouverez tout ce qu'il faut pour vous installer en Allemagne, les renseignements sur les démarches administratives, des conseils pour apprendre l'allemand, des sites pour faire des rencontres, etc. Il existe également une page Facebook sur laquelle sont échangées toutes sortes d'informations pratiques, des offres d'emploi, de logements, etc. En bref, un réseau pour se donner des coups de pouce si vous venez d'arriver.

CAPCAMPUS

www.capcampus.com

CapCampus fut l'un des premiers portails étudiants français en ligne. Dans la rubrique dédiée aux stages et aux premiers emplois, vous trouverez aussi des offres pour l'étranger, classées par pays. Celles pour les Etats-Unis ne sont pas très nombreuses, le mieux est de consulter le site régulièrement pour ne pas passer à côtés des offres intéressantes. Le site est également utile pour se familiariser avec la vie aux Etats-Unis, car il propose également toutes les informations pratiques pour bien préparer son départ et son séjour à l'étranger.

INSTITUT FRANÇAIS DE BERLIN

Kurfürstendamm 211 ✆ +49 30 885 9020
www.institutfrancais.de/berlin

Ouvert mardi et jeudi de 14h à 18h30, mercredi et vendredi de 12h à 18h30, samedi de 11h à 17h. Fermé dimanche et lundi.

L'institut français de Berlin siège dans la mythique Maison de France sur l'avenue du Kurfürtendamm. Au premier étage, une grande, riche et lumineuse médiathèque-bibliothèque qui possède notamment une excellente collection de bandes dessinées. Comme les autres instituts français de par le monde, l'IF de Berlin accueille de nombreuses manifestations culturelles (lectures, conférences, rencontres). Au rez-de-chaussée, le cinéma Paris met à l'honneur les films francophones.

CENTRE FRANÇAIS DE BERLIN

Müllerstraße 74
✆ +49 30 120 86 03 0
https://centre-francais.de/

Le CFB est installé dans l'ancien centre culturel des forces françaises alliées dans le quartier de Wedding. C'est un lieu socio-culturel vivant et attrayant avec son ciné-scène de spectacle, son studio de danse, son jardin partagé, ses 4 étages d'hébergement, ses ruches sur le toit et sa programmation culturelle. On y trouvera aussi des conseils si l'on souhaite faire un volontariat (européen ou franco-allemand) en Allemagne, un stage, un échange scolaire ou un échange professionnel.

OFAJ - OFFICE FRANCO-ALLEMAND POUR LA JEUNESSE

Molkenmarkt 1
✆ +49 30 228 7570
www.ofaj.org

Info-café ouvert du lundi au vendredi de 9h à 13h et de 14h à 17h (16h le vendredi).

Cette institution, également présente à Paris, a pour mission d'organiser des rencontres entre les jeunes d'Allemagne et de France. Les bureaux de Berlin disposent notamment d'un Info-Café qui est un lieu de rencontres sympathique et actif. L'OFAJ organise, coordonne et finance de nombreux échanges de part et d'autre du Rhin. Si vous souhaitez effectuer un stage ou trouver un petit travail à Berlin, consultez l'espace de recrutement sur leur site internet.

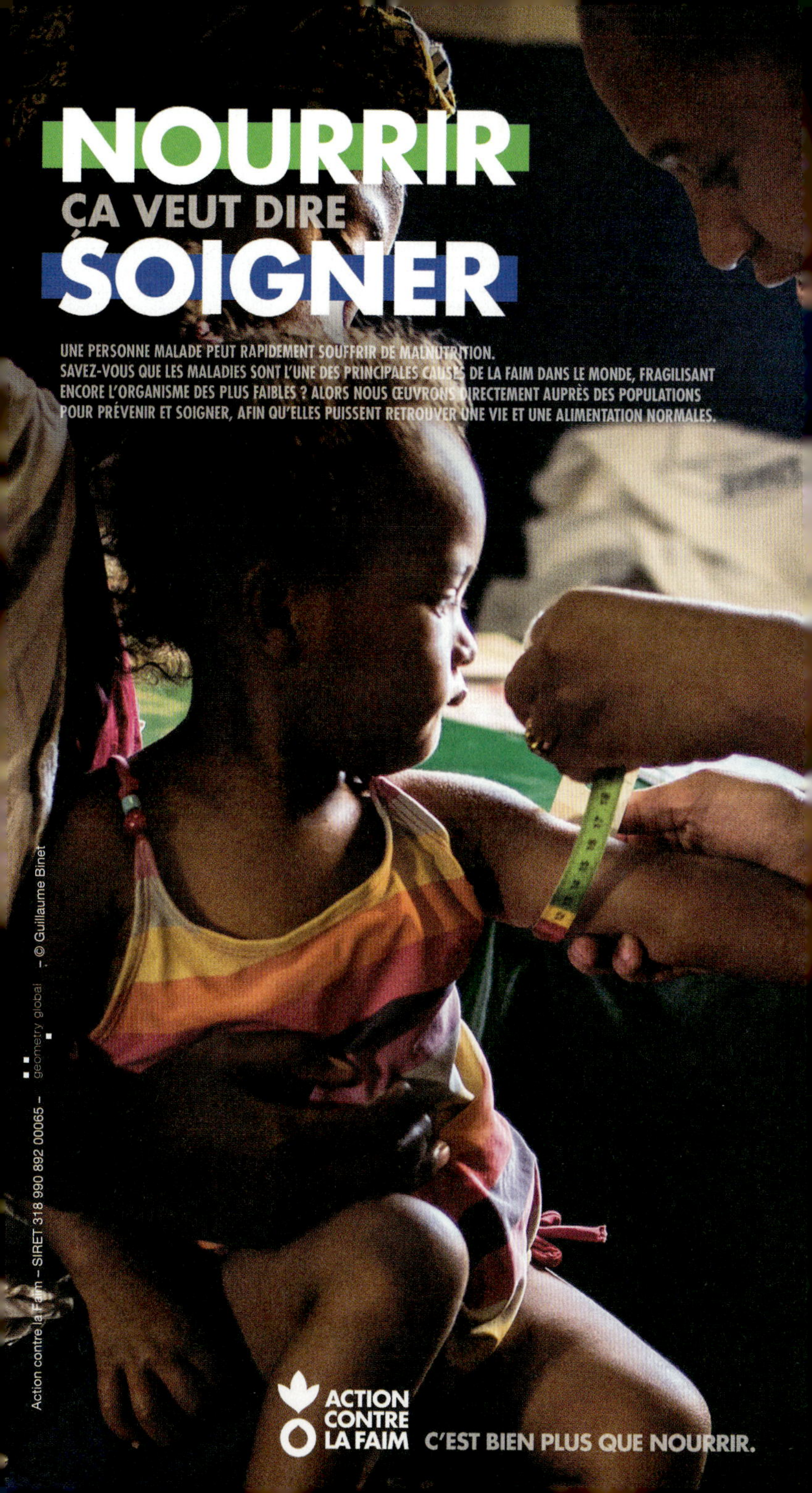
NOURRIR
ÇA VEUT DIRE
SOIGNER
UNE PERSONNE MALADE PEUT RAPIDEMENT SOUFFRIR DE MALNUTRITION.
SAVEZ-VOUS QUE LES MALADIES SONT L'UNE DES PRINCIPALES CAUSES DE LA FAIM DANS LE MONDE, FRAGILISANT ENCORE L'ORGANISME DES PLUS FAIBLES ? ALORS NOUS ŒUVRONS DIRECTEMENT AUPRÈS DES POPULATIONS POUR PRÉVENIR ET SOIGNER, AFIN QU'ELLES PUISSENT RETROUVER UNE VIE ET UNE ALIMENTATION NORMALES.
Action contre la Faim – SIRET 318 990 892 00065 – geometry global – © Guillaume Binet
ACTION CONTRE LA FAIM
C'EST BIEN PLUS QUE NOURRIR.

INDEX

11-LINE 216
21 GRAMM 16, 158
25 HOURS BIKINI HOTEL 20, 255
36 ROOMS 20, 253
3 SCHWESTERN 158
5 CINCO BY PACO PÉREZ 153
8MM BAR 170
://ABOUT BLANK 198

A

A&O BERLIN MITTE 246
A.HORN 158
A NEVER EVER ENDING LOVE STORY 163
ABBA BERLIN HOTEL 255
ABBAYE DE LEHNIN - KLOSTER LEHNIN 217
ACKSELHAUS & BLUE HOME 251
ACTION CONTRE LA FAIM 257
ADFE - ASSOCIATION DES FRANÇAIS À L'ÉTRANGER 257
ADMIRALSPALAST 202
Ä 173
AGA'S HOTEL & RESTAURANT 252
AIR FRANCE 234
AIR INDEMNITE 234
ALEXANDERPLATZ 101
ALLIIERTENMUSEUM - MUSÉE DES ALLIÉS 139
ALPENSTUECK 22, 150
ALPER HOTEL AM POTSDAMER PLATZ 250
ALTE NATIONALGALERIE 108
ALTER ST MATTHÄUS-KIRCHHOF 136
ALTERNATIVE BERLIN TOURS 98
ALTES EUROPA 150
ALTES MUSEUM 109
ALTSTADT - VIEILLE VILLE 210, 218, 224
AMPELMANN SHOP 183
AN EINEM SONNTAG IM AUGUST 16, 170
ANASTASIA 157
ANITA BERBER 198
ANKERKLAUSE 173
ARCOTEL VELVET 246
ART HOTEL CHARLOTTENBURGER HOF ... 255
ARTE LUISE KUNSTHOTEL ... 250
ARTS ET VIE 237
ASTRO BAR 172
ATHENAEUM VIKING RIVER CRUISES 237
ATLAS CAFÉ 14, 158
AUSSPANNE 22, 154
AUSTRIA 158
AZZAM 158

B

B-FLAT 202
BABYLON MITTE 202
BAD SAAROW 224
BADESCHIFF 18, 194
BAHAMAS COCKTAILBAR 170
BAR JEDER VERNUNFT 202
BAR RAVAL 14, 159
BAR TAUSEND 168
BARAKA 159
BARBIE DEINHOFF'S 173
BAUHAUS-ARCHIV - MUSÉE DU BAUHAUS 118
BEBELPLATZ 101
BEELITZ-HEILSTÄTTEN & BAUMKRONENPFAD 217
BEELITZ 217
BELVEDERE AUF DEM PFINGSTBERG 210
BERGGRUEN MUSEUM 139
BERGHAIN 19, 198
BERLIN BERLIN 250
BERLIN BRANDENBURG AIRPORT 93
BERLIN BÜHNEN 98
BERLIN HOMEMA DE ICECREAM 176
BERLIN ON BIKE 94, 99
BERLIN STORY BUNKER 132
BERLINALE 4
BERLINER DOM - CATHÉDRALE DE BERLIN 103
BERLINER ENSEMBLE 202
BERLINER FOR A DAY 99
BERLINER TRÖDELMARKT STRASSE DES 17. JUNI 186
BERLINER UNTERWELTEN – MONDES SOUTERRAINS 99
BERLINISCHE GALERIE 133
BERLKÖNIG 94
BERTHA BLOCK 192
BIKINI BERLIN 17, 182
BILDERGALERIE - GALERIE DE TABLEAUX 215
BLABLACAR 236
BLUE AIR 234
BODE MUSEUM 109
BOHEI 17, 183
BÖHMISCHES DORF 132
BOHNENGOLD 198
BONANZA 170
BONBONMACHEREI 184
BOTANISCHER GARTEN - JARDIN BOTANIQUE 140
BOULDERGARTEN 192
BRACHVOGEL 173
BRANDEBOURG-SUR-LA-HAVEL ★★ 218
BRANDENBURGER TOR – PORTE DE BRANDEBOURG 12, 104
BRANDENBURGISCHES LANDESMUSEUM FÜR MODERNE KUNST 225
BRASSERIE GANYMED 150
BRÖHAN-MUSEUM 140
BRÜCKE-MUSEUM 140
BRŁO BRWHOUSE 23, 176
BÜCHERBOGEN 187
BVG 94

C

C/O BERLIN 140
CAFÉ AM NEUEN SEE 23, 153
CAFÉ ANNA BLUME 170
CAFÉ EINSTEIN 169
CAFÉ FLEURY 168
CAFÉ HARDENBERG 177
CAFÉ MORGENROT 170
CAFÉ PFÖRTNER 150
CAFÉ RIX 159
CAFÉHAUS PLENTZ - BOULANGERIE ET PÂTISSERIE 220
CALL A BIKE 94
CAPCAMPUS 258
CAVALLINO ROSSO 150
CENTRE-VILLE 219
CENTRE FRANÇAIS DE BERLIN 258
CHAMÄLEON THEATER 202
CHINESISCHES TEEHAUS - PAVILLON CHINOIS 215
CHIPPERFIELD KANTINE 150
CHORIN 222
CHRISTOPHER STREET DAY - BERLIN PRIDE 4
CHUPENGA 151
CITY CIRCLE 99
CITYHOSTEL 246
CITYSTAY 246
CLIO 237

CLUB DER VISIONÄRE 19, 198
COA 153
COLUMBIAHALLE 203
COM VIET 151
CONNEXION FRANÇAISE 258
CORE TEX 187
COTTBUS ★★ 224
COUCHSURFING 244
CSA BAR 172
CURRY FRITZE - WHAT A WURST 157

D

DADA FALAFEL 151
DAE MON 14, 151
DALI - DIE AUSSTELLUNG AM POTDAMER PLATZ 101
DAS GIFT 173
DAS HOTEL 173
DAS VERBORGENE MUSEUM - THE HIDDEN MUSEUM 141
DAVID-BOWIE-HAUS 136
DDR MUSEUM 102
DÉCOUVRIR BERLIN 99
DEUTSCHE BAHN 93, 236
DEUTSCHE KINEMATHEK - MUSÉE DU CINÉMA 118
DEUTSCHE OPER 203
DEUTSCHES HISTORISCHES MUSEUM 105
DEUTSCHES JUGENDHERBER-GERGSWERK LANDERVERBAND 245
DEUTSCHES SPIONAGEMUSEUM - MUSÉE DE L'ESPIONNAGE 102
DEUTSCHES TECHNIKMUSEUM 133
DEUTSCHES THEATER 203
DIE STULLE 14, 163
DO YOU READ ME 187
DOLORES 151
DOM ST. PETER UND PAUL 218
DOMÄNE DAHLEM - MUSÉE-FERME EN PLEIN AIR 141
DOROTHEENSTÄDTISCHER FRIEDHOF 105
DRACHENHAUS 216
DREHRESTAURANT SPHERE 151
DSCHUNGEL 174

E

EAST SEVEN 251
EAST SIDE GALLERY 129
EASY ALIBA BUY 239
EASY LODGES 21, 254
EASY VOLS 235
EASYJET 234
EASYVOYAGE 240
EINSTEINTURM 216
EISDIELER 185
EISENHÜTTENSTADT 222
ELLINGTON HOTEL BERLIN 254
ERLEBNIS EUROPA – EUROPA EXPERIENCE ★ 106
ERNST-THÄLMANN-PARK 126
EURIDICE OPÉRA 237
EUROWINGS 235
EXPEDIA FRANCE 240

F

FABRICS 157
FAT TIRE BIKE RENTAL 94
FERNSEHTURM - TOUR DE LA TÉLÉVISION 105
FÊTES DU PREMIER MAI 5
FILMMUSEUM POTSDAM 211
FLATOWTURM 211
FLIXBUS 236
FLOHMARKT AM BOXHAGENER PLATZ 186
FLOHMARKT IM MAUERPARK 17, 186
FLUGHAFEN TEMPELHOF - ANCIEN AÉROPORT DE TEMPELHOF 136
FONTANE THERME 219
FRANCFORT-SUR-L'ODER 223
FREIE UNIVERSITÄT (FU) 257
FRIEDRICHSTADT-PALAST ... 203
FRIEDRICHSWERDERSCHE KIRCHE 106
FUTURIUM 118

G

GAIJIN HOTEL 254
GAINSBOURG 177
GALERIE DESCHLER 106
GALLERY WEEKEND 5
GARAGE 186
GARE CENTRALE HAUPTBAHNHOF 93
GARE FERROVIAIRE ZOOLOGISCHER GARTEN 93
GARE ROUTIERE – ZENTRALER OMNIBUS BAHNHOF 93
GÄRTEN DER WELT - JARDINS DU MONDE 129
GEMÄLDEGALERIE 119
GENDARMENMARKT 106
GENERATOR HOSTEL PRENZLAUER BERG 251
GEORG KOLBE MUSEUM 141
GETHSEMANEKIRCHE 126
GO VOYAGES 239
GOLDEN GATE 198
GOLGATHA 23, 174
GOOD MORNING BERLIN 100
GÖRLITZER PARK 133
GÖZLEME 159
GREEN DOOR 176
GREENS CAFÉ 174
GRILL ROYAL 152
GUGELHOF 154

H

H10 BERLIN KU'DAMM 255
HA-AN SUSHI 154
HAMBURGER BAHNHOF – MUSEE D'ART CONTEMPORAIN 120
HANFHAUS 183
HASIR 159
HAUPTBAHNHOF – GARE CENTRALE 118
HAUS DER KULTUREN DER WELT 120
HAUS DER WANNSEE-KONFERENZ 141
HAVAS VOYAGES 239
HECKER'S HOTEL 255
HELPX 244
HENO HENO 15, 163
HHV STORE 185
HISTORISCHE MÜHLE 212
HOLOCAUST-MAHNMAL 108
HOME EXCHANGE 244
HONIGMOND 246
HORVATH 15, 159
HOSTELBOOKERS 244
HOTEL 26 252
HOTEL ADLON 248
HOTEL AM GROSSEN WAISENHAUS 216
HOTEL AMANO 248
HOTEL AUGUSTA 255
HOTEL GAT POINT CHARLIE 248
HOTEL HANSABLICK 250
HOTEL HENRI 20, 256
HOTEL KASTANIENHOF 251
HOTEL MANI 21, 248
HÔTEL PALACE BERLIN 256
HÔTEL PENSION DELTA 254
HOTEL TRANSIT 253
HOTELS INSOLITES 245
HOUSE OF WEEKEND 199
HUMANA 185, 186
HUMBOLDT-UNIVERSITÄT (HU) 257
HUMBOLDT FORUM 106
HÜTTENPALAST 20, 253

I

I DUE FORNI 154
IKMZ 225
IL CASOLARE 160
IL RITROVO - CUCINA CASALINGA POPOLARE 157
ILLICOTRAVEL 240
INSTITUT FRANÇAIS DE BERLIN 258
INTERMÈDES 238
INTERNATIONALE GRÜNE WOCHE 4

J

JAGDSCHLOSS GRUNEWALD ..141
JETCOST 240
JIVAMUKTI YOGA BERLIN 192
JOSEPH-ROTH-DIELE 22, 153
JOUR DE L'UNITÉ ALLEMANDE 5
JÜDISCHE KULTURTAGE 5
JÜDISCHES MUSEUM 134
JÜTERBOG ★★ 226

K

KADEWE 17, 182
KAISER-WILHELM-GEDÄCHTNIS-KIRCHE 12, 142
KAMMERGERICHT – CHAMBRE D'APPEL 136
KARL-MARX-ALLEE 130
KATER BLAU 199
KÄTHE-KOLLWITZ-MUSEUM ..143
KAUF DICH GLÜCKLICH 171
KELBILLET 236
KEYSER SOZE 152
KI-NOVA 153
KIMCHI PRINCESS 160
KINO ARSENAL – INSTITUT DU CINEMA ET DE LA VIDEO .. 203
KITKATCLUB 199
KLOSTER CHORIN - ABBAYE DE CHORIN 222
KLOSTER NEUZELLE - ABBAYE DE NEUZELLE 223
KLOSTER ZINNA - ABBAYE DE ZINNA 227
KLOSTER ZINNA ★★ 227
KLUNKERKRANICH 16, 174
KNOFEL 154
KOCHU KARU 154
KOMISCHE OPER 203
KÖNIGS WUSTERHAUSEN 225
KONNOPKE IMBISS 14, 155
KONZERTHAUS BERLIN 204
KÖRNERPARK 133
KRASS BÖSER WOLF 172
KULTURBRAUEREI 12, 126
KUNSTGEWERBEMUSEUM 120
KUNSTRAUM BETHANIEN 134
KW (KUNSTWERKE) 108

L

L'ÎLE AUX MUSÉES 108
LA COCOTTE 162
LALA BERLIN 185
LE SAINT AMOUR 161
LEBENSSTERN 169
LEHNIN 217
LES MARCHÉS DE NOËL 5
LESBISCH SCHWULES STADTFEST 5
LIBER 205
LIDO 199
LIEBERMANN-VILLA AM WANNSEE 143
LIEPNITZSEE 222
LIETZENSEEPARK – PARC DU LAC LIETZEN 143
LINDNER HOTEL AM KU'DAMM 256
LIQUIDROM 18, 194
LON MEN'S NOODLE HOUSE 163
LONG MARCH CANTEEN 160
LONGUE NUIT DES MUSÉES 4
LOVE HOME SWAP 245
LUFTHANSA 235
LUZIA 174

M

MADAME CLAUDE 174
MADE IN BERLIN - PICKNWEIGHT 186
MAERZMUSIK 4
MAGICUM – BERLIN MAGIC MUSEUM 114
MALL OF BERLIN 182
MARATHON 4
MARHEINEKE MARKTHALLE ..184
MARIA BONITA 155
MARIENKIRCHE – EGLISE SAINTE-MARIE 114
MARKTHALLE NEUN 160
MARMORPALAIS - PALAIS DE MARBRE 212
MARRIOTT BERLIN 250
MARTIN-GROPIUS-BAU 114
MATRIX 200
MATTEA 176
MAUERMUSEM - HAUS AM CHECKPOINT CHARLIE 115
MAUERPARK 126
MAULTASCHEN MANUFAKTUR 22, 162
MAX UND MORITZ 160
MAXIM GORKI THEATER 205
MAXIMILIANS RESTAURANT ...152
MEIN HAUS AM SEE 16, 168
MEININGER HOTEL BERLIN ALEXANDERPLATZ ...251
MEININGER HOTEL BERLIN MITTE HUMBOLDTHAUS 21, 248
MÉMORIAL AUX HOMOSEXUELS PERSÉCUTÉS 120
MÉMORIAL AUX SINTÉ ET ROMS ASSASSINÉS 121
MÉMORIAL AUX VICTIMES D'« EUTHANASIE » 121
MÉMORIAL DE HOHENSCHÖNHAUSEN – PRISON DE LA STASI 130
MÉMORIAL DE LA RÉSISTANCE ALLEMANDE 121
MEMORIAL DE PLÖTZENSEE ..143
MÉMORIAL DU MUR DE BERLIN - BERNAUER STRASSE 128
MÉMORIAL ET CAMP DE CONCENTRATION DE SACHSENHAUSEN 221
MÉMORIAL STILLE HELDEN - SILENT HEROES ...122
MICHELBERGER HOTEL 15, 21, 157, 252
MINILOFT KREUZBERG 253
MINILOFT MITTE 20, 246
MINIMAL BAR 172
MISTER HU 176
MISTERFLY 235
MÖBEL OLFE 175
MODULOR 183
MONDORAMAS 238
MONKEY BAR 16, 169
MONSTER RONSON'S ICHIBAN KARAOKE 172
MONUMENT SOVIÉTIQUE DANS LE TREPTOWER PARK ..134
MONUMENT SOVIÉTIQUE DU TIERGARTEN 122
MOUNT MITTE 18, 192
MÖVENPICK HOTEL BERLIN . 253
MUSEUM BARBERINI 212
MUSEUM FÜR FOTOGRAFIE & HELMUT NEWTON STIFTUNG. 144
MUSEUM FÜR KOMMUNIKATION 114
MUSEUM FÜR NATURKUNDE - MUSÉE D'HISTOIRE NATURELLE 116
MUSEUM IN DER KULTURBRAUEREI 128
MUSEUMSPORTAL 98
MUSIKINSTRUMENTEN-MUSEUM 122
MYER'S HOTEL 251
MYSLIWSKA 175

N

NENI.................. 15, 163
NEUE KAMMERN............212
NEUE NATIONALGALERIE.....122
NEUE ODESSA BAR..........168
NEUE SYNAGOGE - NOUVELLE SYNAGOGUE......115
NEUE WACHE..............115
NEUES MUSEUM........ 12, 110
NEUES PALAIS..............215
NEUKÖLLNER OPER........ 205
NEURUPPIN............ 219
NEUSTADT.................218
NEUZELLE............. 223
NEXTBIKE...................94
NH COLLECTION BERLIN FRIEDRICHSTRASSE 248
NHOW..................... 252
NIKOLAIKIRCHE (SPANDAU). 144
NIKOLAIKIRCHE............ 226
NIKOLAIVIERTEL - QUARTIER SAINT-NICOLAS 116
NOVEMBER CAFE............155

O

O.F.T. APARTMENTS..........245
O.F.T. VINTAGE (OHNE FRAGE TOLL).........185
OBERBAUMBRÜCKE..... 13, 130
OFAJ - OFFICE FRANCO-ALLEMAND POUR LA JEUNESSE........ 258
OFFICE DE TOURISME - HAUPTBAHNHOF.............98
OFFICE DE TOURISME – PORTE DE BRANDENBURG 98
OH-BERLIN.COM.............245
OLD CCCP BAR..............168
OLYMPIASTADION - STADE OLYMPIQUE.......... 144
OPODO.....................239
OPTION WAY................235
ORANGERIESCHLOSS........215
ORANIENBURG......... 220
OYA........................175

P

PANORAMAPUNKT...........123
PAPPELREIHE...............160
PARIS BAR..................177
PARK AM GLEISDREIECK.....137
PARK BRANITZ............. 225
PARK INN BY RADISSON BERLIN ALEXANDERPLATZ...249
PARK SACROW..............213
PASTERNAK................155
PEGASUS HOSTEL.......... 252
PENSION PETERS.......... 256
PERGAMONMUSEUM - MUSÉE DE PERGAME.... 13, 112
PFAUENINSEL - L'ÎLE AUX PAONS........... 144
PHILHARMONIE- BERLINER PHILHARMONIKER.......... 205
PIZZA VIRA.................157
PLACE CLICHY..............172
PLUS BERLIN.............. 252
POTSDAMER PLATZ..........123
POTSDAM ★★★★....... 210
PRATER GARTEN........ 23, 155
PRINCE CHARLES.......... 200
PRINCESS CHEESECAKE.....168
PROMOVACANCES...........239

Q

QUASIMODO................ 205
QUOTATRIP................. 240

R

RADISSON BLU HOTEL.......249
RAMONES MUSEUM.........134
RATHAUS - HÔTEL DE VILLE............ 227
RATHAUS SCHÖNEBERG......137
RAUSCH SCHOKOLADENHAUS........184
RAW GELÄNDE..............130
REEDEREI RIEDEL.......... 100
REGENBOGENSTELE - STÈLE ARC-EN-CIEL.........137
REICHSTAG............. 13, 124
REISE SERVICE INTERNATIONAL.........98, 239
RESORT MARK BRANDENBURG.............219
RESTAURANT ALTER STADTWÄCHTER.............216
RHEINSBERG........... 219
ROCK'N'ROLL HERBERGE... 253
RÖMISCHE BÄDER - BAINS ROMAINS..................213
RON TELESKY CANADIAN PIZZA............161
ROTES RATHAUS.............116
RUSSISCHE KOLONIE ALEXANDROWKA............213

S

SAAROW THERME.......... 224
SAFESTAY BERLIN...........254
SAFRAN....................161
SAHARA IMBISS.............162
SALON ZUR WILDEN RENATE........... 200
SANSSOUCI HOLIDAYS........216
SARDINEN BAR..............162
SASAYA....................155
SCHAUBÜHNE............. 205
SCHLEUSENKRUG...........169
SCHLOSS BABELSBERG......213
SCHLOSS CECILIENHOF......214
SCHLOSS CHARLOTTENBURG – CHATEAU DE CHARLOTTENBURG.......145
SCHLOSS CHARLOTTENHOF...........214
SCHLOSS KÖNIGS WUSTERHAUSEN........... 225
SCHLOSS LÜBBENAU....... 226
SCHLOSS SANSSOUCI........214
SCHLOSS SCHÖNHAUSEN....128
SCHLOSS UND PARK RHEINSBERG..........219
SCHLOSSHOTEL BY PATRICK HELLMANN................ 256
SCHLOSSMUSEUM ORANIENBURG............. 220
SCHLOSSPARK ORANIENBURG............. 220
SCHNITZELEI........... 22, 152
SCHWARZES CAFÉ..........177
SCHWULES MUSEUM - MUSÉE GAY................137
SCHWUZ............... 19, 200
SEEROSE...................161
SEHITLIK MOSCHEE – MOSQUEE SEHITLIK.........135
SIEGESSÄULE - COLONNE DE LA VICTOIRE.............125
SILENT GREEN............. 206
SILVERFUTURE.............175
SIRONI - LA PIZZA............162
SISYPHOS............. 19, 200
SKYKITCHEN............. 156
SMART STAY.............. 256
SO36..................... 200
SOIRÉE DU NOUVEL AN........5
SOMMERBAD OLYMPIASTADION - PISCINE OLYMPIQUE.................192
SOUTHERN VITTLES........ 156
SPACE HALL................187
SPREEWALD THERME...... 226
SPREEWALD........... 226
STAATSOPER.............. 206
STAATSTHEATER........... 225
STADTBAD NEUKÖLLN... 18, 194
STADTMAUER - MURS D'ENCEINTE......... 227
STADTZENTRUM - CENTRE-VILLE............ 223
STAGGER LEE...............176
STANDUPCLUB BERLIN.......192
STASIMUSEUM - MUSÉE DE LA STASI.........130

EDITION

Directeurs de collection et auteurs : Dominique AUZIAS et Jean-Paul LABOURDETTE

Auteurs : Henri FRUNEAU, Romain RISSO, Mathias DESHOURS, Priscilla PARARD, Mathilde LEROY, Sylvie DEL COTTO, Juliette COURTOIS, Amandine GLEVAREC, Mickael BENSASSI, Manon HEUGEL, Manon LIDUENA, Stéphanie POLI, Emmanuelle BLUMAN, Alexandre KNETIG, Camille ACKET, Mickael BENSASSI, Jean-Paul LABOURDETTE, Dominique AUZIAS et alter

Directeur Editorial : Stéphan SZEREMETA

Rédaction Monde : Caroline MICHELOT, Morgane VESLIN, Pierre-Yves SOUCHET, Natalia COLLIER, Laureen DUCHESNE

Rédaction France : Elisabeth COL, Tony DE SOUSA, Mélanie COTTARD, Audrey VEDOVOTTO

FABRICATION

Responsable Studio : Sophie LECHERTIER assistée de Romain AUDREN

Maquette et Montage : Julie BORDES, Delphine PAGANO

Iconographie et Cartographie : Anne DIOT assistée de Julien DOUCET

WEB ET NUMERIQUE

Directeur Web : Louis GENEAU de LAMARLIERE

Chef de projet et développeurs : Nicolas de GUENIN, Adeline CAUX, Kiril PAVELEK

Intégrateur Web : Mickael LATTES

Webdesigner : Caroline LAFFAITEUR

Community Traffic Manager : Alice BARBIER, Mariana BURLAMAQUI et Vincent PHAM

DIRECTION COMMERCIALE

Directeur commercial : Guillaume VORBURGER assisté de Manon GUERIN

Responsable Régies locales : Michel GRANSEIGNE

Responsables Développement régie inter : Jean-Marc FARAGUET et Guillaume LABOUREUR

Chefs de Publicité Régie internationale : Camille ESMIEU

Chefs de Publicité Régie nationale : Caroline AUBRY, François BRIANCON-MARJOLLET, Perrine DE CARNE MARCEIN,

Régie BERLIN : Laurent BOSCHERO

DIFFUSION ET PROMOTION

Directrice des Ventes : Bénédicte MOULET assistée d'Aissatou DIOP

Responsable des ventes : Jean-Pierre GHEZ assisté de Nelly BRION

Relations Presse-Partenariats : Jean-Mary MARCHAL

ADMINISTRATION

Président : Jean-Paul LABOURDETTE

Directrice des Ressources Humaines : Dina BOURDEAU assistée de Sandra DOS REIS et Eva BAELEN

Directrice Administrative et Financière : Valérie DECOTTIGNIES

Comptabilité : Jeannine DEMIRDJIAN et Adrien PRIGENT

Recouvrement : Fabien BONNAN assisté de Sandra BRIJLALL et Vinoth SAGUERRE

Responsable informatique : Arney BADER

PETIT FUTE BERLIN

LES NOUVELLES EDITIONS DE L'UNIVERSITE
18, rue des Volontaires - 75015 Paris.
☎ 01 53 69 70 00 - Fax 01 42 73 15 24
Internet : www.petitfute.com
SAS au capital de 1 000 000 € -
RC PARIS B 309 769 966

Couverture : © Berlin de nuit © Marco2811 - Adobe-Stock.com / Molecule Man est une série de sculptures monumentales réalisées par Jonathan Borofsky
© herby64 - stock.adobe.com

Impression : IMPRIMERIE CHIRAT - 42540 Saint-Just-la-Pendue

Achevé d'imprimer : 28/04/2021

Dépôt légal : 19/05/2021

ISBN : 9782305051413

Pour nous contacter par email, indiquez le nom de famille en minuscule suivi de @petitfute.com
Pour le courrier des lecteurs : info@petitfute.com

Imprimé le 19/03/2021.

IMPRIMÉ EN FRANCE

STERN UND KREIS.......... 100
STRANDBAD WANNSEE 194
SUICIDE CIRCUS 201
SÜNDE CHOCOLATERIA.......184
SURIYA KANTHI 156
SÜSS WAR GESTERN..... 19, 201

T

T'UNAS GEMÜSE KEBAP 161
TADSCHIKISCHE TEESTUBE..................152
TAQUERIA TA CABRON 161
TASCHEN STORE BERLIN 17, 187
TEGELER SEE - LAC DE TEGEL............. 144
TEMPELHOFER FELD 13, 138
TEMPLIN...............222
TEUFELSBERG 146
THE BARN ROASTERY 171
THE BIRD.................. 156
THE CIRCUS HOSTEL & HOTEL 20, 249
THE CURTAIN CLUB & FRAGRANCES.............169
THE HAT BAR................177
THE MANDALA HOTEL....... 250
THEATER DES WESTENS 206
THREE LITTLE PIGS HOSTEL BERLIN.............249
TIER 175
TIERGARTEN (PARC)..... 13, 123
TITANIC COMFORT MITTE 249
TITANIC GENDARMENMARKT .249
TOPOGRAPHIE DES TERRORS .117
TRABI SAFARI 100
TRAINLINE..................236
TRÄNENPALAST – PALAIS DES LARMES 117
TRANSAVIA 235
TRANSEUROPE – CITYTRIPS ..238
TRATTORIA DEL CORSO 162
TRESOR 201
TROC DES TRAINS 236
TSELANA TRAVEL............238
TUKADU..............183, 185
TÜRKISCHER MARKT AM MAYBACHUFER 135, 184

U

UMAMI 156
UNIVERSITÄT DER KÜNSTE (UDK) 258
URBAN NATION..............138
URBAN SPREE 201

V

VABALI 18, 194
VAPIANO...................153
VERKEHRSVERBUND BERLIN-BRANDENBURG (VBB).......................93
VIA NOSTRA.................238
VIKTORIAPARK 135
VIVANODA.FR 240
VIVE BERLIN TOURS 100
VOLKSBÜHNE.............. 206
VOLKSPARK FRIEDRICHSHAIN............131
VOYAGES MUGLER...........238

W

W – DER IMBISS......... 14, 156
WASSERTURM 128
WATERGATE.................201
WEINEREI FORUM 171
WELT BALLON – AIR SERVICE BERLIN........ 100
WINTERFELDT SCHOKOLADEN 184
WINTERFELDTPLATZ MARKT.......................138
WINTERGARTEN, CAFÉ IM LITERATURHAUS 163
WOHNZIMMER...............171
WORKAWAY.................245

Y

YAAM 201
YAROK 152

Z

ZADIG - LIBRAIRIE FRANÇAISE.................187
ZALANDO OUTLET 183
ZEIT FÜR BROT..............177
ZITADELLE SPANDAU 146
ZOLLPACKHOF 23, 169
ZOOLOGISCHER GARTEN & AQUARIUM.... 13, 146
ZU MIR ODER ZU DIR 171
ZUKUNFT AM OSTKREUZ................. 206
Ω BAR - OMEGA BAR.........175